LE TRÉSOR

DE

L'ANCIENNE JURISPRUDENCE

ROMAINE.

J'ai déposé à la Bibliothèque impériale les exemplaires voulus par la loi. Je regarderai comme contrefaits tous les exemplaires qui ne seront pas revêtus de ma signature.

Lamou

LE TRÉSOR

DE

L'ANCIENNE JURISPRUDENCE

ROMAINE,

OU

COLLECTION DES FRAGMENS QUI NOUS RESTENT DU DROIT ROMAIN, ANTÉRIEUR A JUSTINIEN;

CONTENANT :

1°. Les fragmens de la Loi des Douze Tables,

2°. Les fragmens de Gaïus,

Traduits en français par P. A. Tissot, membre de la Société académique des sciences de Paris, de l'Athénée de Vaucluse, de la Société agricole et littéraire de Carpentras, etc. ;

SUIVIS

3°. Des Codes Grégorien et Hermogénien,

4°. Des fragmens d'Ulpien,

5°. Des Sentences de Paul,

Aussi traduits en français par A. G. Daubanton, ex-juge de paix, avocat à la Cour impériale à Paris, auteur des Dictionnaires de tous les nouveaux codes, du Formulaire général des actes ministériels et de procédure, du Traité pratique du code d'instruction criminelle, etc.

A METZ,

CHEZ LAMORT, IMPRIMEUR, RUE DERRIÈRE LE PALAIS.

M. DCCC. XI.

DISCOURS PRÉLIMINAIRE.

La réforme des lois en France semble avoir donné une nouvelle vie à la jurisprudence romaine. On peut dire qu'elle n'a jamais eu autant d'admirateurs, qu'elle n'a jamais été cultivée avec autant d'émulation qu'elle l'est maintenant en France. Naguères tous les livres concernant la législation romaine n'étoient d'aucune valeur dans le commerce, les libraires en étoient embarrassés et les vendoient au poids à l'épicier du coin. Ceux qui se destinoient à la carrière du barreau, croyoient pouvoir exercer la noble profession d'avocat, sans être initiés dans la doctrine de la célèbre législation des Romains, sans avoir pâti long-temps sur les ouvrages de ces grands jurisconsultes qui ont employé leurs veilles à mettre à la portée de l'intelligence la plus ordinaire, ce que le droit romain pouvoit contenir d'obscur et d'énigmatique. Défauts dont il faut bien se garder d'accuser les législateurs. Ils ne proviennent que de l'éloignement de leur siècle au nôtre, des mœurs de leur temps à celles de celui-ci. Ces circonstances indépendantes du droit romain et de ses fondateurs, ont donc rendu les commentateurs nécessaires, et c'est vainement que sans leur secours on voudroit pénétrer dans ses mystères; la vie de celui qui les dédaigneroit, en la supposant même plus longue que l'ordinaire, suffiroit à peine pour parvenir au point que les élèves des écoles atteignent dans l'espace de deux ans. Je conviens néanmoins que les commentaires contiennent bien des choses inutiles; mais c'est à la sagacité de l'adepte à en faire le discernement.

Avant la publication du code civil, le droit romain et ses commentaires étoient tombés dans le plus grand discrédit. On les étudie maintenant avec autant et peut-être avec plus de soin que nos propres lois. Quelle est la cause d'un changement si subit? Il est difficile de l'assigner avec précision. A mon avis, plusieurs circonstances peuvent avoir concouru à opérer une révolution si extraordinaire.

Il me paroît qu'il est très-vraisemblable que la confusion dans les principes, l'ébranlement de l'ordre social dans tous ses fondemens, qui se sont fait sentir en France sur la fin du dix-huitième siècle, et qui se sont communiqués et étendus à toute l'Europe avec plus ou moins de violence, y ont beaucoup contribué. L'absence de tout ordre et de tout principe a caractérisé le peu d'années qui se sont écoulées dans l'anarchie, période de temps certainement trop longue, si l'on se représente, par un souvenir douloureux, les maux infinis qu'elle a vu naître. Sortis heureusement de cette agitation convulsive, les Français jetant en arrière un regard de surprise et de terreur, ont vu que le seul remède à leurs maux étoit de revenir aux principes, aux lois, à des règles enfin susceptibles de déterminer d'une manière juste et équitable, les relations sociales. De là l'abrogation et le profond oubli de ces lois informes nées au milieu des orages et du conflit des passions, et qui n'étoient propres qu'à perpétuer le désordre ; de là la naissance de ce code civil dont chaque jour augmente les salutaires effets ; de là enfin l'éclat qui entoure de nouveau les lois romaines, qui sont la source féconde où nos propres lois ont été puisées. Quelquefois une secousse violente qu'un malade éprouve, suffit pour le délivrer d'une infirmité qui a déjà résisté à toutes les ressources réunies de l'art de guérir. Telle est, je pense, l'histoire de la réhabilitation des lois des Romains parmi nous.

Une des causes encore qui n'a pas peu contribué à remettre en France les lois du peuple conquérant en honneur, c'est leur traduction dans la langue nationale. La traduction du digeste de M. Hulot a mis tout le monde à portée d'en juger. On s'est convaincu par soi-même de leurs grandes beautés et de leurs hautes perfections ; les éloges que de tout temps les savans leur ont donné, n'ont plus paru les rêves d'un enthousiasme insensé. La *raison écrite*, cette juste et honorable qualification que les lois romaines se sont acquise dans toute l'Europe, leur a été confirmée d'un commun accord. Avant la publication des savantes veilles du respectable M. Hulot, il falloit, pour prendre une idée du droit romain, connoître à fond une langue qui de jour en jour devient moins répandue, et qui déjà n'est familière qu'à bien peu de personnes ; il falloit en outre, ce qui est bien plus rare de rencontrer, vaincre le dégoût qu'on a de lire dans une langue étrangère, sur-tout une langue environnée de difficultés comme l'est la langue latine, et sur une matière abstraite comme l'est la science du droit. Il résulte de là, que bien peu de personnes étoient à même de juger par eux-mêmes de l'excellence du droit romain, et que la traduction du digeste de M. Hulot a rendu, sous ce rapport, un service inappréciable à la société, en les faisant connoître, en les vulgarisant, si l'on veut me pardonner l'expression.

Je ne m'attacherai pas à répondre aux futiles objections que l'on fit à M. Hulot pour le contrarier dans la publication de ses utiles travaux. On lui dit : Votre ouvrage va faire négliger l'étude de la langue latine, en rendant sa connoissance moins nécessaire ; il va faire dégénérer le droit romain en dispensant de l'étudier dans les sources. Ces sophismes prévalurent, quoiqu'ils ne soient rien moins que solides ; il suffit de les considérer d'un peu de près pour se convaincre qu'ils ne sont que spécieux ; bien loin que la traduction des lois romaines puisse faire négliger l'étude de la langue latine, elle ne sert qu'à y exciter davantage. Car celui qui, à la lecture de la copie, ne se sent pas le maître de lui refuser son admiration, est naturellement porté au désir de connoître l'original, d'après ce principe dont tout le monde est persuadé, qu'une traduction à l'égard de son original peut tout au plus être comparée au revers d'un tableau. Du bon côté on y voit des traits réguliers et bien formés ; sur le revers, l'ordre est renversé et il ne représente que des traits difformes. La traduction des lois romaines poussera donc le jeune homme vers l'étude de la langue latine, et le père de famille à la faire enseigner à ses enfans. Ce peu de mots suffit pour détruire entièrement la seconde objection qui a été faite à M. Hulot par la faculté de droit de Paris, lorsqu'il annonça son ouvrage, et qu'il se disposoit à le publier ; car si la traduction des lois romaines ne tend qu'à exciter le désir de recourir à l'original, il est certain qu'elles n'en éprouveront aucune altération.

Au reste, la traduction du digeste a surpassé l'attente de tous les amateurs du droit romain. On étoit loin de se promettre un ouvrage si parfait. La première traduction d'un ouvrage même ordinaire, est toujours environnée de mille difficultés. Pouvoit-on espérer que la première traduction des lois romaines qui ont pour nous mille difficultés, à cause de la différence incalculable des mœurs et des temps, n'en feroit pas même désirer une seconde ? Un ouvrage si étendu et si important sembloit demander le concours des lumières de plusieurs savans jurisconsultes. J'ai vu, et tous les critiques ont vu avec la plus grande surprise, que le seul M. Hulot a suffi pour le porter à sa perfection.

Je ne saurois trop engager les jurisconsultes, les avocats, avoués, les magistrats de tous les ordres, à se procurer cet utile et savant ouvrage, au moyen duquel ils pourront se passer de lire beaucoup de commentateurs, toujours ennuyeux, et où ce que l'on peut trouver d'utile est noyé dans un tas d'inutilités. La traduction de M. Hulot est fidelle autant qu'élégante, et elle peut très-souvent suppléer même à l'original.

Les jeunes gens sur-tout en retireront le plus grand avantage. La plupart d'entre eux vont faire leurs études en droit hors de leur pays. Il seroit impossible, hors de leurs foyers, de se procurer le grand nombre de commentateurs qui sont nécessaires à l'intelligence du texte du digeste. La traduction de M. Hulot les en dispensera. Elle suffit seule pour l'intelligence parfaite des pandectes. Ils auront encore, avec cette traduction, l'avantage de ne pas perdre leur temps à des recherches souvent vaines.

Je me suis efforcé, dans ma traduction du code, de suivre les traces du traducteur du digeste. Je l'ai pris pour modèle. Je m'estimerai heureux si le barreau français juge que j'en ai approché.

L'ouvrage que je donne maintenant au public, ne m'a pas paru moins utile que les précédens. Trois motifs m'ont engagé à l'entreprendre. La difficulté que l'on a, même dans la capitale, à se procurer le texte; l'impossibilité de trouver tous ces fragmens réunis ensemble; et enfin le désir d'être utile à tous ceux qui suivent la carrière du barreau, sur-tout aux jeunes gens, en leur donnant une traduction qui leur épargnera beaucoup de peines et de temps; car il faut avouer que nous ne pouvons comprendre ces sortes d'ouvrages qu'à l'aide des commentateurs. Une traduction y supplée entièrement.

Ici, comme dans ma traduction du code, je me suis attaché à la fidélité la plus littérale. J'espère que le public me saura quelque gré d'avoir reproduit ces précieux fragmens, qui, par leur extrême rareté, étoient perdus pour nous.

LES FRAGMENS

DE LA LOI DES XII TABLES,

EXTRAITS fidellement des auteurs qui nous les ont conservés, et disposés selon l'ordre du Digeste et du Code, suivis de notes explicatives du Traducteur.

Qui nunc quoque (*leges XII. tab.*), in hoc immenso aliarum super alias acervatarum legum cumulo, fons omnis publici privatique juris est.

Tite-Live, liv. 3, ch. 34.

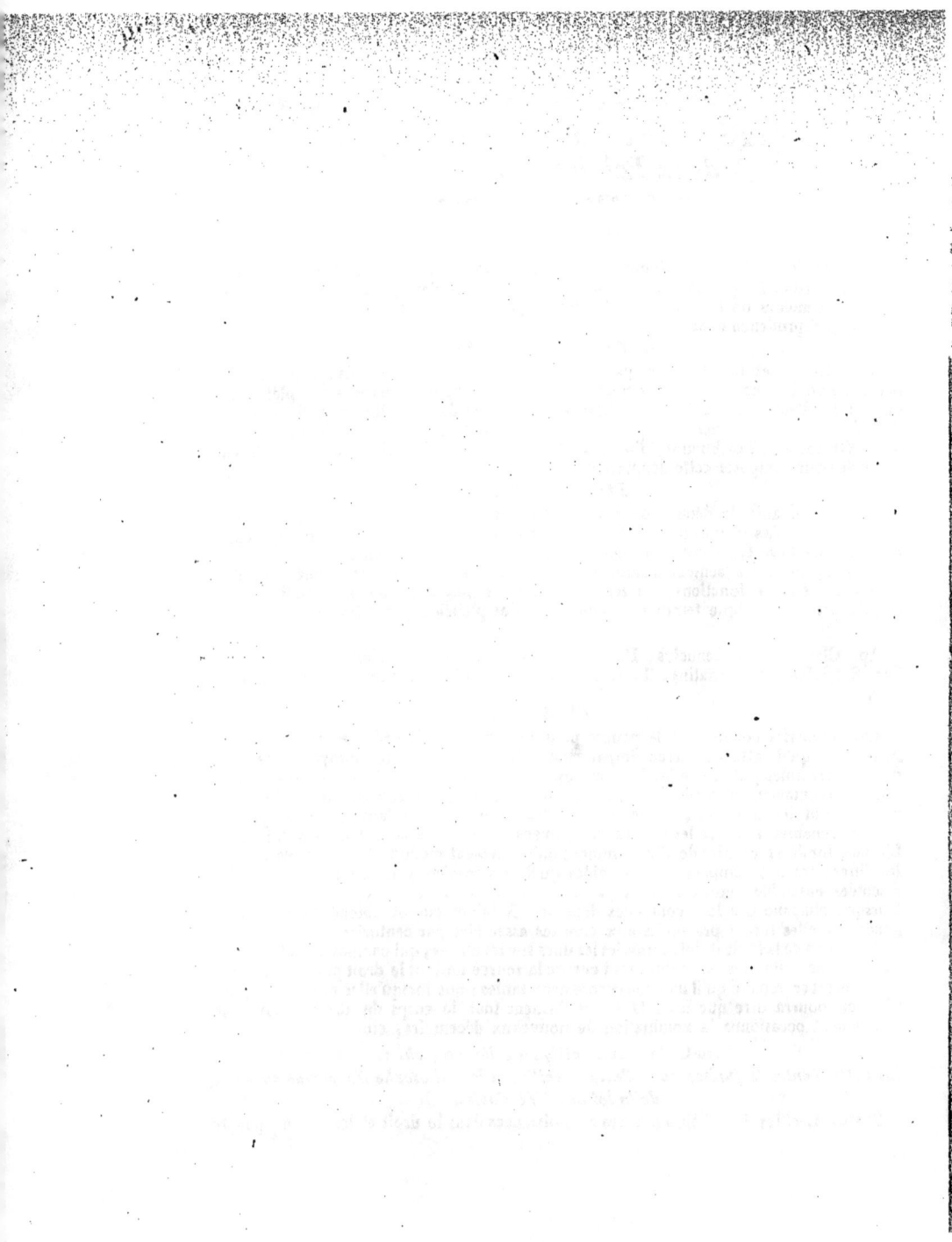

EXTRAITS de divers auteurs qui ont fait mention de la Loi des XII Tables.

Florus, L. 1, ch. 24.

La tyrannie des décemvirs donna sujet à la seconde sédition qui eut lieu dans l'intérieur de la ville. Le peuple ordonna qu'il fût élu dix patriciens pour rédiger et accommoder aux mœurs de la république les lois apportées de la Grèce. Ils renfermèrent toute la jurisprudence dans douze tables, etc.

Tite-Live, liv. 3, ch. 31.

Les patriciens et les plébéiens ayant senti le besoin d'un code de lois ; mais les plébéiens ne voulant pas recevoir ce code des patriciens, ni les patriciens des plébéiens, on convint d'envoyer des députés à Athènes avec ordre de recueillir les meilleures lois de Solon, et de s'instruire dans les lois, les mœurs et les institutions des autres villes de la Grèce. Sp. Posthumius Albus, A. Manlius, et P. Sulpicius Camerinus furent nommés pour composer cette députation.

Liv. 3, ch. 32.

L'année suivante la députation envoyée en Grèce arriva avec le recueil des lois des Athéniens. Les tribuns du peuple demandoient avec instance qu'on commençât enfin à rédiger les lois. On convint de nommer des décemvirs qui seroient chargés de leur rédaction, dont les sentences seroient sans appel, et que pendant l'année que dévoient durer leurs fonctions, ils seroient les seuls magistrats de la république. On discuta pendant quelque temps si on admettroit des plébéiens parmi les décemvirs, etc.

Ch. 33.

Ap. Claudius, T. Genucius, P. Sertius, L. Veturius, C. Julius, A. Manlius, Ser. Sulpicius, P. Curiatius, T. Romilius, Sp. Posthumius furent nommés décemvirs.

Ch. 34.

Les décemvirs convoquent le peuple pour lui présenter le code des lois, divisé en X tables, qu'il attendoit avec impatience. Ils invitent tous les citoyens à se rendre à l'assemblée, et à lire les lois proposées, qui contiennent tout ce qui est bon, utile et avantageux à la république, à eux-mêmes et à leurs enfans. Ils ajoutent que pour ce qui les concerne, ils se sont étudiés de n'admettre dans ce code que des lois convenables à toutes les classes de citoyens, du moins autant qu'il a été possible aux lumières réunies de dix hommes ; qu'ils avoient médité chacun en particulier les différentes lois composant les X tables qu'ils proposoient ; qu'ils les avoient ensuite discutées ensemble, etc. . . . .
Lorsque chacune des lois contenues dans les X tables eurent obtenu l'approbation générale, elles furent présentées aux comices assemblés par centuries.

Au milieu de la foule de lois entassées les unes sur les autres, qui composent notre jurisprudence actuelle, les XII tables sont encore la source de tout le droit public et privé.

Le bruit se répand qu'il manque encore deux tables ; que lorsqu'elles auront été ajoutées, on pourra dire que les XII tables forment tout le corps du droit romain. Ce supplément occasionna la nomination de nouveaux décemvirs, etc.

Aulu-Gelle, Nuits attiques, liv. 20, ch. 1.

Discussion entre le jurisconsulte Sextus Cécilius et le philosophe Favorinus au sujet de la loi des XII Tables.

Sextus Cécilius fut célèbre par ses connoissances dans le droit et les lois du peuple

Romain. Il joignoit la théorie à la pratique ; et son opinion jouissoit d'une grande autorité. Nous nous promenions ensemble, lorsque sur la place Palatine, pendant que nous attendions qu'on eût félicité l'empereur, nous fûmes abordés par le philosophe Favorinus. Il causa avec nous et avec plusieurs personnes présentes. Parmi beaucoup d'autres sujets sur lesquels la conversation roula, il fut question des lois décemvirales, qui furent rédigées par des décemvirs créés par le peuple à cet effet, et renfermées dans douze tables. Sex. Cécilius, après avoir rappelé et discuté les lois de beaucoup de peuples et les avoir comparées à celles des XII tables, trouvoit les dernières d'une élégance et d'une précision admirables. Oui, j'en conviens, répond Favorinus, à l'égard de la plus grande partie de ces lois ; car je n'ai pas lu avec moins de plaisir les XII tables que les dix livres de Platon sur les lois. Mais on y remarque parfois des endroits très-obscurs et des dispositions très-dures. Dans d'autres cas, les délits ne sont pas punis avec assez de sévérité, et quelquefois même ils ne sont réprimés par aucune peine. Il y a en outre, comme il a déjà été dit, des dispositions qui ne sont d'aucun usage. N'accusons point, réplique Sex. Cécilius, les rédacteurs des obscurités qu'on peut y rencontrer, mais bien l'ignorance de ceux qui ne les observent point, quoique cependant ceux qui ne les observent point faute de les comprendre, ne soient point coupables. Car les siècles ont changé la langue et détruit les mœurs antiques ; ce n'est cependant qu'à l'aide de ces connoissances qu'on peut pénétrer dans le sens des lois. Les XII tables ont été composées et écrites dans la trois centième année après la fondation de Rome. Depuis cette époque jusqu'à présent il ne s'est guère moins écoulé de sept cents ans.....Qui est-ce qui peut avancer qu'on trouve dans ces lois des dispositions trop sévères? à moins que vous ne taxiez de dureté celle qui prononce la peine de mort contre le juge ou l'arbitre qui est convaincu d'avoir conformé sa sentence aux intérêts de celle des parties qui lui a donné de l'argent ; ou celle qui livre comme esclave le voleur coupable de l'espèce de vol que le droit précise par l'épithète de manifeste, à celui qui a été volé ou enfin celle qui permet de tuer sur-le-champ le voleur nocturne. Car, je vous en prie, dites, philosophe profond, croyez-vous que la perfidie de ce juge qui a, contre tous les droits divins et humains, vendu la justice à celui qui lui en a donné la plus grande somme d'argent, que l'audace intolérable du voleur manifeste, que la violence d'un brigand nocturne, croyez-vous que de tels crimes ne soient pas dignes de mort? Je ne veux pas, répond Favorinus, en juger par moi-même ; car vous savez que je suis dans l'usage, conformément aux principes de la secte que j'ai embrassée, de m'informer plutôt que de décider. Mais sur le sujet qui nous occupe, l'opinion du peuple Romain lui-même, n'est pas futile et méprisable ; il a cependant trouvé que cette peine pour ces sortes de crimes étoit trop dure ; car il a souffert que les lois qui prononçoient une peine si disproportionnée tombassent en désuétude. Il a encore refusé son approbation à cette loi inhumaine, qui porte qu'il ne soit point accordé de voiture à celui qui, étant appelé en justice, ne peut se rendre à l'assignation à cause d'une maladie ou de son grand âge ; mais qu'il soit saisi, placé sur une bête de somme et conduit de cette manière comme au tombeau, de sa maison jusqu'à la place des Commices pardevant le préteur. Pourquoi celui qui est atteint d'une maladie grave, et qui n'a pas de quoi répondre, est-il placé par son adversaire sur une bête de somme et conduit devant le juge?

J'ai avancé qu'il se trouvoit dans la loi des XII Tables des dispositions trop douces et non capables de réprimer les crimes qu'elles ont pour objet de punir. Ne trouvez-vous pas en effet bien peu proportionnée au délit, la disposition suivante concernant la réparation des injures : SI INJURIAM. FAXIT. ALTERI VIGINTI QUINQUE. AERIS. PŒNÆ. SUNTO ?

« Que celui qui est coupable d'injures envers quelqu'un, donne à celui qu'il a offensé » vingt-cinq as. »

Car quel est celui qui se trouve tellement pauvre que vingt-cinq as le puissent détourner de porter injure à quelqu'un? C'est ce qui a porté votre Labéon, dans les commentaires qu'il a faits sur la loi des XII tables, à désapprouver cette loi. On a vu, dit-il, un certain Lucius Veratius, homme célèbre par sa méchanceté et sa lâcheté excessives, qui prenoit plaisir à donner des soufflets à des hommes libres; il étoit toujours suivi d'un esclave qui portoit une bourse pleine d'argent, auquel il étoit ordonné de compter aussitôt, conformément à la loi des XII Tables, vingt-cinq as à chacun de ceux qu'il avoit soufflettés. Les préteurs, pour éviter qu'un tel abus se reproduisit de nouveau, ajoute ce jurisconsulte, ordonnèrent que cette loi ne seroit plus observée et qu'elle seroit abolie; et ils se constituèrent eux-mêmes juges de la réparation due à celui à qui on avoit porté injure....L'exécution de quelques-unes d'entre ces lois est, comme je l'ai déjà dit, impossible; telle que celle-ci, dont les propres termes, si ma mémoire ne m'est pas infidelle, sont : SI. MEMBRUM. RUPIT. NI. CUM. EO. PACIT. TALIO. ESTO.

« Que celui qui a rompu un membre à quelqu'un, soit, s'il n'a pas transigé avec son » adversaire, puni par la loi du talion. »

Outre la cruauté qu'il y a de permettre à quelqu'un de se venger lui-même et de ses propres mains, l'application de cette loi du talion est impossible. Car je demande, dans le cas qu'on permette à celui à qui il a été cassé un membre, de casser ce même membre à celui qui lui a cassé le sien; je le demande, sera-t-il possible qu'il casse le membre de son ennemi de la même manière que le sien a été cassé, et sans lui faire ni plus ni moins de mal? Voilà d'abord une difficulté qui se présente, et à laquelle il est impossible de répondre. La difficulté sera encore plus grande si l'on suppose que quelqu'un casse un membre à un autre par imprudence : car, par la loi du talion, le blessé doit rendre par imprudence ce qui a été fait par imprudence; et les coups donnés par inadvertance et ceux donnés avec dessein ne sont plus de la même nature et ne se correspondent pas par la loi du talion. Comment donc sera-t-il possible de rendre imprudence par imprudence, dont les effets soient parfaitement les mêmes? puisque même, en agissant à dessein, on ne peut faire correspondre la vengeance à l'offense, de telle manière que le coupable ne souffre pas davantage et ne reçoive une blessure plus étendue que celui qu'il a offensé. Je ne vois pas, je l'avoue, comment il seroit possible de fixer un poids et une mesure à cet égard. Bien plus si l'offensé fait plus de mal qu'il ne lui en a été fait, il naîtra de là une atrocité cruellement ridicule, parce qu'il doit être permis au dernier, par l'action contraire, de tirer vengeance par la loi du talion de l'excédant du mal qui lui a été fait; de là la naissance d'une suite infinie de vengeances réciproques par la loi du talion. Je n'ose, et je ne le pourrois sans frémir, parler de cette cruelle loi qui adjuge le corps du débiteur à ses créanciers et leur permet de le dépécer et de se le partager? Peut-on voir quelque chose de plus atroce? Peut-on concevoir quelque chose de plus contraire à la nature de l'homme civilisé, que de couper et de diviser en petites pièces les membres d'un débiteur indigent pour se les partager comme on vend aujourd'hui les biens...? Alors Sextus Cécilius embrassant Favorinus, vous êtes, lui dit-il, vous êtes certainement le plus savant homme de notre siècle, non-seulement dans ce qui concerne les Grecs, mais encore les Romains. Existe-t-il même un philosophe qui soit aussi savant et aussi profond dans la connoissance des lois de son pays, que vous l'êtes vous-même dans les lois décemvirales? Mais cependant, je vous en prie, écartez-vous un peu de la manière de discuter en usage parmi les philosophes de votre secte, et sans attaquer ou défendre en détail chaque point du corps de la loi qu'il vous plaît, examinez-la plus en grand et d'une manière plus profonde. On ne doit pas mépriser les lois antiques, par cela seul que le peuple Romain lui-même en abandonna la plus grande partie, vous savez trop bien que les circonstances, les changemens de mœurs, la situation des affaires publiques, l'utilité des particuliers, et les vices auxquels il faut remédier, font souvent fléchir les lois, et exigent qu'on y porte des changemens. Le ciel ni la terre ne restent point toujours dans le même état; de même en morale tout éprouve des changemens.

Y a-t-il quelque chose de plus salutaire que cette loi rendue sur la proposition de Solon, concernant la quantité de terres qu'un citoyen peut posséder? Y a-t-il quelque chose de plus utile que le plébiscite Voconius, qui éloigne les femmes des successions? Trouveroit-on quelque chose de plus nécessaire pour réprimer le luxe des citoyens que les lois Licinia et Fania, et autres lois somptuaires? Cependant toutes ces lois sont tombées en désuétude, et la ville est ouverte à toutes les espèces de luxes. Mais quels motifs vous font paroître inhumaine la loi qui, selon moi, est la plus douce et la plus conforme à l'humanité, cette loi qui ordonne qu'il soit donné une voiture au malade ou au vieillard qui est appelé en justice: SI. IN. JUS. VOCAT. SI. MORBUS. ÆVITAS. VE. VITIUM. ESCIT. QUI. IN. JUS. VOCABIT. JUMENTUM. DATO. SI. NOLET. ARCERAM. NE. STERNITO.

« Si celui qui est cité pour comparoître en justice, ne peut obéir à l'assignation » à cause de son grand âge ou de toute autre infirmité, qu'il lui soit fourni une voi- » ture; s'il la refuse, que celui qui l'assigne ne soit pas tenu de lui fournir une » voiture couverte. »

Entendriez-vous, par hasard, par le mot MORBUM une maladie grave et accompagnée d'une fièvre ardente et continue? et par celui de JUMENTUM une seule bête sur le dos de laquelle le malade seroit placé? Est-ce là ce qui vous fait croire inhumain qu'un malade, couché dans sa maison, soit placé sur le dos d'un cheval ou d'une bête de charge, et conduit de cette manière en justice? Mon cher Favorinus, ce n'est pas là le sens de la loi. Car le mot MORBUS ne signifie pas ici une maladie fièvreuse ni trop grave, mais seulement une simple foiblesse ou infirmité. D'ailleurs les rédacteurs de ces mêmes lois désignent dans un autre endroit une maladie grave et dangereuse, non par le seul mot MORBUM, mais par les mots MORBUM SONTICUM.

Le mot de JUMENTUM ne doit pas non plus être pris dans le sens qu'il a aujourd'hui. Il signifie dans la loi des XII tables un chariot traîné par des bêtes de charge. Les anciens ont tiré le mot de JUMENTUM de *jungere*.

ARCERA signifie une voiture couverte et défendue des injures de l'air, comme qui diroit une grande caisse couverte d'une étoffe dont les anciens se servoient pour transporter les malades et les vieillards, et dans laquelle ils pouvoient rester couchés. Que voyez-vous donc de cruel en ce qu'il soit fourni une voiture couverte à un homme pauvre et indigent, qui par hasard se trouvera dans l'impossibilité de faire usage de ses pieds, ou qui, par l'effet de toute autre cause, ne pourra se rendre auprès du juge? Les décemvirs n'ont pas ordonné qu'il fût fourni une voiture couverte et recherchée, mais un simple char, qui suffit à toute personne atteinte d'une légère infirmité, telle que celles comprises dans le mot général de MORBUM. Ce qui a déterminé les décemvirs à insérer cette disposition dans leur code, c'est afin d'éviter que sous le prétexte d'une légère infirmité, on ne parvienne à repousser perpétuellement les justes poursuites des créanciers ou des offensés.

Vous allez voir, mon cher Favorinus, qu'il en est de même d'une autre loi que vous avez accusé avec assez de légéreté d'être absurde. Les décemvirs ont ordonné que celui qui est coupable d'injures fût condamné à une amende de vingt-cinq as en faveur de l'offensé; mais toutes les injures, cher Favorinus, n'étoient pas rachetables par cette somme qu'il vous plaît d'appeler petite. Ce petit nombre d'as ne laissoit pas que d'avoir un grand prix; car les as qui avoient cours dans ce temps-là chez les Romains pesoient une livre.

Quant aux injures atroces, comme celle d'un os cassé, les décemvirs ont soumis les coupables non-seulement libres, mais encore les esclaves à une amende beaucoup plus forte. Ils ont ordonné l'application de la loi du talion pour certaines autres injures, cette même loi du talion que vous avez attaquée un peu injustement. Vous avez prétendu prouver, par une subtilité assez adroite, que l'exacte application de la loi du talion ne pouvoit jamais avoir lieu, en disant qu'il n'étoit pas facile de faire à un membre une fracture parfaitement égale à une autre fracture faite sur un autre membre semblable. Il est vrai, mon cher Favorinus, qu'il est très-difficile de faire avec exactitude l'application de la loi du talion. Mais les décemvirs voulant extirper ou du moins diminuer le nombre de ces crimes, ont cru devoir réprimer par l'effet d'une telle crainte ceux qui seroient tentés de s'en rendre coupables. Ils n'ont pas cru devoir à l'égard de celui qui a cassé un membre à quelqu'un, et qui n'a pas voulu transiger au sujet du talion, regarder de si près, au point de distinguer si le membre a été cassé par inadvertance, ou à dessein, ni régler le talion à l'équerre, ou le peser dans une balance. Ils ont plutôt entendu parler de la même impétuosité jointe au même dessein de rompre un même membre, et non d'un même effet casuel : car on peut bien donner la même mesure de volonté, mais on ne peut répondre que l'effet qui n'est que casuel sera le même. Si cela est ainsi que je le dis, comme l'équité même le démontre, les argumens que vous avez lancés contre le talion sont plutôt subtils que vrais. Mais puisque vous trouvez ce genre de peine trop dur, dites, je vous en prie, quelle cruauté y a-t-il à permettre qu'on fasse sur vous ce que vous avez fait impunément sur un autre? sur-tout le coupable ayant la faculté de transiger, on n'est, dans ce cas, obligé de souffrir le talion qu'autant qu'on le choisit soi-même. Y a-t-il quelque chose de plus louable que l'édit du préteur sur l'estimation des injures en une somme d'argent? Je ne veux pas que vous ignoriez qu'ordinairement le talion étoit commué en une somme d'argent dont la fixation étoit laissée à l'arbitraire du juge. Cela arrivoit toutes les fois que le coupable refusoit de transiger avec son adversaire, ou de se conformer au talion ordonné par le juge; dans ce cas, le magistrat le condamnoit à une amende proportionnée à la qualité de l'injure. Ainsi, lorsque les conditions de la transaction paroissoient trop onéreuses au coupable, lorsque le talion lui paroissoit trop cruel, toute la sévérité de la loi se réduisoit à une amende.

Il ne me reste plus maintenant qu'à vous répondre au sujet du partage et de la division entre les créanciers, du corps d'un débiteur obéré, qui vous paroit horrible. Le peuple Romain, quoique peu louable sous ce rapport dans son origine, a brillé dans la suite par l'exercice de tous les genres de vertus; mais celle sur-tout d'entre toutes les vertus qu'il a cultivée avec le plus de soins, c'est la bonne foi, qu'il a regardée comme sacrée tant dans les relations des particuliers entre eux, que dans celles de la république avec les autres peuples. C'est ainsi que, pour confirmer la foi publique, il a souvent livré aux ennemis des personnages illustres et consulaires; c'est ainsi qu'il a pensé que le patron qui a une fois reçu un client sous sa protection, doit lui donner la préférence sur ses proches, le défendre même contre ses propres parens. On ne trouvoit pas de crime plus énorme que le manque de foi du client envers son patron. Nos ancêtres consacrèrent la bonne foi non-seulement dans les devoirs réciproques, mais encore dans l'observation des divers contrats, et sur-tout dans ceux qui concernent les prêts d'argent et le commerce : et les décemvirs auroient cru diminuer la confiance, et mettre les citoyens dans le cas de ne trouver aucun secours dans ces besoins momentanés où tout le monde peut se trouver, s'ils n'avoient prononcé une peine grave contre les débiteurs de mauvaise foi. Ils donnèrent donc trente jours à ceux qui auroient été jugés débiteurs, pour se libérer. Les décemvirs donnèrent à ces jours la désignation de *justes*, comme devant former une espèce de trève entre le créancier et le débiteur, c'est-à-dire, une suspension et cessation de poursuites entre eux. En effet, pendant ce délai, les créanciers ne pouvoient diriger aucune poursuite judiciaire contre leurs débiteurs. Mais si, après l'expiration de ce délai, ces derniers ne se libéroient pas, ils étoient cités pardevant le préteur, qui les adjugeoit à leurs créanciers, auxquels il étoit permis de les battre, de les lier ou de les enchaîner. Voici, si je ne me trompe, les expressions mêmes de la loi : ÆRIS. CONFESSI. REBUS. Q. JURE. JUDICATIS. TRIGINTA. DIES. JUSTI.

SUNTO. POST. DEINDE. MANUS. INJECTIO. ESTO. IN. JUS. DUCITO. NI. JUDICATUM. FACIT. AUT. QUI. PSEUDO. EO. IN. JURE. VIM. DICIT. SECUM. DUCITO. VINCITO. AUT. NERVO. AUT. COMPEDIBUS. QUINDECIM. PONDO. NE. MINORE. AUT. SI. VOLET. MAJORE. VINCITO. SI. VOLET. SUO. VIVITO. NI. SUO. VIVIT. QUI. EUM. VINOTUM. HABEBIT. LIBRAS. FARRIS. IN. DIES. DATO. SI. VOLET. PLUS. DATO.

    « Qu'il soit accordé trente jours pour se libérer, à celui qui se sera avoué débiteur
» ou aura été déclaré tel par le juge. Et s'il n'a pas payé après l'expiration de ce dé-
» lai, qu'il soit saisi et conduit devant le juge. Qu'il soit, à moins qu'il ne se libère
» ou que quelqu'un ne réponde pour lui, livré à son créancier, qui peut lui mettre la
» chaîne au cou ou aux pieds, qui doit peser au moins quinze livres. Si le débiteur
» veut vivre à ses dépens, que cela lui soit permis, sinon, que le créancier ne soit
» pas tenu de lui donner plus d'une livre de pain par jour. »

    Les débiteurs, quoique dans les fers, pouvoient transiger. A défaut de transaction,
ils étoient retenus soixante jours enchaînés. Pendant cet intervalle de temps ils étoient
conduits par trois différens jours de marché, aux commices pardevant le préteur,
et là on proclamoit la somme dont ils avoient été déclarés redevables. A la troisième
fois qu'ils étoient conduits devant le préteur, il dépendoit des créanciers de les tuer
ou de les vendre pour être conduits au-delà du Tibre. Les décemvirs rendirent encore
cette peine de mort, prononcée contre le débiteur insolvable, plus redoutable, en
l'accompagnant de ce qu'il y a de plus horrible. Ils permirent aux créanciers, lorsqu'ils étoient plusieurs, de diviser et de se partager entre eux le corps de leur débiteur. Je vous rapporterai les expressions mêmes de la loi, de peur que vous ne
m'accusiez d'exagération, qui sont : TERTIIS. NUNDINIS. PARTEIS. SECANTO. SI. PLUS.
MINUS. VE. SECUERUNT. SINE. FRAUDE. ESTO.

    « Les créanciers pourront, à la troisième fois qu'ils auront amené leur débiteur
» au marché, mettre son corps en pièces, et le diviser impunément en plus ou moins
« de parties. »

    Rien de plus cruel, rien de plus atroce, à moins, comme il paroît par la chose
même, qu'une peine si démesurée ne soit ordonnée qu'afin que personne ne soit tenté
de se mettre dans le cas de la mériter. En effet, nous voyons même aujourd'hui beaucoup de débiteurs adjugés à leurs créanciers et mis aux fers par ces derniers, parce
que les méchans sont peu effrayés sur la peine des fers. Je n'ai lu, ni ouï dire nulle
part que chez les anciens, aucun débiteur ait jamais été mis en pièces; parce que
l'énormité de cette peine détourne, en les effrayant, ceux qui seroient tentés de se
mettre dans le cas de la mériter.

    Pensez-vous, Favorinus, que si la disposition des XII tables contenant les faux
témoignages n'étoit point abolie; si aujourd'hui, comme anciennement, celui qui est
convaincu d'avoir rendu un faux témoignage étoit précipité du haut de la roche Tarpéienne, croyez-vous qu'il y eût autant de faux témoins que nous en voyons? Le
plus souvent la sévérité, dans la punition des crimes, force ceux qui seroient tentés
de les commettre de vivre honnêtement. Nous n'ignorons pas l'histoire de l'Albain
Fuetius, qui n'est point inconnue non plus aux lecteurs des lois des XII tables. Il
fut attaché à quatre chevaux poussés en sens contraires pour avoir violé le traité qu'il
avoit fait avec un des rois du peuple Romain. Quelqu'un niera-t-il que ce ne soit là un
supplice nouveau et horrible?

    Pendant que Sextus Cécilius disoit ces choses et autres semblables, et qu'il étoit
approuvé par tous les assistans, même par Favorinus qui l'accabloit d'éloges, on
nous annonce que la cérémonie de la félicitation de l'empereur qui nous avoit rassem-
blés est terminée, et nous nous séparons.

LES FRAGMENS

LES FRAGMENS
DE LA LOI DES XII TABLES,

Disposés selon l'ordre du Digeste et du Code.

FRAGMENTA
LEGIS XII TABULARUM

Ad Pandectarum et Codicis seriem accommodata.

TITRE PREMIER.

Des Lois.

1. QU'IL NE SOIT ACCORDÉ AUCUN PRIVILÉGE. *Cicéron, liv.* 3, *des lois. Le même dans son discours pour Sestius, où il s'écrie :* Pourquoi la loi des XII tables défendant QU'IL SOIT ACCORDÉ DES PRIVILÉGES, la voix des consuls qui l'invoquent est-elle méprisée ?

2. L'interroi Fabius disoit que la loi des XII tables ordonnoit que CE QUI AVOIT ÉTÉ DÉCRÉTÉ EN DERNIER LIEU PAR LE PEUPLE DEVOIT ÊTRE SUIVI ET EXÉCUTÉ DE PRÉFÉRENCE AUX LOIS ANTÉRIEURES. *Tit.-Liv., liv.* 7 *et* 9. Cicéron *dans son discours pour Balbus,* et liv. 2 de son *traité de l'invention.* L'auteur de l'ouvrage dédié à Herennius, liv. 2. Varron, *liv.* 8 *de la langue latine.*

TITRE II.

De l'état des hommes.

1. LES décemvirs ont décidé qu'UNE VEUVE POUVOIT ACCOUCHER D'UN ENFANT LÉGITIME DANS LE 10ᵉ. MOIS APRÈS LA MORT DE SON MARI, ET NON DANS LE 11ᵉ. *Aulu-Gelle, liv.* 3, *ch.* 16.

2. La puissance tribunitienne considérée comme UN ENFANT DIFFORME que la loi des XII tables condamne, fut comme

TITULUS I.

De legibus.

1. PRIVILEGIA NE IRROGANTO. Cicero 3 *de legibus.* Cur, cùm XII tabulis sancitum esset, UT NEQUE PRIVILEGIUM IRROGARI LICERET, nulla vox est audita consulum. *Idem pro Sestio.*

2. Interrex Fabius aiebat in XII tabulis legem esse, UT QUODCUNQUE POSTREMUM POPULUS JUSSISSET ID JUS RATUMQUE ESSET. Livius 7 et 9, Cicero *pro Balbo;* et 2 *de inventione,* auctor ad Herennium, *libro* 2, Varro 8, *de lingua.*

TITULUS II.

De statu hominum.

1. DECEMVIRI IN DECIMO MENSE GIGNI HOMINEM NON IN UNDECIMO. Gellius 3, cap. 16.

2. Deinde cùm esset citò ablegatus, tanquam ex XII tabulis, INSIGNIS AD DEFORMATIONEM PUER, brevi tempore nescio

3

quo pacto creatus, multòque tetrior et fœdior natus est. Cicero 3 *de legibus.*

aboli dès sa naissance, mais je ne sais comment ; elle renaquit en peu de temps et devint plus redoutable et plus dangereuse. *Cicéron, liv. 3 des lois.*

TITULUS III.

De his qui sunt sui.

1. Id enim lex XII tabularum jubet his verbis. SI PATER FILIUM TER VENUNDARIT, FILIUS A PATRE LIBER ESTO. Ulpianus 10, §. 1.

TITRE III.

De ceux qui sont maîtres de leurs droits, ou *sui juris.*

1. La loi des XII tables contient cette disposition : SI UN PÈRE A VENDU PENDANT TROIS FOIS SON FILS, QUE CE FILS SOIT DÉLIVRÉ DE LA PUISSANCE PATERNELLE. *Frag. d'Ulpien, tit.* 10, §. 1.

TITULUS IV.

De rebus.

1. Gaius *libro sexto ad legem XII tabularum.* REM, *inquit*, DE QUA CONTROVERSIA EST, PROHIBEMUR IN SACRUM DEDICARE, ALIOQUIN DUPLI PŒNAM PATIMUR. Nec immeritò, ne liceat eo modo duriorem adversarii conditionem facere. *L.* 3, *ff. de litigiosis.*

TITRE IV.

Des Choses.

1. Gaius *au livre* 6ᵉ. *de la loi des XII tables dit* : IL NOUS EST DÉFENDU DE CONSACRER AUX DIEUX UNE CHOSE EN LITIGE, SOUS PEINE DU DOUBLE. Cette prohibition est juste ; car par ce moyen on pourroit rendre pire la condition de son adversaire. *L.* 3, *ff. des biens litigieux.*

TITULUS V.

De pactis.

1. Rem ubi pagunt, orato ni. *Auctor ad Heren.* 2.

2. CUM NEXUM FACIET, MANCIPIUMQUE UTI LINGUA NUNCUPASSIT, ITA JUS ESTO. Festus *in* nuncupata.

Cùm ex XII tabulis satis esse cautum præstari QUÆ ESSENT LINGUA NUNCUPATA QUÆ QUI INFICIATUS ESSET, DUPLO PŒNAM SUBIRET. Cicero 3, *officiorum.*

TITRE V.

Des Pactes.

1. QUE LE JUGE CONFORME SA DÉCISION AUX PACTES CONVENUS ENTRE LES PARTIES. *L'auteur de l'ouvrage adressé à Hérennius, liv.* 2.

2. QUE, LORSQUE QUELQU'UN TRANSFÉRERA SON BIEN PAR LA MANCIPATION, (*) ET REMPLIRA TOUTES LES SOLEMNITÉS QUI DOIVENT L'ACCOMPAGNER, LES TERMES DONT IL SE SERVIRA FASSENT DROIT. *Festus, au mot* nuncupata.

Il a été ordonné par la loi des XII tables, que LES CONVENTIONS SOIENT OBSERVÉES CONFORMÉMENT A LEURS TERMES, ET QUE LES CONTREVENANS SOIENT TENUS DE PAYER LE DOUBLE. *Cicéron, traité des devoirs, liv.* 3.

(*) Manière d'acquérir en usage dans les premiers temps de Rome.

3. QUE CELUI QUI A PRIVÉ QUELQU'UN D'UN MEMBRE, SOIT, S'IL NE TRANSIGE PAS AVEC SA PARTIE, PUNI PAR LA LOI DU TALION. *Festus au mot* TALION.

4. La loi des XII tables démontre que nos ancêtres regardoient le serment comme le moyen de plus efficace d'assurer la foi des conventions. *Cicéron, traité des devoirs, liv.* 3.

5. CELUI QUI VENDRA LA COURONNE QUI LUI AURA ÉTÉ DÉCERNÉE POUR PRIX DE SON COURAGE, SERA PUNI, ET L'ARGENT QU'IL EN AURA REÇU, CONFISQUÉ. Pline, *liv.* 21, *ch.* 3.

TITRE VI.

Des Arbitres.

Voyez le titre *des Jugemens* et celui *du Partage de famille* ci-après.

TITRE VII.

Des Jugemens.

1. QUE CELUI QUI EST ASSIGNÉ POUR COMPAROITRE DEVANT LE JUGE, SUIVE A L'INSTANT CELUI QUI L'Y APPELLE. Cicéron, *des lois, liv.* 2.

La loi ordonne que VOUS COMPAROISSIEZ DEVANT LE JUGE, PUISQUE VOUS Y ÊTES APPELÉ. *L'auteur de l'ouvrage adressé à* Hérennius.

2. On trouve cette phrase dans la loi des XII tables : SI CELUI QUE VOUS ASSIGNEZ DEVANT LE JUGE REFUSE DE VOUS SUIVRE, VEUT VOUS ÉCHAPPER OU SE DISPOSE A VOUS RÉSISTER, SAISISSEZ-LE ET CONDUISEZ-LE DE FORCE. Festus, *au mot* struere.

3. La loi des XII tables porte : SI LE JUGE OU L'UNE DES PARTIES SE TROUVE ATTEINT D'UNE MALADIE GRAVE, QUE LE JUGEMENT SOIT RENVOYÉ A UN AUTRE JOUR. I. 3. ff. *si quis cautionibus.*

SI CELUI QUI EST CITÉ POUR COMPAROITRE EN JUSTICE NE PEUT OBÉIR A L'ASSIGNATION A CAUSE DE SON GRAND AGE OU DE TOUTE AUTRE INFIRMITÉ, QU'IL LUI SOIT FOURNI UNE VOITURE; S'IL LA REFUSE, QUE CELUI QUI L'ASSIGNE NE SOIT PAS TENU DE LUI FOURNIR

3. SI MEMBRUM RUPIT, NI CUM EO PACIT TALIO ESTO. Festus in *talionis* verbo.

4. Nullum vinculum ad astringendam fidem, jurejurando majores arctius esse voluerunt, id indicant leges in XII tabulis. Cicero 3 *officiorum.*

5. QUI CORONAM VIRTUTIS ERGO PROPOSITAM PACIT IPSE PECUNIAVE EJUS ARGUITO. *Plin.* 21, *cap.* 3.

TITULUS VI.

De receptis arbitris.

Vide titulos de judiciis et familiæ erciscundæ.

TITULUS VII.

De judiciis.

1. SI IN JUS VOCET, ATQUE EAT. Cicero 2 *de legibus.*

Lege jus est, UT IN JUS EAS CUM VOCERIS. *Auctor ad Herennium.*

2. In duodecim quod est, SI CALVITUR PEDEMQUE STRUIT, MANUM ENDO JACITO, Festus *in* struere.

3. Lex XII tabularum, SI JUDEX, VEL ALTERUTER EX LITIGATORIBUS, MORBO SONTICO IMPEDIATUR, JUBET DIEM JUDICII ESSE DIFFISUM, lib. 2, §. 3. ff. *si quis cautionibus.*

SI IN JUS VOCAT, SI MORBUS, ÆVITAS VITIUMVE ESSET, QUI IN JUS VOCABIT, JUMENTUM DATO : SI NOLET, ARCERAM NE STERNITO. 20, Gell. 1.

3*

SI QUID HORUM FUIT VITIUM, JU-
DICI, ARBITROVE, REQVE DIES DIFFISUS
ESTO. Festus, ib. 11, §. 11. *Si quis cau-
tionib.* Acron *in Horat.*

UNE VOITURE COUVERTE. Aulu-Gelle, *liv.*
20, *ch.* 1.

SI LE JUGE, OU L'ARBITRE, OU LE DÉ-
FENDEUR SE TROUVE ATTEINT D'UNE
MALADIE GRAVE, QUE LE JUGEMENT DE
L'AFFAIRE SOIT RENVOYÉ A UN AUTRE
JOUR. Festus, *liv.* 11, §. 11, *ff. si quis
cautionib.* Acron *in Horat.*

4. De hac lege XII tabularum his
verbis cautum est, SI VIS VOCATIONI,
TESTAMINI IGITUR EN CAPITO TESTARI.
Porphyrio *ad illa verba* Horatii 1, *ser-
mon.* 9, et licet antestari.

4. La loi des XII tables porte : SI CELUI
QUE VOUS APPELEZ DEVANT LE JUGE RE-
FUSE DE VOUS SUIVRE, PRENEZ DES TÉ-
MOINS DE SON REFUS. Porphyrion *sur les
mots ET LICET ANTESTARI, renfermés dans
la* 9e. *satyre* d'Horace.

5. Vagulatio in lege XII tabularum
significat quæstionem cum convitio, CUI
TESTIMONIUM DEFUERIT IS TERTIIS DIE-
BUS OB PORTUM OBVAGULATUM ITO.
Festus *in vagulatio.*

5. Le mot *vagulatio* signifie dans la loi
des XII tables interpellations faites à haute
voix, comme le passage suivant le démon-
tre : QUE CELUI QUI VEUT FAIRE ENTEN-
DRE DES TÉMOINS AILLE PRÉALABLE-
MENT INTERPELLER A HAUTE VOIX TROIS
FOIS PENDANT DIFFÉRENS JOURS SON AD-
VERSAIRE, EN SE METTANT SUR SA PORTE.
Festus, *au mot* vagulatio.

6. Durè autem scriptum esse in istis
legibus quid existimari potest? Nisi duram
esse legem putas quæ JUDICEM, ARBI-
TRUMVE JURE DATUM, QUI OB REM
DICENDAM, PECUNIAM ACCEPISSE CON-
VICTUS EST, CAPITE PUNIT. Gellius 20,
cap. 1.

6. Peut-on trouver cette disposition trop
sévère, à moins qu'on ne trouve aussi trop
rigoureuse celle de la même loi des XII ta-
bles, qui CONDAMNE A MORT LE JUGE OU
L'ARBITRE QUI EST CONVAINCU D'AVOIR
RENDU SA SENTENCE DANS LE SENS DE
CELUI QUI LUI A DONNÉ DE L'ARGENT.
Aulu-Gelle, *liv.* 20, *ch.* 1.

7. Cur, cùm sacratis legibus et XII
tabulis sancitum esset, UT NEQUE PRIVI-
LEGIUM IRROGARI LICERET, NEQUE DE
CAPITE NISI COMITIIS CENTURIATIS RO-
GARI, NULLA VOX EST AUDITA CONSU-
LUM? Cicero *in oratione pro* Sestio.

7. Pourquoi les lois sacrées et la loi des
XII tables ordonnent QU'IL NE SOIT IN-
TRODUIT AUCUN PRIVILÉGE ET QU'ON NE
PUISSE CONDAMNER UN CITYOEN A MORT
QUE DANS LES COMMICES ASSEMBLÉES PAR
CENTURIES, la voix des consuls est-elle mé-
prisée? Cicéron, *dans son discours pour*
Sestius.

DE CAPITE NON MODO FERRI, SED NE
JUDICARI QUIDEM POSSE NISI CENTU-
RIATIS COMITIIS. Cicero *eod. loc.*

ON NE PEUT NON-SEULEMENT CONDAM-
NER UN CITOYEN A MORT HORS DES COM-
MICES ASSEMBLÉS PAR CENTURIES, MAIS
ON NE PEUT MÊME LE JUGER. Cicéron, *à
l'endroit déjà cité.*

8. ORITO PAICUNT IN COMITIO AUT
IN FORO ANTE MERIDIEM CAUSAM CON-
JICITO. *Auctor* ad Herennium 2.

8. SI LES PARTIES N'ONT PU S'ARRAN-
GER, QUE LA CAUSE SOIT PORTÉE AVANT
MIDI DEVANT LES JUGES DANS LES COM-
MICES OU AU FORUM. *L'auteur du livre
adressé à* Hérennius.

In XII tabulis verbum hoc ita scriptum
est, ANTE MERIDIEM CAUSAM CONSCITO,

Le passage suivant se trouve dans la loi
des XII tables : QUE LA CAUSE SOIT POR-

TÉE AU TRIBUNAL AVANT MIDI ET DIS-
CUTÉE EN PRÉSENCE DES DEUX PARTIES ;
QUE PENDANT L'APRÈS-MIDI LE JUGE AC-
CORDE GAIN DE CAUSE A LA PARTIE PRÉ-
SENTE , SI L'AUTRE N'A POINT COMPARU ;
SI ELLES SONT TOUTES LES DEUX PRÉ-
SENTES, QUE LE COUCHER DU SOLEIL
METTE FIN A LA CONTESTATION. Aulu-
Gelle , *liv.* 17, *ch.* 2.

QUE LE COUCHER DU SOLEIL METTE
FIN A TOUTES CONTESTATIONS. Festus ,
au mot Supremum.

9. Ennius a puisé ce mot (*Proletarius*)
dans la loi des douze tables , dans laquelle,
s'il m'en souvient, il est écrit : QU'UN RI-
CHE SEUL PUISSE RÉPONDRE POUR UN RI-
CHE ; MAIS QUE QUI CE SOIT PUISSE RÉ-
PONDRE POUR UN PAUVRE. Aulu - Gelle ,
liv. 16 , *ch.* 10.

TITRE VIII.

Du dommage causé par les animaux domestiques.

1. LA loi des XII tables a établi une action noxale en réparation du dommage
causé par les animaux domestiques de
quelqu'un sur le bien d'autrui ; lequel
peut avoir été produit par les animaux
dans leurs jeux , leur frayeur , ou à cause
de leur férocité naturelle. Justit. *du dommage causé par les animaux domestiques.*

La loi des XII tables donne une action en réparation du dommage causé
par un quadrupède domestique. Cette loi
porte que le maître de l'animal sera tenu
de donner à celui qui a souffert le dommage , ou l'animal qui l'a causé , ou la
somme à laquelle le dommage a été estimé. L. 1 , ff. , *du dommage causé par
les animaux domestiques.*

TITRE IX.

Des Actions noxales.

1. CELSE remarque cette différence entre
la loi AQUILIA et celle des XII TABLES.
D'après cette loi antique , dit-il , en parlant
de cette dernière loi , SI UN ESCLAVE A

CUM PERORANT AMBO PRÆSENTES. POST
MERIDIEM PRÆSENTI LITEM ADDICITO.
SI AMBO PRÆSENTES , SOL OCCASUS SU-
PREMA TEMPESTAS ESTO. 17 , Gell. 2.

Festus in supremum , in legibus XII.
SOLIS OCCASUS SUPREMA TEMPESTAS
ESTO.

9. Ennius verbum hoc ex XII tabulis
vestris accepit , in quibus , si recte com-
memini , ita scriptum est. ASSIDUO VIN-
DEX ASSIDUUS ESTO : PROLETARIO CIVI,
QUIVIS VOLET VINDEX ESTO. 16 , Gellius 10.

TITULUS VIII.

Si quadrupes pauperiem fecisse dicatur.

1. ANIMALIUM nomine , quæ ratione carent , si qua lascivia aut pavore aut fe-
ritate pauperiem fecerint , noxalis actio
lege XII tabularum prodita est. Inst. *Si
quadrupes.*

Si quadrupes pauperiem fecisse dicetur,
actio ex lege XII tabularum descendit,
quæ lex voluit aut dari id quod nocuit ,
id est , animal , aut æstimationem noxiæ
offerri. Lib. 1 , ff. *Si quadrupes.*

TITULUS IX.

De noxalibus actionibus.

1. CELSUS differentiam facit inter legem Aquiliam et legem XII tabularum.
Nam in lege antiqua (*id est* XII) , si servus , *sciente domino* , *furtum fecit* , *vel*

etiam noxam commisit servi nomine actio est noxalis, nec dominus suo nomine tenetur. Lib. 2, S. 1, ff. de noxalibus.

Noxales actiones sunt aut legibus aut edicto prætoris. (Legibus, veluti *furti ex legibus* XII *tabularum.* S. 4, inst. de noxalib. actionib.

COMMIS UN VOL OU UN DÉLIT AU SU DE SON MAITRE, L'ACTION EST NOXALE ET CONCERNE SEULEMENT L'ESCLAVE ; EN CONSÉQUENCE LE MAITRE N'EN EST POINT TENU. L. 2, ff., *des actions noxales.*

Les actions noxales descendent ou des lois ou de l'édit du préteur ; L'ACTION NOXALE DU VOL descend, par exemple, de la loi des XII TABLES. *Inst. des actions noxales,* S. 4.

TITULUS X.

Finium regundorum et de servitutibus.

1. VIÆ LATITUDO ex lege XII tabularum IN PORRECTUM OCTO PEDES HABET, IN AMFRACTUM, id est, ubi flexum est, SEDECIM Gaius *in lege 8, de servitutibus rusticorum.*

Amfractum est dictum ab ambitu et frangendo, ab *eo leges jubent* IN DIRECTO PEDUM OCTO ESSE, IN AMFRACTO SEXDECIM, id est, *in flexu.* Varro 6, *de lingua.*

2. SI PER PUBLICUM LOCUM AQUÆ DUCTUS PRIVATO NOCEBIT, ERIT PRIVATO ACTIO EX LEGE XII TABULARUM, UTI NOXÆ DOMINO CAVEATUR. Lib. 5, ff. ne quid in loco publico.

3. Et sic verba legis XII tabularum veteres interpretati sunt, SI AQUA PLUVIA NOCET EI. Si nocere poterit. Lib. 21, ff. de statulib.

4. Ambitus propriè dicitur inter vicinorum ædificia, locus duorum pedum et semipedis ad circumeundi facultatem relictus. *Festus in ambitus. Vide etiam* Varr. de linguâ lat., lib. 4, et Volusium Mecianum.

5. Leges publicæ non patiuntur majores crassitudines quàm sesquipedales constitui loco communi. *Vitruvius* 2, cap. 8.

TITRE X.

De l'action concernant les bornes, et des servitudes.

1. SUIVANT la loi des XII tables, LA SERVITUDE DU CHEMIN DOIT AVOIR HUIT PIEDS DE LARGE ET SEIZE DANS LES DÉTOURS, c'est-à-dire, AUX ENDROITS OU LE CHEMIN TOURNE. Gaïus, L. 8, ff. des servitudes rustiques.

Le mot *amfractum* est composé des deux mots *ambitus* et *frangere.* On le trouve employé dans la loi des XII tables, qui ordonne que la SERVITUDE DU CHEMIN AIT HUIT PIEDS DE LARGE, TANT QU'IL EST EN LIGNE DIRECTE, ET SEIZE DANS L'ENDROIT OU IL TOURNE. Varron, *de la langue latine, Liv.* 6.

2. LE PARTICULIER QUI A A SE PLAINDRE D'UN AQUEDUC, A, QUOIQUE L'AQUEDUC PASSE DANS UN LIEU PUBLIC, UNE ACTION POUR DEMANDER LA RÉPARATION DU DOMMAGE QU'IL A SOUFFERT, conformément à la loi des XII tables. L. 5, ff., *ne quid in loco publico.*

3. C'est ainsi que les anciens ont donné à ces mots de la loi des XII tables : SI L'EAU PLUVIALE CAUSE DU DOMMAGE, le sens de ceux-ci : Si elle peut en causer. L. 21, ff., *de statulib.*

4. On donne le mot *d'ambitus* à l'espace de deux pieds et demi qu'on doit laisser entre deux maisons voisines, pour qu'on puisse en faire le tour. Festus *au mot* AMBITUS. *Voyez aussi* Varron, *liv.* 4, *de ling. lat., et Volusius Mecianus in dist. ad cens.*

5. Il est défendu par les lois de construire dans un lieu commun un mur de plus d'un pied et demi d'épaisseur. Vitruve, *liv.* 2, *ch.* 8.

6. Cette discussion repose plutôt sur les mots que sur la chose ; et la loi des XII tables AYANT PERMIS DE PRESCRIRE UN TERRAIN DE CINQ PIEDS, ne souffrons point, etc. Cicero *de leg.*

TITRE XI.

De l'action en partage de famille.

1. CETTE action descend de la loi des XII tables. *L.* 1 , *ff. fam. ercisc.*

TITRE XII.

Des choses religieuses et des frais des funérailles.

1. QUOIQUE la chose vendue ait été livrée à l'acheteur, il n'en devient le maître qu'après qu'il en a payé le prix convenu, ou qu'il a satisfait autrement au vendeur, en lui donnant pour prix un autre débiteur à sa place, ou en lui donnant un gage: quoique la loi des XII tables contienne une disposition précise à cet égard, on peut dire cependant que cette décision est fondée sur le droit des gens, c'est-à-dire, sur l'équité naturelle. *Inst. de rer. divis.* §. 41.

Sub vos placo signifie dans les requêtes et autres actes de prières la même chose que *supplico*, je vous supplie ; on trouve de pareils exemples dans la loi des XII tables, comme *transque dato*, LIVREZ ; *edendoque plorato* , IMPLOREZ. Festus, au mot *in sub-vos.*

2. La mancipation est une vente imaginaire qui se fait en présence de cinq témoins, tous citoyens romains et pubères, et d'une autre personne de même condition qui tient la balance, et à qui on donne, à cause de ses fonctions, le nom de *libripens.* L'acheteur tenant à la main une pièce de monnoie prononce ces mots : *Je dis que cette chose m'est acquise par le droit des Romains : je l'ai achetée au poids avec cet argent.* Il frappe ensuite la balance avec cette pièce de monnoie, qu'il donne après au vendeur, comme pour tenir lieu de prix. Aucune des choses nommées *res mancipi* ne pouvoit être aliénée qu'en observant cette solemnité. Boece, *Commentaires sur les Topiques de Cicéron.*

6. Ex hac non rerum sed verborum discordia , controversia nata est de finibus ; QUONIAM USUCAPIONEM XII TABULÆ INTER QUINQUE PEDES ESSE VOLUERUNT, etc. Cicero 1 , *de legibus.*

TITULUS XI.

Familiæ erciscundæ.

1. HÆC actio proficiscitur ex lege XII tabularum. 1 , *ff. familiæ*

TITULUS XII.

De religiosis et sumptibus funerum.

1. VENDITÆ res et traditæ, *non aliter emptori adquiruntur, quàm si is venditori pretium solverit, vel alio modo ei satisfecerit, veluti ex promissore vel pignore dato.* Quod quanquam cavetur lege XII tabularum ; tamen rectè dicitur et jure gentium, id est, naturali id effici. §. 41 instit. *de rerum divis.*

Sub vos placo (inquit Festus in *sub vos*) in precibus ferè cùm dicitur , significat id quod supplico, *ut in legibus*, TRANSQUE DATO , EDENDOQUE PLORATO. Hæc Festus.

2. Mancipatio est imaginaria quædam venditio, quæ sic agitur, adhibitis non minùs quàm quinque testibus, civibus Romanis puberibus, et præterea alio ejusdem conditionis, qui libram æneam teneat, qui appellatur libripens. Is qui mancipium accipit æs tenens, ita dicit, *Hanc ego rem ex jure Quiritum meum esse aio, eaque mihi empta est hoc ære ænaque libra.* Deinde ære percutit libram, idque æs datur ei à quo mancipium accipitur, quasi pretii loco. *Quæcunque igitur res mancipi, lege XII tabularum ; aliter nisi per hanc solemnitatem alienari non poterat.* Boetius in topic. Ciceronis.

3. Galus lib. 4 ad legem XII tabularum. Sodales sunt, inquit, qui sunt ejusdem collegii. Græci ἑταίρια vocant. His autem potestatem facit lex pactionem quam velint sibi ferre, dum ne quid ex publica lege corrumpant. Sed hæc lex videtur esse ex lege Solonis translata. Nam illa ita est, ἐαν δὲ δῆμος, etc. Lib. ult. ff. de Collegiis.

4. Statuliberum renundari posse leges xii tabularum putaverunt. Lib. 25, ff. de statuliberis. Emptori tamen dando pecuniam, ad libertatem perveniet : idque lex xii tabularum jubet. Ulp. lib. 2, §. 4.

TITULUS XIII.

De usuris.

1. SANÈ vetus urbi fenebre malum, et seditionum discordiarumque creberrima causa, eaque cohibebatur antiquis quoquo et minus corruptis moribus.

Nam primò XII tabulis sanctum, NE QUIS UNCIARIO FŒNORE AMPLIUS EXERCERET. Tacitus 6 Annal.

2. Majores nostri sic habuerunt. et ita in legibus posuerunt, FUREM DUPLI CONDEMNARI, FŒNERATOREM QUADRUPLI. Marcus Cato initio libri de re rustica.

TITULUS XIV.

De nuptiis.

1. APUD antiquos non solùm publicè sed etiam privatim nihil gerebatur, nisi auspicio priùs sumpto ; quo ex more nuptiis etiamnum auspices interponuntur. Hæc Valerius 2, cap. 1, de nupt.

§. 2. Suas res sibi habere jussit et XII tabulis CLAVES ADEMIT, EXEGIT. Cicero.

§. 3. Quæ unó contentæ matrimonio

3. On appelle confrères ceux qui appartiennent au même corps, et que les Grecs appellent Etairian. La loi leur permet de faire entr'eux tous les réglemens qu'ils voudront, pourvu qu'ils ne portent point atteinte aux lois. Cette disposition paroît avoir été traduite de la loi de Solon, conçue dans les termes ci-après, etc. Gaius liv. 4, commentaire sur la loi des XII tables au ff. l. ult. de Collegiis.

4. La loi des XII tables a permis de vendre les esclaves dont la liberté est en suspens (L. 25, ff. de statuliberis). Cependant cet esclave en donnant de l'argent à son acheteur peut obtenir la liberté. Telle est la disposition de la loi des XII tables. Ulpien, liv. 2, §. 4.

TITRE XIII.

Des Intérêts.

1. L'USURE, cet ancien vice qui est comme inhérent à la ville, et qui a été fréquemment la cause de séditions et de discordes, se retrouve encore chez les anciens, dont les mœurs étoient bien moins corrompues qu'aujourd'hui ; car il fut défendu par la loi des XII tables de STIPULER DES INTÉRÊTS SUR UN PLUS HAUT TAUX QUE D'UN POUR CENT PAR AN. Tacite, annal. liv. 6.

2. Nos ancêtres étant dans l'usage de CONDAMNER LE VOLEUR AU DOUBLE ET L'USURIER AU QUADRUPLE, ils consacrèrent cet usage dans leurs lois. M. Cato, de re rustica.

TITRE XIV.

Du Mariage.

1. CHEZ les anciens on ne faisoit aucune entreprise publique ni privée qu'on n'eût consulté auparavant les auspices. C'est de là que descend l'usage de les faire intervenir dans les célébrations de mariage. Valerius, liv. 2, ch. 1, des mar.

2. Il lui ordonna de lui restituer ce qui lui appartenoit et EXIGEA ET LUI ENLEVA, conformément à la loi des XII tables, LES CLEFS. Cicéron.

3. On honoroit de la couronne de la pudicité

pudicité les veuves qui ne se remarioient pas. *Valère-Maxime.*

fuerant, corona pudicitiæ honorabantur. *Valerius Max.*

TITRE XV.

Des Tuteurs et des Curateurs.

1. IL paroit que par ces termes de la loi des XII tables, QUE LA VOLONTÉ D'UN MOURANT A L'ÉGARD DE SES BIENS TIENNE LIEU DE LOI APRÈS SA MORT, il avoit été donné aux testateurs un pouvoir absolu d'instituer des héritiers, donner des legs et des libertés et conférer des tutelles. *L.* 130, *ff. de verb. signifi.*

La même loi des XII tables permet aussi aux pères de famille de donner par leurs testamens des tuteurs aux enfans qu'ils laissent dans l'âge de pupillarité. Ses termes sont : QUE LA VOLONTÉ D'UN MOURANT A L'É-GARD DE SES BIENS ET DE LA TUTELLE DE SES ENFANS, TIENNE LIEU DE LOI APRÈS SA MORT, Ulpien, *tit.* 11, §. 14.

2. Il a été permis par la loi des XII tables aux pères de famille de donner par leurs testamens des tuteurs aux enfans des deux sexes constitués sous leur puissance, et qu'ils laissent dans l'âge de pupillarité. *L.* 1, *ff. des testam. tut.*

3. D'après la loi des XII tables, la tutelle des pupilles qui n'ont pas reçu de tuteur par testament de leurs parens, appartient aux aguals, qui dans ce cas sont appelés tuteurs légitimes. *Inst. de lege agn. tut.*

Les tutelles légitimes, d'après la loi des XII tables, sont conférées aux agnats et aux consanguins. *L.* 1, *ff. de leg. tut.*

4. S'il y a plusieurs agnats, la tutelle appartient au plus proche en degré du pupille. Gaius *in lib.* 12 *ad edict. prov.*

5. Par la même loi des XII tables la tutelle des affranchis et des affranchies appartient à leurs patrons, et à leur défaut, à leurs enfans. *Inst. de leg. tut.*

6. Par la loi Claudia, l'usage de soumettre les femmes à la tutelle légitime a été aboli. Ulp. *tit.* 11, §. 8.

Toutes les femmes, à cause de leur foiblesse, furent soumises par nos ancêtres sous l'autorité d'un tuteur. Cic. *pro Murena.*

7. D'après la loi des XII tables les frères

TITULUS XV.

De Tutoribus et Curatoribus.

1. VERBIS legis XII tabularum his, UTI LEGASSIT SUÆ REI ITA JUS ESTO, latissima potestas tributa videretur ; et hæredis instituendi, et legata et libertates dandi, tutelas quoquo constituendi. *Lib.* 130, *ff. de verbor. signific.*

Testamento quoque nominatim tutores dati confirmantur eadem lege XII tabularum, UTI LEGASSIT SUPER PECUNIA, TUTELAVE SUÆ REI, ITA JUS ESTO. *Ulpian.* 11, §. 14.

2. Lege XII tabularum permissum est parentibus, liberis suis sive feminini, sive masculini sexus, si modò in potestate sint, tutores testamento dare. *L.* 1, *ff. de testament. tutel.*

3. Quibus testamento tutor datus non est, his, ex lege XII tabularum adgnati sunt tutores qui vocantur legitimi. *Instit. de legitima adgnatorum tutela.*

Legitimæ tutelæ, lege XII tabularum adgnatis delatæ sunt et consanguineis. *L.* 1, *ff. de legitimis tutoribus.*

4. Si plures sint adgnati, proximus tutelam nanciscitur. *Gaius l.* 12 *ad edictum provinciale.*

5. Ex eadem lege XII tabularum, libertorum et libertarum tutela ad patronos, liberosque eorum pertinet. *Instit. de legitima patron. tutel.*

Feminarum legitimas tutelas lex Claudia sustulit. *Ulpian.* 11, §. 8.

Mulieres omnes, propter infirmitatem consilii, majores in tutorum potestate esse voluerunt. *Cicero pro Murena.*

7. Emancipati furiosis fratribus et so-

roribus lege XII tabularum legitimi curatores erant. Cod. *de curat. furioso.*

Lex est, SI FURIOSUS EST, AGNATORUM, GENTILIUMQUE IN EO PECUNIAQUE EJUS POTESTAS ESTO. Cicero 2, *de inventione.*

Lex XII tabularum furiosum in curatione jubet esse agnatorum. *Ulp.*

Furiosi, licét majores vigintiquinque annis sint, tamen in curatione sunt agnatorum, ex lege XII tabularum.

8. Lege XII tabularum prodigo interdicitur bonorum suorum administratio. *Ulpian. l. 1, ad Sabinum.*

émancipés étoient curateurs légitimes de leurs frères et sœurs furieux. *Cod. de cur. fur.*

La loi porte : QUE LE SOIN DE LA PERSONNE ET DES BIENS DES FURIEUX SOIT CONFIÉ A L'UN DE SES AGNATS, ET S'IL N'EN A PAS, A UN AUTRE DE SES PARENS. *Cic. lib. 2 de inv.*

La loi des XII tables attribue la curatelle des furieux à leurs agnats. *Ulp.*

D'après la loi des XII tables les furieux, quoique majeurs de vingt-cinq ans, sont soumis à la curatelle de leurs agnats.

8. D'après la loi des XII tables l'administration de ses propres biens a été interdite au prodigue. Ulp. *liv. 1 ad Sab. et infrag.*

TITULUS XVI.

De Testamentis et Legatis.

1. EMANCIPATOS jure civili neque hæredes instituere neque exhæredare necesse est, quia non sunt sui. *Inst. de exhæredat.*

2. Lege XII tabularum testamentariæ hæreditates confirmantur. *L. 130, ff. de verb. signific.*

TITRE XVI.

Des Testamens et des Legs.

1. D'APRÈS la loi des XII tables on n'est point tenu d'instituer ni d'exhéréder les enfans émancipés, parce qu'ils ne sont pas héritiers siens. *Inst. de exhær.*

2. Les successions testamentaires ont été approuvées par la loi des XII tables. *L. 130 de verb. leg.*

TITULUS XVII.

De hæreditatibus ab intestato.

1. INTESTATORUM hæreditates ex lege XII tabularum primùm ad suos pertinent. §. 1, *Inst. de hæred. quæ ab intestato.*

2. Lex XII tabularum ita stricto jure utebatur et præponebat masculorum progeniem et omnes qui per feminini sexus necessitudinem sibi junguntur adeò expellebat, ut nequidem inter matrem et filium, filiamve ultrò citròque hæreditatis capiendæ jus daret. *Inst. de Senatuscons. Tertull. in pr.*

3. Lege antiqua XII tabularum omnes similiter ad successionem ab intestato vocabantur. §. 5. *Inst. de exhær. liber.*

4. SI PATERFAMILIAS MORITUR, FAMILIA, PECUNIAVE EJUS AGNATORUM GENTILIUMQUE ESTO. *Auctor ad Herennium.*

TITRE XVII.

Des Successions ab intestat.

1. D'APRÈS la loi des XII tables les héritiers siens étoient les premiers appelés aux successions *ab intestat. Inst. de hær. quæ ab intest.*

2. La loi des XII tables étoit si rigoureuse en matière de successions, elle préféroit tellement les descendans par les mâles à ceux qui ne descendoient que par les femmes, qu'elle n'admettoit point le droit de succession entre la mère et les enfans. *Inst. de sen. Tert.*

3. D'après la loi des XII tables les fils et les filles venoient à la succession *ab intestat* de leurs biens par égale part. *Inst. de exhær. liv.*

4. QUE LORSQU'UN PÈRE DE FAMILLE MEURT *AB INTESTAT*, SON PLUS PROCHE AGNAT LUI SUCCÈDE, ET S'IL N'EN A POINT, QU'ON APPELLE A LA SUCCESSION

UN AUTRE PARENT QUI PORTE SON NOM. *Auct. ad Heren.*

5. Lorsque le défunt ne laisse aucun héritier sien, sa succession, conformément à la loi des XII tables, appartient aux agnats. Gaius, *liv.* 3 *inst.*

6. QUE LORSQUE QUELQU'UN MEURT SANS FAIRE DE TESTAMENT NI LAISSER D'HÉRITIER SIEN, SON PLUS PROCHE PARENT LUI SUCCÈDE. Ulpien, *Fragm. tit.* 26, §. 1. *Idem libro singul. inst. de legit. ag. succ. in princ. et* §. 5.

7. La loi des XII tables ne défère point l'hérédité à tous les agnats à la fois, mais seulement à ceux qui étoient les plus proches parens du défunt lors de sa mort. Gaius, *in coll. leg. Mosaïcar.*

8. S'il n'existe pas d'héritiers siens, la succession de celui qui est mort sans avoir fait de testament appartient aux consanguins, c'est-à-dire, aux frères et sœurs issus du même père ; mais s'il n'existe pas de consanguins, la succession est déférée aux autres parens mâles et descendans des mâles, Ulpien, *in lib. sing.*

Par le droit des Romains, les femmes ne succèdent pas au-delà du degré de consanguinité. C'est pourquoi une sœur peut être héritière légitime de son frère ou de sa sœur; mais la tante ne peut succéder à la nièce, ni celle-ci à sa tante. Gaius, *in collat. leg. Mosaïc.*

La sœur, par le droit de consanguinité, est admise à la succession de son frère ainsi qu'à celle de sa sœur. Paul, *liv.* 7 *sentent.*

9. La loi des XII tables admet à la succession les cognats sans distinction de sexes. Paul, *liv.* 4, *tit.* 8, §. 3 *sentent.*

La loi des XII tables, amie de la simplicité qui convient si bien aux lois, appeloit indistinctement les agnats mâles ou femmes, quel que fût leur degré à la succession les uns des autres. *Inst.* §. 3. *de legit. succ. agn.*

10. Le droit de succéder *ab intestat*, qui dépend de la loi des XII tables, se perd par le changement d'état. *Ulpien.*

11. Si un affranchi meurt *intestat* sans laisser d'enfans, nous conservons à son patron dans son intégrité le droit que, d'après la loi des XII tables, il a à sa succession. *Inst.* §. 3. *de succ. libert.*

5. Si nullus sit suorum hæredum, tunc hæreditas pertinet ex eadem lege XII tabularum ad agnatos. *Gaius* 5 *Inst.*

6. Ast si intestatus moritur, cui suus hæres nec exstabit, proximus familiam habeto. 26, *Ulp.* 1, *fragm. Idem lib. sing. Inst. de legit. agn. succ. in princ. et* §. 5.

7. Non omnibus simul agnatis dat lex XII tabularum hæreditatem, sed his qui tunc cùm certum est aliquem intestato decessisse, proximo gradu sunt. *Gaius in collat. leg. Mosaïo.*

8. Si sui hæredes non sint, ad consanguineos, id est, fratres et sorores ex eodem patre : si nec sui sunt, ad reliquos cognatos virilis sexus per mares descendentes ejusdem familiæ, intestati hæreditas pertinet. His enim cautum est lege XII tabularum, etc. *Ulp. lib. singul.*

Nostræ hæreditates ad feminas ultrà consanguineorum gradum non pertinent. Itaque soror fratri, sororive, legitima hæres est. Amita verò et fratris filia, hæres esse non potest. *Gaius in coll. leg. Mosaïc.*

Soror jure consanguinitatis, tam ad fratris quàm sororis hæreditatem admittitur. *Paulus* 7, *sententiarum.*

9. Lex XII tabularum nulla discretione sexus cognatos admittit. *Paul.* 4, *sentent.* 8, §. 3.

Lex XII tabularum simplicitatem legibus amicam amplexa, simili modo, omnes agnatos sive masculos, sive feminas cujuscunque gradus, ad similitudinem suorum invicem ad successionem vocabat. §. 3. *Inst. de legitima agnatorum successione.*

10. Legitimæ hæreditatis jus quod ex lege XII tabularum descendit, capitis minutione amittitur. 27, *Ulpian.* 5.

11. Si liberti intestati decesserint, nullo liberorum relicto, jus quod erat ex lege XII tabularum integrum reservavit. §. 3. *Inst. de successione libertorum.*

4 *

28 LES FRAGMENS DE LA LOI

Hæreditatem libertorum, si intestati decessissent, jusserat lex ad patronos, liberosve eorum pertinere. *Instit. de legitima patronum tutela.*

12. Qui libertum capitis accusavit, ad legitimam hæreditatem quæ ex lege XII tabularum defertur, non admittitur. *L. 10 et 11, ff. de jure patronatus.*

13. ÆRIS CONFESSI, REBUSQUE JURE JUDICATIS, TRIGINTA DIES JUSTI SUNTO. POST DEINDE MANUS INJECTIO ESTO, IN JUS DUCITO, NI JUDICATUM FACIT, AUT QUI PSEUDO EO IN JURE VIM DICIT SECUM DUCITO, VINCITO AUT NERVO AUT COMPEDIBUS QUINDECIM PONDO, NE MINORE : AUT SI VOLET, MAJORE VINCITO. SI VOLET, SUO VIVITO. NI SUO VIVIT, QUI EUM VINCTUM HABEBIT, LIBRAS FARRIS IN DIES DATO.

TERTIIS NUNDINIS, PARTEIS SECANTO : SI PLUS MINUSVE SECUERUNT, SINE FRAUDE ESTO. Gellius 20, cap. 1.

TITULUS XVIII.

De hæreditariis Actionibus.

1. CREDITORES hæreditariós adversùs legatarios non habere personalem actionem convenit, quippè cùm evidentissimè lex XII tabularum hæredes huic rei faciat obnoxios. *L. ult. cod. de hæreditariis actionib.*

TITULUS XIX.

De arboribus cædendis.

1. QUOD ait prætor et lex XII tabularum efficere voluit, UT QUINDECIM PEDES ALTIUS RAMI CIRCUMCIDEREN-

La même loi des XII tables déféroit aux patrons ou à leurs enfans la succession des affranchis décédés *intestats. Inst. de leg. patron. tut.*

12. Le patron qui a intenté une accusation capitale contre son affranchi, ne peut être admis à sa succession qui lui étoit déférée, conformément à la loi des XII tables. *L. 10 et 11. ff. de jure patronat.*

13. QU'IL SOIT ACCORDÉ TRENTE JOURS POUR SE LIBÉRER A CELUI QUI SE SERA AVOUÉ DÉBITEUR OU AURA ÉTÉ DÉCLARÉ TEL PAR LE JUGE; ET S'IL N'A PAS PAYÉ APRÈS L'EXPIRATION DE CE DÉLAI, QU'IL SOIT SAISI ET CONDUIT DEVANT LE JUGE : QU'IL SOIT, A MOINS QU'IL NE SE LIBÈRE OU QUE QUELQU'UN NE RÉPONDE POUR LUI, LIVRÉ A SON CRÉANCIER, QUI PEUT LUI METTRE LA CHAINE AU COU OU AUX PIEDS, QUI DOIT PESER AU MOINS QUINZE LIVRES. SI LE DÉBITEUR VEUT VIVRE A SES DÉPENS, QUE CELA LUI SOIT PERMIS, SINON QUE LE CRÉANCIER NE SOIT PAS TENU DE LUI FOURNIR PLUS D'UNE LIVRE DE PAIN PAR JOUR. Aulu-Gelle, *liv. 20, ch. 1.*

LES CRÉANCIERS POURRONT A LA TROISIÈME FOIS QU'ILS AURONT AMENÉ LEUR DÉBITEUR AU MARCHÉ, METTRE SON CORPS EN PIÈCES ET LE DIVISER IMPUNÉMENT EN PLUS OU MOINS DE PARTIES.

TITRE XVIII.

Des Actions héréditaires.

1. IL convient que les créanciers héréditaires n'aient point l'action personnelle contre les légataires, puisque très-évidemment la loi des XII tables ne la leur accorde que contre les héritiers. *Cic. de act. her.*

TITRE XIX.

De l'interdit sur lequel on est autorisé à couper des arbres nuisibles.

1. CETTE disposition de l'édit du préteur est conforme à une disposition de la loi des XII tables, qui veut que LES ARBRES

SOIENT ÉLAGUÉS JUSQU'A QUINZE PIEDS DE TERRE, de peur qu'ils ne nuisent par leur ombrage au fonds voisin. *ff. de arb. cædend.*

2. Si un arbre frappé d'un coup de vent penche du fonds voisin sur le vôtre, vous avez, en vertu de la loi des XII tables, action contre votre voisin pour le lui faire abattre, en soutenant qu'il n'a pas le droit d'avoir un arbre dans cet état, *L. ff. de arb. cædend.*

TITRE XX.

De la Prescription.

1. LA loi des XII tables ordonne qu'un fonds soit prescrit par une possession de deux ans, Cicéron *pro Cecinna* ; et les autres choses par celle d'une année. Le même *in topicis.* Inst. *de usucap.* Cod. *L.* 13 *de servitut.*

2. Il avoit été établi par la loi des XII tables, que celui qui recevroit de bonne foi une chose à titre d'achat, de donation ou à quelqu'autre titre juste, d'une personne qu'il croiroit en être le maître, acquerroit la propriété de la chose par l'usucapion. Inst. *de usucap.*

3. Cette même loi portoit que les choses mobiliaires, en quelqu'endroit qu'elles fussent situées, seroient prescrites par la possession d'une année, et les choses immobiliaires situées dans le territoire d'Italie, par celle de deux ans. Inst. *de usu cap.*

4. La prescription des choses volées est interdite par la loi des XII tables. Inst. *de usucap.* §. 2.

5. QU'UN ÉTRANGER NE PUISSE PRESCRIRE UNE CHOSE APPARTENANTE A UN CITOYEN ROMAIN. Cicéron, *lib.* 1. *officior.*

TITRE XXI.

Du vol et des délits privés.

1. QUE CELUI QUI, DANS LE CAS D'UN VOL NOCTURNE, AURA TUÉ LE VOLEUR, NE SOIT POINT POURSUIVI A CAUSE DE CE MEURTRE. Macrobe, *liv.* 1, *ch.* 4.

2. La loi des XII tables a permis de tuer impérieusement le voleur de jour qui oppo-

TUR. Et hoc idcirco effectum est, ne umbra arboris vicino prædio noceret. *L.* 1, §. ff. *de arboribus cædendis.*

§. 2. Si arbor ex vicini fundo inclinata in tuum fundum sit, ex lege XII tabularum de adimenda ea recte agere potes, jus ei non esse ita arborem habere. Lib. ult. ff. *de arboribus cædendis.*

TITULUS XX.

De Usucapionibus.

§. LEX jubet usum et auctoritatem fundi, esse biennium. Cicero pro Cecinna. Cæterarum rerum annuus est usus. Idem in topicis. Inst. de usucapionibus, l. 13. Cod. de servitutibus.

2. Jure civili constitutum fuerat ut qui bona fide ab eo qui dominus non erat, cùm crederet eum dominum non esse rem emerat, vel ex dominatione alicujus quavis justa causa acceperit, usucaperet. Inst. de usucapionibus.

3. Jure civili constitutum fuerat ut res mobiles, anno ubique uno : immobiles, biennio tantùm in Italico solo usucaperentur. Inst. de usucap.

4. Furtivarum rerum lex XII tabularum inhibet usucapionem. Inst. de usucapionibus.

5. ADVERSUS HOSTEM ÆTERNA AUCTORITAS ESTO. Cic. 1 officiorum.

TITULUS XXI.

De privatis delictis et de furto.

1. SI NOX FURTUM FACTUM SIT SI IM ALIQUIS OCCISIT, JURE CÆSUS ESTO. Macrob. 1, Saturn. 4.

2. Duodecim tabulæ, furem diurnum, si se telo defenderit, interfici impunè vo-

¹uerunt. *Cicero pro Milone.*

3. Ex cæteris autem manifestis furibus, liberos verberari, addicique jusserunt ei cui furtum factum esset, si modò id luci fecisseut, neque se telo defendissent. Servos autem furti manifesti prehensos, verberibus affici et è saxo præcipitari. Pueros impuberes prætoris arbitratu verberari voluerunt, noxamque ab sis factam sarciri. *Gell.* 11, *cap.* 18.

4. Aliis furtis omnibus quæ non manifesta appellantur pœnam imposuerunt dupli. *Gell.* 11, *cap.* 18.

5. Decemviri in XII tabulis ea furta qua per lancem et licium concepta essent, perindè ac si manifesta forent, vindicaverunt. *Gell.* 11, *cap.* 18.

6. TIGNUM JUNCTUM ÆDIBUS VINEÆQUE ET CONCAPUT NE SOLVITO. Fest. *in tignum.*

7. Cautumque est XII tabulis ut qui injuria arbores alienas cæcidisset, lueret in singulas æris vigintiquinque. *Plin.* 17, *cap.* 1.

se des armes à celui qui veut le prendre. Cicéron, *plaid. pour Milon.*

3. Les décemvirs ont condamné le voleur manifeste, s'il est libre, à être fustigé et adjugé comme esclave à celui qu'il a volé, si toutefois le vol a été fait de jour et le voleur n'a pas opposé les armes à celui qui l'a pris ; s'il est esclave, à être fustigé et précipité ensuite de la roche tarpéienne ; et si le voleur est un enfant impubère, à souffrir le châtiment que le préteur jugera à propos de lui soumettre, et à réparer le dommage qu'il a causé. Aulu-Gelle, *liv.* 11, *ch.* 18.

4. Les décemvirs imposèrent la peine du double aux auteurs de vols non manifestes. Aulu-Gelle, *liv.* 11, *ch.* 18.

5. Les décemvirs ont prononcé contre le voleur chez qui on a trouvé la chose volée, la peine décernée contre les voleurs manifestes. Aulu-Gelle, *ibid.*

6. Qu'on n'arrache point les poutres des maisons ni les échalas des vignes d'autrui. Festus *au mot* tignum.

7. Il a été ordonné par la loi des XII tables, que celui qui est convaincu d'avoir coupé sans la permission du maitre les arbres d'autrui, soit condamné à vingt-cinq as d'airain pour chaque arbre qu'il a coupé. Pline, *liv.* 17, *ch.* 1.

TITULUS XXII.

De injuriis.

1. SI INJURIA ALTERI FAXIT, VIGINTIQUINQUE ÆRIS PŒNA SUNTO.

2. SI MEMBRUM RUPIT NI CUM EO PACIT, TALIO ESTO. Gell. 20, cap. 1.

3. SI QUIS ACTITAVISSET SIVE CARMEN CONDIDISSET, QUOD INFAMIAM FACERET, FLAGITIUMVE ALTERI, FUSTE FERITO. Cicero 4.

TITRE XXII.

Des Injures.

1. QUE CELUI QUI EST CONVAINCU D'AVOIR COMMIS QUELQUES INJURES CONTRE QUELQU'UN SOIT CONDAMNÉ À VINGT-CINQ AS D'AIRAIN. Aulu-Gelle, *liv.* 20, *ch.* 1.

2. QUE CELUI QUI A ROMPU UN MEMBRE A QUELQU'UN ET N'A PAS TRANSIGÉ A CE SUJET AVEC LUI, SOIT PUNI PAR LA LOI DU TALION. Aulu-Gelle *ibid.*

3. QUE CELUI QUI AURA DIFFAMÉ QUELQU'UN PAR SES DISCOURS OU UN LIBELLE DIFFAMATOIRE SOIT FUSTIGÉ. Cicéron, *l.* 4. *de repub.*

TITRE XXIII.

Des Crimes extraordinaires.

ı. QUE LE PATRON QUI AURA TROMPÉ SON CLIENT SOIT VOUÉ AUX DIEUX IN-FERNAUX. Servius *in Æneidos* 2.

2. Nous savons tous que la loi des XII tables défend DE TENIR DES ASSEMBLÉES NOCTURNES DANS LA VILLE. Porcius Latro *dans sa déclamation contre Catilina.*

TITRE XXIV.

Des Jugemens publics.

ı. LA loi des XII tables défend de condamner quelqu'un à mort avant qu'il n'ait été entendu. Silvia *de jud. et provid. l.* 8.

2. La loi des XII tables porte la peine de mort contre celui qui est coupable d'avoir méchamment provoqué l'ennemi contre l'état, ou de lui avoir livré un citoyen. *Marcianus.*

TITULUS XXIII.

De extraordinariis criminibus.

ı. PATRONUS SI CLIENTI FRAUDEM FE-CERIT, SACER ESTO. *Servius in Æneid.*

2. Duodecim tabulis cautum esse cognoscimus, NE QUIS IN URBE COETUS NOCTURNOS AGITARET. Porcius Latro *in declamatione adversùs Catilinam.*

TITULUS XXIV.

De publicis judiciis.

ı. INTERFICI indemnatum quemcunque hominem, etiam XII tabularum decreta vetuerunt. *Salvianus episcopus Massiliensis* 8, *de judicio et providentia.*

2. Lex XII tabularum jubet eum, qui hostem concitaverit, quive civem hosti tradiderit, capite puniri. *Marcianus.*

FIN des fragmens de la Loi des XII Tables.

NOTES sur les fragmens de la Loi des XII Tables.

UN grand nombre de jurisconsultes anciens et modernes ont travaillé sur le texte de la loi des XII tables. Le jurisconsulte Gaïus sur-tout avoit fait sur ce code un long commentaire dont nous n'avons que quelques fragmens que les compilateurs du digeste nous ont conservés. Les autres anciens commentateurs de la loi des XII tables ont eu le même sort que Gaïus ; le temps qui détruit tout a appesanti sa faulx sur leurs écrits comme sur beaucoup d'autres ouvrages précieux dont nous connoissons à peine les titres.

La découverte presque miraculeuse d'un exemplaire des pandectes de Justinien fit renaître en Europe l'étude du droit romain. Dès-lors beaucoup de jurisconsultes se sont attachés à recueillir et à expliquer quelques fragmens de la loi des XII tables qu'on a trouvés épars dans les pandectes et le code de Justinien, et dans d'autres auteurs, comme Cicéron, Aulu-Gelle, Macrobe, Festus, Tite-Live, etc.

Jacques Godefroi, Terrasson et Bouchaud sont de tous les jurisconsultes modernes ceux qui nous ont laissé les meilleurs ouvrages sur la loi des XII tables. On peut cependant leur reprocher à tous les trois le même défaut, c'est d'avoir voulu restituer les textes et de s'être efforcés de les rendre dans la langue même des décemvirs. La langue parlée du temps des décemvirs différoit de celle qui l'étoit du temps de Cicéron comme la nuit et le jour ; Cicéron a avoué de bonne foi que de son temps on n'entendoit plus le texte des XII tables. Comment donc pourroit-il se faire que nous qui sommes si loin de Cicéron, qui n'entendons même que très-imparfaitement les ouvrages de cet orateur célèbre, fussions en état de comprendre les XII tables, et ce qui est beaucoup plus, d'écrire la langue des décemvirs? C'est cependant ce qu'ont tenté les jurisconsultes que je viens de citer. Le lecteur judicieux conçoit toute l'inutilité de ce travail, qui ne peut consister que dans des conjectures que rien ne garantit.

Ces raisons m'ont décidé à recueillir de nouveau les fragmens de la loi des XII tables, et à les présenter au lecteur tels que les anciens nous les ont conservés. C'est ce qu'on n'a pas encore fait jusqu'à ce jour. J'offre les textes dans toute leur pureté ; je n'ai rien ajouté du mien, et n'ai point aspiré, comme les auteurs que j'ai cités, à la connoissance de la langue osque, qui sera toujours pour nous inintelligible tant que nous n'aurons pas de plus grandes données que celles que nous avons.

Titre I. des lois, l. 1. Pendant quelque temps les citoyens romains furent égaux devant la loi, sauf cependant les distinctions des ordres. Cette loi nous prouve assez qu'il n'étoit accordé aucun privilège à des particuliers : dans la suite on se relâcha de cette rigueur en faveur de la fécondité et d'autres motifs d'utilité publique. Ceux par exemple qui avoient trois enfans étoient exempts des tutelles dont on les chargeoit.

Tit. 2. de l'état des hommes, l. 1. Il faut observer ici que les mois des Romains étoient plus courts que les nôtres. Ceux-ci sont solaires, ceux des Romains de ce temps-là, étoient lunaires.

Même titre, l. 2. Le lecteur est prié, s'il veut juger de la traduction de ce passage, comme de beaucoup d'autres que j'ai cités, de lire dans Cicéron même ce qui le précède et ce qui le suit. Il est difficile de concevoir le vrai sens d'une phrase isolée.

FRAGMENS

FRAGMENS

DES

INSTITUTIONS DE DROIT DE GAIUS,

ANCIEN JURISCONSULTE ROMAIN;

NOUVELLE édition conférée sur plusieurs manuscrits de la Bibliothèque Impériale, augmentée de nouveaux fragmens extraits des Pandectes de l'empereur JUSTINIEN, des écrits de BOECE, PITHON, PRISCIEN, etc.

AVEC LA TRADUCTION EN REGARD.

Quas (*Institutiones*) ex omnibus antiquarum institutionibus et præcipuè ex commentariis GAII nostri, tàm institutionum quam rerum quotidianarum, aliisque multis commentariis compositas, cùm tres viri prædicti prudentes nobis obtulerunt, etc.

Præf. des Inst. de l'emp. JUST. §. 5.

4

AVERTISSEMENT.

Les préfaces ne sont plus d'usage, elles ne sont bonnes que pour ennuyer le lecteur; c'est pourquoi je me bornerai à dire que l'édition que je donne aujourd'hui des Institutions de Gaius est la plus complète de toutes celles qui ont paru jusqu'à ce jour. Je l'ai conférée sur plusieurs manuscrits déposés à la Bibliothèque Impériale; je l'ai en outre enrichie de plusieurs fragmens extraits des Pandectes, de Boëce, Priscien, etc. Quant à ce qui concerne ma traduction, je n'en dis rien; je la soumets à la censure du public.

NOTICE

SUR LA VIE ET LES ECRITS DE GAIUS,

EXTRAITE DE L'HISTOIRE DU DROIT ROMAIN DE TERASSON.

Nous n'avons pas plus de certitude sur ce qui concerne le célèbre Gaïus ou Caïus. Nous savons seulement deux circonstances de sa vie : la première est qu'il vivoit (1) sous l'empire de Marc-Aurèle : la seconde, qu'il fit des institutes dont la plus grande partie nous a été conservée. Il est différent d'un autre Gaïus dont il est parlé dans la loi 2, ff. 44 du Digeste, *de origine juris*. On les nomme tous deux indifféremment Gaïus ou Caïus, par la raison que chez les Romains il y avoit certains mots que l'on écrivoit autrement qu'on ne les prononçoit. C'est la remarque que fait Quintillien à l'occasion même du nom dont il s'agit, lorsqu'il dit : *Nam et Gaius littera C. notatur*. Le Gaïus ou Caïus dont nous parlons s'acquit une si grande réputation par son érudition et par la beauté du style qui brille dans ses écrits, que long-tems avant l'empereur Justinien on donnoit les institutes et les ouvrages de Caïus à lire à ceux qui vouloient s'initier dans la science du droit. Cette réputation dont les institutes de Gaïus jouissoient, fut peut-être ce qui fit naître par la suite à l'empereur Justinien l'idée de faire aussi des institutes dans lesquelles il fit beaucoup d'usage de celles de Caïus. Mais on distingue aisément dans les institutes de Justinien les endroits qui ont été pris de Caïus, d'avec ceux que Tribonien y a ajoutés : car dans ce qui a été pris de Caïus on remarque un style élégant, nombreux et coulant; au lieu que ce qui a été ajouté par Tribonien se ressent un peu de la barbarie du siècle de Justinien. Je ne déciderai pas si cet empereur, après avoir publié ses institutes, supprima celles de Caïus, comme on prétend qu'il supprima les écrits des autres jurisconsultes dont il s'étoit servi pour composer son Digeste. Quoiqu'il en soit, comme le grand usage où les institutes de Caïus avoient été avant Justinien en avoit répandu beaucoup de copies, Anien, l'un des principaux officiers d'Alaric, roi des Visigoths en Espagne, en avoit fait un abrégé plusieurs années avant que Justinien eût fait composer ses institutes ; et cet abrégé fait par Anien est parvenu jusqu'à nous. Je ne sais cependant si l'on doit regarder l'ouvrage d'Anien comme un simple abrégé; car outre qu'on y trouve un beau latin qui ne ressemble point à celui que l'on parloit du tems d'Alaric, on y voit d'ailleurs un grand nombre de passages qui sont précisément les mêmes que ceux que Justinien a empruntés de Caïus. Ainsi je suis très-disposé à croire que l'ouvrage d'Anien contient

---

(1) Il a vécu, il est vrai, sous l'empire de Marc-Aurèle , mais c'est dans sa vieillesse. Nous apprenons de lui-même qu'il a vécu aussi sous les règnes des empereurs Adrien et Antonin. Voyez l. 17, ff. *de rebus dubiis* ; 42. ff. *de donat. inter vir. et uxor.* ; 96 ff. *de leg.* 3 ; 90. ff. *de cond. et demonst.* ; 63. ff. 1. 5 *ad Sc. Trebel.* et 11. ff. *de jurisdict. Note du Traducteur.*

5 *

les véritables institutes de Caïus, accommodées seulement en certains endroits aux mœurs et aux coutumes des peuples à l'usage desquels le roi les avoit conformés ; desquelles institutes Anien avoit seulement retranché plusieurs titres et plusieurs endroits. C'est par cette raison que les institutes de Caïus, qui avoient été composées en quatre livres par leur auteur, ne furent données qu'en deux livres par Anien, à cause des endroits qu'il jugea à propos d'en retrancher ; et pendant long-tems on n'a connu d'autres institutes de Caïus que celles données par Anien. Sichard, Buchard, Cujas, Pacius, Denis Godefroy et plusieurs autres, ont aussi donné plusieurs éditions des institutes de Caïus en deux livres : mais un jurisconsulte moderne, nommé Jacques Oiselius, a pris la peine de rechercher, soit dans le Digeste de Justinien, soit ailleurs, tous les fragmens tirés des institutes de Caïus. Il a placé ces fragmens suivant l'ordre du livre des mêmes institutes dont il est dit qu'ils avoient été tirés, et de cette manière il a rétabli à la vérité les institutes de Caïus en quatre livres, ainsi qu'elles avoient été originairement composées : mais il n'a pas pu empêcher qu'il n'y manque plusieurs titres entiers, dont il n'a retrouvé aucun vestige. Dans cet état, les institutes de Caïus contiennent quatre livres ; le premier contient dix titres ; le second en contient neuf ; le troisième n'en renferme que trois ; et le quatrième n'est composé que d'un seul titre. Les institutes de Caïus sont un très-bel ouvrage, dans lequel on peut même apprendre beaucoup de choses nécessaires pour bien entendre ceux de Justinien.

Outre les quatre livres d'institutes dont je viens de parler, Gaïus avoit encore composé un grand nombre d'autres ouvrages, qui sont pour la plupart indiqués dans l'index de Justinien, tel qu'il est rapporté dans l'exemplaire des Pandectes florentines. Par cet index on voit que Caïus avoit composé trente-deux livres *ad edictum provinciale ;* quinze livres *ad leges ;* dix livres *ad edictum urbicum ;* sept livres *aureorum* ou *rerum quotidianarum ;* six livres *ad leges duodecim tabularum ;* trois livres *de verborum obligationibus ;* trois livres *de manumissionibus ;* deux livres *fideicommissorum ;* un livre *de casibus ;* un livre *regularum ;* un livre *dotalium ;* et un livre *ad formulam hypothecariam.* Mais il paroît d'ailleurs , par les intitulés de plusieurs lois du Digeste, que Caïus avoit encore composé d'autres ouvrages. En effet, l'intitulé de la loi 8 au Digeste *ad senatusconsultum Tertullianum et Orfitianum,* annonce que Caïus avoit composé un livre *ad senatusconsultum Tertullianum* , et l'intitulé de la loi 9 , au même titre , donne lieu de penser qu'il avoit fait aussi un livre *ad senatusconsultum Orfitianum.* La loi 4 au Digeste *de inofficioso testamento,* annonce un livre de Caïus *ad legem Gliciam.* Le titre au Digeste *de aedilitio edicto,* fait connoître que Caïus avoit composé deux livres *ad aedilitium edictum.* Enfin l'intitulé de la loi 23 au Digeste *de his quib. ut. indig. aufer.* sert de preuve que Caïus avoit composé un livre *de tacitis fideicommissis.* De tout ce grand nombre d'ouvrages de Caïus, il n'y en a aucun qui soit parvenu jusqu'à nous dans son entier : il y a seulement environ cinq cents citations de Caïus dans le Digeste, et deux citations dans les Institutes de Justinien.

CAII INSTITUTIONES,

ANIANO AUCTORE

PRIMUM FRAGMENTUM.

ABRÉGÉ

DES INSTITUTIONS DE DROIT DE CAIUS,

FAIT PAR ANIEN,

CHANCELIER D'ALARIC, ROI DES GOTHS.

PREMIER FRAGMENT.

LIVRE PREMIER.

TITRE PREMIER.

Des Affranchis.

CAIUS, dans le livre premier de ses institutions, dit : Les hommes sont libres ou esclaves : ceux qui sont libres sont ou ingénus ou affranchis. L'ingénuité s'acquiert par la naissance. Les affranchis sont ceux qui sont devenus libres par l'affranchissement d'une juste servitude. Il n'est qu'une sorte d'ingénus ; mais il y en a trois d'affranchis : ceux qui sont citoyens Romains, les Latins et les Deditices. Il ne sera pas inutile de définir ces trois espèces d'état.

1. Les affranchis citoyens Romains sont ceux qui ont été délivrés de la servitude par testament, à l'église ou devant le consul.

2. Les Latins sont ceux qui l'ont été ou par lettres, ou en présence d'amis, ou par leur admission à la table de leur maître.

LIBER PRIMUS.

TITULUS PRIMUS.

De Libertatibus servorum.

CAII Institutionum liber primus dicit omnes homines aut liberos esse, aut servos. Sed ex ipsis, qui liberi sunt, alios esse ingenuos, alios libertinos. Ingenuos, qui ingenui nati sunt : Libertinos, qui pro justa servitute manumissi, liberi fiunt. Ingenuorum omnium unus status est. Libertorum verò ideò non unus est, quia tria sunt genera libertorum : quia liberti aut cives Romani sunt, aut Latini, aut Dedititii. Tamen qui cives Romani sint, qui Latini, qui Dedititii, breviter explanandum est.

§. 1. Cives Romani sunt, qui his tribus modis, id est, testamento, aut in ecclesia, aut ante consulem fuerint manumissi.

§. 2. Latini sunt, qui aut per epistolam, aut inter amicos, aut convivii adhibitione manumittuntur.

§. 3. Dedititii verò sunt, qui post admissa crimina suppliciis subditi, et publicè pro criminibus cæsi sunt : aut in quorum facie, vel corpore quæcunque indicia aut igne, aut ferro impressa sunt, et ita impressa sunt, ut deleri non possint. Hi si manumissi fuerint, Dedititii appellantur.

§. 4. Sed inter hæc tria genera libertorum ideò cives Romani meliorem statum habent : qui et testamenta facere, et ex testamento quibuscunque personis succedere possunt. Nam et Latini, et Dedititii nec testamenta condere, nec sibi ex testamento aliorum aliquid dimissum possunt ullatenùs vindicare. Tamen Latini, certis rebus privilegia civium Romanorum Libertorum consequi possunt : Dedititii verò nulla ratione possunt ad civium Romanorum Libertorum beneficium pervenire. Nam Latini patronorum beneficio, id est, si iterùm ab ipsis aut in ecclesia, aut ante consulem manumittantur, civium Romanorum privilegia consequuntur.

§. 5. Non tamen omnes domini servos suos manumittere possunt. Nam si aliquis multa debita habeat, cujus substantia à creditoribus teneatur obnoxia, si in fraudem creditoris sui servos suos manumittere voluerit, collata manumissio non valet.

§. 6. Aut si libertus civis Romanus filios liberos non habuerit, et in fraudem patroni sui servos suos manumittat, similiter data manumissio non valet.

§. 7. Præterea minor quicunque viginti annorum dominus, servo suo libertatem dare non potest, nisi forte tantum minor manumissor, cui pater suus et mater à patrono donati sunt, eosdem manumittat, aut certè pædagogum, aut collactaneum manumittat. Nam quamlibet dominus, id est quatuordecim annos egressus, testamentum facere possit, et heredem instituere, et legata relinquere, libertatem tamen servis non potest in hac ætate conferre.

TITULUS II.

De numero Servorum testamento manumittendorum.

CONSTITUTUM est, quantum servorum

3. Enfin on appelle **Deditices** les affranchis qui pendant leur esclavage ont été condamnés à des supplices ou au fouët pour cause de crimes, ou dont le visage et le corps ont été marqués de quelques signes ineffaçables d'infamie avec le feu ou le fer.

4. Celui de ces trois états qui est le plus avantageux, est celui de citoyen Romain. Car ceux qui sont dans ce nombre peuvent tester et succéder par testament à toutes sortes de personnes. Les Latins et les Deditices ne peuvent non-seulement pas tester, mais encore ils ne peuvent pas revendiquer ce qui leur est laissé par le testament d'un autre. Cependant les Latins peuvent acquérir les priviléges des citoyens romains. Les Deditices ne peuvent jamais y atteindre. Il dépend des patrons des affranchis Latins de les faire jouir des priviléges des citoyens Romains, en les affranchissant de nouveau par leur testament, ou à l'église ou devant le consul.

5. Il n'est pas cependant permis à tous les maîtres d'affranchir leurs esclaves. Tel est celui dont les biens sont insuffisans pour payer ses dettes ; il ne pourroit affranchir ses esclaves qu'en fraude de ses créanciers. Les affranchissemens qui ont lieu dans un pareil cas sont nuls.

6. L'affranchi citoyen Romain qui n'auroit que des enfans esclaves, se trouveroit dans le même cas ; il ne pourroit les affranchir qu'en fraude de leurs maîtres.

7. Le mineur de vingt-cinq ans ne peut donner la liberté à son esclave que dans le cas où cet esclave seroit son père, ou sa mère, son précepteur ou son frère de lait. Quoiqu'on puisse à l'âge de quatorze ans faire un testament, des institutions d'héritiers et laisser des legs, on ne peut pas cependant à cet âge affranchir ses esclaves,

TITRE II

Du nombre d'esclaves qu'on peut affranchir par testament.

LE nombre d'esclaves qu'on peut affranchir par testament a été régié de la manière suivante, d'après celui que le testateur possède : celui qui n'a que deux esclaves peut les affranchir tous les deux ; celui qui en a trois ou quatre peut donner la liberté à deux seulement. S'il en a six, il peut en affranchir la moitié. S'il en a huit, quatre ; s'il en a dix, cinq. Depuis dix jusqu'à dix-sept, cinq. S'il en a dix-huit, six. Depuis dix-huit jusqu'à trente, le tiers. Depuis trente jusqu'à cent, le quart. S'il en a plus de cent, le cinquième ; mais quelque nombre d'esclaves qu'on ait, on ne peut donner par testament la liberté à plus de cent.

1. On peut délivrer cependant tous ses esclaves de la servitude, en les affranchissant à l'église, devant le consul, en présence d'amis ou par lettres.

2. Mais si quelqu'un affranchissoit par testament un plus grand nombre d'esclaves que la loi ne le permet de cette manière, il n'y auroit de légitimement affranchi que le nombre déterminé ci-dessus. L'excédant de ce nombre retourneroit dans la servitude. Si le testateur dans ce dernier cas n'a point fait les affranchissemens nominalivement, sans les distinguer entr'eux, ni leurs sexes, son testament à cet égard sera nul, et aucun des esclaves affranchis de cette manière ne recevra la liberté, parce que pour réduire le nombre de ces affranchissemens à celui que la loi permet, il est nécessaire de connoître ceux qui ont été faits les premiers.

3. Si un malade, en fraude de la loi

numerum testamento de quanta familia liceat manumitti, hoc ordine : ut si quis duos servos habet, ambos manumittere possit. Qui verò tres, duos testamento manumittat. Qui quatuor, similiter duos. Qui sex, tres. Qui octo, quatuor. Qui decem, quinque. Qui undecim, duodecim, tredecim, quatuordecim, quindecim, sedecim, decem et septem, similiter quinque. Qui decem et octo, sex. Et ab hoc numero usque ad triginta, tertiam partem manumittere liceat. Qui ampliùs quàm triginta habuerit, usque ad centum quartam partem de numero servorum manumittere potest. Qui verò plures quàm centum habuerit, quintam partem manumittere potest. Sed et hoc statutum est, ut de qualibet grandi familia, nulli ampliùs quàm centum testamento manumittere liceat.

§. 1. Nam qui voluerit aut in ecclesia, aut ante consulem, aut inter amicos, aut per epistolam manumittere, potest his manumissionibus omnem familiam jugo servitutis absolvere.

§. 2. Nam si aliquis testamento plures manumittere voluerit quàm continet numerus suprà scriptus, ordo servandus est, ut illis tantùm libertas valeat, qui priùs manumissi sunt, usque ad illum numerum quem explanatio continet superiùs comprehensa. Qui verò posteà suprà constitutum numerum manumissi leguntur, integrò in servitute eos certum est permanere. Quòd si non nominatim servi, vel ancillæ in testamento manumittantur, sed confusè omnes servos suos vel ancillas, is qui testamentum facit, liberos facere voluerit, nulli penitùs firma esse jubetur hoc ordine data libertas, sed omnes in servili conditione, qui hoc ordine manumissi sunt, permanebunt. Nam et si ita in testamento servorum manumissio adscripta fuerit, id est in circulo, ut qui prior, qui posterior nominatus sit, non possit agnosci, nulli ex his libertatem valere manifestum est, si agnosci non potest, qui prior, qui posterior manumissus fuerit.

§. 3. Nam si aliquis in ægritudine constitutus, in fraudem hujus legis facere noluerit testamentum, sed epistolis, aut quibuscunque aliis rebus servis suis pluribus, quàm per testamentum licet, conferre voluerit libertates, et sub tempore mortis hoc fecerit, hi qui priùs manumissi fuerint usque ad numerum superiùs constitutum, liberi erunt. Qui verò post statutum numerum manumissi fuerint, servi sine dubio permanebunt.

§. 4. Nam si incolumis quoscunque diverso tempore manumisit, inter eos, qui per testamentum manumissi sunt, nullatenùs computentur.

TITULUS III.

De Jure Personarum.

ALIQUÆ personæ sui juris sunt, aliquæ alieno juri subjectæ sunt. Itaque cùm ostenditur, quæ personæ alieno juri subjectæ sint, tunc evidenter agnoscitur quæ sui juris sint.

§. 1. In potestate itaque dominorum sunt servi, quam potestatem omnes gentes habere certum; sed distringendi in servos dominis pro sua potestate permittitur, occidendi tamen servos suos domini licentiam non habebunt, nisi forté servus dum pro culpæ modo cæditur, casu forsitan moriatur. Nam si servus dignum morte crimen admiserit, iis judicibus, quibus publici officii potestas commissa est, tradendus est, ut pro suo crimine puniatur.

§. 2. In potestate etiam patrum sunt filii, ex legitimo matrimonio procreati.

TITULUS IV.

De Matrimoniis.

LEGITIMÆ sunt nuptiæ, si Romanus Romanam nuptiis intervenientibus, vel consensu ducat uxorem.

§. 1. Sed non omnes personas uxores ducere licet; quia nec patri filiam, nec filio matrem, nec avo neptem, nec nepoti aviam. Quod non solùm de personis, quæ nobis

n'affranchissoit pas par son testament, mais se servoit d'autres moyens, comme par lettres, afin d'en affranchir un plus grand nombre qu'il n'est permis à un testateur, il n'y aura que les esclaves qui auront été désignés les premiers, jusqu'à concurrence du nombre légitime, qui recevront la liberté. Les autres resteront dans leur premier état.

4. On ne doit pas compter parmi les esclaves qu'une personne affranchit par testament, ceux qu'elle auroit affranchis dans divers autres tems de sa vie.

TITRE III.

Du Droit des personnes.

PARMI les personnes, les unes sont indépendantes, et les autres soumises à la puissance d'autrui. Pour connoître facilement celles qui sont *sui juris*, il est nécessaire de définir celles qui sont sous la puissance d'autrui.

1. Les esclaves sont sous la puissance de leurs maîtres. Cette autorité leur est attribuée chez toutes les nations. Elle ne s'étend pas jusqu'à tuer leurs esclaves; mais elle leur permet de les châtier. Cependant le maître qui auroit tué par hasard et sans le vouloir son esclave, en le châtiant, n'en seroit pas puni. Si un esclave s'est rendu coupable d'un crime digne de mort, il doit être traduit devant les juges compétens pour qu'il soit puni.

2. Les enfans nés d'un mariage légitime sont sous la puissance de leurs pères.

TITRE IV.

Du Mariage.

LE mariage est légitime s'il est contracté entre un Romain et une Romaine, volontairement et avec les solemnités ordinaires.

1. Il n'est cependant pas permis d'épouser toutes sortes de femmes; le père ne peut pas épouser sa fille, ni le fils sa mère, ni l'aïeul sa petite-fille, ni le petit-fils

fils son aïeule. Le mariage est non-seulement défendu entre les personnes qui sont attachées par les liens du sang, mais encore entre celles qui le sont par ceux de l'adoption. Les mariages ne cessent pas d'être illicites, quand même l'adoption seroit dissoute par l'émancipation.

2. Le mariage est prohibé entre le frère et la sœur, soit qu'ils soient nés d'un même père et d'une même mère, soit qu'ils aient un père ou une mère différent; de même qu'entre le frère et la sœur adoptifs, excepté quand l'un des deux est sorti de la famille par l'émancipation. Si l'un d'entre eux est émancipé, rien ne les empêche de s'unir ensemble.

3. On ne peut épouser la fille de son frère ou de sa sœur.

4. De même que la sœur de son père ou de sa mère.

5. Les mariages sont également interdits entre le gendre et sa belle-mère, le beau-père et sa bru, comme entre la fille de sa femme ou l'épouse de son père.

6. Ils sont encore interdits entre les cousins germains paternels ou maternels.

7. Il est défendu à un homme d'épouser les deux sœurs, et à une femme d'épouser les deux frères.

8. Les mariages contractés entre les personnes dont il est fait mention ci-dessus sont incestueux et criminels; celui qui en a contracté un semblable est censé n'avoir ni femme ni enfans. Les enfans qui naissent de ces unions ont bien une mère; mais ils sont censés n'avoir pas de père et regardés comme conçus d'un adultère. On les appelle *spurii*, c'est-à-dire enfans sans père.

9. C'est une règle de droit que ceux qui sont conçus légitimement, ont un état dès l'instant de la conception; sinon leur état n'est déterminé que du moment de leur naissance. C'est pourquoi ceux qui sont conçus dans une union légitime naissent ingénus, quoiqu'avant leur naissance la mère change d'état, comme si elle devient esclave. Celui qui est conçu d'une union illégitime, par exemple, celui qui est conçu d'une mère esclave, si pendant la

propinquitate conjunctæ sunt, sed etiam de adoptivis, hoc est, adfiliatis, jussum est observari. Nam etsi per emancipationem adoptio dissolvatur, nuptias tamen inter has personas semper constat esse illicitas.

§. 2. Inter fratrem quoque et sororem, sive eodem patre ac matre nati fuerint, sive diversis matribus, aut patribus matrimonia esse non possunt. Inter adoptivos etiam fratres illicita sunt conjugia; nisi forte adoptio emancipatione fuerit dissoluta; nam si emancipatio intervenerit, nuptiæ inter hujusmodi fratres licitò contrahuntur.

§. 3. Fratris quoque et sororis filiam uxorem ducere non licet.

§. 4. Sororem quoque patris ac matris uxorem accipere non licet.

§. 5. Geneto quoque socrum suam, nec socero nurum uxorem accipere licet, neque vitrico privignam, neque privigno novercam.

§. 6. Fratres enim amitinos, vel consobrinos in matrimonium jungi nulla ratione permittitur.

§. 7. Sed nec uni viro duas sorores uxores habere, nec uni mulieri duobus fratribus jungi permittitur.

§. 8. Quod si quis incestas vel nefarias, id est, quæ sunt superiùs comprehensæ, nuptias inierit, nec uxorem habere videtur, nec filios. Nam hi, qui ex hujusmodi conceptione nati fuerint, quamlibet matrem videantur habere, patrem verò nullatenùs habere censentur, et tanquam si de adulterio concepti fuerint, computantur; qui spurii appellantur, hoc est, sine patre filii.

§. 9. Regula juris hoc continet, ut qui legitimè concipiuntur, tempore conceptionis statum sumant; qui verò non de legitimo matrimonio concipiuntur, statum sumant eo tempore quo nascuntur. Ac proindè legitima conjunctione conceptus, etiamsi mater ejus statum mutet, id est, si ancilla fiat; ille qui legitimè conceptus est, ingenuus nascitur. Nam qui non legitimo matrimonio concipitur, si mater ejus ex ancilla, dum prægnans est, libera facta fue-

6

rit, liber nascetur; si verò ex ingenua, ancilla prægnans facta fuerit, servus nascetur, quia non legitimè, sed vulgò conceptus est.

grossesse elle devient libre, l'enfant qui naîtra le sera. S'il est conçu d'une ingénue qui pendant sa grossesse tombe dans l'esclavage, il sera esclave, parce qu'il n'a pas été conçu légitimement.

TITULUS V.

De Adoptionibus.

ADOPTIO naturæ similitudo est, ut aliquis filium habere possit quem non generaverit.

§. 1. Et ipsa adoptio duobus modis fit : una, quæ adrogatio dicitur : alia, quæ adoptio. Adrogatio est, quando aliquis patrem non habens adoptatur, et ipse se in potestatem adoptivi patris dat. Et ideo adrogatio dicitur, quia et ille qui adoptat, interrogatur, utrùm illum quem adoptat, filium habere velit ; et ille qui adoptatur, interrogatur utrùm id fieri velit. Illa verò alia adoptio est, ubi quis patrem habens, ab alio patre adoptatur; et ita ille qui adoptatur, de certi patris potestate discedit, et in adoptivi patris incipit esse potestate.

§. 2. Nam et feminæ adoptari possunt, ut loco filiarum adoptivis patribus habeantur; feminæ verò adoptare non possunt, quia nec filios ex se natos in potestate habent.

§. 3. Spadones autem, qui generare non possunt, adoptare possunt : et licèt filios generare non possint, quos adoptaverunt filios habere possunt.

§. 4. Si quis verò filios habens se dederit adoptandum, non solùm ipse in patris adoptivi potestatem redigitur, sed et filii ejus, si tamen avum paternum non habuerint, in adoptivi patris transeunt potestatem, tanquam nepotes.

TITULUS VI.

Quibus modis filii exeunt de potestate patris.

FILII qui in potestate patris sunt, mortuo patre sui juris fiunt. Sed si hic filius, qui

TITRE V.

De l'Adoption.

L'ADOPTION est l'image de la nature; elle donne des enfans à celui qui n'en a pas.

1. Elle se fait de deux manières. L'une est appelée arrogation, l'autre adoption. L'arrogation a lieu lorsque quelqu'un qui n'a pas de père en a adopté un et se met sous la puissance d'un père adoptif. On l'appelle arrogation, parce que celui qui adopte est interrogé s'il veut avoir pour fils celui qu'il adopte ; et celui qui est adopté, s'il donne son consentement à l'adoption. L'autre adoption a lieu lorsque quelqu'un ayant déjà un père, est adopté par un autre. Ainsi celui qui est adopté cesse d'être sous la puissance de son père naturel, et entre sous celle de son père adoptif.

2. On peut adopter des femmes pour tenir lieu de filles ; mais les femmes ne peuvent adopter, parce qu'elles n'ont point d'enfans sous leur puissance.

3. Ceux que les Latins appellent *spadones*, peuvent adopter, quoiqu'ils ne puissent pas engendrer. Ils ont sous leur puissance les enfans qu'ils ont adoptés.

4. Celui qui ayant des enfans s'est donné en adoption, entre non-seulement lui-même sous la puissance du père adoptif, mais encore ses enfans comme petits-fils adoptifs, s'ils n'ont point d'aïeux paternels.

TITRE VI.

Par quels moyens les enfans sortent de la puissance paternelle.

LES enfans qui sont sous la puissance de leur père deviennent *sui juris* à sa mort ;

mais si le fils qui par la mort de son père est devenu *sui juris*, a lui-même des enfans, ils retombent de la puissance de leur aïeul sous celle de leur père. Si le père meurt et que l'aïeul survive, ses petits-fils ne deviendront pas *sui juris*, parce qu'ils restent sous la puissance de leur aïeul: mais à sa mort ils deviendront *sui juris*. De même si le père meurt et laisse un fils émancipé et des descendans de ce fils, ils seront libres et *sui juris*, et ne tomberont point sous la puissance du père émancipé.

1. Les enfans sortent de la puissance paternelle lorsque leur père est envoyé en exil, parce que celui qui a été dégradé de la qualité de citoyen Romain, ne peut pas avoir des enfans citoyens Romains: ou lorsque le fils est condamné à l'exil du vivant de son père, parce qu'ayant perdu la qualité de citoyen Romain, il ne peut rester sous la puissance d'un père qui la possède.

2. Si le père a été pris par les ennemis, il sera censé n'avoir pas d'enfans pendant tout le tems de sa captivité. S'il échappe de sa captivité, il recouvre par le droit *postliminium* sa puissance sur ses enfans, comme tous ses autres droits; mais s'il meurt pendant sa captivité, ses enfans seront censés devenus *sui juris* dès l'instant qu'il a été pris.

3. Les enfans deviennent *sui juris* par l'émancipation. L'enfant mâle sort de la puissance paternelle, et devient *sui juris* par trois mancipations. La mancipation, ou tradition manuelle, est une espèce de vente, parce qu'outre le père naturel on en emploie un autre qui est appelé fiduciaire. Le père naturel émancipe son fils et le livre au père fiduciaire. Celui-ci donne au père naturel une ou deux pièces de monnaie, qui les reçoit comme pour représenter la valeur de l'enfant. Il redonne ensuite cet argent au père fiduciaire. Ceci se répète une seconde et une troisième fois; et il sort ainsi de la puissance du père. Cette mancipation se faisoit ordinairement devant le président de la province ou devant le préteur, en présence de cinq témoins, citoyens Romains, et deux au-

morte patris sui juris effectus est, filios habeat in ejus post patris sui obitum, erunt filii potestate. Nam si pater moriatur, et avus paternus vivat, nepos ex filio sui juris esse non potest, quia in avi remanet potestate, qui avo mortuo sui juris efficitur. Item si moriatur pater, et relinquat filium emancipatum, et ex eodem filio emancipato nepotes, tunc nepotes liberi et sui juris erunt, et in patris emancipati potestatem non veniunt.

§. 1. Item de potestate patris exeunt filii, si pater eorum in exilium missus fuerit; quia non potest filium civem Romanum in potestate habere homo peregrinæ conditionis effectus. Item filius, si vivo patre in exilium missus fuerit, in potestate patris civis Romanus esse non potest, quia similiter peregrinæ conditionis factus cognoscitur.

§. 2. Item si ab hostibus pater captus sit, in potestate, quamdiu apud hostes fuerit, filios non habebit. Sed si de captivitate evaserit, jure postliminii omnem, sicuti in aliis rebus, ita et in filios recipit potestatem. Si verò pater, qui ab hostibus captus est, in captivitate moriatur, ab eo tempore quo ab hostibus captus est, filii sui juris effecti intelliguntur.

§. 3. Item per emancipationem filii sui juris efficiuntur. Sed filius masculus tribus emancipationibus de potestate patris exit, et sui juris efficitur. Mancipatio autem, hoc est, manus traditio, quædam similitudo venditionis est, quia et in emancipationibus præter illum, hoc est certum patrem, alius pater adhibetur, qui fiduciarius nominatur. Ergo iste naturalis pater filium suum fiduciario patri mancipat, hoc est, manu tradit, à quo fiduciario patre naturalis pater unum aut duos nummos, quasi in similitudinem pretii accipit, et iterum cum acceptis nummis fiduciario patri tradit, Hoc secundò et tertiò fit, et sic de patris potestate exit. Quæ tamen mancipatio solebat ante præsidem fieri, modò ante curiam facienda est; ubi quinque testes cives Romani in præsenti erunt, et pro illo, qui

6*

libripens appellatur, id est, stateram te-
riens, et qui antestatus appellatur, alii duo,
ut septem testium numerus impleatur. Tamen cùm tertiò mancipatus fuerit filius à
patre naturali fiduciario patri, hoc agere
debet naturalis pater, ut ei à fiduciario patre remancipetur, et à naturali patre manumittatur : ut si filius ille mortuus fuerit,
ei in hereditate naturalis pater, non fiduciarius succedat. Feminæ vel nepotes masculi ex filio, una emancipatione de patris,
vel avi exeunt potestate, et sui juris efficiuntur. Et hi ipsi quamlibet una mancipatione de patris, vel avi potestate exeant,
nisi à patre remancipati fuerint, et à naturali patre manumissi, succedere eis naturalis pater non potest, nisi fiduciarius, à
quo manumissi sunt. Nam si remancipa-
tum sibi naturalis pater, vel avus manumiserit, ipse eis in hereditate succedit.
Quòd si habeat quis filium, et ex eo nepotes, et voluerit filium emancipare et nepotes in sua potestate retinere, in arbitrio
ejus est ; aut si voluerit nepotes emancipare, et filium in sua potestate retinere,
et hoc ei pro juris ordine licere manifestum
est. Quod non solùm de nepotibus, sed
et de pronepotibus similiter facere potest.

tres dont un représentoit celui qui tient la
balance, et l'autre celui qui est appelé
antestatus, de manière qu'il falloit en tout
sept témoins. Cependant lorsque le fils avoit
été mancipé pour la troisième fois du père
naturel au père fiduciaire, le premier devoit faire en sorte que le père fiduciaire
le lui rémancipât, et devoit ensuite lui-
même l'affranchir, afin que si le fils venoit à mourir, le père fiduciaire ne lui
succédât pas au lieu du père naturel. Les
filles et les petits-fils sortent de la puissance de leur père ou de leur aïeul par
une seule mancipation, et deviennent *sui
juris*. Quoiqu'ils sortent de la puissance
de leur père ou de leur aïeul par une seule
mancipation, pour qu'ils conservent leurs
droits à leur succession en cas qu'ils meu-
rent, il est nécessaire qu'ils leur soient
rémancipés par le père fiduciaire. Si quelqu'un a un fils et des petits-fils de ce fils,
et qu'il veuille émanciper son fils en retenant ses petits-fils sous sa puissance, il le
peut, de même qu'il peut également à sa
volonté émanciper ses petits-fils et retenir son fils sous sa puissance. Cela est non-
seulement permis à l'égard des petits-fils,
mais encore à l'égard de leurs descendans.

TITULUS VII.

De Tutelis.

TUTORES aut legitimi sunt, aut testamentarii. Legitimi sunt, qui pupillo per
virilem sexum propinquitate conjungun-
tur ; et qui proximior fuerit de agnatis,
ad ipsum legitima tutela pertinet : quia is
qui proximus fuerit ad tutelam, ipse proximus est ad hereditatem. Testamentarii
sunt, quos patres aut avi paterni in testamento suo tutores filiis aut nepotibus de-
legaverint. Quòd si nec testamentarius tutor fuerit, nec legitimus, tunc inquisitione
judicis pupillis tutores dantur.

TITRE VII.

Des Tutelles.

LES tuteurs sont testamentaires ou légitimes. Les tuteurs légitimes sont ceux qui
sont unis au pupille du côté des mâles par
les liens du sang ; de sorte que la tutelle
légitime appartient à celui des aguals qui
est le plus près du pupille : car celui qui
est le plus près de l'hérédité, l'est aussi
de la tutelle. Les tuteurs testamentaires
sont ceux à qui le père ou l'aïeul paternel
ont légué la tutelle de leurs enfans ou descendans. S'il n'y a ni tuteur testamentaire, ni tuteur légitime, le juge en donne un aux pupilles.

TITRE VIII.

De Curateurs.

LES années de la pupillarité étant expirées, les tuteurs ayant par conséquent fini leurs fonctions, celles des curateurs commencent. Les mineurs d'âge, les majeurs déréglés ou insensés sont soumis à un curateur. Les mineurs sont soumis au curateur jusqu'à l'âge de vingt-cinq ans, et les majeurs déréglés ou insensés pendant tout le tems de leur vie, parce qu'ils sont incapables de gouverner leurs affaires.

TITULUS VIII.

De Curatoribus.

PERACTIS pupillaribus annis, quibus tutores absolvuntur, ad curatores ratio minorum incipit pertinere. Sub curatore sunt minores ætate, majores eversores, insani. Hi qui minores sunt, usque ad viginti et quinque annos completos sub curatore sunt. Qui verò eversores aut insani sunt, omni tempore vitæ suæ sub curatore esse jubentur; quia substantiam suam rationabiliter gubernare non possunt.

Fin du premier livre des institutes de Caius.

Finis libri primi Caii institutionum.

CAII INSTITUTIONUM.
LIBER SECUNDUS.

INSTITUTES DE CAIUS.
LIVRE SECOND.

TITRE PREMIER.

Des Choses.

CAIUS a traité des personnes dans le livre premier; il traite maintenant des choses dans celui-ci.

1. Les choses sont ou de notre droit, ou de droit divin, ou de droit public. Les choses de notre droit sont celles dont nous pouvons acquérir la propriété. Celles de droit divin sont les églises, c'est-à-dire, les temples de Dieu et leurs patrimoines qui appartiennent au droit ecclésiastique. Celles de droit public sont les murs d'une ville, les places publiques, les portes, les cirques, les théâtres et les rivages, que les anciens appeloient saintes, parce qu'il étoit défendu de les endommager ou d'y joindre.

TITULUS PRIMUS.

De Rebus.

CAIUS superiori commentario de jure personarum aliqua disputavit. Nunc in hoc commentario de rebus iterùm tractat.

§. 1. Omnes itaque res aut nostri juris sunt, aut divini, aut publici. Nostri juris sunt, quæ in proprietate nostra esse noscuntur. Divini juris sunt ecclesiæ, id est, templa Dei, vel ea patrimonia, ac substantiæ quæ ad ecclesiastica jura pertinent. Publici juris sunt muri, fora, portæ, theatra, circus, area, quæ antiqui sancta appellaverunt, pro eo quod exinde tolli aliquid aut contingi non liceret. Sed hæc omnia in nullius bonis sunt, ideò publici juris esse dicuntur. Sed et res hereditariæ, antequàm aliquis heres existat, id est, quando dubitatur, utrùm scriptus, an legitimus heres succedere debeat, in nullius bonis esse videntur.

quelque chose. Elles n'entrent dans les biens de personne; c'est pourquoi on dit qu'elles sont de droit public. On dit encore que les choses héréditaires, avant qu'il existe un héritier, c'est-à-dire, pendant le tems où l'on ignore lequel de l'héritier testamentaire ou de l'héritier légitime doit succéder, ne sont dans les biens de personne.

§. 2. Prætereà quædam res corporales sunt, quædam incorporales. Corporales sunt, quæ manu tangi possunt, velut ager, mancipium, vestis, aurum, argentum, et his similia. Incorporales sunt, quæ tangi non possunt : qualia sunt ea quæ non in corpore, sed in jure consistunt, sicut est hereditas et obligationes diversis contractibus scriptæ. Et licèt hereditas, vel emptio, aut diversi contractus res corporales in se habeant, jus tamen ipsius hereditatis, vel emptionis, aliorumque contractuum incorporale est.

2. On divise en outre les choses en corporelles et en incorporelles. Les corporelles sont celles qu'on peut toucher avec la main ; comme un champ, un esclave, un habit, de l'or, de l'argent et autres choses semblables. Les choses incorporelles sont celles qu'on ne peut toucher avec la main : telles que celles qui ne consistent point dans un corps, mais seulement dans un droit, comme l'hérédité et toutes les obligations écrites résultantes des divers contrats. Quoique l'hérédité, l'achat et les divers contrats contiennent en soi des choses corporelles, cependant les droits qui résultent de l'hérédité, de l'achat et des autres contrats sont incorporels.

§. 3. Incorporalia etiam sunt jura prædiorum urbanorum, vel rusticorum. Prædiorum urbanorum jura sunt, stillicidia, fenestræ, cloacæ, altiùs erigendæ domus, aut non erigendæ, et luminum; ut ita quis fabricet, ut vicinæ domui lumen non tollat. Prædiorum verò rusticorum jura sunt, via, vel iter per quod pecus, aut animalia debent ambulare, vel ad aquam duci, et aquæductus, quæ similiter incorporalia sunt. Hæc jura tamen rusticorum prædiorum *servitutes* appellantur.

3. Les droits des héritages urbains et rustiques sont aussi incorporels. Les premiers sont l'égout des toits que les Romains appeloient *stillicidium* ou fleuve, les fenêtres, l'égout, le droit d'élever sa maison plus haut, ou celui d'empêcher son voisin d'élever sa maison jusqu'à une certaine hauteur, et celui d'empêcher notre voisin de nous enlever notre jour par des constructions. Les droits des héritages rustiques sont le chemin ou le sentier par le quel les troupeaux et les bestiaux doivent passer ou être conduits à l'abreuvage, et le droit de conduire de l'eau dans son champ par le champ voisin : on appelle ces droits servitudes des héritages rustiques.

§. 4. Item regulariter constitutum est, ut superposita inferioribus cedant : ut si quis in solo nostro sine nostro permissu domum ædificaverit, ad cum, cujus terra est, domus ædificata pertineat. Vel si aliquis in agro nostro arbores, aut vineas, vel plantas quascunque posuerit, similiter superficies solo cedat. Vel si messem in campo seminaverit, omnia hæc quæ in terram alienam jactantur, domino terræ

4. On a sagement réglé que la chose qui a été posée sur une autre le cède à celle sur laquelle elle a été posée. D'où il suit que si quelqu'un a construit une maison sur le sol d'autrui sans la permission du propriétaire, elle appartient au maître du sol. La superficie le cède au sol, lorsque quelqu'un plante des arbres, des vignes, ou d'autres plantes dans le champ d'autrui, comme si quelqu'un sème quelque chose dans un

champ qui ne lui appartient pas, tout ce qui y naîtra appartiendra au propriétaire du champ. De même si quelqu'un écrit sur le papier ou le parchemin d'autrui, quoiqu'avec de l'encre d'or ou d'argent, l'écriture appartiendra au maître du papier ou du parchemin. On observe la même chose à l'égard des peintures que quelqu'un a faites sur la toile d'autrui, parce qu'il a été décidé que la peinture le cède à la toile.

5. Si quelqu'un a fait du vin, du froment, ou de l'huile, des raisins, des épis ou des olives d'autrui, le vin, le froment ou l'huile appartiendront au propriétaire des raisins, des épis ou des olives. De même si quelqu'un a fait avec les planches d'autrui un vaisseau ou une armoire, ou quelqu'autre chose, ce qui aura été fait appartiendra au propriétaire du bois. Il en est de même si quelqu'un a fait des habits avec de la laine ou du lin qui ne lui appartient pas, ils appartiendront à celui qui prouvera que la laine ou le lin lui appartenoit.

6. Mais ceux qui se trouveroient dans les cas ci-dessus, pour avoir posé ou construit quelque chose sur le terrain d'autrui, ou qui auroient fait une des choses que nous venons d'énoncer, peuvent demander au propriétaire qui demande le fonds ou la chose qui lui appartient, les dépenses qu'ils y ont faites.

7. Nous acquerrons non-seulement par nous-mêmes, mais encore par ceux qui sont sous notre puissance ; comme par nos enfans et nos esclaves. Tout ce qu'on leur a donné ou vendu, tout ce qui leur échoit comme héritiers institués, appartient sans aucun doute à leurs pères ou à leurs maîtres. Il est cependant une exception à l'égard des fils de famille à qui les lois accordent le pécule castrense. Les esclaves dont l'usufruit appartient à l'un et la propriété à un autre, acquièrent seulement à l'usufruitier les fruits de leur industrie ou de leurs mains, ou le salaire de leurs ouvrages. Si on leur a laissé une hérédité, un legs ou une donation, c'est au propriétaire de l'esclave qu'ils appartiennent, et non à l'usufruitier.

§. 5. Quòd si quis ex uvis meis vinum, aut spicis frumentum, aut ex olivis oleum fecerit, ejus vinum, triticum, vel oleum est, cujus spicæ, aut uvæ, aut olivæ fuerint. Si quis etiam ex tabulis alienis navem, aut armarium, aut quodcunque ad usum pertinens, fecerit, simili ratione ejus erunt, quæ facta fuerint, de cujus ligno facta probantur. Similiter etiam, si ex lana, vel lino vestimenta fecerit, ejus erunt vestimenta, cujus lana vel linum fuisse probabitur.

§. 6. Sed in his omnibus superius comprehensis quicunque in terra aliena aliquid posuerit, aut ædificaverit, aut horum quæ dicta sint, aliquid fecerit, illis qui aliena præsumpserunt, hoc competit, ut expensas, vel impendia quæ in his fecerint, à dominis qui rem factam vindicant, recipere possint.

§. 7. Acquiritur autem nobis non solùm per nosmetipsos, sed et per eos qui in potestate nostra sunt, sicut filii vel servi ; quia quicquid his à qualibet persona donatum vel venditum fuerit, aut heredes fuerint instituti, id patribus et dominis sine aliqua dubitatione conquiritur, præter eos filios quibus per leges castrense peculium habere permissum est. Hi verò servi qui in usufructu nostro et in proprietate alterius sunt, hoc tantùm usufructuario acquirere possunt, quod opere, aut manibus suis fecerint, aut de mercedibus operis sui acceperint. Nam si eis aut hereditas aut legatum dimittatur, aut donationis aliquid conferatur, hoc proprietario domino, non usufructuario acquiritur.

TITULUS II.

De Testamentis.

§. 1. PER universitatem, hoc est, omnia simul bona acquirimus hereditate, emptione, adoptione; quia is quem adoptaverimus, si sine patre est, cum omnibus bonis suis ad nos transit.

§. 2. Id quoque statutum est, quòd non omnibus liceat facere testamentum. Sicut hi sunt qui sui juris non sunt, et alieno juri subjecti sunt, hoc est, filii tam ex nobis nati, quàm adoptivi.

§. 3. Item testamenta facere non possunt impuberes, id est, minores XIV annorum, aut puellæ XII.

§. 4. Item et hi qui furiosi, id est, mente insani fuerint, non possunt facere testamenta.

Sed hi qui insani sunt, si intervalla ipsius insaniæ habent, per intervalla quidem sani sunt, possunt facere testamenta.

TITULUS III.

De Exheredatione liberorum.

Is qui filium in potestate habet, curam agere debet, ut testamentum faciens, masculum filium aut nominatim heredem instituat, aut nominatim exheredet. Nam si masculum filium in testamento præterierit, non valebit testamentum.

§. 1. Si verò filiam præterierit, non rumpit testamentum filia prætermissa, sed inter fratres suos, legitimo stante testamento, suam, sicut alii fratres consequitur portionem. Si verò testamento extranei heredes scripti fuerint, stante testamento, filia medietatem hereditatis acquirit. Nam etsi facto testamento, in quo filius masculus prætermissus est, evenerit, ut vivente adhuc patre, filius qui prætermissus est, moriatur, sic quoque, quamlibet filius ille mortuus fuerit, testamentum quod factum est, non valebit.

§. 2. Posthumorum duo genera sunt: quia posthumi appellantur hi qui post patris mortem de uxore nati fuerint; et illi

TITRE II.

Des Testamens.

1. NOUS acquerrons par université, c'est-à-dire, un assemblage de biens, par l'hérédité, l'achat ou l'adoption. Car si celui que nous avons adopté n'a point de père, il passe avec tous ses biens sous notre puissance.

2. On a décidé qu'il n'est pas permis à tout le monde de tester; tels sont ceux qui ne sont pas *sui juris*, et qui sont soumis à la puissance d'autrui, comme les fils de famille, tant naturels qu'adoptifs.

3. Les impubères ne peuvent pas non plus tester, c'est-à-dire, les mâles âgés de moins de 14 ans, et les filles de moins de 12.

4. Les furieux, c'est-à-dire, ceux qui ne sont pas sains d'esprit, ne peuvent faire de testament; mais ceux qui ont des intervalles de bon sens peuvent tester dans un de ces intervalles.

TITRE III.

De l'Exhérédation des enfans.

CELUI qui a un fils sous sa puissance, doit faire en sorte, en faisant son testament, de l'instituer son héritier ou de l'exhéréder nominativement; car le testament dans lequel le testateur a prétéri son fils n'est pas valable.

1. Si c'est sa fille qu'il a prétérie, cette prétérition n'annullera pas le testament; mais la fille prétérie, quoique le testament soit valable, partagera avec ses frères, et aura comme eux sa portion. Si le testament institue des étrangers pour héritiers, le testament n'en demeure pas moins valable; mais la fille qui a été prétérie a la moitié de l'hérédité, et le testament est nul quoique le fils qui a été prétéri meure avant le testateur.

2. Il y a deux espèces de posthumes. On appelle de ce nom ceux qui naissent après la mort de leur père, et ceux qui naissent
après

après que le testament a été fait. C'est pourquoi le testament sera nul si le testateur n'a pas institué quelque fils ou fille qu'il lui naisse. Il faut qu'il les institue expressément ; parce que, comme il a été déjà dit, ceux qui sont conçus sont censés nés. Il y a cependant cette différence que la condition de fille posthume est meilleure que celle de la fille qui est déjà née, en ce que la prétérition de cette dernière n'annulle pas le testament, tandis que celle de l'autre produit cet effet comme celle du mâle.

3. Si quelqu'un après avoir fait son testament adopte devant le peuple une personne *sui juris*, c'est-à-dire, qui n'a point de père, ou s'il adopte devant le préteur celui qui est encore sous la puissance paternelle, cette adoption produit l'effet d'un enfant qui lui naîtroit, et annulle le testament.

4. Un testament fait avec les formalités du droit, est annullé par un second où les mêmes formalités ont été observées. Le testateur est censé être mort intestat, si l'héritier institué dans le dernier testament est décédé avant le testateur, ou avant d'avoir accepté l'hérédité, ou si la condition, quoique possible, sous laquelle il avoit été institué ne s'est pas accomplie; par la raison que le premier testament a été annullé par un autre testament postérieur, et que celui-ci a été rendu inutile par les causes que nous venons d'énoncer.

5. Il y a encore une autre cause qui annulle le testament fait selon les formalités du droit, c'est le changement d'état subi par le testateur après avoir fait son testament. Il a lieu lorsqu'il a été pris par les ennemis ou envoyé en exil pour cause de crimes. C'est par la même raison que le testament de l'adopté, fait avant l'adoption, est nul.

6. Les enfans ou les petits-enfans, issus par les mâles, que l'aïeul ou le père a sous sa puissance, sont appelés héritiers siens. Les héritiers nécessaires sont les esclaves qui ont été institués héritiers avec la liberté. Ils sont appelés héritiers nécessaires, parce qu'ils le sont, soit qu'ils y consentent ou n'y consentent pas. Car ceux qui sont engagés envers leurs créanciers et qui croyent avoir moins de biens que de dettes,

qui post testamentum factum nascuntur. Et ideò, nisi is qui testamentum facit, in ipso testamento comprehenderit : *Quicumque filius aut filia mihi natus natave fuerit, heres mihi sit : aut certè dicat, exheres sit*, valere ejus non potest testamentum, quia sicut superiùs jam dictum est, legitimè concepti pro natis habeantur. Nisi quod melior conditio est posthumæ, quàm natæ ; quia nata, si prætermissa fuerit, non rumpit testamentum ; posthuma verò, sicut masculus, testamentum rumpit.

§. 3. Si quis post factum testamentum adoptaverit apud populum illum qui sui juris est, hoc est, qui patrem non habet, aut apud prætorem illum adoptaverit qui in potestate patris est, quasi ei filius natus sit, ita ejus rumpitur testamentum.

§. 4. Posteriore quoque testamento, quod jure factum est, id quod jure factum ante fuerat, rumpitur. Quòd si facto posteriore testamento, heres scriptus, aut ante aditionem hereditatis moriatur, aut vivo testatore deficiat, aut conditio possibilis, sub qua heres institutus est, impleta non fuerit, is qui testamentum fecit, intestatus mori videtur : quia testamentum quod priùs fecerat, testamento posteriore rescissum est, et quod posteriùs factum est, his rebus, quas diximus, infirmatur.

§. 5. Alio quoque modo testamenta jure facta infirmantur, si aliquis post factum testamentum capite minuatur, id est, aut ab hostibus capiatur, aut pro crimine in exilium deputetur. Similiter et si qui adoptatus fuerit, testamentum quod antequàm adoptaretur, fecerat, non valebit.

§. 6. Heredes autem sui sunt, aut necessarii, aut extranei. Sui heredes appellantur filii, aut nepotes ex filiis masculis, quos in potestate avus vel pater habet. Necessarii sunt heredes servi, qui cum libertate heredes instituuntur. Necessarii ideò, quia aut velint aut nolint, necesse est eis heredes esse. Nam qui creditoribus tenentur obnoxii, et putant se non tantùm in substantia, quantùm in debitis relinquere, ipsi

7

servos suos manumittunt, et heredes necessarios faciunt, ut quò magis heres, quàm dominus infamiam incurrat, cùm res ejus, id est, hereditas domini pro debitis venditur, et creditoribus datur. Extranei sunt, qui nullo propinquitatis gradu testatori junguntur, sed eos quicunque pro arbitrio suo scribit heredes.

affranchissent eux-mêmes leurs esclaves, et les instituent héritiers nécessaires, parce que l'infamie qui résulte de la vente de l'hérédité pour payer les dettes, tombe plus sur l'héritier que sur le testateur. Les héritiers étrangers sont ceux qui ne sont liés au testateur par aucun degré de parenté, mais qu'il a institué ses héritiers, usant du droit d'instituer héritiers qui bon lui plaît.

TITULUS IV.

De Substitutionibus et de faciendis secundis Tabulis.

SUBSTITUTIO est, quæ post institutionem à testatore fieri solet, id est, secundi heredis appellatio. Et duæ sunt, quarum una vulgaris dicitur, alia pupillaris.

§. 1. Vulgaris dicitur : *Ille heres mihi esto.* Sive hoc filio, sive extraneo. *Quòd si hereditatem meam adire nolueris, illum substituo ad quem hereditas mea debeat pertinere.*

§. 2. Pupillaris substitutio filiis tantummodò impuberibus dari potest, quæ ita fit : *Ille filius meus si intra pubertatem decesserit, illum ei substituo.* Sed pupillaris substitutio ita secreta esse debet, ut ad notitiam substituti pervenire non possit, ne vitæ pupilli aliquas substitutus insidias moliatur. Nam in extrema pagina testamenti fieri debet, ut pars illa in qua substitutio pupillaris scripta est, quamdiu pupillus annos pubertatis egrediatur, obsignata permaneat, et prior pars testamenti in qua heres scriptus est, reseratur. Hoc etiam et de donis fieri potest.

§. 3. Nam si extraneus heres scriptus sit, etsi aliquem substituere non possumus, ut si heres exstiterit, et intra aliquod tempus mortuus fuerit, alius ei heres sit, potest tamen per fideicommissum obligari, ut alii, rogatus à testatore, hereditatem aut integram, aut pro parte restituat.

TITRE IV.

Des Substitutions et des seconds Testamens.

LA substitution est ce qu'un testateur fait ordinairement après l'institution, c'est-à-dire, la nomination d'un second héritier. Il y en a de deux sortes ; l'une qu'on appelle vulgaire, et l'autre pupillaire.

1. La substitution vulgaire se fait ainsi : *Que tel soit mon héritier* (soit que ces mots s'adressent à son fils ou à un étranger), *et s'il ne veut pas accepter mon hérédité, je lui substitue tel à qui je veux que mon hérédité appartienne.*

2. La substitution pupillaire a lieu seulement à l'égard des impubères ; elle se fait ainsi : *Si mon fils décède avant la puberté, je lui substitue un tel.* La substitution pupillaire doit être secrète, afin qu'elle ne parvienne point à la connoissance du substitué qui pourroit dresser des embûches au pupille. On doit l'écrire dans la dernière page du testament, pour qu'elle demeure cachetée jusqu'à ce que le pupille ait atteint la puberté, et afin qu'on puisse montrer la première partie du testament qui contient l'institution. On doit prendre les mêmes précautions à l'égard des donations.

3. On ne peut substituer personne à l'héritier étranger qui accepte, avant la mort. Cependant le testateur en l'en priant peut l'obliger par fidéicommis à restituer à un autre toute l'hérédité ou seulement une partie.

TITRE V.

Des Legs.

IL y a quatre sortes de legs ; par vindication, commandement, souffrance, et par préciput.

1. Le legs est par vindication ; lorsque le testateur s'est exprimé ainsi : *Je vous donne ou vous lègue cet esclave.* Ou ainsi : *Prends ceci, demande cette chose.* Le légataire aussitôt après la mort du testateur est saisi de la chose léguée, sans qu'il soit nécessaire qu'elle lui soit livrée par l'héritier. S'il s'en est emparé, l'héritier ne peut pas la reprendre. Si une même chose est léguée à plusieurs, et que chaque légataire la veuille pour soi, ils la diviseront entr'eux par portions égales.

2. Le legs par commandement a lieu lorsque le testateur s'exprime ainsi dans son testament : *Mon héritier donnera cela à tel.* Ou *j'ordonne à mon héritier de donner telle chose à tel.* On peut léguer de cette manière la chose d'autrui. L'héritier dans ce cas est obligé d'acheter cette chose qui n'appartient pas au testateur, et de la livrer au légataire ou de lui en donner la valeur, si le propriétaire ne veut pas la vendre. Mais si le testateur ne l'a léguée que parce qu'il croyoit qu'elle fût à lui, le légataire ne peut la demander à l'héritier, et dans ce cas le legs est inutile ; mais au contraire si le testateur savoit que la chose qu'il a léguée ne lui appartient pas, l'héritier est obligé de la donner au légataire ou sa valeur.

3. Il y a cette différence entre les legs par commandement et par vindication, que par le dernier on ne peut léguer la chose d'autrui, tandis que, d'après ce qui a été dit ci-dessus, on le peut par l'autre. On peut aussi léguer par commandement des choses qui n'existent pas encore, comme si le testateur *lègue les fruits qui naîtront d'un tel champ,* ou ce qui naîtra *d'une telle esclave.* Ce qu'on ne peut léguer par vindication ; parce que le testateur ne peut pas les exiger aussitôt après la mort du testateur.

TITULUS. V.

De Legatis.

LEGATORUM genera sunt quatuor, vindicationis, damnationis, sinendi modo, et præceptionis.

§. 1. Vindicationis legatum est, si testator sic locutus fuerit : *Illum servum tibi do, aut lego.* Vel, *illam rem tibi præsume, habe, vindica.* Quod post mortem testatoris statim legatarius, non expectato herede, sibi præsumit. Quam si præsumpserit, nec pro præsumpto legato ab herede potest calumniam sustinere, nec si aliena res fuerit, quæ legata sit, legatarius hoc poterit ab herede repetere. Si per vindicationem una res multis legata sit, et singuli hanc ipsam rem præsumere velint, æquales singuli de re legata capiant portiones.

§. 2. Per damnationem isto ordine legatum dimittitur, ut testator in testamento scribat : *Tu heres meus illi hoc da :* aut, *Illud illi ab herede meo dari jubeo.* In quo genere legati etiam alienæ res per legatum dimitti possunt. Et necesse est heredi aut redimere eam rem quæ juris alieni est, et legatario tradere, aut si is cujus est res, vendere noluerit, quantum res illa valebit, legatario in pretio compensare. Sed si testator rem alienam quasi suam credens, per hoc genus legatum reliquerit, legatarius hoc ab herede petere non potest, et inutile est legatum. Nam si sciens alienam esse, per legatum dederit, necesse est ab herede aut ipsam rem, aut æstimationem rei in pretio legatario dari.

§. 3. Cæterùm inter damnationis legatum et vindicationis hoc interest, quòd per vindicationem res aliena relinqui non potest ; per damnationem eo pacto quo superiùs comprehensum est, potest. Illæ etiam res quæ in rerum natura non sunt, per damnationem legato dimitti possunt, veluti si testator in testamento scribat : *Fructus qui ex illo agro, nati fuerint :* aut, *id quod ex illa ancilla natum fuerit :* quod in legato vindicationis fieri non potest, quia non potest hæc legatarius testatore mortuo continuò vindicare.

7 *

§. 4. Inter legatum vindicationis et damnationis ista similitudo est, quòd legatum vindicationis, sive damnationis, si conjunctim, id est, duobus aut pluribus una res in legato dimissa fuerit, in utroque legato simul ab omnibus præsumatur.

§. 5. Inter legatum vindicationis et damnationis ista distantia est, ut si disjunctim, id est, singulis quæcunque res per legatum damnationis relicta fuerit, singulis integra debeatur, id est, ut unus rem ipsam accipiat, alii æstimationem rei ipsius in pretio ab herede percipiant.

§. 6. Sinendi modo hæc legati verba sunt : *Ille heres meus rem illam, illum permittæ præsumere, et sibi habere.* Nam et propriam rem testator et heredis sui (et alienam) per sinendi legatum relinquere potest ; in quo legato non quidem heres legatario rem quæ relicta est, jubetur tradere, sed vindicanti legatario non permittitur prohibere,

§. 7. Præceptionis verò legatum non nisi uni ex heredibus dari potest, ut aliquid ei ex hereditate præcipuum relinquatur, et si aut conjunctim, id est, multis, aut disjunctim singulis relinquatur omnibus una res tantùm, quæ nominata est, debetur, non uni res, et alii æstimatio, sicut in legato damnationis est constitutum.

TITULUS VI.

De Lege Falcidia.

LEGE Falcidia constitutum est : Quicunque heres fuerit institutus, quartam partem totius hereditatis habeat. Quòd si testator hereditatem suam legatis exinanierit, hoc statutum est ut Falcidiam sibi de imminutione legatorum heres retineat, constante nihilominùs testamento. Hic de Pauli sententiis addendum.

TITULUS VII.

De Fideicommissis.

POTEST aliquis recto jure heredem instituere, et rogare eum ut hereditatem suam

4. Il y a cette ressemblance entre ces deux espèces de legs, que si une même chose a été léguée conjointement à deux ou plusieurs personnes, elle appartient, soit qu'elle ait été léguée par vindication ou par commandement, à tous les légataires par indivis.

5. Il y a encore cette différence entre ces deux legs, que si la même chose est léguée par commandement, séparément à plusieurs légataires, elle est due à chacun d'entr'eux toute entière ; de sorte que l'un a la chose, et chacun des autres la valeur, que l'héritier est obligé de leur donner.

6. Ces paroles appartiennent au legs par souffrance : *Mon héritier, permettez que tel prenne et ait telle chose.* Le testateur par cette sorte de legs peut léguer sa chose propre, ou celle de son héritier ou celle d'autrui. Il n'est pas ordonné à l'héritier par le legs par souffrance de livrer la chose léguée au légataire, mais il lui est défendu de la refuser lorsqu'il la demande.

7. Le legs par préciput ne peut être laissé qu'à un des héritiers, pour qu'il ait quelque chose de l'hérédité plus que les autres. Si une même chose a été léguée de cette manière conjointement à plusieurs ou séparément à chacun, il n'y a que la chose léguée qui soit due pour tous, et l'on ne doit pas donner à l'un la chose et à l'autre sa valeur, comme dans le legs par commandement.

TITRE VI.

De la loi Falcidia.

IL a été ordonné par la loi *Falcidia*, que tout héritier qui a été institué a le quart de toute l'hérédité. Et si le testateur avoit épuisé son hérédité en legs, il a été réglé que l'héritier retiendroit sa quarte *Falcidia* sur les legs. Le testament n'en est pas moins valable. On doit ajouter ici ce que Paul dit à ce sujet dans ses sentences.

TITRE VII.

Des Fidéicommis.

ON peut instituer un héritier par droit direct, et le prier par fidéicommis de remettre l'hérédité à un autre en tout ou en partie. S'il n'étoit pas institué par droit direct, il ne pourroit pas remettre à un autre l'hérédité qu'il auroit acceptée. Mais il faut observer que quoique l'héritier institué soit tenu de remettre toute l'hérédité à un autre, il doit en retenir le quart pour lui, comme nous l'avons dit au sujet de la loi *Falcidia*.

1. On peut laisser par fidéicommis des choses particulières, comme un fonds, une maison, son esclave ou de l'argent.

2. On peut laisser un fidéicommis à un autre par le fidéicommissaire même.

3. De même que par le légataire, quoiqu'on ne puisse pas le priver du legs.

4. Non seulement le testateur peut laisser par fidéicommis les choses qui lui appartiennent, mais encore celle de son héritier, d'un légataire ou de quelque autre étranger.

5. De sorte que cependant le légataire à qui il a été peu donné par testament, ne soit pas chargé de donner par fidéicommis plus qu'il n'a reçu.

6. Lorsque le testateur a laissé par fidéicommis une chose qui ne lui appartenoit pas, il faut que l'héritier ou le légataire la rachètent et la donnent au fidéicommissaire, ou qu'il lui compte le prix auquel elle aura été estimée, comme nous avons dit être fait dans le legs par commandement.

7. On peut aussi laisser la liberté aux esclaves par fidéicommis. L'héritier ou le légataire sont obligés de faire les affranchissemens dont le testateur les a priés; peu importe que les esclaves appartiennent au testateur, à l'héritier, au légataire ou à quelqu'autre. S'il s'agit des esclaves d'autrui, l'héritier est forcé de les acheter et de les affranchir. Mais si leur maître ne veut pas les vendre, la liberté donnée par fidéicommis périt. Dans ce cas-ci l'héritier n'est point tenu de donner la valeur, parce que l'affranchi par fidéicommis n'est pas affranchi du testateur, mais de l'héritier.

8. Il y a ces différences entre les legs et les fidéicommis : le fidéicommis pourra parvenir au fidéicommissaire après la mort

aut omnem, aut ex parte alii per fideicommissum reddat. Nam si heredem directo jure non instituerit, fideicommissarius non potest ad alium acceptam hereditatem transmittere. Sed in hac quoque re hoc observandum est, quod de Falcidia supra dictum est, ut heres institutus, etiam si omnem hereditatem alii restituere jussus sit, ita hereditatem alii restituat, ut quartam sibi ex ipsa hereditate retineat.

§. 1. Et singulæ quæcunque res per fideicommissum dimitti possunt, hoc est, fundus, aut domus, aut mancipium, aut argentum.

§. 2. Ab ipso fideicommissario alteri fideicommissum dimitti potest.

§. 3. Et à legatario, licèt legatum dimitti non possit, fideicommissum potest.

§. 4. Et non solùm propriæ res à testatore per fideicommissum dimitti possunt, sed etiam ipsius heredis, aut legatarii, aut cujuslibet extranei.

§. 5. Ne legatarius, cui per testamentum dimissum est, plus alii per fideicommissum, quàm id quod consequitur, reddere jubeatur.

§. 6. Cùm autem aliena res per fideicommissum relinquitur, necesse est heredi, vel legatario, rem illam quæ per fideicommissum est relicta, aut redimere, et fideicommissario dare, aut pretium ejusdem rei, quantum æstimata fuerit, fideicommissario numerare, sicut in damnationis legato fieri diximus.

§. 7. Libertates etiam servis per fideicommissum dari possunt, ut heres, vel legatarius ea mancipia manumittant, quæ testator ab iis ut manumitterent, speravit. Nec interest, utrùm hoc testator de suis servis, an de ipsius heredis, vel legatarii, aut de alienis fieri jubeat. Quòd si de alienis fecerit, similiter cogitur heres emere ipsum servum, et manumittere. Sed si illum dominus suus noluerit vendere, perit per fideicommissum data libertas; quia in hac re heres æstimationem in pretio dare non cogitur, sed cùm per fideicommissum libertas datur, is qui manumissus fuerit, non testatoris, sed heredis libertus est.

§. 8. Præterea inter fideicommissa et legata sunt quædam distinctiæ. Fideicommissum ad eum cui aliquid commissum est, heredo mortuo poterit pervenire, si talis fuerit conditio testamenti ; nam legatum ita relinqui non potest. Item legatum per codicillum relictum non valet, nisi codicilli testamento fuerint confirmati ; fideicommissum verò, etiamsi testamento codicilli non fuerint confirmati, nihilominùs debetur. Item per legatarium legatum alteri relinqui non potest, sed fideicommissum potest. Item per legatum servo alieno directa libertas dari non potest, per fideicommissum potest. Item per codicillos nemo heres institui potest, quamvis testamento confirmati sint ; sed is qui testamento heres fuerit institutus, potest per codicillum rogari, ut hereditatem quæ ei data est, alii totam vel pro parte restituat, quod validum est, etiamsi codicilli testamento non fuerint confirmati. Item quamvis non possumus post mortem ejus quem heredem instituimus, alium ei substituere, tamen per fideicommissum rogare eum possumus, ut cùm moriatur, alii eam hereditatem vel totam vel pro parte restituat. Et quia, sicut superiùs dictum est, etiam post mortem heredis fideicommissum ei cui relictum est, dari potest ; quod hoc ordine fit, ut testator scribat : *Illum heredem instituo et volo, ut cùm mortuus fuerit, ad illum hereditas mea pertineat.* Præstereà et in hoc alia fideicommissorum et legatorum conditio est, quia fideicommissa, si tardiùs quàm scriptum est, solutæ fuerint, usuræ et fructus debentur ; legatorum verò usuræ non debentur, sed ex mora solutionis, si per damnationem relicta fuerint, duplicantur.

do l'héritier, si le testament le veut ainsi. On ne peut laisser des legs sous une telle condition. Le legs qui a été laissé par un codicille est nul, s'il n'a pas été confirmé par testament ; tandis que le fidéicommis laissé par un codicille, quoique non confirmé par testament, est valable. Un legs no peut être laissé à un autre par le légataire, tandis que le fidéicommis le peut. De même on ne peut par legs donner une liberté directe à l'esclave d'autrui, tandis qu'on le peut par fidéicommis. Personne ne peut être institué héritier dans un codicille, quoique confirmé par testament ; cependant celui qui a été institué héritier dans un testament, peut être prié par codicille, même non confirmé par testament, de restituer à un autre l'hérédité qui lui est laissée en tout ou en partie ; de même quoiqu'on ne puisse pas substituer un autre après la mort de celui qui a été institué, on peut cependant par fidéicommis le prier de restituer à sa mort, en tout ou en partie, l'hérédité à un autre. Le fidéicommis a lieu lorsque le testateur s'exprime ainsi : *J'institue tel mon héritier, et je veux qu'à sa mort mon hérédité appartienne à tel.* Il y a en outre cette différence entre les legs et les fidéicommis, que si les derniers ont été délivrés plus tard qu'ils n'auroient dû, les fruits et les intérêts en sont dus. Les intérêts des legs ne sont pas dus, mais ils sont doublés à cause du retard de la délivrance, s'ils ont été laissés par commandement.

TITULUS VIII.

De Intestatorum hereditatibus.

INTESTATORUM hereditates primùm ad suos heredes pertinent. Sui autem heredes appellantur, filius, filia, nepos, neptis, pronepos, proneptis ex nepote ; quia omnes per virilem sexum descendentes, sui vocantur. Naturales sunt hæ personæ ac adoptivæ. Adoptivorum enim comparatione legitimi *naturales* appellantur. Sed ita nepos vel neptis ex filio, avo sui heredes sunt, si

TITRE VIII.

Des Successions légitimes.

LES successions légitimes appartiennent en premier lieu aux héritiers siens. On appelle héritiers siens, le fils, la fille, le petit-fils, la petite-fille issus du petit-fils ; parce que tous ceux qui descendent des mâles sont héritiers siens. Ces personnes sont naturelles ou adoptives. Les légitimes sont appelés naturels par opposition avec les adoptifs. Le petit-fils ou la petite-fille

Issus du fils sont héritiers siens de leur aïeul, s'ils sont sortis de la puissance de leur père ou par la mort ou par l'émancipation. Car si au tems qu'une personne meurt, elle a un fils sous sa puissance et des petits-fils issus de ce fils, les petits-fils ne peuvent du vivant de leur père et pendant qu'il est sous la puissance de leur aïeul, être héritiers siens de ce dernier.

1. Les posthumes qui, s'ils fussent nés du vivant de leur père, auroient été sous sa puissance, sont ses héritiers siens.

2. Lorsque quelqu'un à sa mort laisse un fils ou une fille et des petits-fils et des petites-filles d'un autre fils qui est décédé, les enfans du premier degré et les petits-enfans issus du fils décédé succèdent à leur aïeul, les premiers pour leur part, et les autres ensemble pour celle qu'auroit eue leur père s'il eût vécu; parce qu'on a sagement réglé que le degré plus proche n'exclut pas celui qui est plus éloigné, et que l'hérédité n'est pas divisée par têtes, mais par souches. Si le défunt n'a pas laissé d'enfans ni des petits-enfans de deux fils décédés, à savoir un ou deux petits-enfans de l'un, et trois ou quatre de l'autre, l'hérédité sera divisée comme nous avons dit ci-dessus par souches et non par têtes; en sorte que les deux petits-enfans d'un des fils aient la moitié de l'hérédité et les autres le quart de l'autre moitié; de sorte qu'ils reçoivent les portions que leurs pères auroient eues s'ils eussent vécu.

3. S'il n'y a pas d'héritiers siens, l'hérédité appartient alors aux agnats. Les agnats sont ceux qui sont liés au défunt par la parenté des mâles; comme les frères consanguins, c'est-à-dire, ceux qui sont nés d'un même père; peu importe qu'ils soient de diverses mères, s'ils ont un même père. De même l'oncle paternel est agnat du fils de son frère. Les cousins germains de deux frères sont agnats entr'eux. On voit par-là, comme nous l'avons dit ci-dessus, que les agnats sont les parens du côté des mâles.

4. L'hérédité n'est pas cependant déférée à tous les agnats, mais seulement à ceux qui l'étoient au degré le plus près du défunt, auteurs de sa mort.

pater eorum de potestate patris aut morte, aut emancipatione discesserit; nam si eo tempore quo aliquis moritur, filium in potestate habeat, et ex eo nepotes, illi vivo patre suo et in potestate avi constituto, sui heredes avo esse non possunt.

§. 1. Similiter posthumi, qui si vivo patre nati fuissent, in potestate ejus futuri erant, sui heredes sunt.

§. 2. Si quando aliquis moritur, et reliquerit filium aut filiam, et ex alio filio mortuo nepotes, neptesve, filii, vel nepotes ex filio defuncto, patri vel avo hac ratione succedunt, ut filius vel filia suas partes, et nepotes ex filio portionem, quam pater eorum erat habiturus, accipiant, quia regulariter constitutum est, ut inter suos proximior longiore gradu positos non excludat, et non in capita, sed in stirpem dividatur hereditas. Item si quis moriens filium non relinquat, sed ex duobus masculis filiis dimittat nepotes, hoc est, ex uno filio unum vel duos nepotes, ex altero tres aut quatuor; similiter, sicut superius dictum est, in stirpem, non in capita hereditas dividatur hoc modo, ut illi duo nepotes ex uno filio medietatem percipiant, et illi quatuor ex alio filio aliam medietatem, hoc est, ut tales accipiant portiones, quales patres eorum, si vixissent, habituri erant.

§. 3. Si defuerint heredes sui, tunc hereditas defuncti pertinet ad agnatos. Agnati enim sunt per virilem sexum defuncto propinquitate conjuncti, id est, consanguinei fratres, hoc est, de uno patre nati. Nec disputari potest, si de diversis matribus nascantur, qui uno patre geniti sunt. Item patruus, id est, frater patris, fratris sui filio agnatus est. Ipso modo sunt fratres patrueles, hoc est, qui de singulis germanis nati sunt. Hoc ordine agnoscitur qui sint agnati, sicut suprà diximus, per virilem sexum propinquitate conjuncti.

§. 4. Non tamen omnibus simul agnatis lex hereditatem propinqui intestati dat, sed his qui defuncto mortis suæ tempore proximiores inveniuntur.

§. 5. In feminis verò alia conditio est ; quia inter feminas sola tantùm soror consanguinea habetur agnata , ut germano suo defuncto , ab intestato ei agnationis jure succedat. Reliquæ feminæ, hoc est , amitæ, id est , patris soror, vel fratris filia , nec in capiendis hereditatibus propinquorum legitimæ sunt, nec masculis propinquis agnationis jure succedunt. Ipsarum verò hereditates ad masculos propinquos agnationis conditione perveniunt.

§. 6. Regulariter constitutum est, ut inter agnatos proximior posteriorem excludat, et inter eos non in stirpem, sed in capita ab intestato dividatur hereditas. Nam inter suos, sicut superiùs diximus, alia ratio est ut proximior posteriorèm non excludat, et semper hereditas in stirpem, non in capita dividatur. Nam si quis moriens dimittat germanum, et ex altero germano filios, germanus frater, quia gradu proximior est , solus succedit, fratris filii non succedunt. Item si moriatur quis, et de duobus germanis fratribus dimittat filios duntaxat masculos, ex uno fratre dimiserit duos, ex alio quatuor similiter masculos, omnes quidem fratrum filii patruo suo ab intestato succedunt, sed non in stirpes, sed in capita, ita ut illi duo ex una parte duas accipiant portiones, et illi quatuor ex alio accipiant quatuor portiones. Nam si sorores habuerint, in patrui hereditatem non veniunt, sicut nec sororis filii in avunculi hereditate succedunt.

§. 7. Nam et hoc regulare est, ut cognati tunc intestatorum propinquorum hereditates capiant, quando aut sui, aut agnati defuerint.

TITULUS IX.

De Obligationibus.

OBLIGATIO in duas species dividitur. Nam omnes obligationes aut ex contractu nascuntur, aut ex culpa. Quæ ex contractu nascuntur, quatuor genera sunt, quæ singula hoc ordine distinguuntur. Aut enim re contrahitur obligatio, aut verbis, aut litteris, aut consensu.

5. Il n'en est pas de même des femmes. Car parmi les femmes, la seule sœur consanguine est agnat de son frère germain, et lui succède *ab intestat* par le droit d'agnation. Les autres femmes, comme la sœur du père, la fille du frère sont incapables de l'hérédité de leurs proches et de succéder par le droit d'agnation à leurs parens mâles : leurs successions appartiennent à leurs plus proches parens mâles par le droit d'agnation.

6. Il a été sagement réglé qu'entre les agnats, celui qui est plus proche exclut celui qui est plus éloigné, et qu'entr'eux la succession *ab intestat* se partage par têtes et non par souches ; mais il en est autrement pour ce qui regarde les héritiers siens, comme nous l'avons déjà dit. Dans cet ordre d'héritiers, le plus proche n'exclut pas ceux qui sont plus éloignés que lui du défunt ; et la succession est toujours divisée par souches et non par têtes. Car si quelqu'un en mourant laisse un frère germain et d'un autre frère mort des neveux, le frère qui est plus proche succède seul à l'exclusion de ses neveux. Si quelqu'un meurt et laisse des neveux de deux frères germains, par exemple, deux de l'un et quatre de l'autre, tous ces neveux succèdent *ab intestat* à leur oncle, non par souches, mais par têtes ; de sorte que, d'une part, les deux frères reçoivent deux portions, et les quatre autres en reçoivent quatre. S'ils avoient des sœurs, elles ne viendroient point à l'hérédité de leur oncle paternel, de même que les frères ou sœurs ne viennent point à l'hérédité de leur oncle maternel.

7. Les cognats viennent à la succession de leurs parens *intestat*, au défaut d'héritiers siens et d'agnats.

TITRE IX.

Des Obligations.

ON divise les obligations en deux espèces ; car toutes les obligations naissent ou des contrats, ou des délits. On divise celles qui naissent des contrats en quatre espèces, qui sont celles qui sont contractées par la chose, par les paroles, par lettres, et par consentement.

1. L'obligation se contracte par la chose, toutes les fois qu'une des choses qui se pèsent, se comptent ou se mesurent, est donnée en prêt à quelqu'un, comme une somme d'argent, du froment, du vin, de l'huile, de l'airain, du fer, de l'argent ou de l'or, choses qui se comptent, se pèsent ou se mesurent, que l'on donne pour être employées par celui qui les reçoit, et afin qu'au bout d'un certain temps il nous rende non pas les mêmes choses, mais le même poids, la même mesure, ou le même nombre de choses, de même nature que celles qu'on a données ; c'est pour cela que les Romains l'appelloient *mutuum*, c'est-à-dire, je te donne afin que la chose de mienne devienne tienne.

2. L'obligation qui naît des paroles se contracte par la demande que celui qui reçoit fait à celui qui donne et par la réponse de ce dernier. Comme si celui qui doit recevoir fait cette question à celui qui donne : *Me donnes-vous ceci ?* et qu'il réponde : *Je le donne.* Ou dans l'obligation du débiteur, si le fidéjusseur est interrogé par celui qui donne : *Me répondrez-vous de cela sur votre foi ?* S'il répond : *J'en réponds sur ma foi* ; dans ce cas-là le débiteur est non-seulement obligé, mais encore le fidéjusseur. Non-seulement le dernier est engagé lui-même pendant sa vie, mais encore ses héritiers après sa mort; car il dépend du créancier de demander ce qui lui est dû à son débiteur ou au fidéjusseur de son débiteur, l'un des deux en payant libère l'autre.

3. Mais il est d'autres obligations qui ne peuvent être contractées par les interrogations précédentes. Telle que la promesse de dot qu'une femme fait à son mari futur, qui peut être composée de choses mobilières, comme de fonds ; non-seulement dans cette obligation la femme s'oblige elle-même, mais encore son père, et le débiteur même de la fiancée s'il a promis de donner à titre de dot au fiancé la somme dont il est redevable à la fiancée. Ces trois personnes seulement peuvent s'obliger légitimement par la promesse de dot sans l'emploi de la stipulation; mais toute autre

§. 1. Re contrahitur, quoties aliqua cuicunque mutuo dantur, quæ in his rebus contingunt, quæ pondere, numero, mensura continentur, hoc est, si pecunia numeretur, vel frumentum detur, vinum aut oleum, aut æs, ferrum, argentum vel aurum. Quæ omnia numerando aut pensando, aut metiendo, ad hoc damus, ut eorum fiant, qui ea accipiunt, et ad nos statuto tempore non ipsæ res, sed aliæ ejus naturæ, quales datæ sunt, atque ipsius ponderis, numeri vel mensuræ reddantur. Propter quod mutuum appellatum est, quasi à me tibi ita datum sit, ut ex meo tuum fieret.

§. 2. Verbis contrahitur obligatio ex interrogatione dantis et responsione accipientis, ita ut si ille qui dat, interroget, *hoc mihi dabis ?* qui accipit, respondeat, *dabo.* Aut in obligatione debitoris, si aliquis fidejussor accedat, qui personam fidejussori tradit, interroget : *Istum fide tua esse jubes?* et ille respondeat, *fide mea esse jubeo.* Hac conditione non solùm qui debitor est, sed et is qui fidejussor existit, obligantur. Et non solùm fidejussor ipse dum vivit, sed et heredes ipsius, si ille defecerit, tenentur obnoxii. Creditor autem qui pecuniam dedit, in potestate habet ad reddendam pecuniam, quem velit tenere, utrùm ipsum debitorem aut fidejussorem. Sed si debitorem tenere elegerit, fidejussorem absolvit ; si verò fidejussorem tenuerit, debitorem absolvit : quia uno electo quem idoneum creditor judicat, alterum liberat.

§. 3. Sunt et aliæ obligationes quæ nulla præcedente interrogatione contrahi possunt, id est, ut si mulier, sive sponso uxor futura, sive jam marito dotem dicat. Quod tam de mobilibus rebus, quàm de fundis fieri potest. Et non solùm in hac obligatione ipsa mulier obligabitur, sed et pater ejus, et debitor ipsius mulieris, si pecuniam quam ille debebat sponso crediricis, ipso debitor in dotem dixerit. Hæ tantùm tres personæ, nulla interrogatione præcedente, possunt dictione dotis legitimè obligari. Aliæ verò personæ, si pro muliere dotem marito promiserint, com-

8

munt jure obligari debent, id est, ut et interrogatæ respondeant, et stipulatæ promittant.

§. 4. Item et alio casu, uno loquente, et sine interrogatione alio promittente, contrahitur obligatio, id est, si libertus, patrono aut donum, aut munus, aut operas se daturum esse juraverit. Exponendum hic quid sit donum, aut munus, vel operæ: in qua re supradicti liberti non tam verborum solemnitate, quàm jurisjurandi religione tenentur. Sed nulla altera persona hoc ordine obligari potest,

§. 5. Præterea inutilis est promissio, etiamsi stipulatione interveniente facta sit, si id aliquis daturum se promiserit, quod sui juris non est; hoc est, si aut ingenuum hominem quasi servum se daturum promittat. Aut si mortuum aliquis quem vivum credebat, promiserit. Aut locum sacrum aut sanctum, aut religiosum daturum se quicunque promiserit,

§. 6. Præterea inutilis est promissio, si aliquis rem sub tali conditione promittat, quæ impleri pro rei difficultate non possit,

§. 7. Præterea inutilis est interrogatio, et promissio, si ita aliquis interroget debitorem, *post mortem meam*, vel *tuam illud dari spondes?* Quod præterea inutile visum est, quia à persona heredis obligatio incipere non potest. Et ideo nec heredi creditoris sub hac sponsione obligatur debitor, neo debitoris heres creditori tenetur obnoxius,

§. 8. Item inutilis est obligatio, si dicat creditor, *pridiè quàm moriar, dare spondes?* Vel interroget debitorem, *Pridiè quàm moriaris?* Similiter et hæc stipulatio inutilis judicatur, quia non potest sciri quando sit pridie quàm aliquis moriatur,

personne qui promettroit une dot au mari pour la femme, doit se conformer au droit commun, c'est-à-dire, employer la stipulation, faute de quoi il n'y auroit pas d'obligation.

4. De même une obligation peut être contractée, dans un autre cas, par la voix de l'une des parties et la promesse de l'autre, sans néanmoins l'emploi de la stipulation; par exemple, lorsqu'un affranchi promet par serment de faire quelque don à son patron, ou de faire telle chose pour son compte. Nous devons exposer ici ce que c'est qu'un don, une charge, et le travail qu'un esclave peut promettre . . . . .
. . . .
Dans un pareil cas l'affranchi n'est pas tant obligé par la stipulation que par la religion du serment. Mais tout autre qu'un affranchi ne peut contracter de cette manière.

5. La promesse est inutile et sans effet, quand même elle auroit été accompagnée de la stipulation, lorsque celui qui s'est engagé a promis de donner une chose qui ne lui appartient pas, comme si l'objet de la promesse est un homme ingénu et libre, que le promettant s'est obligé de donner comme esclave; ou s'il a promis de donner un esclave qu'il croyoit vivant, mais qui est mort; ou un lieu sacré ou saint ou religieux.

6. Une promesse est encore inutile lorsque quelqu'un promet de donner une chose, mais sous une condition qui est par sa nature impossible.

7. La stipulation est encore nulle si elle consiste dans une telle interrogation: *Promettez-vous que telle chose sera donnée après ma mort ou la vôtre?* Une pareille stipulation est nulle, parce qu'une obligation ne peut tirer son origine de la personne de l'héritier; c'est pourquoi le débiteur n'est point, en vertu de cette stipulation, obligé à l'héritier du créancier, ni l'héritier du débiteur au créancier,

8. Une stipulation est également nulle si elle consiste dans les interrogations suivantes: *Promettez-vous de donner telle chose la veille de ma mort ou de la vôtre?* Une pareille obligation est nulle, parce qu'on ne peut connoître précisément la

veille de la mort, que quand la mort elle-même est arrivée.

9. La stipulation est encore nulle lorsque l'interrogation du créancier est pure et sans condition, et la promesse du débiteur conditionnelle.

10. Il en est de même lorsque le créancier, dans son interrogation, parle de dix sols, et le débiteur n'en promet que cinq; parce que dans un pareil cas on est incertain sur la mesure de la dette.

11. Nous pouvons forcer notre débiteur de promettre de rendre à un autre la somme qu'il nous doit, et il ne peut excepter contre notre mandataire que la somme a été promise quoique non reçue, ni élever à ce sujet quelqu'autre contestation, puisqu'il ne s'agit que d'une somme qui nous est due et qu'on a promis de rendre avec notre consentement à un autre.

12. L'obligation par lettres a lieu ou de la chose à la personne, ou de la personne à la personne : elle a lieu de la chose à la personne lorsqu'on rend à un autre ce qu'on doit à quelqu'un par suite d'un contrat de vente, ou de louage ou de société. Elle a lieu de la personne à la personne lorsqu'on charge par délégation son débiteur de payer la dette à un autre.

13. Les obligations ont lieu par le consentement dans le contrat de vente, de louage, de société et dans le mandat; parce que dans ces espèces de contrats on considère plus le consentement que l'écriture et les solemnités du contrat. A l'égard de ces contrats l'obligation peut même être contractée entre absens, ce qui ne peut se faire par les autres contrats.

14. C'est pourquoi la vente est contractée dès l'instant que l'acheteur et le vendeur sont convenus d'un prix; et avant que le prix ne soit payé, et même qu'on n'en ait payé une partie ou donné des arrhes.

15. Il en est de même du contrat de louage; il est parfait dès que les parties en sont convenues par leur consentement mutuel.

16. Nous pouvons contracter une société pour tous nos biens ou pour une affaire seulement. Le contrat de société a

nisi postquàm mortuus fuerit.

§. 9. Item si purè interroget creditor, et debitor sub conditione promittat.

§. 10. Vel si creditor decem solidos debitorem interroget, et debitor quinque promittat, hoc ordine integrum debitum vacillare cognoscitur.

§. 11. Si quis nobis pecuniam debeat, possumus debitorem nostrum compellere ut pecuniam quam nobis redditurus erat, alteri se caveat redditurum. Neque potest ei cui pro nostro debito cavet, de cauto et non numerato, sicut fieri solet, aliquid disputationis afferre, cùm id quod à nobis accepit, alteri caverit redditurum.

§. 12. Litteris obligatio fit aut à re in personam, aut à persona in personam. At re in personam, velut si id quod ex emptione, aut conductione, aut societate debes, alii reddas. A persona in personam, velut si id quod mihi alter debet, alteri personæ delegem, ut reddere debeat.

§. 13. Consensu fiunt obligationes, ex emptionibus et venditionibus, locationibus, conductionibus, societatibus et mandatis. Quia in ejusmodi rebus consensus magis quàm scriptura, aut solemnitas quæritur. In quibus rebus etiam inter absentes obligatio contrahi potest, quod in aliis rebus fieri non potest.

§. 14. Emptio igitur et venditio contrahitur, cùm de pretio inter emptorem et venditorem fuerit definitum, etiamsi pretium non fuerit numeratum, et nec pars pretii aut arrha data fuerit.

§. 15. Locatio et conductio simili ratione consistunt, ut consensu etiam verbo definitio inter consentientes firma permaneat.

§. 16. Societatem inire possumus, aut omnium bonorum, aut unius alicujus negotiationis. Et potest ita iniri societas, si

8 *

tamen hoc inter socios convenit, ut unus pecuniam det, alter operam suam pro pecunia ponat. Et hujus rei definitio etiam verbo inita valet, ita ut quicquid societatis tempore quolibet modo fuerit adquisitum, sociis commune sit.

§. 17. Permanet autem inita societas, quamdiu in ipso consensu socii perseverant, quia sicut consensu contrahitur, etiam dissensu solvitur. Dissolvitur ergo societas aut morte unius socii, aut contraria voluntate, aut capitis diminutione, id est, si unus ex sociis, sicut frequenter suprà diximus, capite fuerit deminutus.

§. 18. Similiter et mandari verbo potest. Et cùm verbis mandatum fuerit, obligatio contrahitur. Possumus enim aut nostra negotia, aut aliena cuicunque agenda mandare, dummodò honestum aliquid agi mandemus. Nam si contra bonos mores aliquid mandare voluerimus, hoc est, si cuicunque mandemus, ut alicui furtum faciat, aut homicidium, aut adulterium admittat, in iis rebus mandati obligatio non contrahitur.

§. 19. Solvitur autem mandatum aut morte cui mandatum est, aut contraria illius voluntate qui mandavit.

§. 20. Sed is cui mandatur, mandati formam egredi non potest. Aut si egressus fuerit, et mandatori teneatur obnoxius, et quod extra mandatum egit, non præjudicet mandatori.

TITULUS X.

Quibus modis obligatio tollatur.

Tollitur obligatio solutione debiti. Prætereà aliquoties tollitur obligatio, etiam si aliud quàm cautum fuerat à debitore, creditori reddatur. Nam si quicunque pro pecunia quam creditori cavit, acquiescente creditore aurum, aut argentum, aut mancipia, vel aliąs quaslibet

encore lieu lorsqu'il a été convenu entre les associés que l'un fourniroit une certaine somme d'argent, et l'autre au lieu d'argent, son industrie. Et une telle convention a tellement lieu par le consentement, qu'à compter de l'instant où les parties y ont consenti, tout ce qui parvient, à quelque titre que ce soit, à l'un des associés, est commun à tous.

17. La société dure tant que les associés persévèrent dans leur consentement. Car le consentement qui a établi la société, peut aussi la détruire. La société est encore dissoute par la mort ou le changement d'état de l'un des associés, comme nous l'avons déjà dit plusieurs fois ci-dessus à l'article des changemens d'état.

18. Le mandat consiste de même dans les paroles ; l'obligation est contractée dès l'instant qu'on en est convenu. Nous pouvons charger quelqu'un par mandat de l'administration de nos propres affaires ou de celles d'autrui, pourvu qu'il s'agisse d'une chose honnête. Il en seroit autrement si le mandat avoit pour objet une chose contraire aux bonnes mœurs ; comme si nous mandions à quelqu'un de faire un vol, de tuer quelqu'un ou de commettre un adultère ; car à l'égard de pareilles choses le mandat n'est pas obligatoire.

19. Le mandat est dissout, ou par la mort du mandataire, ou par la volonté contraire du mandant.

20. Le mandataire ne peut excéder les bornes de son mandat : il est tenu envers son mandant de ce qu'il a fait au-delà des bornes du mandat, quoique le mandant ne puisse éprouver aucun préjudice de ce qui a été fait ainsi.

TITRE X.

Des Causes qui éteignent les obligations.

L'obligation s'éteint par le paiement de la dette, quand même le débiteur feroit le paiement avec une autre chose que celle qu'il a promise : car si le débiteur donne au créancier et avec son consentement, en place de la somme qu'il lui doit, des matières d'or ou d'argent, des esclaves ou toute autre chose pour la valeur de la dette, il est évident que l'obligation est éteinte par le paiement. Nous venons de parler des obligations qui naissent des contrats ; il nous reste à parler brièvement de celles qui naissent d'un délit. Il résulte une obligation du délit lorsqu'on commet un vol, lorsqu'on pille les biens d'autrui, ou lorsqu'on porte du dommage à quelqu'un, ou qu'on commet une injure envers lui. Il résulte de tous ces délits une obligation du même genre.

1. Il y a quatre espèces de vols qu'on distingue par les mots *manifestes*, *non-manifestes*, *concepts* et *oblats*. Le vol est *manifeste* lorsqu'on prend le voleur sur le fait. Il est *non-manifeste* lorsque le voleur n'a pas été surpris en le faisant, mais qu'il est cependant convaincu de l'avoir fait. Il est *concept* lorsque la chose volée a été trouvée chez tout autre que le maître. Il est enfin *oblat* lorsque la chose volée a été donnée à quelqu'un, pour qu'elle ne fût pas trouvée chez le voleur même.

2. Celui qui malgré ou à l'insu du maître a tenté d'enlever la chose d'autrui, a commis un vol.

3. Celui qui ayant reçu une chose en dépôt ou pour s'en servir, en a usé autrement qu'il ne lui étoit permis, peut être poursuivi par l'action du vol.

4. De même celui qui ayant reçu une bête de somme, sous la condition qu'il ne s'en serviroit que pour un voyage de cinq milles, en a fait dix, ou seulement un plus grand nombre que le maître ne lui avoit permis, est coupable de vol.

5. On est en outre coupable de vol dans beaucoup d'autres cas semblables. Tel est, par exemple, celui qui coopère au vol en y participant, ou par le secours qu'il donne au voleur, ou par l'approbation qu'il y donne. Se trouve dans le premier cas celui qui secoue la main de quelqu'un qui tient de l'argent, afin de le faire tomber à terre pour que d'autres puissent le voler.

species, habita æstimatione consentiente creditore dederit, obligatio evidenter tollitur. Quia de obligationibus, quæ ex contractu nascuntur, diximus, superest ut de his obligationibus quæ ex delicto nascuntur simpliciter disputemus. Ex delicto nascuntur obligationes, si aliquis furtum fecerit, vel bona aliena rapuerit, vel damnum alteri dederit, aut injuriam fecerit. Quarum omnium rerum uno genere ex delicto nascitur obligatio.

§. 1. Furtorum autem sunt genera quatuor : manifesti, nec manifesti, concepti et oblati. Manifestum furtum dicitur si quando fur cujusque rem tollit, in ipso furto deprehenditur. Nec manifestum furtum appellatur, quod quamlibet, dum fieret, inventum non est, tamen furtum factum fuisse probatur. Conceptum furtum dicitur, cùm apud aliquem alterum res furtiva inveniatur. Oblatum furtum dicitur, cùm res furtiva alicui ita à fure datur, ut apud ipsum furem inveniri non possit.

§. 2. Præterea, qui rem alienam invito aut nesciente domino contingit, vel tollere, aut de loco movere præsumit, furtum facit.

§. 3. Et si quis rem utendam acceperit, aut commendatam apud se habuerit, et aliter ea usus fuerit quàm acceperit, furti actione tenetur.

§. 4. Præterea, si quis jumentum alterius ad hoc accepit, ut cum quinque milliaribus duceret, si id decem milliaribus aut longiùs quàm ab illo qui dedit, fuerit constitutum duxerit, furti reus erit.

§. 5. Et multa præterea quorumcunque similia sunt, secundùm quæ et illo furti tenetur, qui ut ferret opem, aut consilium, aut studium commodaret : velut, si quis pecuniam quam in manu aliquis tenebat, excusserit, ut alii eam rapere possint.

FIN de l'Abrégé des institutions de droit de Caïus.

ALIA FRAGMENTA

EX INSTITUTIONIBUS CAII,

JURISCONSULTI ANTIQUISSIMI.

AUTRES FRAGMENS

DES INSTITUTIONS DE DROIT DE CAIUS,

ANCIEN JURISCONSULTE ROMAIN.

De jure naturali, gentium et civili.

Du Droit naturel, du Droit des gens et du Droit civil.

Omnes populi, qui legibus et moribus reguntur partim suo proprio, partim communi omnium hominum jure utuntur. Nam quod quisque populus ipse sibi jus constituit, id ipsius proprium civitatis est ; vocaturque jus civile, quasi jus proprium ipsius civitatis. Quod verò naturalis ratio inter omnes homines constituit, id apud omnes peræquè custoditur : vocaturque jus gentium, quasi quo jure omnes gentes utuntur.

Tous les peuples policés sont régis en partie par le droit commun à tous les hommes, et en partie par un droit qui leur est propre. Car lorsqu'une nation se donne des lois particulières, leur assemblage forme un droit qui est propre à cette nation : c'est ce qu'on appelle le droit civil. Mais le droit que les lumières de la raison ont établi chez tous les hommes, est observé également par-tout, et on l'appelle droit des gens, parce qu'il oblige toutes les nations.

. . . .

Omne jus quo utimur, vel ad personas pertinet vel ad res vel ad actiones.

Nos lois ont pour objet les personnes, les choses et les actions.

De Jure personarum.

Du Droit des personnes.

Summa itaque de jure personarum divisio hæc est ; quòd omnes homines aut liberi sunt aut servi.

Tous les hommes sont libres ou esclaves : telle est la principale division des personnes.

. . . .

Libertini sunt qui ex justa servitute manumissi sunt.

Les affranchis sont ceux qui ont été délivrés d'une juste servitude.

De his qui sui vel alieni juris sunt.

De ceux qui sont leurs maîtres et de ceux qui sont sous la puissance d'autrui.

De jure personarum alia divisio sequi-

Les hommes se divisent encore en ceux

qui sont leurs maîtres et ceux qui sont sous la puissance d'autrui. Parlons d'abord de ceux qui sont sous la puissance d'autrui ; quand nous les connoîtrons, il sera aisé de découvrir ceux qui sont leurs maîtres. Commençons par ceux qui sont sous une autre puissance que la puissance paternelle.

1. Les esclaves sont sous la puissance de leurs maîtres. Cette puissance descend du droit des gens ; car nous pouvons remarquer que chez la plupart des nations, les maîtres ont droit de vie et de mort sur leurs esclaves , et que l'esclave acquiert au profit de son maître tout ce qu'il gagne.

2. Mais aujourd'hui il n'est permis à aucun sujet de l'empire de sévir contre ses esclaves avec excès et sans une cause approuvée par la loi. Car l'empereur Antonin a ordonné que celui qui tueroit son esclave, soit puni de la même manière que s'il eût tué l'esclave d'un autre. La même constitution de ce prince réprime aussi la trop grande sévérité des maîtres.

. . . .

Les enfans nés d'un mariage légitime sont sous la puissance paternelle ; ce droit est particulier au peuple romain.

Des Adoptions.

L'adoption ordinaire se fait de deux manières, avec l'autorisation du prince, ou par le ministère du magistrat. On adopte avec l'autorisation du prince, ceux qui sont leurs maîtres ; c'est ce qui s'appelle adroger, parce qu'on interroge l'adoptant pour savoir s'il veut avoir pour fils légitime celui qu'il se propose d'adopter ; et ce dernier pour savoir s'il y consent. On adopte par le ministère du magistrat ceux qui sont sous la puissance paternelle, soit qu'ils appartiennent au premier degré des descendans, comme le fils et la fille, soit qu'ils appartiennent aux degrés plus éloignés, comme le petit-fils et la petite-fille, l'arrière petit-fils et l'arrière petite-fille.

1. Ces deux adoptions ont cela de commun, que ceux qui ne peuvent pas engendrer, comme sont les impuissans appelés *spadones* , peuvent adopter par l'une ou par l'autre indifféremment.

tur : quòd quædam personæ sui juris sunt, quædam alieno juri subjectæ sunt. Videamus itaque de his, quæ alieno juri subjectæ sunt. Nam si cognoverimus quæ istæ personæ sunt, simul intelligemus quæ sui juris sunt. Dispiciamus itaque de his, quæ aliena potestate sunt.

§. 1. Igitur in potestate sunt servi dominorum , quæ quidem potestas juris gentium est ; nam apud omnes peræquè gentes animadvertere possumus, dominos in servos vitæ necisque potestatem fuisse, et quodcumque per servum acquiritur, id domino acquiritur.

§. 2. Sed hoc tempore nullis hominibus, qui sub imperio Romano sunt, licet suprà modum, et sine causa legibus cognita in servos suos sævire. Nam ex constitutione divi Antonini, qui sine causa servum suum occiderit, non minùs puniri jubetur, quàm qui alienum servum occiderit. Sed et major asperitas dominorum ejusdem principis constitutione coërcetur.

Item in potestate nostra sunt liberi nostri, quos ex justis nuptiis procreaverimus : quod jus proprium civium Romanorum est.

De Adoptionibus.

Generalis enim adoptio duobus modis fit : aut principis auctoritate, aut magistratus imperio. Principis auctoritate adoptamus eos qui sui juris sunt. Species adoptionis dicitur adrogatio, quia et is, qui adoptat, rogatur an velit eum quem adoptaturus sit, justum sibi filium esse ; et is, qui adoptatur, rogatur an id fieri patiatur. Imperio magistratus adoptamus eos qui in potestate parentis sunt : sive primum gradum liberorum obtineant, qualis est filius, filia ; sive inferiorem, qualis est nepos, neptis, pronepos, proneptis.

§. 1. Illud utriusque adoptionis commune est : quòd et hi, qui generare non possunt, quales sunt spadones, adoptare possunt.

§. 2. Hoc verô proprium est ejus adoptionis, quæ per principem fit : quòd his, qui liberos in potestate habet, si se adrogandum dederit, non solùm ipse potestati adrogationis subjicitur, sed et liberi ejus in ejusdem fiunt potestate, tanquam nepotes.

Quibus modis filii exeunt de potestate patris.

Liberum arbitrium est ei qui filium et ex eo nepotem in potestate habebit, filium quidem potestate demittere : nepotem verô in potestate retinere, vel ex diverso, filium quidem in potestate retinere, nepotem verô manumittere, vel omnes sui juris efficere Eadem et de pronepote dicta intelligemus.

Adhibitis non minùs quinque testibus puberibus, item libripendo. *Ex Priscian. Lib. 6.*

Qui libram œneam teneat, qui appellatur libripens. *Ex Princian., eod. lib. 6.*

De Tutelis.

Sunt autem agnati, qui per virilis sexus personas cognatione juncti sunt, quasi à patre cognati ; veluti frater eodem patre natus, fratris filius, neposve ex eo : item patruus et patrui filius, neposve ex eo.

De Rebus.

Summa rerum divisio in duos articulos deducitur ; nam aliæ sunt divini juris, aliæ humani. Divini juris sunt, veluti res sacræ, et religiosæ ; sacræ quoque, veluti muri, et portæ quodam modo divini juris sunt. Quod autem divini juris est, id nullius in bonis est ; id verô quod humani juris est plerumque alicujus in bonis est : potest autem et nullius in bonis esse : nam res hæreditariæ antequàm aliquis hæres existat, nullius in bonis sunt : hæ autem res, quæ humani juris sunt, aut publicæ sunt, aut privatæ ; quæ publicæ sunt, nullius in bonis esse creduntur, ipsius enim universitatis esse creduntur. Privatæ autem sunt, quæ singu-

---

2. L'adoption qui a lieu par l'autorisation du prince a cela de particulier, que si un père de famille ayant des enfans sous sa puissance, se donne lui-même en adoption, ses enfans passent avec lui sous la puissance du père adoptif, et sont par rapport à lui au degré des petits-enfans.

Comment les enfans de famille sont dégagés de la puissance paternelle.

Celui qui a un fils et un petit-fils sous sa puissance, peut émanciper son fils et retenir son petit-fils ; ou retenir son fils et émanciper son petit-fils ; ou les émanciper tous les deux. La même chose a lieu à l'égard de l'arrière-petit-fils.

. . . .

Cela doit se faire en présence de cinq témoins au moins, qui doivent être pubères, et du libripens. *Priscien liv. 6.*

. . . .

Celui qui tient la balance est appelé libripens. *Priscien liv. 6.*

Des Tutelles.

Les agnats sont ceux qui sont liés au pupille par les mâles, comme le frère né du même père que le pupille, le neveu issu de ce même frère, le petit neveu ; l'oncle, le cousin et ses descendans toujours du côté paternel.

Des Choses.

Les choses sont ou de droit divin ou de droit humain : telle est leur principale division. Dans la classe des premières sont les choses sacrées et les choses religieuses ; on y comprend encore les choses saintes, comme les murs ; les portes de la ville appartiennent aussi en quelque sorte au droit divin. Les choses de droit divin n'appartiennent à personne : les choses de droit divin ont ordinairement un maître. Elles peuvent cependant n'en point avoir, par exemple, les choses qui dépendent d'une succession n'appartiennent à personne jusqu'à ce qu'il existe un héritier. Les choses de droit humain sont ou publiques ou privées.

vées. Les choses publiques ne sont point censées avoir de maîtres, elles appartiennent à tous. Les choses privées appartiennent aux particuliers.

1. On distingue en outre les choses en corporelles et en incorporelles. Les choses corporelles sont celles qui tombent sous les sens, comme un fonds de terre, un homme, un habit, l'argent, l'or, et une infinité d'autres choses. Les choses incorporelles sont celles qui ne tombent pas sous les sens, comme sont celles qui consistent dans un droit, par exemple, une succession, un usufruit, les obligations de quelque manière qu'elles soient contractées ; peu importe que la succession soit composée de choses corporelles ; car les fruits que l'on perçoit d'une terre sont aussi corporels, et ce qui nous est dû en vertu d'une obligation, l'est ordinairement, comme un fonds de terre, un esclave, de l'argent : mais le droit de succession, d'usufruit, d'obligation, est en lui-même incorporel. On peut mettre au même rang les droits qu'on peut avoir sur des héritages de ville et de campagne qu'on appelle aussi *servitudes.*

. . . .

. . . .

Nous acquérons la propriété des choses, non-seulement par nous-mêmes, mais encore par les personnes qui sont sous notre puissance, par les esclaves dont nous avons l'usufruit, par les personnes libres et les esclaves d'autrui dont nous sommes possesseurs de bonne foi. C'est ce que nous allons examiner avec plus de détail.

1. Ainsi ce qui revient à nos esclaves en vertu d'une tradition, ou ce qu'ils acquièrent par suite d'une stipulation, ou par toute autre cause, nous est acquis ; parce que celui qui est sous la puissance d'autrui ne peut rien avoir en propre. Par conséquent si mon esclave a été institué héritier, il ne peut accepter la succession que par mon ordre ; et si je lui donne cet ordre, alors la succession n'est acquise comme si j'étois moi-même institué héritier. Conséquemment les legs nous sont également acquis par notre esclave.

2. Ceux qui sont sous notre puissance

lorum sunt.

§. 1. Quædam præterea res corporales sunt, quædam incorporales. Corporales hæ sunt quæ tangi possunt, veluti fundus, homo, vestis, aurum, argentum, et denique aliæ res innumerabiles. Incorporales sunt, quæ tangi non possunt, qualia sunt ea quæ in jure consistunt, sicut hæreditas, ususfructus, obligationes quoquo modo contractæ. Nec ad rem pertinet quòd in hæreditate res corporales continentur ; nam et fructus qui ex fundo percipiuntur, corporales sunt, et id quod ex aliqua obligatione nobis debetur, plerumque corporale est : veluti fundus, homo, pecunia ; nam ipsum jus obligationis incorporale est. Eodem numero sunt et jura prædiorum urbanorum et rusticorum, quæ etiam servitutes vocantur.

Adquiruntur nobis non solùm per nosmetipsos, sed etiam per eos quos in potestate habemus. Item per servos in quibus usumfructum habemus. Item per homines liberos et servos alienos quos bona fide possidemus, de quibus singulis diligentiùs dispiciamus.

§. 1. Igitur quòd servi nostri ex traditione nanciscuntur, sive quid stipulentur, vel ex qualibet alia causa adquirunt. Id nobis adquiritur, ipse enim qui in potestate alterius est, nihil habere potest. Ideòque si hæres institutus sit, nisi nostro jussu hæreditatem adire non potest ; et si jubentibus nobis adierit, hæreditas nobis adquiritur, perinde ac si nos ipsi hæredes instituti essemus. Et his convenienter scilicet legatum nobis per eundem acquiritur.

§. 2. Non solùm autem proprietas per

9

eos quos in potestate habemus, adquiritur nobis; sed etiam possessio cujusque enim rei possessionem adepti fuerint, id nos possidere videmur. Unde etiam per eorum longam possessionem adquiritur.

§. 3. De his autem servis in quibus tantùm usumfructum habemus, ita placuit, ut quicquid ex re nostra, vel ex operis suis adquirant, id nobis adquiratur; si quid verò extra eas causas persecuti sint, id ad dominum proprietatis pertinet. Itaque si is servus hæres institutus sit, legatumve quid, aut ei donatum fuerit, non mihi sed domino proprietatis adquiritur.

§. 4. Idem placet de eo qui nobis bona fide possidetur, sive liber sit, sive alienus servus; quod enim placuit de usufructu æris, idem probatur etiam de bonæ fidei possessore. Itaque quod extra duas causas adquiritur, id vel ad ipsum pertinet, si liber est, vel ad dominum ejus, si servus est.

§. 5. Sed bonæ fidei possessor, cùm usuceperit servum, quia eo modo dominus fit, ex omnibus causis per eum sibi adquirere potest; primùm, quia non possidet, sed habet jus utendi, fruendi; deinde, quoniam scit servum alienum esse.

De Mancipatione.

Est autem mancipatio, ut suprà quoque indicavimus, imaginaria quædam venditio quod ipsum jus proprium Romanorum est civium; eaque res ita agitur, adhibitis non minùs quàm quinque testibus Romanis civibus puberibus, et prætereà alio ejusdem conditionis qui libram æneam teneat, qui appellatur libripens. Is qui mancipio accipit, æs tenens ita dicit: Hunc ego hominem, ex jure Quiritium, meum esse aio, isque mihi emptus est hoc ære

nous acquièrent non-seulement la propriété, mais encore la possession : car nous sommes réputés nous-mêmes posséder la chose qu'ils ont acquise; c'est ce qui fait que lorsqu'ils ont possédé quelque chose pendant long-temps, le domaine de cette chose nous est acquis par la prescription.

3. Par rapport aux esclaves sur lesquels nous n'avons qu'un droit d'usufruit, on a décidé que nous acquerrions par eux tout ce qu'ils acquièrent en faisant valoir notre bien, ou par leur industrie personnelle. Mais ce qu'ils acquièrent d'ailleurs appartient à celui qui a sur eux le droit de propriété. Ainsi si un esclave de cette espèce a été institué héritier, si on lui a fait un legs ou une donation, il ne l'acquiert pas à l'usufruitier, mais au maître de la propriété.

4. Il faut dire la même chose d'une personne que nous possédons de bonne foi comme notre esclave, soit qu'elle soit libre, soit qu'elle soit esclave d'autrui : car on doit appliquer au possesseur de bonne foi ce que nous avons dit de l'usufruitier. Ainsi ce que cette personne acquiert par des causes différentes des deux dont nous avons parlé, appartient ou à elle-même si elle est libre, ou à son maître si elle est esclave.

5. Néanmoins dès que le possesseur de bonne foi aura prescrit l'esclave, comme par ce moyen il devient propriétaire, il pourra acquérir par lui de toutes sortes de manières. Mais l'usufruitier ne peut jamais prescrire l'esclave sur lequel il a l'usufruit ; d'abord, parce qu'il n'a pas sur lui un droit de possession, mais seulement un droit d'usufruit; et ensuite, parce qu'il a connaissance que l'esclave appartient à autrui.

De la Mancipation.

La mancipation est, comme nous l'avons déjà dit ci-dessus, une vente imaginaire. C'est un droit particulier aux Romains, parce qu'il n'y a qu'eux qui puissent en faire usage. Il faut pour que la mancipation soit faite légalement, qu'elle ait lieu en présence de cinq témoins au moins, tous citoyens romains et pubères, et outre ces témoins, d'une autre personne de même condition qui tient la balance et qu'on appelle libripens. L'acheteur dit en tenant une pièce de monnoie dans la main : *Je dis que cet homme (OU CETTE CHOSE) m'appartient par le droit des Romains, parce que je l'ai acheté avec cet argent et au moyen de cette balance.* Il frappe ensuite la balance avec la pièce de monnoie qu'il tient dans la main, et la donne après au vendeur comme pour lui tenir lieu de prix. *Boèce, liv. 3, sur les top. de Cicéron.*

æneaque libra. Deinde ære percutit libram indeque æs dat ei à quo mancipio accipitur, quasi pretii loco. *Ex Boëtio in lib. 3, topic. Ciceronis.*

De la Cession en droit.

La cession en droit se fait de cette manière : celui en faveur de qui la cession a lieu, tenant entre les mains la chose qu'on lui cède, prononce les paroles suivantes en présence du magistrat du peuple romain, ou du préteur ou du président de la province : *Je dis que d'après le droit des Romains, cet homme (OU CETTE CHOSE) m'appartient.* Ensuite après cette assertion du cédataire, le préteur demande au cédant s'il s'y oppose ou s'il y consent ; et le préteur, si le cédant consent par la voix ou par son silence à ce que le cédataire prenne la chose en question, l'adjuge à ce dernier. Cette manière d'acquérir étoit aussi appelée action de la loi. *Boèce au même endroit.*

De Cessione in jure.

In jure autem cessio fit hoc modò : apud magistratum populi Romani, vel apud prætorem, vel apud præsidem provinciæ, is, cui res in jure creditur, rem tenens, ita vindicat : Hunc ego hominem ex jure Quiritium, meum esse aio. Deinde, postquàm hic vindicaverit, prætor interrogat eum qui credit, an contrà vindicet, quo negante, aut tacente, tum ei qui vindicaverit, eam rem addicit, idque legis actio vocabatur. *Ex Boëtio in lib. 3 topic. Ciceronis.*

Des Testamens.

1. Lorsqu'il s'agit de savoir si un testament est valable, nous devons commencer par nous assurer si celui qui l'a fait avoit la capacité de tester ; et s'il est trouvé capable, nous devons ensuite examiner si le testament est revêtu de toutes les formalités voulues par les lois.

De Testamentis.

§. 1. Si quæratur an valeat testamentum, imprimis animadvertere debemus, an is qui fecerit testamentum, habuerit testamenti factionem ; deinde si habuerit, requiremus an secundùm regulas juris testatus sit.

De l'Exhérédation des enfans.

1. On comprend aussi parmi les enfans posthume ceux qui succédant du chef d'un héritier sien, deviennent par cette circonstance comme héritiers siens de leurs ascendans ; j'avois, par exemple, un fils, et de ce fils un petit-fils ou une petite-fille sous ma puissance. Le fils étant au premier degré des descendans, il a seul le droit de venir à la succession comme héritier sien, quoique le petit-fils ou la petite-fille se trouvent également constitués sous la même puis-

De liberorum exheredatione.

§. 1. Posthumorum loco sunt et hi qui in sui hæredis loco succedendo, quasi agnoscendo, fiunt parentibus sui hæredes, ut ecce : si filium et ex eo nepotem neptemve in potestate habeam, quia filius gradu præcedit, is solus jura sui hæredis habet, quamvis nepos quoque et neptis ex eo in eadem potestate sint. Sed si filius meus me vivo morietur, aut qualibet ratione exeat de potestate mea, incipit nepos neptisve in ejus loco succedere, et eo modo

9*

jura suorum hæredum quasi adgnatione nanciscuntur; ne ergo eo modo rumpat mihi testamentum, sicut ipsum filium vel hæredem instituere vel exhæredare nominatim debeo, ne non jure faciam testamentum ita et nepotem neptemve, ex eo necesse est mihi vel hæredem instituere, vel exhæredare, ne forte me vivo, filio mortuo succedendo in locum ejus, nepos neptisve, quasi adgnatione rumpat testamentum; idque lege Junia Velleia provisum est.

sance. Mais si je survis à mon fils, ou si par une cause quelconque il est délivré de ma puissance, alors mon petit-fils ou ma petite-fille succèdent en sa place, et par ce moyen obtiennent, comme par agnation, les droits d'héritiers siens; et afin que mon testament ne soit pas rompu et qu'il soit fait légalement, je dois instituer ou exhéréder nominativément mon petit-fils ou ma petite-fille, de même que j'y suis obligé à l'égard de mon fils ou de ma fille. Faute de quoi, si mon fils venoit à mourir avant moi, mon petit-fils ou ma petite-fille succédant à sa place, ils romproient comme par agnation mon testament. Telles sont les dispositions de la loi Junia Velléia.

De intestatorum hæreditatibus.

De la succession ab intestat.

Intestatorum hæreditates lege XII tabularum primùm ad suos hæredes pertinent. Sui autem hæredes existimantur liberi qui in potestate morientis fuerunt, veluti filius, filia vel nepos neptisve, pronepos, proneptisve, ex nepote filio nato prognatus prognatave. Nec interesse naturales liberi an adoptivi. Ita demùm tamen nepos neptisve et pronepos proneptisve suorum hæredum numero sunt, si præcedens persona desierit, sive alia ratione, veluti emancipatione. Nam si per idem tempus quo quisque morietur, filius in potestate ejus sit, nepos ex eo suus hæres esse non potest. Idem et in cæteris deinceps liberorum personis dictum intelligimus. Uxor quoque, quæ in manu ejus est, is suo hæres est, quia filiæ loco est. Item nurus quæ in filii manu est, nam et hæc neptis loco est sedita, demùm erit sua hæres, si filius cujus in manum erit, dum pater moritur in potestate ejus non sit; idemque dicimus et de ea quæ in nepotis manu matrimonii causa sit, quia proneptis loco est. Posthumi quoque, qui, si vivo parente nati essent, in potestate ejus futuri forent, hui hæredes sunt. Idem juris est de his quorum nomina ex lege Ælia Sentia, vel ex senatusconsulto post mortem patris, causa probatâ, in potestate ejus futuri essent, et de eo filio, qui ex prima, secundaque emancipatione post mortem patris manumittitur, intelligimus. Cùm filius filiave, et ex altero filio nepotes neptesve existent,

Les héritiers siens, conformément à la loi des XII tables, sont appelés en premier lieu à la succession ab intestat. Sont héritiers siens les enfans du défunt, qui lors de sa mort étoient sous sa puissance, comme le fils, la fille, le petit-fils, la petite-fille, l'arrière-petit-fils, l'arrière-petite-fille nés du petit fils, peu importe qu'ils soient naturels ou adoptifs. Il faut observer cependant que le petit-fils ou la petite-fille, l'arrière-petit-fils ou l'arrière-petite-fille ne succèdent comme héritiers siens qu'autant que leur père ou leur aïeul sont décédés ou sont sortis de la puissance paternelle par toute autre cause, comme l'émancipation : car si le défunt lors de sa mort avoit sous sa puissance son fils et un petit-fils par ce fils, le petit-fils ne peut être héritier sien du défunt. Il faut entendre ce que nous venons de dire, de tous les autres descendans. La femme du défunt est aussi héritière sienne, parce qu'elle lui tient lieu de fille. Il en est de même de la femme du fils; elle tient la place d'une petite-fille. Cette dernière ne sera toutefois héritière sienne, qu'autant que lors de la mort du défunt son mari ne se trouvera point sous la puissance paternelle. Ce que nous venons de dire est encore applicable à la femme du petit-fils; car elle tient lieu d'une arrière-petite-fille. Les enfans posthumes qui, s'ils fussent nés du vivant de leur père, auroient été sous sa puissance, sont héritiers siens.

Il en est de même de celui dont l'état, conformément à la loi *Elia Sentia* et au sénatus-consulte rendu sur la même matière, a été constaté après la mort du défunt, et qui eût été sous la puissance paternelle si son père eût vécu davantage. Le même droit est encore applicable au fils qui n'a été vendu qu'une ou deux fois. Lorsqu'il existe en même temps un fils ou une fille et des petits-fils ou des petites-filles d'un autre fils décédé, ils sont appelés en même temps à l'hérédité, et le fils ou la fille qui se trouvent plus près du défunt d'un degré que les petits-fils ou les petites-filles, ne les excluent pas cependant ; car il a paru juste que les petits-fils ou les petites-filles succédassent en la place et pour la portion de leur père. Il en est de même des arrière-petits-enfans. Ayant admis les petits-enfans et les arrière-petits-enfans à succéder en place de leur père, il a été convenable, non de diviser la succession par têtes, mais par souches ; en sorte que le fils ait la moitié de la succession, et les petits-enfans aient ensemble l'autre moitié. Si n'existant point de fils, il existe un ou deux petits-fils d'un fils, et trois ou quatre d'un autre fils, la succession doit être de même divisée par moitié entre les deux branches.

Des Agnats.

Si le défunt n'a laissé aucun héritier sien, la succession appartient, conformément à la loi des XII tables, aux agnats. Sont agnats ceux qui sont liés au défunt par une parenté légitime. La parenté légitime est celle qui provient par les mâles. Les frères, par exemple, nés d'un même père, sont frères agnats ; on les appelle aussi frères consanguins ; peu importe qu'ils aient eu ou non la même mère. De même l'oncle est agnat du fils de son frère, et celui-ci de son oncle réciproquement. Du même nombre sont les cousins germains paternels, c'est-à-dire, ceux qui sont nés de deux frères. Ce que nous venons de dire suffit pour nous faire connoître tous les autres degrés d'agnation. La loi des XII tables n'appelle cependant pas tous les agnats à la succession en même temps, mais seulement ceux qui, lors de la mort du défunt,

pariter ad hæreditatem vocantur, nec qui gradu proprior est ulteriorem excludit. Æquum enim videtur nepotes, neptesve in patris sui locum portionemque succedere. Pari ratione et si nepos neptisve sit ex filio, et ex nepote pronepos proneptisve sit ex filio, et ex nepote pronepos proneptisve simul vocantur. Et quia placebat nepotes neptesve, item pronepotes proneptesve in patris sui locum succedere, conveniens non in capita, sed in stirpem hæredita'es dividi ; ut filius dimidiam ferat, ex altero filio duo pluresve nepotes alteram dimidiam. Item si ex duobus filiis nepotes existent, ex altero filio, unus forté vel duo, ex altero tres vel quatuor, alteram dimidiam.

De Agnatis.

Si nullus sit suorum hæredum, tunc hæreditas pertinet ex eadem lege XII tabularum ad agnatos. Vocantur autem qui legitima cognatione juncti sunt. Legitima autem cognatio hæc est, per virilis sexus personas conjungitur, ita qui eodem patre nati sunt, fratres agnati sibi sunt ; qui etiam consanguinei vocantur, nec requiritur an eandem matrem habuerint. Item patruus fratris filio, et invicem is illi agnatus est. Eodem numero sunt fratres patrueles inter se, id est qui ex duobus fratribus progenerati sunt, quos plerique etiam consobrinos vocant. Qua ratione scilicet etiam ad plures gradus agnationis pervenire potuerimus. Non tamen omnibus simul agnatis dat lex XII tabularum hæreditatem, sed his qui sunt, cùm certum est aliquem intestato decessisse proximo gradu sunt, nec in eo jure successio est. Ideòque si hæres proximus omiserit, vel antequàm hæreditatem adierit, decesserit, sequentibus nihil juris competit; ideò autem non mortis tempore certum fuerit aliquem intestatum decessisse, quàm si quis testamento facto decesserit, melius esse visum est tunc requiri proximum, cùm certum esse coperit neminem ex testamento hæredem fore. Quod ad feminas attinet, hoc jure aliud in ipsarum hæreditatibus capiendis placet, aliud in cæterorum ab his capiendis. Nam et feminarum hæreditates proinde agnationis jure redeunt atque masculorum ; nostræ verò hæreditates ad feminas ultrà consanguinearum gradum non pertinent. Itaque soror fratri, sororive logitima hæres est : amita verò et fratris filia hæres esse non potest ; sororis autem nobis loco est etiam mater, aut noverca, quæ per in manum conventionem apud patrem nostrum jus filiæ consecuta est. Si quis defunctus erit, si sit frater et alterius fratris filius, sicut ex superioribus intelligitur, frater potior est, quia gradu præcedit, sed alium faciat juris interpretatio inter suos hæredes. Quòd si defuncti nullus frater exstet, sed sint liberi fratrum, ad omnes quidem hæreditas pertinet. Sed quæsitum est, si dispari numero sint liberi fratrum, ad omnes quidem hæreditas pertinet. Sed quæsitum est, si dispari numero sint forte nati ex uno unus vel duo, et ex altero tres aut quatuor ; utrùm in stirpes dividenda sit hæreditas, sicut inter suos hæredes juris est, an potiùs in capita. Jamdudùm autem placuit in capita dividendam hæreditatem. Itaque quotquot erunt ab utraque parte personæ, in tot portiones fuerunt, si nullus agnatus sit. Eadem lex XII tabularum gentiles ad hæreditatem vocat. Qui sint autem gentiles primò commentariorum et ultimum est ; et cùm illic admonuerimus gentilitium jus in desuetudinem abiisse, supervacuum est hoc quoque loco ea de re curiosiùs tractare. *Ex Auct. collat. leg. Mosaïcar. et Romanar. Tit.* 16.

lui étoient les plus près en degré. Ceux-là excluent absolument ceux qui se trouvent à des degrés inférieurs ; car ils n'auroient aucun droit à la succession, quand le plus proche en degré la répudieroit ou décéderoit avant d'en avoir fait l'adition. C'est pourquoi lorsqu'il est certain que le défunt est décédé *intestat* et sans avoir fait de testament, n'existant aucun héritier testamentaire, c'est à son plus proche agnat qu'appartient la succession. Quant à ce qui concerne les femmes, ce n'est pas par le même droit qu'on vient à leurs successions et qu'elles viennent elles-mêmes à la succession des autres. Les successions des femmes sont déférées à leurs parens par les mâles en vertu du droit d'agnation. Les successions des hommes ne sont déférées qu'aux femmes qui ne sont pas placées à un degré situé au-delà de la consanguinité. Ainsi la sœur succède à son frère ou à sa sœur ; mais la tante et la fille du frère ne peuvent se succéder. A l'égard de cette succession, notre mère tient la place d'une sœur, ainsi que notre marâtre qui tient lieu de fille à notre père. Lorsqu'un défunt a laissé un frère et un neveu par un autre frère décédé, le frère est préféré, parce qu'il est plus près d'un degré, comme on doit l'avoir compris par ce que nous avons déjà dit ci-dessus. Mais il en est autrement, comme nous l'avons déjà vu, lorsqu'il s'agit des héritiers siens. Si le défunt n'a laissé aucun frère, mais seulement des enfans de frère, ils sont tous appelés en même temps à la succession. Mais on pourroit demander lorsqu'ils se trouvent en nombre inégal, par exemple, lorsque l'un des frères a laissé un ou deux enfans, et l'autre trois ou quatre, si la succession doit être divisée entre eux par souches, comme ce qui a lieu à l'égard des héritiers siens, ou par têtes. Il a été ordonné depuis long-temps que la succession, dans un pareil cas, fût divisée par têtes ; c'est pourquoi on doit faire autant de portions qu'il y a de personnes de l'un et de l'autre côté. Si le défunt n'a laissé aucun agnat, la loi des XII tables appelle les gentils à la succession. Nous avons dans les premier et dernier livres de nos commentaires donné l'explication du mot gentil ; nous avons ajouté dans le même en-

droit que le droit, concernant les gentils
commençoit à tomber en désuétude : c'est
pourquoi il seroit inutile d'en parler ici plus
au long. *L'auteur de la Confér. des lois
de Moyse avec les lois romaines.*

Des Obligations.

Les obligations se contractent par le
consentement dans les contrats de vente,
de louage, de société et de mandat. .

§. 1. Nous disons que dans ces cas on
contracte l'obligation par le consentement,
parce que les paroles et les écrits ne sont
point nécessaires, et qu'il suffit que ceux
qui font de tels contrats y consentent.

§. 2. C'est pourquoi de tels contrats peuvent avoir lieu entre absens, par le moyen
d'une lettre ou d'un procureur.

§. 3. Ces contrats ont encore cela de
particulier, que les parties contractantes
sont obligées l'une envers l'autre à tout ce
qu'exigent d'elles l'équité et la bonne foi.

De Obligationibus.

Consensu fiunt obligationes in emptionibus, venditionibus, locationibus, conductionibus, societatibus, mandatis.

1. Ideo autem istis modis consensu
dicimus obligationem contrahi, quia neque
verborum, neque scripturæ proprietas ulla
desideratur, sed sufficit eos qui negotia
gerunt, consentire.

2. Unde inter absentes quoque talia
negotia contrahuntur, veluti per epistolam vel per nuncium.

3. Item in his contractibus alter alteri obligatur ex eo quod alterum alteri ex
bono et æquo præstare oportet.

FIN des fragmens de Caïus.

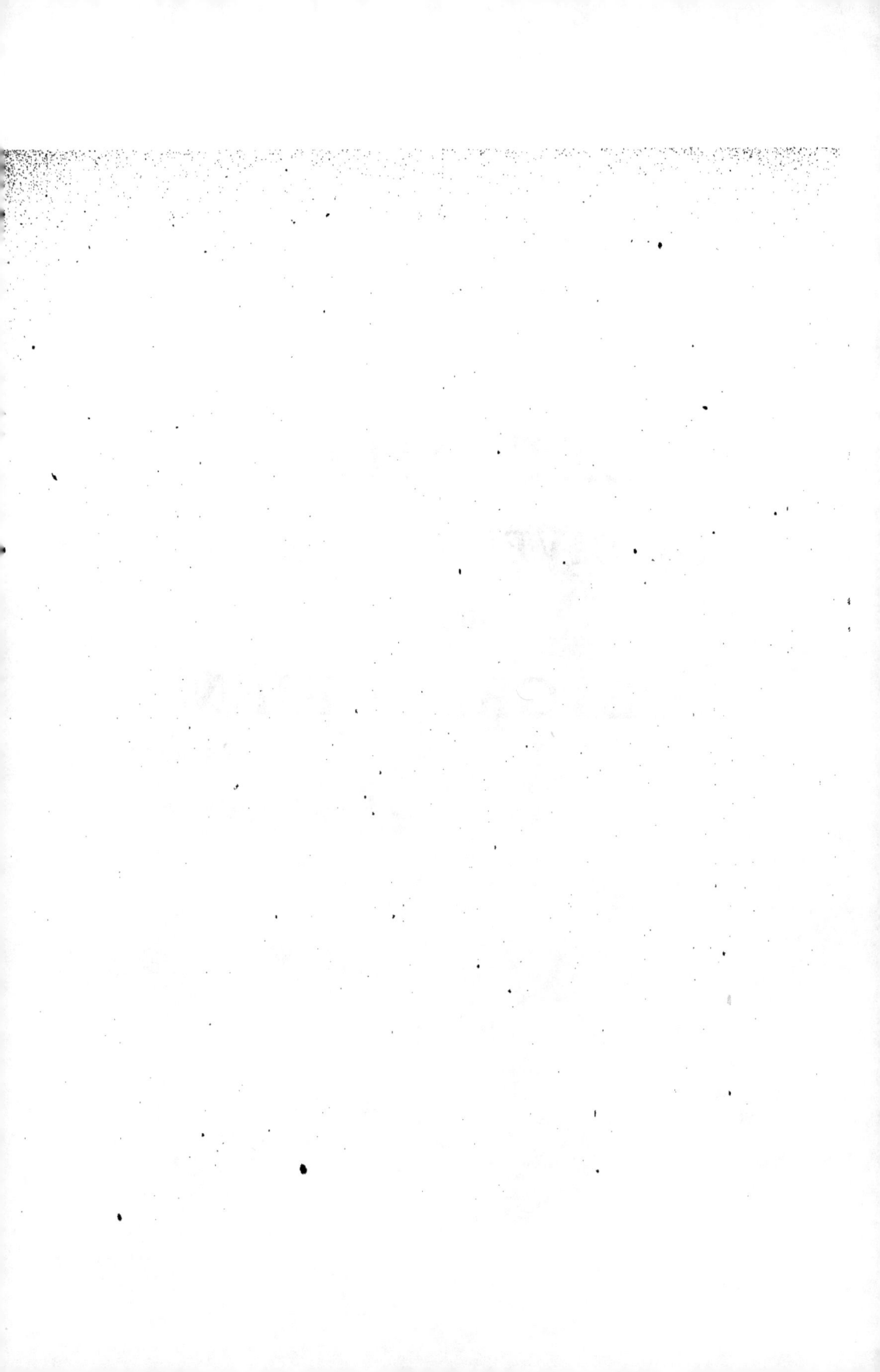

EXTRAITS

DE DIVERS TITRES

DU

CODE GRÉGORIEN.

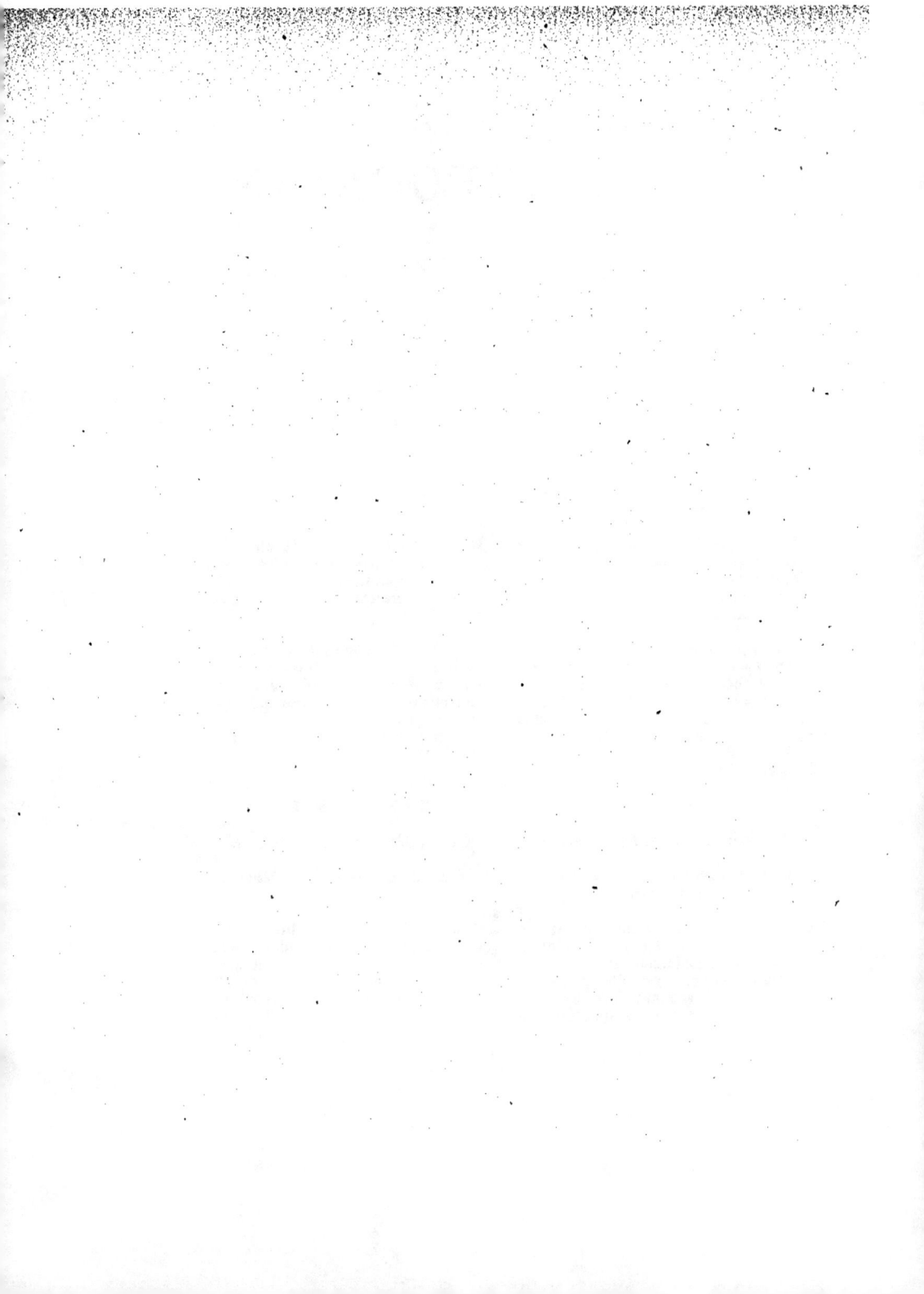

TITULI EX CORPORE CODICIS GREGORIANI.

EXTRAITS DE DIVERS TITRES DU CODE GRÉGORIEN.

LIVRE PREMIER.

TITRE PREMIER.

Du recours à justice.

1. *Les empereurs Sévère et Antonin Aug[s]. à Manilius.*

S'IL n'a pas été prononcé contre vous jugement emportant note d'infamie, vous n'avez aucun motif de craindre que l'injuste emprisonnement que vous avez subi ne nuise à votre réputation.

2. *L'emp. Gord-ien Aug. à Jovinus.*

La réputation de votre oncle ne peut être entachée d'aucune note d'infamie de ce qu'il a subi la peine des baguettes, à moins que le jugement qui l'y a condamné ne soit lui-même infamant.

Rép. le 6 des calendes de septembre, Pius et Pontianus consuls.

TITRE II.

Des conventions et transactions.

1. *L'emp. Antonin Aug. à Julius Maximus.*

SI vous vous êtes constitué héritier de votre débiteur, l'action que vous aviez contre lui a été confondue (éteinte); mais si cette action vous ayant été adjugée en justice, vous l'avez remise à votre adversaire, à condition que tous ses créanciers

LIBER PRIMUS.

TITULUS PRIMUS.

De postulando.

1. *Impp. Severus et Antoninus AA. Manilio.*

SI nulla sententia contra te dicta est, quæ infamiæ detrimentum adferat, sine causa times ne existimatio tua læsa sit ob id quod in carcerem per injuriam conjectus es.

2. *Imp. Gordianus A. Jovino.*

Nullam existimationis infamiam avunculus tuus pertimescet fustibus subjectus, si sententia non præcessit ignominiæ maculam irrogans.

PP. 6 calendas septemb. Pio et Pontiano Coss.

TITULUS II.

De pactis et transactionibus.

1. *Imp. Antoninus A. Julio Maximo.*

SI debitori tuo heres extitisti, actio quam adversus eum habuisti adita hereditate confusa est. Sed si eam posteaquam in judicio quoque obtinuisti ei tradidisti, quem sententia superaveras ea conditione pactoque ut tam cæteris creditoribus,

10 *

quàm tibi id quod deberetur si eam hereditatem non adisses satisfaceret, pacti con-
ventionisque fides servanda est, quæ si
non servatur ex stipulatu modo transactio
facta est, actio dabitur.

PP. 7 calendas aug. Antonino IV et
Valente Coss.

et vous-même seriez payé sur sa succession,
quand même vous accepteriez cette succession, la convention doit être exécutée,
non comme contrat, mais comme transaction, il y aura action pour son exécution.

Rép. le 7 des calendes d'août, Antonin
consul pour la quatrième fois et Valens
pour la première.

2. *Imp. Gordianus A. Licinio, Timotheo evocato.*

Transactionis placitum ab eo interpositum, cui causæ actionem, non decisionem
litis mandasti, nihil petitioni tuæ deroga-
bit.

PP. calendas januarii, Pio et Pontiano Coss.

INTERPRETATIO. *Si quis per mandatum procurator litis fuerit institutus, et de
compositione causæ in ipso mandato nihil
continetur adscriptum, litigare potest,
componere penitus non præsumat. Quod
si composuerit, non valebit.*

2. *L'empereur Gordien Avg. à Licinius, Timothée aussi entendu*

Ayant donné pouvoir d'intenter une
action, mais non de transiger, la transaction faite par votre fondé de pouvoir ne
peut vous empêcher de faire juger.

Rép. les calendes de janvier, Pius
et Pontianus consuls.

INTERPRÉTATION. *Celui qui, par pro-
curation, n'a été constitué que pour suivre
un procès et non pour en transiger, ne
peut que plaider ; il ne peut pas en composer. S'il a transigé, transaction ne vaut.*

3. *Idem A. Cliniæ Antoniæ.*

Pacta quæ contra bonos mores interponuntur, juris ratio non tuetur.

PP. nonas octobris, ipso A. II. et Pom-
peiano Coss.

3. *Le même Avg. à Clinia Antonia.*

La loi ne prête pas sa force aux conventions contraires aux bonnes mœurs.

Rép. les nones d'octobre, le même Aug.
consul pour la deuxième fois et Pompéia-
nus pour la première.

4. *Idem A. Flavio Herculano.*

Super judicato non subsequuta appellatione frustra transigi non est opinionis incertæ, etc.

PP. 14 calendas novembris, Sabino et
Venusto Coss.

4. *Le même Avg. à Flavius Herculanus.*

L'opinion générale est qu'on ne peut
transiger après jugement (de première
instance), s'il n'en a été appelé.

Rép. le 14 des calendes de novembre,
Sabinus et Venustus consuls.

5. *Impp. Valerianus et Gallienus AA. Aurelio.*

Præses provinciæ æstimabit utrum de
dubia lite transactio inter te et civitatis
tuæ ordinem facta sit, an de re judicata :
quia de re judicata pacisci nemo potest.

PP. 3 calendas junii, Æmiliano et
Basso Coss.

5. *Les empereurs Valerien et Gallien Avg*. *à Aurelius.*

C'est au président (de justice) de la province qu'il appartient d'examiner et de
juger si la transaction qui a eu lieu entre
vous et les habitans de votre ville, avait
pour objet une contestation jugée ou non.
Au surplus, il est certain qu'il n'est permis
de faire aucun pacte après jugement.

Rép. le 3 des calendes de juin, Æmilianus et Bassus consuls.

DU LIVRE II.

TITRE III.

Y a-t-il lieu à restitution contre les donations faites entre époux à cause du mariage?

Les empereurs Vallérien et Gallien Aug². et Valérien César, à leur bon Avinius Octavianus, salut.

L'AUTORITÉ des lois et l'équité veulent, ainsi que vous le prétendez, que ce qui a été donné à l'épouse, même par un mineur, en faveur du mariage, ne puisse être répété. L'intérêt général a introduit cette maxime: elle s'applique à tous les époux mineurs: Leurs contrats de mariage ne diffèrent en rien à cet égard de tous autres passés entre majeurs. D'après ces principes, il est évident que Julius Agrippinus ne peut, sous aucun prétexte, s'arroger le droit de reprendre à votre chère fille Avinia, son épouse, ce qu'il lui a donné. S'il en risquait la tentative, Julius Donatus, homme illustre, votre préfet, et notre bien-aimé, peut en toute justice rejeter une prétention aussi mal fondée.

Donné la veille des ides de juin, Æmilianus et Bassus consuls.

INTERPRÉTATION. *Il est en général certain, d'après le droit et les lois, que tout mineur de moins de quinze ans peut être restitué contre tous actes imprudens qu'il aurait alors souscrits; mais ceci ne concerne en rien les contrats de mariage des mineurs, parce qu'il est également de principe qu'aucune libéralité d'entre mineurs en faveur de mariage, ne peut être révoquée: c'est ce qui s'observe selon la novelle et à l'égard de la dot.*

TITRE IV.

De la majorité prouvée.

Les empereurs Philippe Aug. et Philippe César, à Aëtius Maximus.

LA loi ne vient qu'au secours des mineurs trompés et non pas à celui de ceux

EX LIBRO II.

TITULUS III.

Si adversus donationes sponsis factas in integrum quis restitui velit?

Impp. Valerianus et Gallienus AA. et Valerianus Cæsar, Avinio Octaviano suo salutem.

PRECIBUS tuis et juris auctoritas, et æquitas assistit: neque enim dubium est, ea quæ sponsæ affinitatis contrahendæ causa etiam à minore donantur, repeti non posse: quando hujuscemodi causas communi voti complendi ratio provocet, propter quæ et in integrum restitutio denegatur, tametsi inter minores res verti videtur. Nec discrepat ab iis, qui legitimæ ætatis ad hujuscemodi contractus prodeunt. Quare quæcunque Julius Agrippinus, V. C. filiæ tuæ Aviniæ sponsæ donavit, repetere nullo modo poterit. Ac si facere hoc tentaverit, opponet auctoritatem suam Julius Donatus, vir clarissimus PF. V. amicus noster, ut tam improba petitio repellatur.

Datum pridiè idus junii, Æmiliano et Basso Coss.

INTERPRETATIO. *Jure et legibus continetur, ut minoribus contra ea, quæ intra quindecim annos male gesserint, per integri restitutionem debeat subveniri. Sed in hoc tantum casu præsenti lege removentur, ut si quid minores pro conjunctione matrimonii sponsalitia largitate donaverint, per obtentum integri restitutionis nullatenus debeant revocare. Quod similiter juxta novellam legem et de dote servabitur.*

TITULUS IV.

Si major fuerit probatus.

Impp. Philippus A. et Philippus Cæsar, Aëtio Maximo.

MINORIBUS annis deceptis, non decipientibus subvenitur. Et ideo si ad circunveniendum emptorem mentitus œtatem, ex aspectu te majorem annis probari effecisti, lubricum frustra prætendis.

PP. pridiè idus novembris, aquis, Philippo A. et Titiano Coss.

INTERPRETATIO. *Si quis decipiendi animo majorem se instrumentis quibuscumque esse conscripserit, et postea per. ætatis veniam contra hoc venire tentaverit, nullatenus audiatur : quia deceptus non est, sed ipse alium voluit fraude decipere.*

qui ont trompé. Dès que vous avez profité de votre apparence de majorité pour en imposer à votre acquéreur, c'est en vain que vous excipez effrontément de votre âge.

Rép. la veille des ides de novembre, aux eaux, Philippus Aug. et Titianus consuls.

INTERPRETATION. *Tout mineur qui, dans le dessein de tromper, s'est qualifié de majeur dans un acte, et qui depuis prétendrait s'en faire relever par faveur de minorité, ne doit pas être écouté. Dans ce cas, ce n'est pas lui qui a été trompé, mais bien lui qui a employé la fraude pour tromper, et a réussi.*

TITULUS V.

De inofficioso testamento.

1. *Imp. Alexander A. Valeriæ Celestinæ.*

Dos quæ à patre nubenti filiæ data est, aut in obligatione constituta, in quarta, quam habere ex bonis patris debet, ne inofficiosum testamentum possit accusare, non computatur : quoniam vivente patre, bonis ejus fuit separata. Imperitè itaque introducis querelam cautionis à marito tuo emissæ, quasi non omnia tradita ei essent, cùm etsi verum sit quod scriptura continetur, non perimatur querela inofficiosi testamenti, si ex judicio patris supremo quarta filiæ non suppletur, quam intestato patre pro portione sua habere debuit.

PP. 4 calendas septembris, Maximo II et Æmiliano Coss.

TITRE V.

Du testament inofficieux.

1. *L'empereur Alexandre Aug. à Valeria Celestina.*

LA dot qui a été donnée par le père à sa fille en la mariant, ou dont alors le père a souscrit obligation, ne s'impute pas sur la quarte qui doit lui être réservée par son père sur ses biens, pour que son testament ne puisse être attaqué comme inofficieux ; et cela parce que, du vivant du père, la fille en a été séparée quant à ses biens. Il est donc mal à vous de vous plaindre de ce que votre mari a donné quittance, comme s'il n'avait pas alors reçu tout ce qui lui était dû. Comme si, à l'aide de ce titre, il devait jamais être possible de vous priver du droit d'attaquer, comme inofficieux, le testament de votre père, supposé que, par lui, vous vous trouviez privée de ce qui aurait dû vous revenir après lui, s'il était mort intestat.

Rép. le 4 des calendes de septembre, Maximus consul pour la deuxième fois et Æmilianus pour la première.

Voyez la décision qui suit, pour plus parfaite intelligence de celle-ci.

2. *Imp. Alexander A. Valeriæ Rufinæ.*

Si ex voluntate patris, qui tres ex se natos relinquit heredes, tertiæ portionis quarta ad te sine ulla diminutione pervenire non potuit, inofficiosi testamenti accusationem instruere non prohiberis. In

2. *L'emp. Alexandre Aug. à Valeria Rufina.*

Si votre père ayant laissé pour héritiers trois enfans, vous a privé, par ses dernières volontés, de la quarte de l'une des trois parts de sa succession qui devait vous revenir en entier, vous pouvez attaquer son testament comme inofficieux. On ne peut imputer sur cette quarté ce qui a été donné par un père à sa fille en la mariant, parce que toute dot fait partie des biens du mari, et a été séparée, du vivant du père, des biens de ce dernier.

Rép. le 3 des calendes de septembre, Maximus consul pour la deuxième fois et Æmilianus pour la première.

INTERPRÉTATION. *Si le père a payé la dot de sa fille, ou s'il en a donné sûreté à son gendre, ou s'il lui en a souscrit l'obligation, et qu'à la mort du père la fille se trouve par lui privée de la quarte falcidie sur ce qui devrait lui appartenir de son bien, rien ne peut empêcher cette fille d'attaquer le testament de son père comme inofficieux. Ce que le père a donné ou promis à sa fille à titre de dot, ne s'impute pas sur la falcidie. Ce que le père a donné ou promis de son vivant pour dot, est censé avoir été distrait de ses biens avant son décès. Il en est de même de toute donation faite en faveur de mariage.*

qua tamen quarta ea quæ ante à patre filiæ in dotem data sunt, non placet computari, quia etiam in bonis mariti sunt, et à patrimonio patris, vivente eo, separata fuerint.

PP. 3 calendas septembris, Maximo II et Æmiliano Coss.

INTERPRETAT. *Si pater pro filia dotem tradiderit, aut certè genero pro ipsa dote fecerit cautionem, vel se promissionis vinculo obligaverit, et mortis tempore falcidiam filiæ pater de his rebus, quas mortis tempore dereliquit, non dimiserit, de inofficioso patris testamento agere filia non prohibetur, quia illud quod pro ea à patre in dotem datum est aut promissum, in falcidia non potest imputari. Nam ea, quæ pater vivus in dotis conditione aut promiserit, aut tradiderit, de bonis ejus antequam moreretur, discessisse, et alimenta esse noscuntur. Similis erit et de sponsalitia donatione conditio.*

DU LIVRE III.

Des répétitions d'argent.

L'empereur Antonin Ava. à Julius.

Si vous vous êtes absolument abstenu de la succession de votre père, et que ses créanciers s'en prennent à vous pour être payés, vous pouvez vous en défendre, selon les formes du droit. Si au contraire vous vous êtes immiscé dans cette hérédité, vous ne pourriez être restitué contre ce fait, par faveur d'âge; parce que, de même que vous aviez le droit de vous abstenir, il est clair, que ne l'ayant pas fait, vous vous êtes dès-lors engagé à satisfaire les créanciers de la succession.

Rép. le 3 des calendes de septembre, quatrième consulat d'Antonin Aug.

Des répétitions d'hérédité.

L'empereur Antonin Ava. à Aurelius et à l'ingénu Pontius.

Il est de règle invariable que tous fruits

EX LIBRO III.

Si certum petatur.

Imp. Antoninus A. Julio.

Si paterna severitate abstinuisti et à paternis creditoribus conveniris te secundùm juris formam tueri potes : si verò permiscuisti te hereditati, nec ætate permittente in integrum restitutus es, ut abstinendi jus haberes, intelligis te animum creditoribus hereditariis respondere debere.

PP. 3 calendas septembris, Antonino A. IV. Cos.

De petitione hereditatis.

Imp. Antoninus A. Aurelio, Pontio ingenuo.

Fructus ante litem contestatam perceptos malæ fidei possessores restituere placuit.

PP. 12 calendas julii Romæ, duobus Aspris Coss.

De rei vindicatione.

1, *Imp. Gordianus A. Aurelio Alexandro militi.*

VINEAS in alieno agro institutas solo cedere, et à malæ fidei possessore id factum sit, sumptus eo nomine erogatos, per retentionem servari non posse, incognitum non est.

PP. 4 idus martii, Attico et Prætextato Coss.

INTERPRETATIO. *Si quis vineas in aliena terra posuerit, ad illum sine dubio pertinebunt, cujus terra esse probatur : qui se solum nesciens alienum, dum id bona fide se crederet possidere, sumptus quos in ipsis vineis ponendis fecit, à domino terræ recipiat. Si verò sciens in alieno posuit, et vineas restituat et expensas penitus non requirat.*

2. *Imp. Philippus A. et Philippus Cæsar, Aurelio, Victorino, Marco et Valerio.*

Ædificium in alieno agro extructum, solo cedere, sumptusque eo nomine factos, non nisi bonæ fidei emptorem per retentionem posse servare certissimi juris est.

PP. calendas octobris, Coss. suprascriptis.

INTERPRETATIO. *Pariter de Ædificiis, vel de reliquis rebus in alieno solo positis sicut superius dictum est, forma servabitur.*

3. *Imp. Philippus A. et Philippus Cæsar, Aurelio Antonio.*

Partum ancillæ matris sequi conditionem, nec statum in hac specie patris considerari, explorati juris est.

---

perçus, ayant procès, par possesseurs de mauvaise foi, doivent être restitués.

Rép. le 12 des calendes de juillet, à Rome, les deux Asper consuls.

De la reprise de sa chose.

1 *L'empereur Gordien Aug. à Aurelius Alexandre, soldat.*

LA propriété du sol emporte celle des vignes qui y ont été plantées par le possesseur de mauvaise foi. Celui-ci peut par fois être condamné à les abandonner avec le sol, sans être remboursé de ses dépenses.

Rép. le 4 des ides de mars, Atticus et Prétextatus consuls.

INTERPRÉTAT. *Si quelqu'un a planté des vignes dans un terrain qui ne lui appartient pas, il n'y a pas de doute qu'elles doivent aussi appartenir à celui qui aura prouvé que le fonds lui appartient. Si le planteur a pu croire qu'il en était propriétaire, celui à qui il appartient effectivement doit lui payer ses frais. Si au contraire ce planteur a su qu'il plantait dans le terrain d'autrui, il doit abandonner les vignes, et ne rien répéter de ses dépenses.*

2. *Les empereurs Philippe Aug. et Philippe César, à Aurelius, Victorinus, Marcus et Valerius.*

Il est de droit invariable, que la propriété du sol emporte celle du bâtiment qui y a été construit, et que les dépenses d'une telle construction ne peuvent être répétées que par l'acquéreur de bonne foi.

Rép. des calendes d'octobre, les mêmes consuls.

INTERPRÉTATION. *Ce qui vient d'être dit quant aux plantations faites sur le terrain d'autrui, s'applique également aux constructions et à tout ce qui a été ajouté à ce terrain.*

3. *Les empereurs Philippe Aug. et Philippe César, à Aurelius Antonius.*

Il est de principe, en droit, que l'enfant de mère esclave suit la condition de sa mère, et qu'il n'y a pas lieu alors de se reporter à l'état de son père.

Rép.

Rép. 14 des calendes de novembre, Philippe-Aug. et Titianus consuls.

4. Les empereurs Dioclétien et Maximien Avg¹. à Aurelia Philoxena.
Toutes les fois qu'un propriétaire a promis à plusieurs une même chose, celui auquel elle a été livrée le premier y a le meilleur droit.
Rép. 13 des calendes de mai, Maximus et Aquilinus consuls.

5. Les empereurs Dioclétien et Maximien Avg¹. à Aurelia Mamma.
Si, sans votre pouvoir ou votre consentement, votre mari a aliéné ce qui vous appartient, rien n'empêche que vous le redemandiez, le recteur de la province vous assistant.
Rép. 9 des calendes de mars, troisième consulat de Dioclétien et premier de Maximien.

TITRE VII.
De la chose achetée sous le nom d'un autre.

1. Les emp. Valérien et Galien Avg¹. à Aurelius Ausonius.
LORSQU'UN acte de vente énonce le nom d'un autre que celui auquel vous étiez convenu de vendre, vous devez être conservé dans la jouissance de votre chose, que vous n'aurez pas encore abandonnée et que vous ne voudrez pas livrer.
Rép. des calendes de juin, Æmilianus et Bassus consuls.
Voyez l'interprétation ci-après, qui s'applique aux deux constitutions sous même titre : *De chose achetée sous le nom d'autrui.*

2. Les empereurs Dioclétien et Maximien Avg¹. à l'ingénu Ælianus.
Si ayant acheté sous le nom de votre femme, mais payé de votre argent, vous avez été vous-même mis en possession et avez joui pour vous, tous ces faits étant bien prouvés, le président (de justice) de la province doit pourvoir à ce qu'il ne soit porté aucune atteinte à votre droit.

PP. 14 calendas novemb. Philippo A. et Titiano Coss.

4. Impp. Diocletianus et Maximianus AA. Aureliæ Philoxenæ.
Quoties eadem res à domino diversis temporibus pluribus venundatur, eum potiorem esse, cui possessio primum tradita est.
PP. 13 calendas maii, Maximo et Aquilino Coss.

5. Impp. Diocletianus et Maximianus AA. Aureliæ Mammæ.
Si neque mandato tuo, neque ratum habente maritus tuus possessionem juris tui alienavit, non prohiberis rem tuam vindicare, intercedente rectore provinciæ.
PP. 9 cal. martii, Diocletiano A. III. et Maximiano Coss.

TITULUS VII.
Si sub alterius nomine res empta erit.

1. Impp. Valerianus et Galienus AA. Aurelio Ausonio.
INSTRUMENTIS scriptura non oberit, quod nomen contineat alterius emptoris, ad cujus fidem ipse confugeras, cùm dominium possessionis, quod habuisse te semper, et adhuc habere proponis, securus obtineas.
PP. calendas junii, Æmiliano et Basso Coss.

2. Impp. Diocletianus et Maximianus AA. Æliano ingenuo.
Si nomine quidem uxoris tuæ emptionem confecisti, verùm pecuniam de proprio numerasti, et ipso inductus es in possessionem, ac negotium tibi gestum est, idque evidenter probabitur, præses provinciæ vim tibi super juris tui rebus merito inferri prohibebit.

PP. 3 idus mali, Maximo II et Aquilino Coss.

INTERPRETAT. utriusque legis. Quoties aut maritus, aut alia quæcunque persona, agrum, aut quamcunque rem, sua pecunia, uxoris, aut cujuscunque alterius nomine voluerit comparare, et is qui pecuniam dat, in rem fuerit intromissus, et ipse qui pecuniam dedit, rem comparatam cognoscitur possedisse, non potest hoc præjudicio laborare, quod alterius nomine res legitur comparata. Quòd si verò cujus nomine res comparatæ sunt, ipsi traditæ sunt, vel ab ipso possessæ, is qui pecuniam suam pro hac re datam fuisse probaverit, rem quidem comparatam non potest vendicare, sed pecuniam potest à possessore recipere, quia duæ res cum quo fuerint, ejus dominum faciunt meliorem.

De familiae erciscundae et communi dividundo.

1. *Imp. Gordianus A. Sextio Juvenali.*

Ex re certa heredem institutum sic haberi, ac si sine ejus rei commemoratione heres institutus fuisset, sanè officio familiæ erciscundæ judicis convenire ut non plus, emolumenti consequatur, quàm alio quisset habiturus, ac si ex re certa heres institui potuisset, in dubium non venit. Falcidiam quoque in matris testamento cessare falsò tibi persuasum est. Proinde cùm juris ignorantiam excusare facilè non possis, si major annis hereditati matris tuæ renuntiasti, sera prece subveniri tibi desideras.

PP. 15 calendas novembris, Arriano et Papo. Coss.

INTERPRETAT. Si quis per testamentum heredem aliquem appellaverit, et rem certam, id est, aut possessionem, aut mancipia, aut quamlibet aliam speciem, de

---

Rép. 3 des ides de mai, Maximus consul pour la deuxième fois et Aquilinus pour la première.

INTERPRÉTATION de l'un et l'autre de ces rescrits. Toutes les fois qu'un mari, sous le nom de sa femme, ou toute autre personne, aura voulu acquérir sous le nom d'autrui, mais de son propre argent, un champ ou quoi que ce soit ; celui qui aura payé, ou qui aura fourni l'argent pour payer, à qui la chose vendue aura été livrée, ou qui sera reconnu pour en avoir joui depuis la vente, ne pourra éprouver aucun préjudice de ce que l'acte énoncera que cette vente a été faite à un autre qu'à lui. Mais si la chose vendue a été livrée à celui au nom duquel il est prouvé par l'acte lui-même que l'acquisition a été faite, ou si celui-ci en a joui, celui qui prouvera avoir fourni l'argent pour payer, ne peut pas l'en déposséder ; il n'a que le droit de se faire rendre son argent, parce que le droit de propriété aura été acquis à celui qui sera devenu de fait maître de la chose.

Des partages de successions et des biens indivis.

1. *L'empereur Gordien Aug. à Sextius Juvenalis.*

Il n'y a pas de doute que l'héritier institué d'une chose certaine ne doive être considéré que comme s'il l'eût été sans indication de cette chose, et que conséquemment ce ne soit alors le cas de procéder au partage relatif des biens, de manière que cet institué ne puisse pas plus en profiter que tout autre qui, comme lui, aurait pu être institué héritier de cette chose désignée. C'est à tort que vous vous êtes persuadé que la falcidie n'avait pas lieu en testament de mère, attendu que l'ignorance de la loi ne s'excuse pas. Si, étant majeur, vous avez renoncé à la succession de la vôtre, il n'y a plus moyen d'y revenir.

Rép. 15 des calendes de novembre, Arrianus et Papus consuls.

INTERPRÉTATION. Supposé que, par testament, il ait été, d'une part, institué un héritier de chose certaine, telle qu'un usufruit, ou des meubles, ou toute autre chose exprès désignée, et de l'autre un héritier, toutes les choses désignées seront abandonnées à celui auquel elles auront été léguées exprès ; mais tout le reste appartiendra à l'héritier.

Voyez l'interprétation mise au bas du rescrit qui suit, et l'observation qu'on y a jointe.

2. Les emp. Valérien et Galien Augs. à Antonius Potitus.

Parce que, étant encore sous la puissance paternelle, votre père a acheté, dites-vous, sous votre nom, une maison, dans l'intention de vous la donner, il ne s'ensuit pas que cette donation vous ait dèslors été faite, et vous ne pouvez en douter. Mais si votre père a persisté jusqu'à son décès dans l'intention de vous la donner, et qu'il l'ait manifestée dans les formes légales, il n'y a pas de doute sur votre droit de propriété.

Rép. 11 des calendes d'avril, Secularius consul pour la deuxième fois et Donatus pour la première.

INTERPRÉTATION. *D'après cette loi, il en sera de même de toute donation déterminée faite par qui que ce soit à un fils de famille. Mais il y a plus : c'est que si cette donation est telle que le surplus des biens du père ne suffise pas à fournir la quarte due à chacun de ses autres enfans, il y sera suppléé par reprise de la falcidie sur la donation même.*

Nota. Cette interprétation semble plutôt appartenir à ce qui précède, et n'avoir été mise à la place où elle se trouve dans l'exemplaire sur lequel on a fait cette traduction, que par erreur de copiste.

Des faits de ceux qui sont sous la puissance d'autrui.

1. L'emp. Alexandre Aug. à Satirus, Modestinus et à Censorinus.

IL est constant, en point de droit, que nul ne peut être obligé du fait de son esclave, obligation d'esclave ne donne action que sur son pécule. Cependant, si le maître en a profité, il n'y a pas de doute qu'on ne puisse agir aussi contre lui. Donc si votre esclave a emprunté de l'argent sans vos ordres, et que vous n'en ayez pas pro-

---

qua dubietas esse non possit ; sub heredis vocabulo dimiserit, cui heredis nomen imposuerit, ad eum et illa quæ non sunt nomina perveniant.

2. Impp. Valerianus et Galienus AA. Antonio Potito.

Si domum, cujus meministi, pater tuus, cùm in potestate ejus ageres, nomine tuo donandi animo comparavit, jure quidem non subsistere donationem scire debuisti. Verùm si in extremum fati diem pater eadem animi destinatione duravit, judicium ejus, juxta formam constitutam, esse servandum, indubitati juris est.

PP. 11 caleud. aprilis, Seculari II. et Donato Coss.

INTERPRETAT. *In hac lege similis erit et de donatione conditio, quam filiusfamilias à quocunque perceperit. Sed hoc amplius habet, quod si major fuerit ista donatio quæ nomine filiifamilias facta est, ut omnis facultas patris quartam ejus rei, quam filius donatam accepit, implere non possit, reliquis filiis de hac ipsa donatione falcidia suppleatur.*

Si cum eo qui in aliena potestate est negotium gestum esse dicitur.

1. Imp. Alexander A. Satiro Modestino et Censorino.

EX contractibus servorum dominum non obligari, tantumque adversus eum actionem de peculio competere explorati juris est. Planè si quid in rem domini versum sit, eo nomine quoque teneri dominum non est incertum. Secundùm quæ si non jubentibus vobis, servus mutuam pecuniam accepit, nec in rem vestram versæ sunt con-

11 *

veniri non potestis. Actio de peculio si iuferri ceperit more solito respondere debetis.

PP. 1a calendas augusti, Fusco et Dextro Coss.

Interpretatione non eget.

fité, vous ne pouvez être obligé de le rendre. Si on ne s'en prend pas à son pécule, vous devez répondre ainsi qu'il est d'usage.

Rép. 1a des calendes d'août, Fuscus et Dextrus consuls.

Ceci n'a pas besoin d'être autrement éclairci.

Ad senatusconsultum Macedonianum.

Du sénatus-consulte Macédonien.

1. *Imp. Alexander A. Septimiæ.*

1. *L'emp. Alexandre Aug. à Septimia.*

MACEDONIANI senatusconsulti auctoritas petitionem ejus pecuniæ non impedit, quæ filiofamiliæ studiorum causa Romæ agenti ad necessarios sumptus, quos patris pietas non recusaret, credita est. Sed ex contractu filii, post mortem ejus de peculio actio in patrem competere ita demum potest, si anni utilis spatium petitionem non impedit. Sane si jussu patris datum ei probatur, nec in quos usus versa sit pecunia exquiri necesse est, et perpetua in patrem, etiam mortuo eo filio, actio est.

PP. pridiè calendas martii, Agricola et Clementino Coss.

IL n'est pas défendu, par le sénatus-consulte Macédonien, de répéter contre le père l'argent qu'on a prêté à son fils, faisant ses études à Rome, ou pour autres dépenses auxquelles les pères ne se refusent ordinairement pas. Quant à toutes autres dettes contractées par les enfans, on ne peut avoir recours que sur leur pécule, et seulement pendant un an, à dater du prêt. Cependant, s'il est prouvé qu'on n'a prêté au fils que par ordre du père, il n'est pas alors nécessaire de s'embarrasser à quoi a servi l'argent, le père en est toujours responsable.

Rép. veille des calendes de mars, Agricola et Clementinus consuls.

INTERPRETATIO. *Senatusconsultum Macedonianum præcepit, ut filiofamilias pecunia non credatur. Nunc hæc constitutio jubet, ut pro studio litterarum, si quis filiofamiliæ pecuniam dederit, hanc ei pater sine aliqua objectione restituat. Quod si ipse filiusfamilias in peregrinis fortasse defecerit, intra anni spatium, qui pecuniam commodavit de peculio, filii potest petere, ut sibi debitum reformatur. Quod si pater jusserit ut pecunia præstaretur, non quærendum est, quid de ea pecunia fecerit, sed debitum pater sine mora restituat.*

INTERPRÉTAT. *Le sénatus-consulte Macédonien défend en général de prêter de l'argent aux fils de famille. Le rescrit ci-dessus y fait exception, en ce qu'il veut que le père soit tenu de rendre, sans pouvoir s'y refuser sous aucun prétexte, l'argent prêté à son fils pour ses études, en ce qu'il ordonne qu'à l'égard des dettes contractées par les enfans, le prêteur se pourvoira, dans l'année, sur leur pécule, et encore, en ce que l'argent n'ayant été donné au fils que de l'ordre de son père, il doit être rendu par le père, sans rechercher à quel usage il aura été employé par le fils.*

LIBER IV.

LIVRE IV.

Si debito persoluto instrumentum apud creditorem remanserit.

Du titre resté entre les mains du débiteur, quoiqu'il ait été soldé.

1. *Impp. Severus et Antoninus AA. Octavio Prisco.*

1. *Les emp. Sévère et Antonin Aug. à Octavius Priscus.*

SI exoluta est pecunia, nihil obest ve-

LE titre de la dette resté ès mains du

créancier soldé, ne fait pas preuve qu'elle est encore due, lorsqu'il est de fait qu'elle a été payée.

Rép. veille des ides de juin, deuxième consulat d'Antonin et premier de Geta.

2. Les empereurs Valérien et Galien Aug°. à Metrodorus.

Si vous pouvez prouver que vous avez tout payé à votre créancier, c'est en vain que le titre de votre dette se retrouve entre les mains de son héritier. Vous pouvez actionner cet héritier pour qu'il vous soit rendu, ou ne reste à ce créancier, que coupé (détruit).

Rép. 6 des ides de juin, deuxième consulat de Galien et premier de Faustinus.

Des répétitions de dettes dont les titres ont été perdus, ou, quoique non acquittés, rendus au débiteur.

1. L'emp. Antonin Aug. à Septimia Martia.

Si, par quelque moyen que ce soit, vous prouvez qu'il vous est encore dû par vos débiteurs, le préposé de votre province, homme de mérite, les forcera à vous payer. La perte de vos titres n'y peut apporter aucun empêchement, pourvu qu'il puisse demeurer pour constant que vous ne répétez votre dû contre eux que parce qu'ils vous doivent bien réellement encore.

Rép. les ides de septembre, Antoninus Aug. consul.

2. L'empereur Gordien Aug. à Aurelius, Priscus et Marcus, soldats.

S'il est injuste, lorsque des quittances ont été détruites par incendie, de ne pas s'en rapporter aux débiteurs sur ce qui a été payé; encore n'est-il pas aussi facile que vous vous l'imaginez d'ajouter aussitôt foi à tous ceux qui, dans ce cas, pourraient très-habilement en profiter. Tout considéré, il ne vous sera pas difficile de sentir que, faute de titre, vous devez recourir à une meilleure preuve pour faire admettre vos prétentions.

Rép. 3 des calendes de juillet, deuxième

ritati quod cautio integra manet, apud creditorem.

PP. pridiè idus junii, Antonino II. et Geta Coss.

2. Impp. Valerianus et Galienus AA. Metrodoro.

Si potes probare, omnem pecuniam exolutam creditori tuo, cautio tua, quæ apud heredem ejus remansit, inanis est, ut tamen aut ipsa reddatur tibi, aut incisa apud creditorem remaneat, heredem ejus convenire potes.

PP. 6 idus junii, Galieno II. et Faustino Coss.

Si amissis, vel debitori redditis instrumentis, creditum petatur.

1. Imp. Antoninus A. Septimiæ Martiæ.

Debitores tuos quibuscunque rationibus debere tibi pecuniam si probaveris, ad solutionem compellet aditus præses provinciæ vir clarissimus. Nec oberit tibi amissio instrumentorum, si modò manifestis probationibus eosdem debitores esse apparuerit.

PP. idus septembris, Antonino A. Coss.

2. Imp. Gordianus A. Aurelio, Prisco et Marco militibus.

Sicut iniquum est, instrumentis vi ignis extinctis debitores quantitatum debitarum renuere solutionem, ita non statim casum conquerentibus facilè credendum est. Intelligere itaque debetis non existentibus instrumentis, vel aliis argumentis probare fidem precibus vestris assistere.

PP. 3 calendas julii, Sabino II. et Venusto Coss.

consulat de Sabinus et premier de Venustus.

LIBER VI.

TITULUS XIX.

Arbitrium tutelae.

Imp. Alexander A. Aglao.

EUM qui bonis paternis secundùm edicti formam abstentus est, hereditariis actio-nibus conveniri nulla ratio suadet.

PP. 3 calendas maii, Alexandro A. Coss.

LIBER X.

Quibus res judicata non noceat.

Impp. Diocletianus et Maximianus AA. Æliæ matronæ.

SENTENTIAM adversus absentes et inde-fensos, ac maximè minores latam, nullas vires obtinere notissimi, juris est.

PP. calendas septembris, Diocletiano III. et Maximiano AA. Coss.

LIBER XIII.

De patria potestate.

Imp. Antoninus A. Victorinæ.

SI in potestate patris fuisti, cum here-ditas Bassæ Cassiæ tibi obvenit, eamque jussu patris crevisti, jure patriæ potestatis ei eam quæsisti. Ideoque quod ab eo jure alienatum est, nulla ratione oblato pretio tibi restitui desideras.

PP. 4 calendas januarii, Romæ, ipso Augusto V. et Advento Coss.

LIVRE VI.

TITRE XIX.

Règles relatives aux tutelles.

L'empereur Alexandre Aug. à Aglaus.

QUI s'est abstenu, dans la forme de l'édit, de la succession de son père, ne peut, sous aucun prétexte, être actionné afin d'en supporter les charges.

Rép. 3 des calendes de mai, Alexandre Aug. consul.

LIVRE X.

A qui la chose jugée ne peut nuire.

1. *Les empereurs Dioclétien et Maximien Aug[s]. à la matrone Ælia.*

JUGEMENT rendu contre des absens, et contre ceux qui n'ont pas été défendus, sur-tout s'ils sont mineurs, n'a aucune force : cette maxime est de droit le mieux reconnu.

Rép. calendes de septembre, troisième consulat de Dioclétien et premier de Maxi-mien Aug[s].

LIVRE XIII.

De la puissance paternelle.

L'empereur Antonin Aug. à Victorina.

PUISQUE vous étiez encore en la puissance de votre père lorsque la succession de Bassa Cassia vous est échue, et que vous ne l'avez recueillie que de son ordre, c'est à lui qu'elle a été acquise par puissance pater-nelle : c'est donc en vain que vous dési-reriez, en payant, ravoir ce qu'il lui a plu d'en aliéner, ainsi qu'il en avait le droit.

Rép. 4 des calendes de janvier, à Rome, cinquième consulat d'Auguste et premier d'Adventus.

EX INCERTIS TITULIS
CORPORIS GREGORIANI.

EXTRAITS
DE TITRES INCERTAINS DU CODE GRÉGORIEN.

1. *L'empereur Sévère Avg. à Julius Conserturinus.*

Tout ce qu'on n'a fait que par crainte ou par force insurmontable, a de tout tems été considéré comme nul.

Approuvé, calend. de juillet, deuxième consulat de Dextrus et premier de Crispinus.

2. *Les emp. Sévère et Antonin Avg*s. *à Vetorius, à Frontinus, et autres.*

Il n'est pas nécessaire que vous prouviez que vous ne vous êtes immiscé en rien dans la succession de votre père, votre déclaration suffit, la foi y étant attachée ; mais si vous y avez fait actes d'héritiers, attendu votre âge, auquel on est dans l'usage de prêter assistance, c'est au juge saisi à décider si c'est le cas de vous en relever.

Rép. le 5 des nones de mars, Saturninus et Gallus consuls.

3. *L'emp. Antonin Avg. à Julia Basilia.*

Il n'est pas douteux que les conventions qui n'ont pas été consenties, ou qui ne l'ont été qu'en contravention aux lois et constitutions, sont nulles.

Rép. 5 des calendes d'août, Antoninus et Albinus consuls.

4. *Le même Avg. à Priscianus, soldat.*

Le jugement rendu sous la foi du serment par vous prêté en conséquence de celui avant prononcé contre vos curateurs alors défaillans, n'a pu être depuis atténué dans ses dispositions par aucune convention ; ainsi, sans égard à la transaction qui a eu lieu, Septimius Varianus doit se soumettre à la chose jugée et l'exécuter.

1. *Imp. Severus A. Julio Conserturino.*

Ea quæ per vim et metum gesta sunt, etiam citra principale auxilium irrita esse debere jam pridem constitutum est.

Accep. calend. julii, Dextro II. et Crispino Conss.

2. *Impp. Severus et Antoninus AA. Vetoriis, Frontino, et aliis.*

Si vos paternæ hereditati non miscuistis, ob eam rem testificatio necessaria non est, cùm fides veritatis verborum adminicula non desideret. Quòd si pro herede gessistis propter ætatem cui subveniri solet, an in integrum restitui debeatis ; æstimabit cujus ea re notio est.

PP. 5 nonas martii, Saturnino et Gallo Coss.

3. *Imp. Antoninus A. Juliæ Basiliæ.*

Pacta quæ ab invitis contra leges constitutionesque fiunt nullam vim habere indubitati juris est, etc.

PP. 5 calendas augusti, Antonino A. et Albino Coss.

4. *Idem A. Prisciano militi.*

Summa sententia comprehensa, quam cessantibus curatoribus quondam tuis, judex sequutus jurisjurandi à te perlati religionem in condemnationem deduxit, minui pacto non potuit, ac propterea sublata cautione transactionis, quæ nullo jure interposita est, Septimius Varianus rem judicatam exequetur.

PP. calendas julii, Læto II. et Cereale Coss.

Rép. les calendes de juillet, deuxième consulat de Lætus et premier de Céréalis.

5. Idem A. Juliano.

Confessos quoque pro judicatis haberi placuit, quare sine causa desideras recedere à confessione tua.

Accep. pridiè calendas octobris, Gentiano et Basso Coss.

5. Le même Avo. à Julianus.

Selon la loi, les aveux équivalent à des jugemens. C'est donc en vain que vous prétendez qu'on n'aurait pas dû avoir égard au vôtre.

Approuvé la veille des calendes d'octobre, Gentianus et Bassus consuls.

6. Idem A.

Sane meæ litteræ nulla ex parte causæ præjudicabunt. Neque enim si penes te culpa fuit, ut matrimonium solveretur, et secundùm legem Juliam uxor tua Euphrasia nuberet, propter hoc rescriptum meum adulterii damnata erit, nisi constet esse commissum. Habebunt autem ante oculos inquirere an cum tu pudicè viveres, illi quoque bonos mores colendi auctor fuisti. Periniquum enim mihi videtur esse ut pudicitiam ab uxore exigat, quam ipse non exhibet : quæ res potest et virum damnare, non ob compensationem mutui criminis, rem inter utrumque componere vel causam facti tollere.

6. Le même Avo.

Il est bien entendu que mes lettres ne préjugent rien dans la cause. Quand même vous n'auriez pas à vous reprocher la dissolution de votre mariage et le nouveau que pourrait contracter votre épouse Euphrasia, en conséquence de la loi Julia, elle ne pourra être condamnée comme adultère qu'autant qu'elle en aurait commis un, et non en vertu de mon présent rescrit. Les juges devront, avant tout, s'informer si vous viviez vous-même chastement, et si vous donniez l'exemple des bonnes mœurs. Il n'est, selon moi, rien de plus révoltant que d'exiger de sa femme la pudeur qu'on ne lui garde pas soi-même. Dans ce cas cependant, quoique le mari ait aussi tort, il ne s'ensuit pas qu'on doive compenser le libertinage de tous deux ni excuser l'un par l'autre.

7. Alexander A. Aurelio Dionysio.

Si postquam adversarius matris tuæ victus esset, matrem tuam circumvenerit ut pacisceretur nullam se controversiam de servis agitaturam, id pactum mala fide factum irritum est, et cùm ex ea conventione cum matre tua agi cœperit, judex eam liberabit, quia de re judicata pacisci nemo potest.

PP. pridiè idus septemb. Alexandro A. Cons.

7. Alexandre Avo. à Aurelius Dionysius.

S'il est vrai que l'adversaire de votre mère l'ait tellement circonvenue, après qu'il a eu perdu son procès, qu'il soit parvenu à lui faire souscrire l'engagement de ne faire valoir aucune prétention sur ses esclaves, ce pacte est nul. Attendu que cet homme a agi en conséquence de cette convention, le juge en peut relever votre mère, parce qu'on ne peut transiger que de ce qui est incertain et douteux, et non de chose jugée.

Rép. veille des calendes de septembre, Alexandre Aug. consul.

8. Idem A. Donato militi.

Si certa quantitas in condemnatione judicis deducta fuerit, pacisci exinde non posse, etc.

PP. 9 calendas junii, Fusco II. et Dextro. Coss.

8. Le même empereur à Donatus, soldat.

Si le jugement a fixé la somme à déduire, on ne peut en transiger, etc.

Rép. le 9 des calendes de juin, deuxième consulat de Fuscus et premier de Dextrus.

9. Le même Aug. à Crescentius.

Quelle supplique avez-vous présentée au gouverneur de la province? Ne savez-vous pas qu'en cas de jugement par défaut, l'absent condamné ne peut se pourvoir par appel, mais bien en se présentant.

Rép. le 11 des calendes d'avril, Albinus et Maximus consuls.

9. Idem A. Crescenti.

Quæ in libello contulisti præsidi provinciæ allega, qui non ignorat eum qui per contumaciam absens condemnatur, nec appellationis auxilio uti aut in duplum revocare posse.

PP. 11 calendas aprilis, Albino et Maximo Coss.

10. L'empereur Gordien Aug. aux Receveurs du fisc.

En cas de mariage contracté contre les réglemens, il est certain, d'après la décision du divin Sévère, que la dot alors promise ou payée est confisquée, quand même il apparaîtrait que le vice originairement attaché à cette espèce de mariage aurait été depuis régulièrement purgé.

Donné aux calendes d'avril, à Antioche, Gordien Aug. et Aviola, consuls.

Nota. La confiscation de dot dont il est ici question, était la peine des mariages défendus aux Romains avec les femmes des provinces conquises.

10. Imp. Gordianus A. Rationalibus.

Manifestum est nuptiis contra mandata contractis dotem quæ data est illo tempore cùm traducta fuerat, juxta sententiam divi Severi fieri caducam. Nec si consensu postea cœpisse videatur matrimonium in præteritione commisso vitio potuit mederi.

Datum calendas aprilis, Antiochiæ, Gordiano A. et Aviola Coss.

11. Les empereurs Carus et Numérianus Aug. à Aurélius.

Si la transaction n'a été, ainsi que vous le dites, que le résultat d'une fraude combinée et employée exprès pour y parvenir, cette transaction est nulle de l'autorité du droit, ainsi que tout ce qui s'en est suivi.

Rép. le 6 des ides de décembre, Carus et Carinus consuls.

11. Impp. Carus et Numerianus AA. Aurelio.

Cùm fraudis studio transactionem interpositam esse dicas, quod inter vos gestum est infirmat juris auctoritas, et reliqua.

PP. 6 idus decembris, Caro et Carino Coss.

12. Les empereurs Dioclétien et Maximien Aug. à Aurélius, d'Héraclée.

Si, contre le vœu de votre femme, vous avez remis son titre à son adverse partie, et que ce fait soit suffisamment prouvé, tout ce qui a été fait au-delà de l'intérêt de votre femme, et malgré elle, n'aura point d'effet.

Rép. le 8 des ides de septembre, sous le cinquième consulat de l'empereur Dioclétien et le troisième de l'emper. Maximien.

12. Impp. Diocletianus et Maximianus AA. Aurelio Heraclidi.

Si non ex mandato uxoris tuæ adversario ejus cautionem remisisti, idque evidentibus documentis monstrari potest, quod citra conscientiam uxoris tuæ et ea invita factum est carebit effectu.

PP. 8 id. septembris Diocletiano V. et Maximiano III. AA. Coss.

13. Les mêmes Aug. à Aurélia Sévéra.

Vous demandez si le partage qui a eu lieu doit être annullé. Le recteur de la province l'examinera, votre partie adverse présente ; et s'il trouve qu'il y a eu fraude de sa part, quoiqu'en général on ne

13. Iidem AA. Aureliæ Severæ.

An divisio, quam jam factam esse proponis, convelli debeat; rector provinciæ præsente parte diversa diligenter examinabit : et si fraudibus eam non caruisse perspexerit, quamvis majoribus in perpe-

12

ram factis divisionibus non soleat subveniri, tamen quod improbum atque inæqualiter factum esse constiterit, in melius reformabit.

PP. 17 calendas julii, ipsis VI. et Constantino III. Coss.

relève jamais les majeurs de leurs erreurs, en fait de partage; cependant, attendu que l'inégalité dont vous vous plaignez n'aura été que le résultat de l'improbité, il pourra être réformé.

Rép. le 17 des calendes de juillet, sous le sixième consulat des mêmes empereurs et le troisième de Constantinus.

14. Iidem AA. *Aproniæ Mammæ.*

Si divisio inter te et sororem tuam non bona fide facta est, etiam citra principale restitutionis auxilium, quod etiam majoribus tribui solet, ad æquitatis temperamentum reformari potest, etc.

PP. 6 calendas julii, Maximiano II et Aquila Coss.

14. Les mêmes *Aug*. à *Apronia Mamma.*

Si le partage d'entre vous et votre sœur n'a pas eu lieu de bonne foi, le défaut d'égalité pour tous deux peut être réparé selon les règles de l'équité, abstraction faite de toute disposition concernant partage d'entre majeurs.

Rép. le 6 des calendes de juillet, sous le deuxième consulat de Maximianus et le premier d'Aquila.

FIN du Code Grégorien.

EXTRAITS
DE DIVERS TITRES
DU
CODE HERMOGÉNIEN.

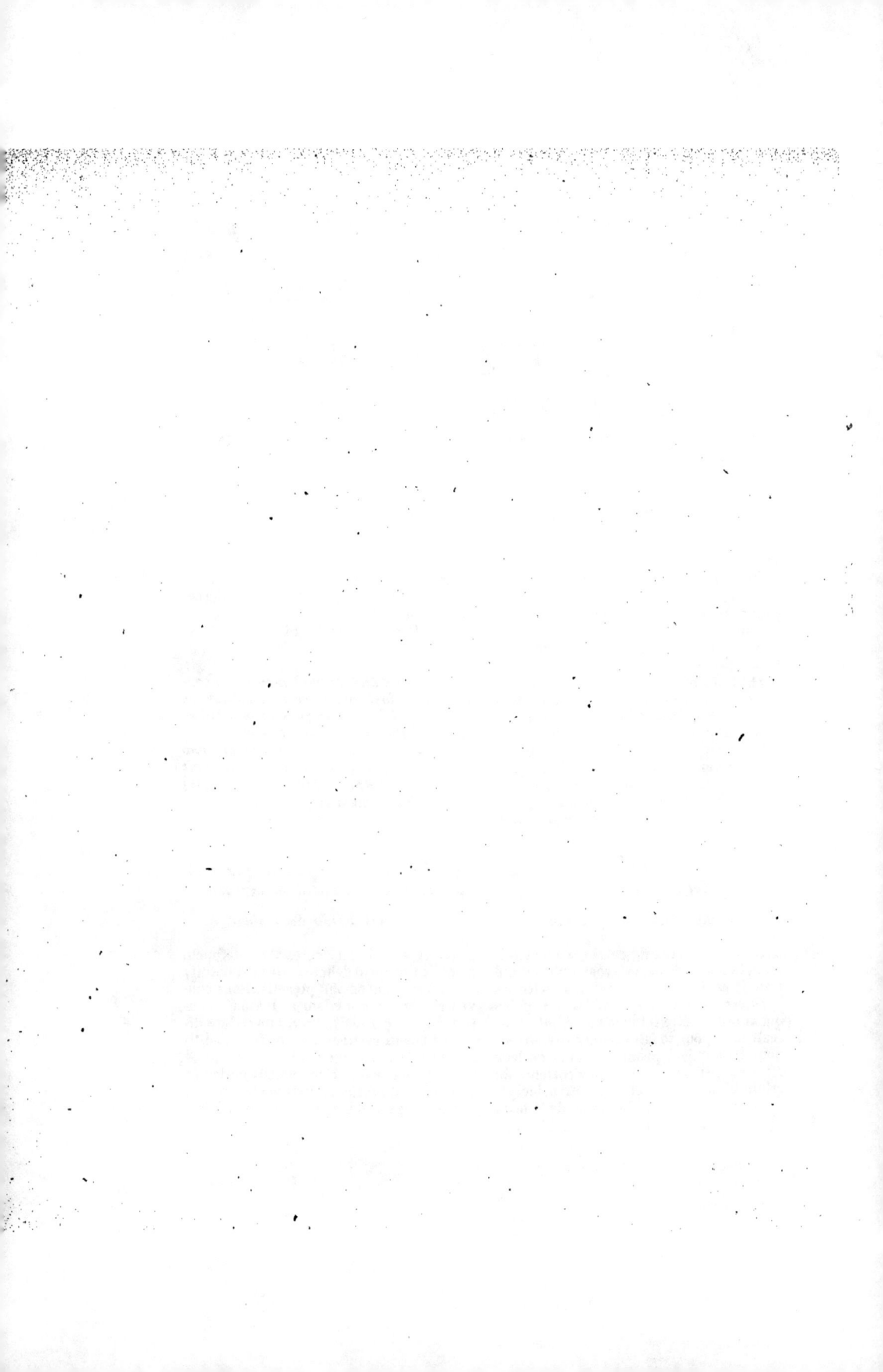

TITULI EX CORPORE
CODICIS HERMOGENIANI.

EXTRAITS
DE DIVERS TITRES
DU CODE HERMOGÉNIEN.

De l'argent promis et non compté.

Aurélius à Alexius.

QUANT aux promesses d'argent, elles ne sont nulles qu'après cinq ans, et non pas après un ; c'est ainsi que nous en avons ordonné il y a peu.

Signé le 7 des ides d'avril, Sirmius et Cés. consuls.

INTERPRÉTATION. *On a cru nécessaire de rapporter cette loi du code Hermogé-n'en, parce qu'elle étend aux simples promesses d'argent ce qui avait précédemment été prescrit par le code Théodosien, quant aux promesses sous seing privé ; et qu'il en résulte bien évidemment qu'en cas de contestation sur simples promesses d'argent, c'est dans les cinq ans qu'il faut se pourvoir.*

Comment les héritiers sont tenus des délits des défunts.

Aurélius à Ennius Saturninus.

EN cas de décès de celui qui a commis un délit, arrivé même avant qu'il ait été traduit en justice, on peut y appeler ses héritiers ; non comme passibles de la peine qui aurait pu être infligée au défunt, mais seulement pour se faire rendre par eux ce dont ils auraient profité du délit de leur auteur, personne ne devant s'enrichir du crime d'un autre : tels sont les principes du droit à cet égard. Le préfet de la province d'Afrique, homme très-illustre,

De cauta et non numerata pecunia.

Aurelius Alexio.

EX cautione non numeratæ pecuniæ, non anni, sed quinquennii spatio deficere, nuper censuimus.

Scripta 7 idus aprilis, Sirmio, Cœs. A. Coss.

INTERPRETAT. *Secundum legem ex cor-pore Theodosiano, si certum petitur de chirographis, quia de quinquennio habe-tur expositum ; ideò hanc legem ex Her-mogeniano credidimus adjungendam, quæ tempora, intra quæ contestari convenit de cauta et non numerata pecunia, id est, intra quinquennium evidenter ostendit.*

Ex delictis defunctorum quemad-modum conveniantur successores.

Aurelius Ennio Saturnino.

LICÈT ante litem contestatam defuncto eo qui ex proprio delicto conveniri potuit, successores non possint pœnali actione con-veniri, tamen hos etiam in tantum quan-tum ad eos pervenit teneri, ne scelere di-tentur alieno certissimi juris est. Auditis itaque partium allegationibus V. C. præ-fectus provinciæ Africæ amicus noster in pronuntiando formam juris sequetur.

Scripta 7 calend. octob. Sirmio A. Cos.

notre bien-aimé, ayant entendu les parties, doit s'y conformer en jugeant.

Signé le 7 des calend. d'octobre, Sirmius Aug. consul.

INTERPRETATIO. *Hæc lex præcipit, ut in criminalibus causis, si quis antequam moriatur non fuerit de facti sui scelere conventus, atque convictus, si post ejus obitum, quod ab eo cum pœna reddendum erat, apud successores ejus fortasse repertum fuerit, hoc tantum ab heredibus reddendum, quod ad eos cognoscitur pervenisse. Cæterùm in tali re heredes nec ad pœnam, nec ad aliam quamcunque satisfactionem tenentur obnoxii.*

INTERPRÉTAT. *Cette loi veut, en affaire criminelle, que le coupable étant décédé avant d'avoir été traduit en justice, ou avant d'y avoir été condamné, ses héritiers ne puissent être condamnés qu'à rendre ce qui aurait été trouvé, ou qu'on aurait appris leur être parvenu, et que le coupable aurait été lui-même obligé de rendre nonobstant sa peine. Au surplus les héritiers ne doivent être condamnés ni à la peine encourue par le coupable, ni à aucune autre satisfaction.*

De jure fisci.

Aurelius Ennio Lucellio et Marco Severiano.

Sɪ pro possessione Titii Claudii vos debita fiscalia exsolvisse constat, vestram esse possessionem notissimi juris est. Ideò V. C. proconsul si partium vestrarum allegatione solutam Ansariam pro aliena re cognoscit, ut tradat vobis hanc ipsam cum fructibus rem æquitatis ratione provisum est.

Subscripta 10 calendas martii, Sirmio.

Du droit du fisc.

Aurelius à Ennius Lucellus et Marcus Sévérianus.

Sɪ vous prouvez que vous avez acquitté les droits du fisc dus pour la jouissance de Titius Claudius, on ne peut pas empêcher la vôtre. Ainsi, dès que le proconsul, homme illustre, sera convaincu que la redevance avait été payée par vous pour un autre, il vous la rendra avec les intérêts : cela est de droit.

Signé le 10 des calend. de mars, Sirmius.

De pactis et transactionibus.

1. *Impp. Diocletianus et Maximianus* AA. *Sebastiano.*

Nᴇǫᴜᴇ ex nudo pacto nascitur actio, neque si contra bonos mores verborum intercessit obligatio, ex his actionem dari convenit, et reliqua.

PP. 4 calend. junii, iisdem Coss.

Des pactes et conventions.

1. *Les empereurs Dioclétien et Maximien* Aᴜɢˢ. *à Sébastianus.*

Iʟ ne résulte aucune action du pacte nu, ni même des obligations régulières qui choquent les mœurs; celles qui seraient intentées à leur occasion doivent être rejetées, etc.

Rép. le 4 des caleudes de juin, les mêmes consuls.

2. *Iidem* AA. *Flavio Rumitalo. Inter cætera, et ad locum.*

Pactum neque contra bonos mores neque contra leges emissum valet, et reliqua.

PP. iisdem AA. Coss.

2. *Les mêmes* Aᴜɢˢ. *à Flavius Rumitalus. Entre autres du même chapitre.*

Tout pacte intervenu contre les bonnes mœurs ou contre les lois est nul, etc.

Rép. les mêmes Augˢ. consuls.

3. *Les mêmes Aug². et Césars à Zotia-*
nus Antoninus.

Jugement rendu conserve toute sa force
quelque transaction qui ait eu lieu depuis :
c'est pourquoi si votre père a transigé et
payé après avoir été condamné, opposez
pour défense plutôt le paiement que la transaction, etc.

Rép. le 18 des calendes de janvier, les
mêmes Aug². consuls.

4. *Les mêmes Aug². à Ulpia Marcellina.*

Que n'avez-vous instruit le président
de la province des manœuvres frauduleuses
employées par votre gendre, pour profiter
de votre inexpérience et vous amener à
une transaction perfide. Au surplus, s'il
n'en résulte pas une révocation consommée des actes antérieurs, par stipulation
Aquilienne dûment agréée, le magistrat
écartera aisément un acte aussi artificieux,
toutes vos autres actions, à l'un et à l'autre, réservées.

Rép. le 3 des nones d'octobre, les mêmes
Aug². consuls.

5. *Les mêmes Aug². à Sergia et Anagius.*
Entre autres même chapitre.

Transaction faite sur procès douteux ne
peut être annulée.

Rép. le 8 des ides d'avril, les Césars
consuls.

6. *Les mêmes Aug². à Aurélius, soldat*
hermogénien.

Le Recteur doit casser tout pacte qu'il
aura reconnu n'avoir pas été fait selon les
formes usitées dans la province.

Rép. le 14 des calendes de novembre,
les Césars consuls.

De ceux qui demandent ce qui ne
leur est pas dû, ou plus qu'il ne
leur est dû.

1. *Les empereurs Dioclétien et Maximien*
Aug². à Aurélius Dextrus. Entre au-
tres, même chapitre.

Si un tuteur ou curateur demande plus
qu'il ne doit, sa demande est nulle. Puis-

---

3. *Iidem AA. et CC. Zotiano Antonino.*

Pacto transactionis exactio judicati non
tollitur : unde si pater tuus condemnatus
judicio, post transegit et solvit, solutionem magis quàm transactione tuam defende negotium, etc.

PP. 18 calendas januarii, iisdem AA.
Coss.

4. *Iidem AA. Ulpiæ Marcellinæ.*

Si præses provinciæ ignorantiam tuam
fraudulenta transactione ac dolosis artibus
generi tui circumscriptam esse cognoverit,
siquidem Aquiliana stipulatio et acceptila-
tio pactionem insequuta non est, pactum
callide scriptum integris singulorum actionibus amovebit.

PP. 3 nonas octobris, ipsis AA. Coss.

5. *Iidem AA. Sergiæ et Anagio.*
Inter cætera, et ad locum.

De dubia verò lite facta transactio rescindi non potest.

PP. 8 idus aprilis, CC. Coss.

6. *Iidem AA. Aurelio hermogeni militi.*

Pactum quod contra juris formam provinciæ rector factum animadverterit, id
infirmare minimè dubitabit.

PP. 14 calendas novembris, Cæsaribus Coss.

De calumniatoribus et plus petendo.

1. *Imp. Diocletianus et Maximianus AA.*
Aurelio Dextro. Inter cætera, et ad
locum.

Si tutor vel curator plus petierit, causa
cadit; quòd cùm factum esse dicas, frus-

trà nobis remedium quæris ; quiá te ratio juris impugnat.

PP. 4 decembris, Nicomedia, Constantio et Maximo Coss.

que vous convenez que c'est ce qui est arrivé, c'est en vain que vous avez recouru à nous. La loi est contre vous.

Rép. le 4 décembre, à Nicomédie, Constantius et Maximus consuls.

2. Iidem AA. et CC. Claudio Menandro.

Quotiescunque ordinatis actionibus aliquid petitur, ideo petitor cogitur specialiter genus litis edere, ne plus debito aut eo quod competit postuletur. Sive itaque fideicommissum sive fundus sive pars fundi, sive domus sive pars domus, sive debitum, aut quodcunque petatur, specialiter designari debet petitionis summa vel quantitas eum genus litis editur. Si quis igitur plus ab eo quod ei competit vel debetur petierit, rem et causam de qua agitur perdit. Plus enim petitur, sicut responsis prudentum continetur, summa, loco, tempore, causa, qualitate, æstimatione. Unde instructus istius lege rescripti excipe adversarium apud judicem competentem, quem si judex plus petiisse perspexerit, extinctis adversarii tui petitionibus pro partibus tuis sententiam dicet.

PP. Mediolano, 12 calendas aprilis, Tusco et Aquilino Coss.

2. Les mêmes Augs. et Césars à Claudius Menandrus.

Toutes les fois qu'il s'agit d'intenter régulièrement quelques actions, le demandeur, quelle que soit l'espèce du procès, est astreint à ne demander que ce qui lui est dû, et pas plus. Soit qu'il réclame un fidéicommis, ou un fonds, ou partie d'un fonds, ou une maison, ou partie d'une maison, ou une dette, ou quoi que ce soit, il doit désigner exactement dans son acte de demande la somme ou la quantité, en même tems ses motifs. Si donc il demande à son adversaire un droit qu'il n'a pas, ou plus qu'il ne lui doit, il perd et sa chose et le procès. Le plus demandé, d'après les décisions des docteurs, s'applique également et à la somme, au lieu, au tems, à la cause, à la qualité et à l'estimation. Ainsi, d'après les règles contenues dans ce rescrit, appelez votre adversaire devant le juge compétent ; ce sera à lui, s'il lui apparaît que cet adversaire a trop demandé, à prononcer en conséquence, en faveur de vos parties, la nullité de ses demandes.

Rép. le 12 des calendes d'avril, à Milan, Tuscus et Aquilinus consuls.

3. Iidem AA. Quintiano.

Tibi magis quàm adversario qui per calumniam petit supplicas contra quem judicio tutelæ convenit excipi actionem, ad quam respondere debes : quippe si per calumniam hoc eum facere confidis, remedio repromissionis initio postulatæ, calumniæ in decimam partem ejus quod competit damnari eum desiderare potes.

Datum 11 calendas novembris, AA. Coss.

3. Les mêmes Augs. à Quintianus.

C'était plutôt à vous à former la demande relative au jugement de tutelle à laquelle vous avez à défendre, qu'à votre adversaire, qui ne s'appuie que sur la supposition d'un droit qui ne lui appartient pas. Si vous préférez de vous prévaloir de son défaut de droit, vous pouvez, en en faisant d'abord usage, le faire condamner au dixième de ce qu'il répète injustement.

Donné le 11 des calendes de novembre, sous le consulat des mêmes Augs.

Des

Des donations.

1. Les emper. Dioclétien et Maximien, Aug⁵. à Septimius Sabinianus.

Dès que vous déclarez avoir retenu un tiers de votre bien, en avoir retenu un tiers pour votre fils étant encore en votre puissance, et avoir donné l'autre tiers à votre autre fils émancipé, il est certain, en point de droit, à l'égard de celui de vos fils qui est encore soumis au droit inviolable de la paternité, que le fait dont est question doit plutôt être considéré comme simple indication provisoire de votre volonté, que comme donation irrévocable. A l'égard de votre fils émancipé, il est également certain que votre donation est nulle, si elle a eu lieu sans désignation des objets composant le tiers de votre bien ; parce qu'on ne peut donner généralement aucune portion de son bien, et que toutes choses qu'on donne, qu'on vend, ou dont on transporte, de quelque manière que ce soit, la propriété à un autre, doivent être chacune dénommées et particularisées.

Donné la veille des calendes de mai, à Héraclée, sous le consulat des mêmes Aug⁵.

2. Les mêmes Aug⁵. à Crétianus Maximus.

Donation faite de tous ses biens estimés en somme ne vaut ; pour que votre donation ait son effet, il faut que chaque chose donnée soit particularisée.

Donné le 8 des calendes de janvier, les Césars cousuls.

3. Les mêmes Aug⁵. et Céss. à Aurélius Altinus et autres, au même chapitre.

On ne peut, par codiciles, ni faire un legs ni supprimer celui qui a été fait, s'il n'existe un testament.

Donné le 8 des calendes de janvier, à Nicomédie, les Césars consuls.

De ce dont il doit être justifié.

Les empereurs Dioclétien et Maximien, Aug⁵. à Aurélius diogénien.

Il est trop dangereux de n'avoir égard,

De donationibus.

1. Impp. Diocletianus et Maximianus AA. Septimio Sabiniano.

Cum de bonis tuis partem quidem tertiam penes te retinuisse, partem verò tertiam in eum quem in potestate habebas, ac tertiam in emancipatum donationis titulo contulisse commemoras, non est juris incerti in eum quidem qui in sacris familiæ tuæ remanet destinationem magis paternæ voluntatis factam quàm perpetuam donationem pervenisse ; nec in emancipatum translatam, si generaliter eidem partem tertiam bonorum donasti, quia generaliter bonorum portio donari non potest, cùm singulæ res nominari debeant, quæ donatione, mancipatione vel in jure cessione transferuntur, et reliqua.

Datum pridiè calendas maii, Heracleæ, ipsis AA. Coss.

2. Iidem AA. Cretiano Maximo.

Nec venditio donationis causa bonorum omnium valet, sed rerum singularum nominatim donatio facta capit effectum, etc.

Datum 8 calendas januarii, Cæsaribus Coss.

3. Iidem AA. et CC. Aurelio Altino. Inter cætera, et ad locum.

Codicillis autem sine testamento legatum nec adimi nec dari potest.

Datum sub die 8 calendas januarii, Nicomediæ, CC. Coss.

Ad exhibendum.

Impp. Diocletianus et Maximianus AA. Aurelio diogeni.

Nimis grave est quod petitis urgueri ad

13

exhibitionem partem diversam eorum per quos sibi negotium fiat ; unde intelligitis quod intentionis vestræ proprias adferre debetis probationes, non adversum se ab adversariis adduci.

PP. calendas maii, AA. Coss.

contre des fondés de pouvoir, ainsi que vous le demandez, qu'à ce qui est avancé par la partie adverse; c'est-à-dire, que c'est à vous à prouver quelles ont été vos intentions, et non pas à vos adversaires à vous forcer à rien avancer contre vous-même.

Rép. le jour des calendes de mai, sous le consulat des mêmes Augustes.

Ubi agi debeat?

Impp. Diocletianus et Maximianus AA. Flavianæ. Inter cætera, et ad locum.

QUÆCUNQUE ad te pertinentia quæ detineri dicis ab his quorum meministi, probaveris, vel tibi deberi, præses provinciæ restitui providebit.

PP. 7 idus januarii, AA. Coss.

Où doit-on actionner?

Les emp. Dioclétien et Maximien, Aug⁴. à Flavinia. Entre autres et même chapitre.

SI vous prouvez que quelque chose vous soit retenu ou dû de ce que vous vous ressouvenez vous avoir appartenu, vous n'avez qu'à y prouver votre droit devant le président de la province, il pourvoira à ce qu'on vous le rende.

Rép. le 7 des ides de janvier, sous le consulat des mêmes Augustes.

De instrumentis.

Impp. Diocletianus et Maximianus AA. Julio Pancratio. Inter cætera, et ad locum.

OMISSIS itaque istiusmodi moris, si intentionem suam incipiat adversarius tuus implere, præscriptionibus temporis vel alterius et tu causam magis tuam defende, habens securitatem victoriæ, si quod intendit adversarius tuus probationibus implere non possit.

PP. DD. Diocletiano V. et Maximiano AA. Coss.

Des titres.

Les emp. Dioclétien et Maximien, Aug⁴. à Julius Pancratius. Entre autres et même chapitre.

SI votre adversaire ne vous a attaqué que hors de tous délais exprès déterminés, défendez-vous de préférence par l'une ou l'autre prescription, qui doit nécessairement vous profiter, si votre adversaire ne prouve pas qu'il doit jouir encore de son droit.

Rép. sous le cinquième consulat de Dioclétien et le premier de Maximien.

De testamentis.

Impp. Diocletianus et Maximianus AA. Aurelio Secundino optioni. Inter cætera, et ad locum.

SCRIPTURAM quæ nec jure legibus consistit, nec à nobis confirmari convenit : quippe cùm beneficia citra cujusquam injuriam petentibus decernere minimè soleamus.

PP. 7 calendas novembris, Marcianopoli, CC. Coss.

Des testamens.

Les emp. Dioclétien et Maximien, Aug⁴. à Aurélius Secundinus, légataire optant. Entre autres, même chapitre.

IL ne nous est pas possible de valider un écrit auquel le droit et les lois refusent leur appui : il n'est pas de notre coutume de faire le bien de personne au préjudice d'autrui.

Rép. le 7 des calendes de novembre, à Marcianopole, les Césars consuls.

Des successions.

1. *Les empereurs Dioclétien et Maximien, Aug*. *à Aurélius Astérius. Entre autres, et même chapitre.*

S'IL existe un testament qui ait été signé dans la forme de l'édit, vous avez raison de réclamer les biens que votre auteur possédait à sa mort.

Rép. le 3 des calendes d'avril à Sirmie, les deux Césars consuls.

2. *Les mêmes Aug*. *à Eusébius. Entre autres, et même chapitre.*

Il est de droit certain et évident qu'une succession ne peut pas passer aux héritiers de celui qui ne s'y est pas immiscé, ne l'a pas acceptée, ou n'a pas demandé à en être envoyé en possession.

Rép. 10 des calendes de mars, sous le consulat des mêmes Augustes.

De successionibus.

1. *Impp. Diocletianus et Maximianus AA. Aurelio Asterio. Inter cætera, et ad locum.*

SI secundùm edicti formam testamentum signatum extitit, bona quæ cùm moreretur auctor tuus, ejus fuerunt, solenniter petis et reliqua.

PP. 3 calendas aprilis., Sirmio, CC. Coss.

2. *Iidem AA. Eusebio. Inter cætera, et ad locum.*

Manifesti atque evidentis juris est antequam cerneret vel pro herede gereret, vel bonorum possessionem peteret, defunctam successionem eam non potuisse ad heredes suos transmittere.

PP. 10 calend. martii, iisdem AA. Coss.

FIN du Code Hermogénien.

LIVRE PARTICULIER

DES RÈGLES

DE

DOMITIUS ULPIEN.

DOMITII ULPIANI
REGULARUM
LIBER SINGULARIS.

LIVRE PARTICULIER
DES RÈGLES
DE DOMITIUS ULPIEN.

TITRE I.

Des Lois, des Coutumes et des Affranchis.

1. Y A-T-IL une loi plus imparfaite que la loi Cincia quant à sa disposition, qui défend de rien donner au-dessus d'une certaine somme, à moins que ce ne soit à des cognats (parens maternels), et qui cependant ne déclare pas la donation nulle lorsqu'elle excède la somme fixée.

2. Une loi qui ne vaut encore rien est celle qui défend de faire quelque chose, qui ne déclare pas nul ce qui a été fait, et qui cependant punit de ce qui a été fait contre sa disposition : telle est, par exemple, la loi Furia sur les testamens, qui défend d'accepter un legs à cause de mort, de plus que mille as, à moins qu'il n'ait été fait à certaines personnes, et qui prononce la peine du quadruple contre tous ceux qui auraient accepté un legs de plus forte somme.

3. Toute loi a été reconnue nécessaire, c'est-à-dire a été créée ; ou a été abrogée, c'est-à-dire entièrement remplacée par une autre ; ou il y a été dérogé, c'est-à-dire qu'on a annullé en partie cette loi ; ou il y a été subrogé, c'est-à-dire qu'il a été ajouté ; ou il y a été abrogé, c'est-à-dire qu'elle a été seulement changée dans quelques-unes de ses dispositions.

4. Les mœurs sont les usages anciennement introduits par consentement tacite du peuple, et affermis par un long usage.

TITULUS I.

De Legibus et Moribus et Libertis.

§. 1. IMPERFECTA lex est, veluti Cincia, quæ supra certum modum donari prohibet, exceptis quibusdam cognatis ; et si plus donatum sit, non rescindit.

§. 2. Minus quàm perfecta lex est, quæ vetat aliquid fieri ; et si factum sit, non rescindit. Sed pœnam injungit ei qui contra legem fecit : qualis est lex Furia testamentaria, quæ plus quàm mille assium legatum, mortisve causa prohibet capere, præter exceptas personas ; et adversus eum qui plus ceperit, quadrupli pœnam constituit.

§. 3. Lex aut rogatur, id est, fertur ; aut abrogatur, id est, prior lex tollitur ; aut derogatur, id est, pars primæ tollitur ; aut subrogatur, id est, adjicitur aliquid primæ legi : aut abrogatur, id est, mutatur aliquid, ex prima lege.

§. 4. Mores sunt tacitus consensus populi, longa consuetudine inveteratus.

§. 5. Libertorum genera sunt tria, cives Romani, Latini, Juniani, dedititiorum numero.

§. 6. Cives Romani sunt liberti, qui vindicta, censu, aut testamento, nullo jure impediente, manumissi sunt.

§. 7. Vindicta manumittuntur apud magistratum, velut prætorem, consulem, proconsulem.

§. 8. Censu manumittebantur olim, qui lustrali censu Romæ, jussu dominorum, inter cives Romanos censum profitebantur.

§. 9. Ut testamento manumissi liberi sint, lex duodecim tabularum facit, quæ confirmat quod datum legatum est.

§. 10. Hodie autem ipso jure liberi sunt ex lege Junia, qua lege Latini sunt nominati inter amicos manumissi.

§. 11. Dedititiorum numero sunt, qui pœnæ causa vincti sunt à domino : quibus vestigia scripta fuerunt : qui propter noxam torti, nocentesque inventi sunt : quive traditi sunt, ut ferro, aut cum bestiis depugnarent : vel in custodiam conjecti fuerunt : deinde quoquomodò manumissi sunt : idque lex Ælia Sentia facit.

§. 12. Eadem lege cautum est, ut minor triginta annorum servus vindicta manumissus, civis Romanus non fiat, nisi apud consilium causa probat. fuerit : ideò sine consilio manumissum Cæsaris servum manere putat. Testamento verò manumissum perinde haberi jubet, atque si domini voluntate in libertate esset, ideòque Latinus fit.

§. 13. Eadem lex cum dominum, qui minor viginti annorum est, prohibet ser-

5. On divise les affranchis en trois classes : les citoyens Romains, les Latins, Juniens, et les déditices (les délaissés).

6. Les affranchis par la vindicte étaient les esclaves qui avaient passé sous la verge (du licteur) ou qui avaient acquis la liberté par le cens, ou l'avait reçue par testament.

7. L'affranchissement (sous la verge du licteur) ou vindicte ne pouvait avoir lieu qu'en présence du magistrat exerçant la préture, tel que le consul ou le proconsul.

8. L'affranchissement par le cens avait autrefois lieu de l'ordre des maîtres, par l'inscription des esclaves sur le rôle du recensement qui se faisait tous les cinq ans, au moyen de quoi ils étaient comptés au nombre des citoyens Romains ayant droit de suffrage.

9. Les affranchissemens par testament ont été autorisés par la loi des douze tables, qui dit, ce qui est donné et légué.

10. Les affranchis qu'on nomme les Latins sont ceux qui l'ont été entre amis ; ces sortes d'affranchissemens sont autorisés par la loi Junia.

11. Sont au nombre de *diditices* (des délaissés), tous ceux qui, ayant subi la peine des fers chez leurs maîtres, y ayant été flétris du fer chaud, torturés pour fautes graves et trouvés coupables, ou qui ayant été livrés pour combattre avec le fer ou contre les bêtes (comme gladiateurs), ont depuis été mis en liberté de quelque manière que ce soit. Le sort de cette espèce d'affranchis a été réglé par la loi Ælia Sentia.

12. La même loi, par une disposition expresse, ne veut pas que l'esclave mis en liberté sous la verge du licteur par un mineur de moins de trente ans, devienne citoyen Romain, à moins que le motif de la liberté n'ait été approuvé par un conseil. C'est pour cela qu'elle veut que l'esclave mis en liberté sans approbation d'un conseil, devienne l'esclave de l'empereur. Au contraire, la liberté donnée en vertu de testament, est considérée comme l'ayant été de la volonté du maître ; c'est pour cela que celui qui a été ainsi arffanchi est Latin.

13. Le conseil par lequel cette loi veut que la cause de la liberté donnée à un es-

clave

clave par un mineur de moins de vingt ans soit approuvée, se compose à Rome de cinq sénateurs et de cinq chevaliers Romains, et dans la province de vingt délégués du préteur, tous citoyens.

14. Si un maître insolvable a ordonné par son testament que son esclave serait mis en liberté, et qu'il l'ait en même tems institué pour son héritier ; quand même cet esclave serait mineur de moins de trente ans, et de la condition de ceux qui doivent être réputés déditices (délaissés), il sera citoyen Romain et héritier ; pourvu que le testament ne contienne pas institution d'un autre héritier avec lui. Dans le cas où deux ou plusieurs esclaves auraient été tous affranchis et institués héritiers, il n'y aura que le premier écrit au testament qui sera libre et héritier, aux termes de la loi *Ælia Sentia*.

15. La même loi défend d'affranchir en fraude des droits du créancier ou du patron.

16. Qui ne possède pas de droit civil un esclave, mais seulement comme faisant partie de ses biens, le fait Latin en l'affranchissant. Un esclave fait seulement partie des biens lorsque, par exemple, un citoyen Romain a acheté d'un autre citoyen Romain un esclave, qui lui a bien été livré, mais sans qu'il ait été mis hors de la puissance civile de son ancien maître, sans que l'acheteur ait été mis au droit du vendeur, et celui-ci n'ayant pas possédé cet esclave pendant un an entier : dans l'un ou l'autre cas l'esclave acheté fait partie des biens de l'acquéreur ; mais, quant aux droits civils relatifs à cet esclave, ils sont demeurés au vendeur.

17. La femme encore en tutelle, ainsi que le pupille ou la pupille, ne peuvent donner la liberté à leurs esclaves.

18. Si l'esclave de deux maîtres est affranchi par l'un d'eux, il y perd sa part et son associé en profite, sur-tout si l'affranchissement était de nature à rendre l'esclave citoyen Romain. A l'égard de l'affranchissement fait entre amis par l'un de ces deux maîtres, il est regardé comme nul.

19. Lorsque l'un a l'usufruit et l'autre la propriété d'un esclave, si celui qui en a

vum manumittere, præterquàm si causam apud consilium probaverit. In consilio autem adhibentur Romæ quinque senatores, et quinque equites Romani : in provincia viginti recuperatores, cives Romani.

§. 14. Ab eo domino qui solvendo non est, servus testamento liber esse jussus, et heres institutus ; etsi minor sit triginta annis, vel in ea causa sit, ut dedititius fieri debeat, civis Romanus et hæres sit : si tamen alius ex eo testamento nemo hæres sit. Quòd si duo pluresve liberi hæredesque esse jussi sunt, primo loco scriptus liber et hæres fit : quod et ipsum lex Ælia Sentia facit.

§. 15. Eadem lex in fraudem creditoris et patroni manumittere prohibet.

§. 16. Qui tantùm in bonis, non etiam ex jure Quiritium servum habet, manumittendo Latinum facit. In bonis tantùm alicujus servus est, velut hoc modo, si civis Romanus à cive Romano servum emerit, isque traditus ei sit, neque tamen mancipatus ei, neque in jure cessus, neque ab ipso anno possessus sit. Nam quandiu horum quid fiat, is servus in bonis quidem emptoris est, ex jure Quiritium autem venditoris est.

§. 17. Mulier quæ in tutela est, item pupillus et pupilla manumittere non possunt.

§. 18. Communem servum unus ex dominis manumittendo, partem suam amittit : eaque adcrescit socio, maximè si eo modo manumiserit, quo, si proprium haberet, civem Romanum facturus esset. Nam si inter amicos eum manumiserit, plerisque placet eum nihil egisse.

§. 19. Servus in quo alterius est ususfructus, alterius proprietas, à proprietatis

14

domino manumissus, liber non fit, sed servus sine domino est.

§. 20. Post mortem hæredis, aut ante institutionem hæredis, testamento libertas dari non potest, excepto testamento militis.

§. 21. Inter medias hæredum institutiones libertas data, utrisque adeuntibus non valet : solo autem priore adeunte, jure antiquo valet. Sed post legem Papiam Popeam, quæ partem non adeuntis caducam facit, si quidem primus hæres vel jus antiquum habeat, valere eam posse placuit : quòd si non habeat, non valere constat, quòd loco non adeuntis legatarii partis hæredes fiunt. Sunt tamen qui et hoc casu valere eam posse dicunt.

§. 22. Qui testamento liber esse jussus est, mox quàm unus ex hæredibus adierit hæreditatem, liber fit.

§. 23. Justa libertas testamento potest dari his servis, qui testamenti faciendi, et mortis tempore, ex jure Quiritium testatoris fuerunt.

§. 24. Lex Furia Caninia jubet testamento ex tribus servis, non plures quàm duos manumitti : et usque ad decem, dimidiam partem manumittere concedit : à decimo usque ad triginta, tertiam partem : ut tamen adhuc quinque manumittere liceat, æquè ut ex priori numero : à triginta usque ad centum, quartam partem, æquè ut decem ex priori numero liberari possint : à centum usque ad quingentos, partem quintam similiter, ut ex antecedenti numero viginti quinque possint fieri liberi. Eademque præcipit, ne plures omninò quàm centum, ex cujusquam testamento liberi fiant.

la propriété l'affranchit, l'esclave n'est pas libre, mais il n'a plus de maître.

20. On ne peut donner par testament la liberté à un esclave avant d'avoir institué un héritier, elle ne vaut si elle a été donnée depuis que l'héritier est décédé, à moins que le testament ne soit celui d'un militaire.

21. Liberté donnée dans l'intervalle d'une première institution d'héritier à une seconde, ne vaut si tous deux acceptent; elle vaut de droit antique quant à celui de ces deux héritiers qui aura accepté le premier la succession. Cependant, depuis la loi Papia Popéa, qui déclare caduque la disposition faite en faveur de l'héritier qui n'accepte pas, il est de règle que la liberté donnée, dit ainsi qu'il est ci-dessus, peut avoir son effet du droit de premier héritier, résultant de la loi ancienne appartenant à l'héritier; si ce droit ne lui appartient pas, il est constant que la liberté ne vaut, parce que faute par l'un des héritiers d'avoir accepté les père et mère du légataire momentanément unique, deviennent héritiers. Il en est cependant qui pense que même dans ce cas la liberté peut valoir.

22. Celui à qui la liberté a été ordonnée par testament, est libre dès qu'un seul des héritiers a accepté l'hérédité.

23. Un testateur possédant ses esclaves de droit civil, c'est-à-dire ayant sur eux, au tems de son testament ou de sa mort, tous les droits de maître, peut valablement les affranchir par acte de dernière volonté.

Voyes plus haut, qui ne possède pas de droit civil, etc., paragraphe 16 ci-dessus.

24. La loi Furia Caninia permet de mettre en liberté, par testament, deux de ses esclaves, lorsqu'on n'en a que trois; la moitié des esclaves, lorsqu'on en a dix; de dix à trente, d'abord le tiers, et cinq de plus comme pour le nombre de dix qui précède; de trente à cent le quart, plus, dix comme pour le nombre de trente; de cent à cinq cents la cinquième partie, et vingt-cinq de plus comme pour cent; et cependant la même loi défend de donner, dans aucun cas, par testament, la liberté à plus de cent.

25. La même loi exige que les libertés données par testament le soient nominativement.

§. 25. Eadem lex cavet ut libertates servis testamento nominatim dentur.

TITRE II.

Des libres par état.

1. Est libre par état celui auquel la liberté n'a été donnée que sous certaine condition.

2. Tant que la condition n'est pas échue, le libre par état est esclave de l'héritier.

3. Le libre par état emporte avec lui la condition de sa liberté, soit que l'héritier le vende, soit qu'il tombe autrement au pouvoir de qui que ce soit.

4. Si la liberté a été léguée à un esclave, à condition qu'il donnerait dix mille à l'héritier, et que celui-ci le vende, cet esclave recouvrera sa liberté en payant la somme à celui qui l'aura acheté. Ainsi le veut la loi des douze tables.

5. Si c'est par le fait de l'héritier que l'esclave se trouve dans l'impuissance de satisfaire à la condition, sa liberté lui est dès-lors acquise, comme si la condition était remplie.

6. Si la liberté a été léguée à condition d'une somme d'argent à donner à un étranger, l'esclave pouvant compter cette somme, si celui qui doit la recevoir, la refuse, ou vient à mourir sans l'avoir reçue, l'esclave est alors libre, comme s'il avait effectivement rempli la condition.

7. On peut mettre directement en liberté en employant cette formule : *sois libre ; qu'il soit libre ; je veux qu'il soit libre*. Les formules de mise en liberté par fidéicommis sont celles-ci : *il est à croire que mon héritier donnera la liberté ; je remets à la foi de mon héritier de donner la liberté à mon esclave Stichus*.

8. Celui auquel la liberté a été directement donnée est ce qu'on appelle affranchi par la mort ; au contraire, celui auquel la liberté n'a été donnée que par fidéicommis n'est pas l'affranchi du testateur, mais de celui qui l'a affranchi.

9. Quiconque est apte à gérer des affaires par fidéicommis, peut de même être commis pour mettre en liberté.

TITULUS II.

De Statuliberis.

§. 1. Qui sub conditione testamento liber esse jussus est, statuliber appellatur.

§. 2. Statuliber, quandiu pendet conditio, servus hæredis est.

§. 3. Statuliber seu alienetur ab hærede, sive suscipiatur ab aliquo, libertatis conditionem secum trahit.

§. 4. Sub hac conditione liber esse jussus, si decem millia hæredi dederit, et si ab hærede alienatus sit, emptori dando pecuniam, ad libertatem perveniet : idque lex duodecim tabularum jubet.

§. 5. Si per hæredem factum sit, quo minus statuliber conditioni pareat, perinde fit liber, atque si conditio expleta fuisset.

§. 6. Extraneo pecuniam dare jussus est liber esse, si paratus sit dare, et is cui jussus est dare, aut nollet accipere, aut antequam acceperit, moriatur, perinde fit liber ac si pecuniam dedisset.

§. 7. Libertas et directo potest dari hoc modo: *liber esto, liber sit, liberum esse jubeo* ; et per fideicommissum, utputà, *rogo, fidei committo hæredis mei, ut Stichum servum meum manumittat*.

§. 8. Is qui directo liber esse jussus est, orcinus fit libertus. Is autem cui per fideicommissum data est libertas, non testatoris, sed manumissoris fit libertus.

§. 9. Cujus fidei committi potest ad rem aliquam præstandam, ejusdem etiam libertas fidei committi potest.

t 4 *

§. 10. Per fideicommissum libertas dari potest, tàm proprio servo testatoris, quàm hæredis aut legatarii, vel cujuslibet extranei servo.

§. 11. Alieno servo per fideicommissum data libertate, si dominus eum justo pretio non vendat, extinguitur libertas : quoniam nec pretii computatio pro libertate fieri potest.

§. 12. Libertas sicut dari, ita et adimi, tam testamento, quàm codicillis testamento confirmatis potest : ut tamen eodem modo adimatur quo et data est.

TITULUS III.

De Latinis.

§. 1. LATINI jus Quiritium consequuntur his modis : beneficio principali, liberis, iteratione, militia, nave, ædificio, pistrino; prætereà ex senatusconsulto, veluti quæ sit ter enixa.

§. 2. Beneficio principali Latinus civitatem Romanam accipit, si ab imperatore jus Quiritium impetraverit.

§. 3. Liberis jus Quiritium consequitur Latinus, qui minor triginta annorum manumissionis tempore fuit. Nam lege Junia cautum est, ut si civem Romanam, vel Latinam uxorem duxerit testatione interposita, quòd liberorum quærendorum causa uxorem duxerit, posteà filio filiave, nato natave, et anniculo facto, possit apud prætorem vel præsidem provinciæ causam probare et fieri civem Romanum, tam ipse, quàm filius filiave ejus et uxor, scilicet si et ipsa Latina sit. Nam si uxor civis Romana sit, partus quoque civis Romanus est, ex senatusconsulto quod auctore divo Adriano factum est.

§. 4. Iteratione fit civis Romanus, qui post Latinitatem quam acceperat, major triginta annorum, iterùm justè manumis-

10. On peut par fidéicommis donner la liberté tant à son propre esclave qu'à celui de son héritier, de son légataire; ou de tout autre, même étranger.

11. Lorsque la liberté a été donnée par fidéicommis à un autre esclave que le sien, et si le maître veut le vendre trop cher, sa liberté s'éteint; parce qu'on ne peut assimiler le legs de la liberté à celui du prix de l'esclave.

12. Ainsi qu'on peut donner, on peut ôter la liberté par testament ou codicilles, en observant de ne l'ôter que dans la même forme qu'elle avait été donnée.

TITRE III.

Des Latins.

1. LES Latins jouissent des droits du peuple Romain de diverses manières : par faveur suprême, comme enfans; par un second affranchissement, par service militaire, par navigation, par service de ville, ou d'approvisionnement, et encore en vertu du sénatus-consulte qui les accorde à la femme latine qui a accouché trois fois.

2. Le Latin est investi des droits de citoyen de la ville de Rome par faveur suprême, lorsqu'il a obtenu ces droits de l'empereur lui-même.

3. Le Latin jouit du droit des enfans des citoyens, lorsqu'il a été affranchi avant l'âge de trente ans. La loi Junia veut, que lorsqu'un affranchi prouvera qu'il a pris pour femme une citoyenne Romaine ou une Latine, et qu'il en aura eu des enfans fils ou fille, qui auront chacun vécu au moins un an, il puisse plaider devant le préteur ou le chef de la justice dans la province, et y jouir, lui, son fils, sa fille ou sa femme, du droit de citoyen Romain, quand même celle-ci ne serait que Latine; si la femme est citoyenne Romaine, ses enfans sont citoyens Romains, aux termes du sénatus-consulte rendu sur la proposition de l'empereur Adrien.

4. Est fait citoyen Romain, par second affranchissement, celui qui ayant déjà été fait Latin à trente ans accomplis, est une

seconde fois affranchi par celui dont il avait été l'esclave par droit de cité. Ce droit de citoyen est accordé à ses enfans par un sénatus-consulte particulier.

5. Tout Latin acquiert les droits de citoyen en servant pendant six ans dans le corps des gardes de nuit de Rome, c'est ce qu'établit la loi Visellia ; depuis même cette loi, un sénatus-consulte a réduit ce service à trois ans.

6. Le Latin acquiert les droits de citoyen par la navigation, conformément à l'édit de l'empereur Claude, lorsqu'ayant fait construire un navire de dix mille boisseaux au moins, il a importé avec, pendant six ans, du blé à Rome.

sus est ab eo, cujus ex jure Quiritium servus fuit. Sed huic concessum est ex senatusconsulto ; etiam liberis jus Quiritium consequi.

§. 5. Militia jus Quiritium accipit Latinus, si inter vigiles Romæ sex annis militaverit, ex lege Visellia. Præterea ex senatusconsulto concessum est ei, ut si triennio inter vigiles militaverit, jus Quiritium consequatur.

§. 6. Nave Latinus civitatem Romanam accipit, si non minorem quàm decem millia modiorum navem fabricaverit, et Romam sex annis frumentum portaverit, ex edicto divi Claudii.

TITRE IV.

De ceux qui ne dépendent que d'eux-mêmes.

1. Ceux qui ne dépendent que d'eux-mêmes sont les chefs de leurs familles, tels que les pères de famille ou les mères de famille.

2. Les enfans nés de mères certaines et de pères inconnus, sont ce qu'on appelle illégitimes.

TITULUS IV.

De his qui sui juris sunt.

§. 1. Sui juris sunt familiarum suarum principes, id est, paterfamiliæ, itemque materfamiliæ.

§. 2. Qui matre quidem certa, patre autem incerto nati sunt, spurii appellantur.

TITRE V.

De ceux qui dépendent d'autrui.

1. Les enfans provenus de mariage régulier sont en la puissance de leur père et mère.

2. Il y a mariage régulier lorsqu'il y a eu consentement de cohabitation entre mâle pubère et femme nubile, dont on a fait les noces ; ceux-ci y ayant eux-mêmes donné consentement s'ils étaient libres de leurs actions, ou leurs pères l'ayant donné pour eux s'ils en étaient encore dépendans.

3. L'essence du mariage gît dans le pouvoir de cohabiter légalement ensemble.

4. Il peut y avoir cohabitation légale de Romains à Romains, ou de Romains à Latins, ou étrangers, selon que cela est permis.

TITULUS V.

De his qui in potestate sunt.

§. 1. In potestate sunt liberi parentum ex justo matrimonio nati.

§. 2. Justum matrimonium est, si inter eos qui nuptias contrahunt, connubium sit, et tam masculus pubes, quàm femina potens sit, et utrique consentiant, si sui juris sunt : aut etiam parentes eorum, si in potestate sunt.

§. 3. Connubium est uxoris jure ducendæ facultas.

§. 4. Connubium habent cives Romani cum civibus Romanis ; cum Latinis autem et peregrinis ita, si concessum sit.

§. 5. Cum servis nullum est connubium.

§. 6. Inter parentes et liberos infinitè cujuscunque gradus connubium non est. Inter cognatos autem ex transverso gradu, olim quidem usque ad quartum gradum matrimonia contrahi non poterant ; nunc autem etiam ex tertio gradu licet uxorem ducere, sed tantùm fratris filiam, non etiam sororis filiam, nec amitam, vel materteram, quamvis eodem gradu sit. Eam quæ noverca, vel privigna, vel nurus, vel socrus nostra fuit, uxorem ducere non possumus.

§. 7. Si quis eam quam non licet, uxorem duxerit, incestum matrimonium contrahit ; ideoque liberi in potestate ejus non fiunt, sed quasi vulgò concepti, spurii sunt.

§. 8. Connubio interveniente, liberi semper patrem sequuntur ; non interveniente connubio, matris conditioni accedunt, excepto eo qui ex peregrino et cive Romana, peregrinus nascitur ; quoniam lex Mensia ex alterutro peregrino natum deterioris parentis conditionem sequi jubet.

§. 9. Ex cive Romano et Latina Latinus nascitur ; et ex libero et ancilla servus ; quoniam cum his casibus connubia non sint, partus sequitur matrem.

§. 10. In his qui jure contracto matrimonio nascuntur, conceptionis tempus spectatur. In his autem qui non legitimè concipiuntur, editionis : veluti si ancilla conceperit, deinde manumissa pariat, liberum parit. Nam quamvis non legitimè concepit, cùm editionis tempore libera sit, partus quoque liber est.

5. Entre esclave il ne peut y avoir de mariage légal.

6. Toute cohabitation est défendue entre les père et mère et leurs descendans, en ligne directe à l'infini. Il n'était pas autrefois permis de s'épouser entre parens, y compris le quatrième degré de la ligne collatérale, aujourd'hui on peut prendre femme au troisième degré collatéral, c'est-à-dire épouser la fille de son frère, mais non celle de sa sœur, ni la sœur de son père, ni celle de sa mère, quoiqu'elles soient au même degré ; on ne peut non plus épouser la seconde femme de son père, ni sa sœur de mère, ni la femme de son fils, ni la mère de celle-ci.

7. Qui aura épousé une des femmes qu'il est ci-dessus défendu d'épouser, aura fait un mariage incestueux, ses enfans ne seront pas en sa puissance, ils seront illégitimes comme tous autres enfans naturels.

8. La cohabitation légale existant, les enfans suivent toujours la condition du père ; dans le cas contraire, ils suivent celle de la mère, excepté dans le cas où l'enfant provient d'une Romaine et d'un étranger, dans ce cas il est étranger ; parce qu'aux termes de la loi Mensia, qui naît de père ou mère étranger, doit suivre la condition de celui des deux qui a la moindre.

9. Le Latin naît d'un Romain et d'une Latine ; l'homme libre et une esclave ne donnent le jour qu'à un esclave ; parce que, dans l'un et l'autre cas, n'y ayant point de cohabitation légale, les enfans suivent le sort de leur mère.

10. A l'égard de ceux qui naissent en légitime mariage, on a égard au temps de la conception ; quant aux autres, on n'a égard qu'à l'accouchement. Ainsi une servante qui aurait conçu dans l'esclavage et ne serait accouchée qu'après avoir été affranchie, aura donné le jour à un homme libre, quoiqu'elle ait conçu illégitimement, la liberté dont elle jouissait lors de l'enfantement fait que son enfant est libre.

TITRE VI.

Des Dots.

1. DOT s'énonce, se donne ou se promet.

2. Femme prête à se marier, ou son débiteur qui en est chargé par elle, peut énoncer la dot aussi bien que son parent mâle ou son allié du côté paternel, tels que son père ou son aïeul. Tous d'ailleurs peuvent donner ou promettre une dot.

3. Dot est ou profectice, c'est-à-dire donnée par le père de la femme, ou adventice, donnée par tout autre que le père.

4. La femme venant à mourir, la dot provenant du père lui est rendue, sauf le quint dû aux enfans, quel que soit leur nombre, qui reste au pouvoir de l'homme. Si le père est mort avant la femme, le mari garde la dot.

5. Dans tous les cas, la dot adventice reste au mari, à moins que celui qui l'a donnée n'ait stipulé qu'elle lui serait rendue ; ce qui fait qu'on appelle cette sorte de dot, dot de reprise, pour la distinguer de toute autre.

6. Après divorce, si la femme est sa maîtresse elle a seule action, c'est-à-dire qu'elle peut, sans l'assistance de personne, répéter sa dot. Si elle est encore en la puissance de son père, c'est à celui-ci à la redemander avec elle : qu'elle soit adventice ou profectice, elle doit être rendue.

7. Femme venant à mourir depuis le divorce, son héritier n'a aucune action à exercer à raison de la dot, que dans le cas où le mari tarderait à la rendre.

8. Si la dot a été donnée en poids, en compte ou en mesure, elle ne se rend que dans l'année ou dans les deux ou trois ans ; à moins qu'il n'ait été convenu qu'elle serait aussitôt rendue ; d'ailleurs toutes autres dots se rendent sans retard.

9. Il ne peut être fait de retenue sur les dots que pour les enfans, pour infraction aux mœurs, dépenses, donations ou choses soustraites.

10. Retenues pour enfans ont lieu, si c'est par la faute de la femme ou du père que le divorce s'est fait ; dans ce cas elles

TITULUS VI.

De Dotibus.

§. 1. DOS aut datur aut dicitur, aut promittitur.

§. 2. Dotem dicere potest mulier quæ nuptura est : et debitor mulieris, si jussu ejus dicat institutus ; parens mulieris virilis sexus per virilem sexum cognatione junctus, velut pater, avus paternus. Dare, promittere dotem omnes possunt.

§. 3. Dos aut profectitia dicitur, id est, quam pater mulieris dedit ; aut adventitia, id est, ea quæ à quovis alio data est.

§. 4. Mortua in matrimonio muliere, dos à patre profecta ad patrem revertitur, quintis in singulos liberos in infinitum relictis penes virum. Quòd si pater non sit, apud maritum remanet.

§. 5. Adventitia autem dos semper penes maritum remanet, præterquàm si is qui dedit, ut sibi redderetur, stipulatus fuerit : quæ dos specialiter receptitia dicitur.

§. 6. Divortio facto, si quidem sui juris sit mulier, ipsa habet actionem, id est, dotis repetitionem : quòd si in potestate patris sit, pater adjuncta filiæ persona habet actionem reverà. Nec interest adventitia sit dos, an profectitia.

§. 7. Post divortium defuncta muliere, hæredi ejus actio non aliter datur, quàm si moram in dote mulieri reddenda maritus fecerit.

§. 8. Dos, si pondere, numero, mensura contineatur, annua, bima, trima die reddetur ; nisi si, ut præsens reddatur, convenerit. Reliquæ dotes statim redduntur.

§. 9. Retentiones ex dote fiunt aut propter liberos, aut propter mores, aut propter impensas, aut propter res donatas, aut propter res amotas.

§. 10. Propter liberos retentio fit, si culpa mulieris aut patris cujus in potestate est, divortium factum sit. Tunc enim singulorum liberorum nomine sextæ retinentur ex dote; non plures tamen quàm tres sextæ in retentione sunt, non in petitione.

§. 11. Dos quæ semel functa est, amplius fungi non potest, nisi aliud matrimonium sit.

§. 12. Morum nomine, graviorum quidem sextæ retinentur; leviorum autem octava. Graviores mores sunt adulteria tantùm; leviores, omnes reliqui.

§. 13. Mariti mores puniuntur, in ea quidem dote quæ à die reddi debet. Ita propter majores mores præsentem dotem reddit; propter minores senûm mensum die. In ea autem quæ præsens reddi solet, tantùm ex fructibus jubetur reddere, quantùm in illa dote quadriennio redditur, quod repræsentatio facit.

§. 14. Impensarum species sunt tres: aut enim necessariæ dicuntur, aut utiles, aut voluptuosæ.

§. 15. Necessariæ sunt impensæ quibus non factis dos deterior futura est: veluti si quis ruinosas ædes refecerit.

§. 16. Utiles sunt quibus non factis quidem deterior dos non fuerit; factis autem fructuosior dos effecta est: veluti si vineta et oliveta fecerit.

§. 17. Voluptuosæ sunt quibus neque omissis deterior dos fieret; neque factis fructuosior effecta est: quod evenit in viridariis et pictoriis, similibusque rebus.

TITULUS VII.

De jure Donationum inter virum et uxorem.

§. 1. INTER virum et uxorem donatio non valet, nisi certis ex causis: id est, mortis

---

sont d'un sixième pour chaque enfant, quel qu'en soit le nombre; jamais, au surplus, il n'en peut être retenu que les trois sixièmes, ou ne pas les répéter s'ils ont été rendus.

11. Dot qui a été une fois fournie ne peut plus l'être autrement qu'elle ne l'a été; à moins qu'il n'y ait autre mariage.

12. Il n'y a lieu à retenue du sixième que pour grave infraction aux mœurs; à l'égard des légères, la retenue n'est que du huitième. Grave infraction aux mœurs ne résulte que de l'adultère, toute autre n'est réputée que légère.

13. L'inconduite du mari ne se punit que par la restitution de ce qu'il doit de la dot, et que du jour qu'il doit la rendre; s'il s'agit d'inconduite grave, il doit rendre sur le champ toute la dot; s'il n'est question que de moindres reproches, il ne doit la rendre qu'au bout de six mois. A l'égard de ce qu'il doit rendre sur le champ, on le condamne à rendre autant pour les fruits qu'il était possible d'en retirer pendant quatre ans, d'après estimation.

14. Les dépenses sont de trois espèces: les nécessaires, les utiles et celles d'agrément.

15. Les dépenses nécessaires sont celles qui ne peuvent diminuer la dot, telles sont les reconstructions ou réparations de bâtimens.

16. Les utiles sont celles dont le défaut ne pouvait détériorer la dot; mais qui ayant été faites, ont servi à en tirer un meilleur produit, telles les plantations de vignes ou d'oliviers.

17. Les dépenses d'agrément sont celles qui, si elles n'avaient pas été faites, n'auraient porté aucun préjudice à la dot, et qui, l'ayant été, ne lui ont porté aucun profit: telles que celles pour jardins voluptueux, pour tableaux ou peintures, pour décorations, et autres choses semblables.

TITRE VII.

Des Donations permises entre mari et femme.

1. DONATION d'entre mari et femme ne vaut que dans certains cas déterminés, c'est-

c'est-à-dire à cause de mort ou de divorce, ou pour affranchissement d'esclaves. De plus, les femmes pouvaient, d'après les constitutions impériales, faire à leurs maris toutes espèces de donations, tendantes à leur faire obtenir de l'empereur le laticlave, ou un cheval public, ou toute autre marque d'honneur.

2. Si c'est le mari qui a demandé le divorce, il pourra être obligé de restituer toute la dot, sans égard à aucun déficit quelle qu'en soit la cause.

3. Si le mari s'est obligé pour sa femme ou a fait quelque dépense à son profit, c'est au tribun à prononcer sur la répétition qu'il peut faire dans l'un ou l'autre cas après divorce.

4. Lorsqu'il a été contracté par erreur mariage entre personnes de conditions inégales, et que cette erreur a été légalement prouvée, les père et mère conservent leurs enfans sous leur puissance. Par exemple, si un citoyen Romain a épousé, par erreur de sa condition, une femme Latine, ou toute autre ne jouissant pas des droits des citoyens Romains, ou une femme réputée déditice (affranchie par dégoût), ou si une citoyenne Romaine a, par semblable erreur, épousé un homme ne jouissant pas des droits de citoyen Romain, ou un déditice (affranchi par dégoût), ou même un Latin, d'après la loi *Ælia Sentia*, cette erreur prouvée, le droit de cité reste tant aux enfans qu'à leurs père et mère, les déditices exceptés, et c'est pour cela que les enfans sont sous la puissance de leurs père et mère.

TITRE VIII.

Des Adoptions.

1. NON-SEULEMENT les enfans naturels sont sous la puissance de leurs père et mère, mais aussi les enfans adoptifs.

2. L'adoption se fait ou en assemblée du peuple, ou devant le préteur, ou devant le délégué dans une province pour y rendre la justice. L'adoption faite en assemblée du peuple s'appelle arrogative, comme faite de l'autorité du peuple.

3. Le peuple en assemblée peut seul permettre, sur supplique qui lui en est

causa, divortii causa, servi manumittendi gratia. Hoc amplius principalibus constitutionibus concessum est mulieri, in hoc donare viro suo, ut is ab imperatore, lato clavo, vel equo publico, similive honore honoretur.

§. 2. Si maritus, divortii causa res moverit, rerum quoque amotarum actione tenebitur.

§. 3. Si maritus pro muliere se obligaverit, vel in rem ejus impenderit, divortio facto, eo nomine cavere sibi solet stipulatione tribunitia.

§. 4. In potestate parentum sunt etiam ii liberi quorum causa probata est, per errorem contracto matrimonio inter dispares condignis personas. Nam seu civis Romanus Latinam, aut peregrinam, vel eam quæ Dedititiorum numero est, quasi per ignorantiam uxorem duxerit, sive civis Romana per errorem peregrino, vel ei qui Dedititiorum numero est, aut etiam si Latino ex lege Ælia Sentia, nupta fuerit, causa probata, civitas redditur, tam liberis, quàm parentibus, præter eos qui Dedititiorum numero sunt, et ex eo fiunt in potestate parentum liberi.

TITULUS VIII.

De Adoptionibus.

§. 1. NON tantùm naturales liberi in potestate parentum sunt, sed etiam adoptivi.

§. 2. Adoptio fit aut per populum, aut per prætorem, vel præsidem provinciæ. Illa adoptio quæ per populum fit, specialiter arrogatio dicitur.

§. 3. Per populum, qui sui juris sunt arrogantur. Per prætorem autem, filiifamiliæ à parentibus dantur in adoptionem.

exprès faite, d'adopter ceux qui sont absolument maîtres de leurs droits. C'est devant le préteur que les fils de famille peuvent être adoptés.

§. 4. Arrogatio Romæ tantùm fit ; adoptio autem, etiam in provincia apud præsidem.

4. Adoption arrogative, de l'autorité du peuple, ne peut être faite qu'à Rome ; toute autre peut avoir lieu dans les provinces, même devant le délégué pour y rendre la justice.

§. 5. Per prætorem vel præsidem provinciæ adoptari tam masculi quàm feminæ, et tam puberes quàm impuberes possunt. Per populum verò Romanum, feminæ quidem non arrogant. Pupilli anteà quidem non poterant arrogari : nunc autem possunt ex constitutione divi Antonini.

5. On peut adopter pardevant le préteur ou le délégué pour rendre la justice dans la province, les hommes et les femmes, les pubères et les impubères. L'adoption d'aucune femme ne peut être demandée en assemblée du peuple. Autrefois on ne pouvait pas non-plus demander au peuple à être autorisé d'adopter un pupille ; actuellement cela se peut, d'après un édit de l'empereur Antonin.

§. 6. Hi qui generare non possunt, velut spado, utroque modo possunt adoptare. Idem juris est in cælibe.

6. Ceux qui sont incapables d'engendrer, tels que les eunuques, peuvent adopter ; les célibataires en ont aussi le droit.

§. 7. Item is qui filium non habet, in locum nepotis adoptare potest.

7. Celui qui n'a point de fils peut adopter à titre de petit-fils.

§. 8. Si paterfamiliæ arrogandum se dederit, liberi quoque ejus quasi nepotes, in potestate fiunt arrogatoris.

8. Si un père de famille a consenti à être adopté en assemblée du peuple, ses enfans passent à titre de petits-fils, ainsi que lui, en la puissance de celui qui l'aurait ainsi adopté.

§. 9. Feminæ verò neutro modo possunt adoptare, quoniam nec naturales liberos in potestate habent.

9. Les femmes ne peuvent adopter d'aucune manière ; parce que leurs enfans, même naturels, ne sont jamais en leur puissance.

TITULUS IX.

De his qui in manù sunt.

FARREO convenitur in manum, certis verbis, et testibus decem præsentibus, et solenni sacrificio facto, in quo panis quoque farreus adhibetur.

TITRE IX.

Des choses qui sont à nous.

1. UN tas de blé est à celui qui a prononcé en présence de dix témoins certaine formule sacrée à l'issue d'un sacrifice solennel, dont une des offrandes a été un pain fait de ce blé.

TITULUS X.

Qui in potestate mancipiove sunt, quemadmodùm ex jure liberentur.

§. 1. LIBERI parentum potestate liberantur emancipatione, id est, si posteà quàm mancipati fuerint, manumissi sint. Sed filius quidem ter mancipatus, ter manumis-

TITRE X.

Comment sont affranchis de notre pouvoir ou tutelle ceux qui y sont soumis.

1. LES enfans ne sont affranchis de la puissance paternelle que par émancipation définitive, c'est-à-dire, que lorsqu'ayant d'abord été émancipé provisoirement par

leur père, les pères les en délient entièrement. Le fils de famille n'est absolument son maître que lorsqu'il a été trois fois affranchi, et trois fois mis hors de la puissance de son père; car c'est ainsi qu'il en a été ordonné par la loi des douze tables, en ces termes: *Le fils qui a été vendu trois fois par son père n'est plus soumis à sa puissance.* Tous les autres enfans, à l'exception des fils de famille, tant hommes que femmes, sont maîtres d'euxmêmes lorsqu'ils ont été une seule fois d'abord émancipés, et ensuite mis hors de la main du père.

2. Le fils et la fille de famille sont affranchis de la puissance paternelle par la mort de leur père; les petits-fils ne deviennent libres d'eux-mêmes que par le décès de leur aïeul, pourvu qu'à la mort de celui-ci ils ne doivent pas retomber sous la puissance de leur père: c'est ce qui a lieu lorsqu'au décès de leur aïeul leur père n'existe plus, ou a été déjà mis hors de la puissance de son père. Il en est autrement si leur père était encore lui-même sous la puissance du sien au décès de celui-ci; dans ce cas, les petits-fils demeurent sous la puissance du leur.

3. La puissance paternelle est éteinte quant au fils auquel le feu et l'eau ont été interdits; parce que celui qui interdit de l'eau et du feu est étranger (n'est plus citoyen Romain); qui est étranger, ne peut avoir en sa puissance un citoyen Romain; citoyen Romain ne peut non plus avoir en sa puissance un étranger.

4. Père pris par les ennemis est ainsi devenu leur esclave, recouvre par droit de retour, s'il revient, sa puissance perdue tout le temps que le père reste à l'ennemi, sa puissance n'est que suspendue; lorsqu'il est de retour de l'ennemi, il la reprend sur son fils; si au contraire il meurt en captivité, son fils est libre de lui-même. Il en est de même à l'égard du fils; s'il est pris par l'ennemi, il est hors de la puissance paternelle tout le temps qu'il y reste: il y rentre s'il revient.

5. Ceux qui ont été consacrés prêtres flamines de Jupiter, ou celles qui ont été choisies pour vestales, cessent d'être sous la puissance paternelle.

sus, sui juris sit. Id enim lex duodecim tabularum jubet his verbis: *Si pater filium ter venundavit, filius à patre liber esto.* Cæteri autem liberi præter filium tam masculi, quàm feminæ, una mancipatione manumissioneque sui juris fiunt.

§. 2. Morte patris, filius et filia sui juris fiunt. Morte autem avi, nepotes ita demùm sui juris fiunt, si post mortem avi in potestate patris futuri non sunt: veluti si moriente avo, pater eorum aut jam decessit, aut de potestate dimissus est. Nam si mortis avi tempore, pater eorum in potestate ejus sit, mortuo avo, in patris sui potestate fiunt.

§. 3. Si patri vel filio aqua et igni interdictum sit, patria potestas tollitur: quia peregrinus fit is cui aqua et igni interdictum est. Neque autem peregrinus civem Romanum, neque civis Romanus peregrinum in potestate habere potest.

§. 4. Si pater ab hostibus captus sit, quamvis servus hostium fiat; tamen cùm reversus fuerit, omnia pristina jura recipit jure postliminii. Sed quandiu apud hostes est, patria potestas in filio ejus interim pendebit; et cùm reversus fuerit ab hostibus, in potestate filium habebit. Si verò ibi decesserit, sui juris filius erit. Filius quoque si captus fuerit ab hostibus, similiter propter jus postliminii, patria potestas interim pendebit.

§. 5. In potestate parentum esse desinunt et hi qui flamines Diales inaugurantur, et quæ virgines vestæ capiuntur.

TITULUS XI.

De Tutelis.

§. 1. TUTORES constituuntur tam masculis quàm feminis; sed masculis quidem impuberibus duntaxat, propter ætatis infirmitatem : feminis autem, tam impuberibus quàm puberibus, et propter sexus infirmitatem, et propter forensium rerum ignorantiam.

§. 2. Tutores autem legitimi sunt, aut senatusconsultis constituti, aut moribus introducti.

§. 3. Legitimi tutores sunt, qui ex lege aliqua descendunt. Per eminentiam autem legitimi dicuntur, qui ex lege duodecim tabularum introducuntur, seu propalàm, quales sunt agnati; seu per consequentiam, quales sunt patroni.

§. 4. Agnati sunt à patre cognati virilis sexus per virilem sexum descendentes ejusdem familiæ : veluti patrui, fratres, filii fratris patruelis.

§. 5. Qui liberum caput mancipatum sibi, vel à parente, vel à coëmptore, manumisit ; per similitudinem patroni tutor efficitur ; qui fiduciarius tutor appellatur.

§. 6. Legitimi tutores, alii tutela in jure cedere possunt.

§. 7. Is cui tutela in jure cessa est, *cessicus* tutor appellatur ; qui sive mortuus fuerit, sive capite minutus, sive alii tutela cesserit, redit ad legitimum tutorem tutela. Sed et si legitimus decesserit, aut capite minutus fuerit, cessitia quoque tutela extinguitur.

§. 8. Quantùm ad agnatos pertinet, hodie cessitia tutela non procedit : quoniam permissum erat in jure cedere tutelam feminarum tantùm, non etiam masculorum. Feminarum autem legitimas tutelas lex Claudia sustinet.

§. 9. Excepta tutela patronorum, legitima tutela capitis diminutione amittitur.

TITRE XI.

Des Tutelles.

1. ON donne des tuteurs tant aux hommes qu'aux femmes ; aux hommes impubères, à cause de la faiblesse de leur âge ; aux femmes, tant pubères qu'impubères, à cause de la faiblesse de leur sexe, et encore parce qu'elles n'ont aucune connaissance des affaires.

2. Les tuteurs sont ou légitimes, ou constitués par des sénatus-consultes, ou occasionnels (*ad hoc*).

3. Les tuteurs légitimes sont ceux qui le sont de droit en vertu de loi expresse ; on les nomme légitimes à cause du respect dû à l'autorité dont leur pouvoir dérive ; ce sont ceux institués dans la loi des douze tables, et ceux qui de tout temps ont été appelés de préférence à en remplir les fonctions, tels sont les agnats, et par similitude les patrons.

4. Les agnats sont les parens paternels mâles, et descendans par mâles de mêmes père et mère, tels que les frères de notre père, nos propres frères, les enfans des frères de notre père.

5. Qui a affranchi l'homme qui avait été mis en sa puissance par son père naturel ou marié, devient, par similitude du patron, son tuteur ; il est ce qu'on appelle tuteur fiduciaire (de confiance).

6. Tuteurs légitimes peuvent transmettre leur droit à d'autres.

7. Celui à qui le tuteur légitime a cédé ses droits se nomme tuteur substitué. Le tuteur substitué venant à mourir ou à perdre de son état civil, ou s'il lui échoit une tutelle, la tutelle retourne au tuteur légitime. Mais si le tuteur légitime vient à mourir ou à perdre de son état civil, la tutelle substituée cesse.

8. Aujourd'hui les agnats ne sont plus tuteurs substitués, parce que substitution de tutelle ne peut avoir lieu que pour les femmes et non pour les hommes, et que, d'après la loi Claudia, ils ne peuvent être forcés d'accepter cette tutelle.

9. Toute tutelle s'éteint par la perte de son état civil.

10. On perd son état civil de trois manières, ou en totalité, ou par moitié, ou
en partie seulement.

11. Il y a perte totale d'état civil, lorsqu'on perd la liberté et le droit de cité.
C'est ce qui arrive, lorsque l'on est supprimé du cens, ou lorsqu'une femme libre
a été dénoncée par le maître d'un esclave
qu'elle aurait épousé, et devient esclave,
d'après le sénatus-consulte Claudien.

12. Il y a perte de moitié de son état
civil, lorsqu'on ne perd que le droit de cité,
et que la liberté reste : c'est ce qu'éprouve
celui auquel on a interdit l'eau et le feu.

13. Il n'y a perte que de partie de son
état civil, lorsque conservant le droit de
cité et la liberté, on éprouve cependant
quelque changement à son égard, ainsi
qu'il arrive par l'adoption, ou lorsqu'on
devient la propriété d'un autre.

14. On peut nommer exprès des tuteurs
par testament. La loi des douze tables les
confirme en ces termes : *Ce qu'on aura
ordonné par testament, quant à son argent, ou pour la conservation de son bien,
doit être exactement exécuté.* Ces tuteurs
sont appelés tuteurs datifs.

15. Il peut être donné des tuteurs aux
enfans encore en puissance d'autrui.

16. On peut nommer pour tuteurs, par
testament, tous ceux qui ont, ainsi que
nous, le droit de tester, les Latins Juniens
exceptés. Quoique les Latins Juniens aient
aussi le droit de tester, ils ne peuvent être
nommés tuteurs, parce que la loi Junia le
défend.

17. Quand même le tuteur perdrait de
son état civil, il ne perd pas la tutelle ; il
ne cesse d'être tuteur qu'en abdiquant. Ab-
diquer, c'est déclarer qu'on ne veut plus
d'un droit qu'on n'a eu qu'au préjudice
d'un autre. Celui qui a été nommé tuteur
par testament, ne peut substituer un autre
tuteur. Le tuteur légitime peut se faire
substituer ; mais il ne peut renoncer à lui-
même.

18. La loi Attilia veut qu'il soit donné
des tuteurs à toutes les femmes et pupilles
qui en manquent. Ces tuteurs se prennent
pour la plupart parmi les tribuns du peuple.
On les appelle tuteurs Attiliantens ; mais
la loi Attilia n'ayant été faite que pour

§. 10. Capitis minutionis species sunt
tres, maxima, media, minima.

§. 11. Maxima capitis diminutio est,
per quam et civitas et libertas amittitur.
Veluti cùm incensus aliquis venierit ; aut
cùm mulier alieno servo se junxerit, denuntiante domino, et ancilla facta fuerit,
ex senatusconsulto Claudiano.

§. 12. Media capitis diminutio dicitur,
per quam sola civitate amissa, libertas
retinetur : quod fit in eo cui aqua et igni
interdicitur.

§. 13. Minima capitis diminutio est per
quam et civitate et libertate salva, status
duntaxat hominis mutatur : quod fit adoptione et in manu conventione.

§. 14. Testamento quoque nominatim
tutores dati confirmantur eadem lege duodecim tabularum his verbis : *Uti legassit
super pecunia tutelave suæ rei, ita jus
esto :* qui tutores dativi appellantur.

§. 15. Dari testamento tutores possunt
liberis qui in potestate sunt.

§. 16. Testamento tutores dari possunt
hi cum quibus testamenti faciendi jus est,
præter Latinum Junianum. Nam Latinus
habet quidem testamenti factionem, sed
tamen tutor dari non potest : id enim lex
Junia prohibet.

§. 17. Si capite diminutus fuerit tutor
testamento datus, non amittit tutelam ;
sed si abdicaverit se tutela, desinit esse
tutor. Abdicare autem est, dicere nolle
se tutorem esse in jure. Cedere autem tutela testamento datus non potest, nam et
legitimus in jure cedere potest, abdicare
se non potest.

§. 18. Lex Attilia jubet mulieribus pu-
pillisve non habentibus tutores dari à prætore, et majore parte tribunorum plebis ;
quos tutores Attilianos appellamus. Sed
quia lex Attilia Romæ, tantùm locum habet, lege Julia et Titia prospectum est, ut

in provincia quoque similiter à præsidibus earum dentur tutores.

§. 19. Lex Junia tutorem fieri jubet Latino vel Latinis impuberibus eum qui etiam ante manumissionem ex jure Quiritium fuit.

§. 20. Ex lege Julia de maritandis ordinibus, tutor datur à prætore urbis ei mulieri virginive, quam ex hac causa lege nubere oportet, ad dotem dandam, dicendam, promittendamve, si legitimum tutorem pupilla non habeat. Sed posteà senatus censuit, ut etiam in provincia quoque, similiter à præsidibus earum ex eadem causa tutores dentur.

§. 21. Prætereà etiam in locum muti, furiosive tutoris, alterum dandum esse tutorem ad dotem constituendam senatus censuit.

§. 22. Item ex senatusconsulto tutor datur mulieri ei cujus tutor abest, præterquàm si patronus sit, qui abest. Nam in locum patroni absentis alter peti non potest, nisi ad hæreditatem adeundam, et nuptias contrahendas. Idemque permisit in pupillo patroni filio.

§. 23. Hoc ampliùs senatus censuit, ut si tutor pupilli pupillæve suspectus à tutela submotus fuerit, vel etiam justa de causa excusatus, in locum ejus tutor alius detur.

§. 24. Moribus tutor datur mulieri pupillove qui cum tutore suo lege aut legitimo judicio agere vult, ut auctor eo agat (ipse enim tutor in rem suam auctor fieri non potest) qui prætorianus tutor dicitur, quia à prætore urbis dari consuevit.

§. 25. Pupillorum pupillarumque tutores et negotia gerunt, et auctoritatem interponunt. Mulierum autem tutores auctoritatem duntaxat interponunt.

§. 26. Si plures sunt tutores, omnes in

Rome, les deux lois Julia et Titia ont pourvu à ce que les présidens donnent également ces tuteurs dans la province.

19. La loi Junia permet de donner pour tuteur à un Latin ou des Latins impubères, celui qui avant affranchissement jouissait du droit de citoyen Romain.

20. La loi Julia concernant les mariages permis entre les divers ordres des citoyens, veut qu'il soit nommé par le préfet de la ville un tuteur à toute femme ou fille qu'il faut, selon elle, marier, et exprès pour leur donner, leur assigner ou leur promettre une dot, si leur tuteur légitime est encore pupille. Depuis, par décret du sénat, il a été ordonné pour la province, que ce serait aux présidens à nommer des tuteurs aux mêmes personnes, pour les cas ci-dessus indiqués.

21. Le sénat a en outre ordonné que lorsqu'un tuteur serait muet ou d'esprit aliéné, il serait donné aux mêmes femmes ou filles un autre tuteur pour leur constituer une dot.

22. On donne aussi, conformément à un sénatus-consulte rendu exprès, un tuteur à la femme dont le tuteur est absent, excepté dans le cas où c'est le patron qui est absent. Il n'y a lieu à remplacer par un tuteur le patron absent, que pour prendre possession d'une hérédité, ou célébrer des noces. Il en est de même si le fils du patron est lui-même pupille.

23. Le sénat a de plus statué qu'il devait être donné un tuteur pour remplacer le tuteur du pupille ou de la pupille qui aurait été destitué comme suspect, ou excusé pour de justes motifs.

24. On donne ordinairement un tuteur particulier à femme ou pupille qui se trouve avoir des intérêts opposés à celui de son tuteur, ou qui conteste avec lui en justice; car le tuteur ne peut être poursuivant contre lui-même. Ce tuteur s'appelle prétorien, parce que c'est ordinairement le préteur de la ville qui le donne.

25. Les tuteurs des pupilles, hommes ou femmes, gèrent leurs affaires, et y interposent leur autorité. Les femmes ne peuvent gérer leurs affaires que sous l'autorité de leurs tuteurs.

26. S'il a été nommé plusieurs tuteurs,

ils doivent s'entendre entr'eux sur l'emploi de leur autorité, pour le plus grand bien de leur pupille, excepté dans le cas où il s'agit de tuteur *ad hoc*; dans ce cas l'autorisation d'un seul suffit.

27. Les femmes ont besoin de l'autorisation de leur tuteur, même lorsqu'elles veulent agir contre quelqu'un selon la loi, ou paroître en justice, s'obliger, ou se charger des affaires des autres, donner à leurs affranchies la permission d'habiter avec l'esclave d'un étranger, pour aliéner quoi que ce soit de leurs biens. Quant aux pupilles, ils ne peuvent rien aliéner de leurs meubles ou autres biens, que de l'autorité de leurs tuteurs.

28. La tutelle pour les hommes finit à la puberté; les uns veulent que l'on juge de la puberté par l'apparence de la force du corps, et de l'instant où l'on est capable d'engendrer; les autres, au contraire, prétendent que les mâles pubères sont tous ceux qui ont atteint l'âge de quatorze ans accomplis. Priscus croit qu'on ne doit regarder comme pubères que ceux qui en même tems ont atteint l'âge de puberté et ont le corps formé à proportion. Les femmes ne sont plus en tutelle lorsque ....

TITRE XII.

Des Curateurs.

1. LES curateurs sont ou légitimes, tels que ceux donnés par la loi des douze tables, ou honoraires, ceux-ci sont nommés par le préteur.

2. La loi des douze tables veut que le fou ou le prodigue auquel on a ôté l'administration de ses biens, soit sous la curatelle de ses agnats (ses parens paternels).

3. Tout curateur ne tient son droit que du préteur. Le préteur nomme qui il lui plaît pour curateur aux affranchis, aux prodigues ou aux hommes de condition libre, qui, après avoir été institués héritiers de leurs parens, dissipent leurs biens; Aucune loi ne voulait qu'on pût leur donner un curateur; car l'homme de condition libre ne succédait pas à l'intestat, mais pouvait seulement être institué héritier de son père par son testament; l'affranchi ne pouvait l'être

omni re debent auctoritatem accommodare, præter eos qui tunc dati sunt: nam ex his vel unius auctoritas sufficit.

§. 27. Tutoris auctoritas necessaria est mulieribus quidem in his rebus, si lege aut legitimo judicio agant, si se obligent, si civile negotium gerant, si libertæ suæ permittant in contubernio alieni servi morari, si mancipia alienent. Pupillis autem hoc amplius etiam in rerum nec mancipi alienatione tutoris auctoritate opus est.

§. 28. Liberantur tutela masculi quidem pubertate. Puberem autem Cassiani quidem eum esse dicunt, qui habitu corporis pubes apparet, id est, qui generare potest; Proculeii autem eum qui quatuordecim annos explevit: verùm Priscus eum puberem esse, in quem utrumque concurrit, et habitus corporis, et numerus annorum. Feminæ autem tutela liberantur.......

TITULUS XII.

De Curatoribus.

§. 1. CURATORES aut legitimi sunt, id est, qui ex lege duodecim tabularum dantur; aut honorarii, id est, qui à prætore constituuntur.

§. 2. Lex duodecim tabularum furiosum, itemque prodigum, cui bonis interdictum est, in curatione jubet esse agnatorum.

§. 3. A prætore constituitur curator, quem ipse prætor voluerit libertinis, prodigis, itemque ingenuis, qui ex testamento parentis heredes facti, malè dissipant bona: his enim ex lege curator dari non poterat; cùm ingenuus quidem non ab intestato, sed ex testamento heres factus sit patri: libertinus autem nullo modo patri heres fieri possit, qui nec patrem habuisse videtur, cùm servilis cognatio nulla sit.

§. 4. Præfereá dat curatorem ei etiam qui nuper pubes factus, idoneè negotia sua tueri non potest.

4. On donne aussi un curateur au pubère récent, parce qu'il n'a pas acquis la capacité de régir lui seul ses affaires.

TITULUS XIII.

De cælibe, orbo et solitario Patre.

§. 1. LEGE Julia prohibentur uxores ducere, senatores quidem liberique eorum, libertinas, et quæ ipsæ quarumve pater materve artem ludicram fecerit; item corpore quæstum facientem.

§. 2. Cæteri autem ingenui prohibentur ducere lenam à lenone lenave manumissam, et in adulterio deprehensam, et judicio publico damnatam, et quæ artem ludicram fecerit : adjicit Mauricianus, et à senatu damnatam.

TITULUS XIV.

De pœna legis Juliæ.

FEMINIS lex Julia à morte viri anni tribuit vacationem; à divortio sex menses : lex autem Papia à morte viri biennii; à repudio, anni et sex menses.

TITULUS XV.

De decimis.

VIR et uxor inter se matrimonii nomine decimam capere possunt. Quòd si ex alio matrimonio liberos superstites habeant, præter decimam quam matrimonii nomine capiunt, totidem decimas pro numero liberorum accipiunt. Item communis filius, filiave, post nonum diem amissus, amissave, unam decimam adjicit. Duo autem

---

d'aucune manière, puisqu'il est censé n'avoir pas eu de père, attendu qu'en esclavage on ne connaît aucune parenté.

TITRE XIII.

Du célibataire, du veuf et du père resté seul.

1. IL est défendu, par la loi Julia, aux sénateurs et aux hommes libres de prendre pour femmes leurs affranchies, ou celles dont le père ou la mère auraient gagné leur vie à danser sur les places publiques, ou qui auraient autrement tiré profit de leur corps.

2. De plus, il est défendu aux gens de condition libre d'épouser femme prostituée, ou une affranchie d'homme ou femme faisant métier de prostitution, ou celle qui aurait été surprise en adultère, ou condamnée par jugement du peuple, ou qui aurait gagné sa vie à danser en public, ni, ajoute Mauricianus, celle qui aurait été condamnée par le sénat.

TITRE XIV.

Des peines imposées par la loi Julia.

IL est défendu aux femmes de se remarier avant une année révolue depuis la mort de leur mari, ou avant six mois écoulés depuis le divorce; la loi Papia veut qu'elles ne le puissent que deux ans après la mort du mari, et dix-huit mois après répudiation.

TITRE XV.

Des décimaires.

MARI et femme peuvent se donner l'un à l'autre, à cause de mariage, le dixième de leurs biens. Si les deux époux ont des enfans vivans d'un autre lit, ils peuvent en outre du dixième à cause de mariage, se donner encore autant de dixièmes de leurs biens qu'ils ont chacun d'enfans. Dans ce cas, s'ils viennent à perdre le fils ou la fille

fille né du dernier mariage, après le neuvième jour de leur naissance, il leur est acquis à chacun un autre dixième de leurs biens ; s'ils en ont perdu deux après la même époque, ils ont droit à deux dixièmes. Le don qu'ils se seraient fait du dixième de leurs biens, n'empêche pas qu'ils ne puissent l'un l'autre s'avantager de l'usufruit du tiers de leurs biens ; et quand même ils auraient déjà des enfans, qu'ils ne puissent s'en donner le tiers en toute propriété. En outre du dixième, la femme peut aussi répéter la dot dont elle aurait particulièrement été avantagée.

post nonum diem amissi, duas decimas adjiciunt. Præter decimam, etiam usumfructum tertiæ partis bonorum ejus capere possunt ; et quandoque liberos habuerint, ejusdem partis proprietatem. Hoc amplius mulier præter decimam petet dotem legatam sibi.

TITRE XVI.

De la faculté qu'ont les époux de se donner la moitié de leurs biens.

TITULUS XVI.

De solidi capacitate inter virum et uxorem.

1. IL est par fois permis aux époux de se donner l'un à l'autre, à cause de mariage, la moitié de leurs biens. Cela est permis, lorsque tous deux ou l'un d'eux n'a pas encore l'âge où la loi exige des enfans ; c'est-à-dire, lorsque l'homme n'a que vingt-cinq ans et la femme pas encore vingt ; les époux ayant passé l'âge propre à la génération, selon la loi Papia, c'est-à-dire l'homme ayant soixante ans et la femme cinquante ; ou deux alliés maternels mariés ensemble, dont l'un se trouverait au sixième degré, ou le mari étant absent lors du mariage, pendant tout le tems de son absence, et dans l'année de son retour, ils peuvent tous faire entr'eux telles dispositions testamentaires qu'il leur plaît. Si des époux avaient obtenu du prince le privilège des pères ; ou si ayant un fils ou une fille du même lit ; ou si ayant perdu un fils de quatorze ans ou une fille de douze ; ou si ayant eu trois jumeaux, ils en avaient perdu deux ou tous trois après le neuvième jour ; ou si, dans le dix-huit mois, ils avaient perdu un de leurs enfans quelconque impubère, de quelque âge qu'il fût, ils auront le droit de se donner la moitié de leurs biens. Quand bien même la femme accoucherait d'un enfant de son mari dix mois après la mort de celui-ci, elle n'en aurait pas moins le droit de prendre la moitié de ses biens.

§. 1. ALIQUANDO vir et uxor inter se solidum capere possunt ; velut si uterque vel alteruter eorum nondum ejus ætatis sunt, qua lex liberos exigit ; id est, si vir minor annorum vigintiquinque sit, aut uxor annorum viginti minor. Item si utrique lege Papia finitos in matrimonio annos excesserint, id est, vir sexaginta annos ; uxor quinquaginta. Item si cognati inter se coïerint usque ad sextum gradum ; aut si vir absit, et donec abesset, intra annum postquam abesse desierit, libera inter eos testamenti factio est. Si jus liberorum à principe impetraverint, aut si filium filiamve communem habeant, aut quatuordecim annorum filium, vel filiam duodecim amiserint, vel si duos trimos, vel tres post nonum diem amiserint, ut intra annum tamen et sex menses. Etiam unus cujuscunque ætatis impubes amissus solidi capiendi jus præstat. Item si post mortem viri intra decem menses uxor ex eo peperit, solidum ex bonis ejus capit.

16

§. 2. Aliquandò nihil inter se capiunt, id est, si contra legem Juliam, Papiamque Popeam contraxerint matrimonium : verbi gratia, si famosam quis uxorem duxerit, aut libertinam senator.

§. 3. Qui intra sexagesimum, vel quæ intra quinquagesimum annum neutri legi paruerit, licèt ipsis legibus post hanc ætatem liberatus esset, perpetuis tamen pœnis tenebitur, ex senatusconsulto Perniciano. Sed Claudiano senatusconsulto major sexagenario, si minorem quinquegenaria duxerit, perinde habetur, ac si minor sexaginta annorum duxisset uxorem.

§. 4. Quod si major quinquagenaria minori sexagenario nupserit, impar matrimonium appellatur : et senatusconsulto Calvitiano jubetur non proficere ad capiendas hereditates legata et dotes. Itaque mortua muliere, dos caduca erit.

2. Il est des cas où il est défendu aux époux de se rien donner, c'est ce qui a lieu dans le cas de mariage en contravention à la loi Julia et à la loi Papia Popéa, tel que celui contracté, par qui que ce soit, avec une femme déshonorée, ou par un sénateur avec son affranchie.

3. Tout homme qui, avant l'âge de soixante ans, ou toute femme qui, avant l'âge de cinquante ans, aura désobéi à l'une ou l'autre de ces deux lois en portera toujours la peine, conformément au sénatus-consulte Pernicianien, malgré l'exemption portée de ses peines par les mêmes lois pour tous ceux d'un plus grand âge. Cependant, d'après le sénatus-consulte Claudien, si un homme de plus de soixante ans avait épousé une femme de moins de cinquante, il en sera ainsi que du mariage d'un mineur avec une femme de soixante ans.

4. Une femme de cinquante ans ayant épousé un homme de moins de soixante, le mariage est réputé mal assorti ; selon le sénatus-consulte Calvitien, ils ne peuvent profiter ni l'un ni l'autre de leur succession, ni des legs ou dots : c'est pourquoi, la femme mourant, la dot devient caduque.

TITULUS XVII.

De Caducis.

§. 1. QUOD quis sibi testamento relictum, ita ut jure civili capere possit, aliqua ex causa non ceperit, caducum appellatur, veluti cecidit ab eo : verbi gratia, si cœlibi, vel Latino Juniano legatum fuerit, nec intra dies centum vel cœlebs legi paruerit, vel Latinus jus Quiritium consecutus sit : aut si ex parte heres scriptus, vel legatarius ante apertas tabulas decesserit, vel pèrœger factus sit.

§. 2. Hodie ex constitutione imperatoris Antonini, omnia caduca fisco vindicantur ; sed servato jure antiquo liberis et parentibus.

TITRE XVII.

De la caducité (des legs).

1. LORSQUE celui auquel il a été fait un legs qu'il avait droit de recueillir de droit civil ne le recueille pas, quelle que soit d'ailleurs la cause de ce défaut de prise de possession, on dit que ce legs est caduc ; c'est-à-dire qu'il lui est échappé des mains, tel que s'il avait été fait un legs à un célibataire ou à un Latin Junianien, et que le célibataire n'eût pas obéi dans les cent jours à la loi qui le concerne, ou que le Latin n'eût pas encore acquis les droits de citoyen ; ou si l'héritier institué en partie, ou le simple légataire, était décédé, ou devenu étranger (à Rome) avant l'ouverture du testament.

2. Aujourd'hui tout legs caduc appartient au fisc d'après une constitution particulière de l'empereur Antonin ; sauf les droits des enfans et des parens résultant des lois anciennes.

3. Lorsqu'une disposition générale est devenue caduque, elle l'est pour tout ce qu'elle contient; ainsi les libertés, les legs, les fidéicommis que le légataire général était chargé de donner, échappent à la disposition devenue caduque du fait de celui pour lequel elle avait été écrite, c'est-à-dire que les legs et les fidéicommis qui n'en étaient qu'une charge, sont eux-mêmes en même tems alors devenus caducs.

§. 3. Caduca cum suo onere fiunt: ideoque libertates et legata et fideicommissa ab eo data, ex cujus persona hereditas caduca facta est, salva sunt: scilicet et legata, et fideicommissa cum suo onere fiunt caduca.

TITRE XVIII.

De ceux ayant un droit antique aux dispositions caduques.

La loi Papia reconnaît en faveur des enfans ou héritiers naturels du testateur, ainsi qu'en celle des héritiers institués, qu'il leur appartient de droit antique de profiter en totalité ou en partie, selon le droit particulier de chacun d'eux, de ce qui n'a pas été recueilli par ceux auxquels il avait été fait quelque legs à quelque titre que ce soit.

TITULUS XVIII.

Qui habeant jus antiquum in caducis.

Item liberis et parentibus testatores usque ad tertium gradum lex Papia jus antiquum dedit: ut heredibus illis institutis, quod quis ex eo testamento non capit, ad hos pertineat, aut totum, aut ex parte, prout pertinere poss.

TITRE XIX.

Des divers modes de propriété et d'acquisitions de tous biens.

1. Tous biens sont de droit nôtres ou ceux d'autrui. Biens nôtres sont les héritages situés en Italie, soit rustiques, tels que les fonds de terres, soit de ville, tels que les maisons; sont aussi nôtres certains droits attachés aux héritages rustiques, tels que ceux de jouir des sentiers ou chemins de pieds, de conduite de bestiaux et eaux coulantes qui en dépendent; sont nôtres les esclaves, les quadrupèdes se chargeant à dos ou sur le cou, les bœufs, les mulets, les chevaux, les ânes. Les éléphans et les chameaux, quoiqu'ils se chargent sur le cou ou sur le dos, ne sont pas de droit à nous, parce qu'ils sont au nombre des bêtes sauvages.

2. La propriété de divers biens peut nous advenir par vente, par délivrance, par droit de premier saisissant, par cession de droit, par adjudication, ou en vertu de la loi.

3. La vente est une espèce de transport

TITULUS XIX.

De dominiis et acquisitionibus rerum.

§. 1. Omnes res aut mancipi sunt, aut nec mancipi. Mancipi res sunt prædia in Italico solo, tam rustica, qualis est fundus: quam urbana, qualis domus. Item jura prædiorum rusticorum: velut via, iter, actus et aquæductus. Item servi et quadrupedes, quæ dorso collove domantur, velut boves, muli, equi, asini: cæteræ res nec mancipi sunt. Elephanti et cameli, quamvis collo dorsove domentur, nec mancipi sunt: quoniam bestiarum numero sunt.

§. 2. Singularum rerum dominia nobis adquiruntur, mancipatione, traditione, usucapione, in jure cessione, adjudicatione, lege.

§. 3. Mancipatio propria species alie-

16*

nationis est, et rerum mancipi : eaque fit certis verbis, libripende, et quinque testibus præsentibus.

§. 4. Mancipatio locum habet inter cives Romanos, et Latinos colonarios Latinosque Junianos, eosque peregrinos quibus commercium datum est.

§. 5. Commercium est emendi vendendique invicem jus.

§. 6. Res mobiles non nisi præsentes mancipari possunt, et non plures quàm quod manu capi possunt. Immobiles autem, etiam plures simul, et quæ diversis locis sunt, mancipari possunt.

§. 7. Traditio, propriè est alienatio rerum. Nec mancipi rerum dominia, ipsa traditione deprehendimus : scilicet, si ex justa causa traditæ sunt nobis.

§. 8. Usucapione dominia adipiscimur, tam mancipi rerum, quàm nec mancipi. Usucapio est autem dominii adeptio, per continuationem possessionis anni, vel biennii : rerum mobilium anni, immobilium biennii.

§. 9. In jure cessio quoque communis alienatio est, et mancipi rerum, et nec mancipi, quæ fit per tres personas, in jure cedentes, vindicantes, addicentes.

§. 10. In jure cedit dominus, vindicat is, cui ceditur, addicit prætor.

§. 11. In jure cedi res etiam incorporales possunt, velut ususfructus, et heredi-

qu'une personne fait à une autre des choses qu'on peut posséder, qui se fait en prononçant, en présence de cinq témoins, certaines paroles consacrées exprès, balances pendantes.

4. Vente peut avoir lieu entre citoyens Romains et Latins de colonies, Latins Juniens et tous les étrangers qui ont le droit de faire le commerce.

5. On nomme commerce l'exercice réciproque du droit d'acheter et de vendre.

6. On ne peut vendre, quant aux effets mobiliers, que ceux qu'on représente, et qu'autant qu'on peut s'en saisir de la main. Les immeubles peuvent se vendre, et même plusieurs ensemble, ainsi que toutes autres choses à prendre en différens lieux, en prononçant seulement devant témoins les mêmes paroles, et les balances étant pendues.

7. Délivrance n'a lieu que pour transport de biens qui ne peuvent se saisir de la main, c'est par la délivrance seule que nous acquérons la propriété de ces sortes de biens, pourvu toutefois qu'elle nous ait été délivrée par juste cause.

8. On acquiert aussi la propriété de tous biens par droit de premier saisissant. Pour que le droit de premier saisissant tourne à notre profit comme propriétaire, il faut que nous soyons saisi de la chose dans l'intention d'en faire notre propriété, et que nous l'ayons possédée sans discontinuation un an ou deux ; c'est-à-dire un an quant aux choses mobilières, deux ans quant aux choses immobilières.

9. La cession de ses droits est une espèce d'abandon de propriété de tous biens à autrui assez usitée ; elle se fait par l'intervention de trois personnes à cet acte : par celle de celui qui déclare céder la chose, par celle de celui qui a accepté la cession, et par celle de celui qui, en conséquence de l'une et l'autre des déclarations précédentes, adjuge la chose à celui à qui elle a été cédée.

10. Lors d'une cession de son droit le propriétaire s'en démet, celui auquel il est cédé déclaré en conséquence qu'il le retient pour lui, et le préteur le lui adjuge.

11. Tous droits incorporels, tels que celui d'usufruit, de succession, de tutelle

légitime, et même d'affranchi, peuvent être cédés.

12. On peut céder une succession avant d'y avoir accédé, ou après.

13. Une succession peut être cédé par l'héritier légitime avant qu'il y ait accédé. L'héritier légitime ou testamentaire peut également la céder, lorsqu'il y a accédé.

14. Lorsqu'avant d'avoir accédé à une succession on y a cédé ses droits, le cessionnaire en devient héritier, comme si elle lui fût échue à titre d'héritier légitime. Si la cession de cette succession n'a eu lieu qu'après que l'héritier légitime y aurait accédé, celui qui a cédé ses droits n'en garde pas moins sa qualité d'héritier, et n'en est pas moins obligé au paiement des créanciers du défunt. Ce qui lui est dû est éteint, c'est-à-dire que ses débiteurs sont libérés.

15. A l'égard des objets corporels, il n'y a que ceux qui ont été particulièrement cédés qui passent à celui auquel l'hérédité a été cédée.

16. On acquiert la propriété par adjudication, par la formule usitée pour partage ordinaire de biens entre héritiers, par celle propre au partage entre associés, et par celle d'usage pour fixation de limites entre voisins. Il est en effet certain qu'aussitôt que le juge a adjugé quelque chose que ce soit, ou à l'un des héritiers, ou à l'un des associés, ou à l'un des voisins, elle lui est dès-lors acquise.

17. On devient propriétaire de toute espèce de choses, en vertu de la loi, lorsque, conformément à la loi Papia Popéa ou à celle des douze tables, une disposition testamentaire devient caduque, ou que son objet se trouve autrement sujet à reprise.

18. On peut acquérir par les personnes qui sont en notre puissance, dans notre main, ou qui font partie de nos biens. Ainsi quelques-uns de ceux ci-dessus désignés (supposé que ce soit à profit) ayant accepté une promesse, ou reçu quelque chose, ou fait telle convention que ce soit, le tout nous appartiendra.

19. Il en est ainsi quant aux institutions d'héritiers faites sous leurs noms, ou de legs à eux laissés : lorsque nous leur permettons de les accepter, c'est pour nous

tas, et tutela legitima, et libertas.

§. 12. Hereditas in jure ceditur, vel antequam adeatur, vel posteaquam adita fuerit.

§. 13. Antequam adeatur, in jure cedi potest legitimo ab herede : posteaquam adita est, tam à legitimo, quam ab eo qui testamento heres scriptus est.

§. 14. Si antequam adeatur hereditas, in jure cessa sit, perinde heres fit cui cessa est, ac si ipse heres legitimus esset. Qnod si posteaquàm adita fuerit, in jure cessa sit : is cui cessa est, permanet heres, et ob id creditoribus defuncti manet obligatus : debita verò pereunt, id est, debitores defuncti liberantur.

§. 15. Res autem corporales, quoties singulæ in jure cessæ sunt, transeunt ad eum cui cessa est hereditas.

§. 16. Adjudicatione dominia nanciscimur, per formulam familiæ erciscundæ, quæ locum habet inter coheredes : et per formulam communi dividundo, cui locus est inter socios : et per formulam finium regundorum, quæ est inter vicinos. Nam si judex uni ex heredibus aut sociis, aut vicinis rem aliquam adjudicaverit, statim illi adquiritur, sive mancipi, sive nec mancipi sit.

§. 17. Lege nobis adquiritur, velut caducum vel ereptitium ex lege Papia Popœa : item legatum ex lege duodecim tabularum, sive mancipi res sint, sive nec mancipi.

§. 18. Adquiritur autem nobis etiam per eas personas, quas in potestate, manu, mancipiove habemus. Itaque si quidem (mancipio putà) acceperint, aut traditum eis sit, vel stipulati fuerint, ad nos pertinet.

§. 19. Item si heredes instituti sint, legatumve eis sit : et hereditatem jussu nostro adeuntes nobis adquirunt, et legatum ad nos pertinet.

§. 20. Si servus alterius in bonis, alterius ex jure Quiritium sit, ex omnibus causis adquiret ei, cujus in bonis est.

§. 21. Is quem bona fide possidemus, sive liber, sive alienus servus sit, nobis adquirit ex duabus causis tantùm, id est, quod ex re nostra, et quod ex operibus suis adquirit : extra has autem causas, aut sibi adquirit, si liber sit, aut domino, si alienus servus sit. Eadem sunt et in eo servo, in quo tantùm usumfructum habemus.

TITULUS XX.

De Testamentis.

§. 1. TESTAMENTUM est mentis nostræ justa contestatio, in id solenniter factum, ut post mortem nostram valeat.

§. 2. Testamentorum genera fuerunt tria, unum quod calatis comitiis, alterum quod in procinctu, tertium quod per æs et libram appellatum est. Illis duobus testamentis abolitis, hodiè solùm in usu est quod per æs et libram fit : id est, per mancipationem imaginariam : in quo testamento libripens adhibetur, et familiæ emptor, et non minus quàm quinque testes, cum quibus testamenti factio est.

§. 3. Qui in potestate testatoris est, aut familiæ emptoris, testis ad libræ pensa adhiberi non potest. Quoniam familiæ mancipatio inter testatorem et familiæ emptorem fit : et ob id domestici testes adhibendi non sunt.

§. 4. Filiofamiliæ emente, pater ejus testis esse non potest.

§. 5. Ex duobus fratribus qui in eadem patris potestate sunt, alter familiæ emptor, alter testis esse non potest : quoniam quod

qu'ils acquièrent les biens d'une succession, ou recueillent les legs.

20. Si l'un de nos esclaves fait seulement partie de nos biens, son ancien maître n'ayant pas cédé ses droits civils sur sa personne ; de quelque manière qu'il acquiert quelque chose, il ne l'acquiert que pour celui au nombre des biens duquel il est.

21. Celui qui nous appartient de bonne foi, soit qu'il soit libre ou esclave d'un autre, acquiert pour nous par deux moyens seulement, c'est-à-dire ce qui provient de notre bien et ce qui provient de son travail ; autrement ce qu'il acquiert lui appartient s'il est libre, ou à son maître s'il est esclave : c'est la même chose à l'égard de celui dont nous n'avons que l'usufruit.

TITRE XX.

Des testamens.

1. ON appelle testament, le résultat de nos réflexions mentales, rédigé exprès par écrit dans les formes prescrites, énonçant précisément ce que nous entendons qui soit fait après notre mort.

2. Il y avait autrefois trois manières de tester : la première, en prononçant ses volontés dernières en présence du peuple assemblé ; la seconde, de les prononcer étant armé avant de combattre ou ayant de partir pour l'armée ; et la troisième, qu'on appelait avec argent et balances. Les deux premières ont été abolies ; on ne fait plus usage que de cette dernière, par forme de vente supposée, par acquéreur de famille, avec argent et balance ; espèce de testament qui ne peut se faire qu'en présence de cinq témoins.

3. Qui est sous la puissance du testateur ou de l'acheteur de la famille, ne peut être admis comme témoin du marché. La vente de famille ayant lieu entre le testateur et l'acquéreur de cette famille, aucun de ceux qui font partie de cette famille n'en peut être témoin.

4. Le fils de famille achetant, son père ne peut servir de témoin.

5. De deux frères étant tous deux sous la puissance de leur père, si l'un est l'acquéreur de la famille, l'autre ne peut être

témoin ; ce que l'un d'eux reçoit il l'acquiert pour son père, auquel le fils ne peut servir de témoin.

6. Deux frères étant sous la puissance du même père peuvent tous deux être témoins, ou l'un témoin et l'autre tenir la balance, tout autre qu'eux achetant la famille ; parce qu'il est indifférent que plusieurs étant d'une même maison servent de témoins dans l'affaire d'autrui.

7. Muet, sourd, fou, pupille, femme, ni l'achetant la famille, ne peuvent être témoins ni tenir la balance.

8. Le Latin Junianien peut être acquéreur de famille, témoin ou tenant la balance, parce qu'il a la capacité de recevoir par testament

9. En testament, par argent et balance, il y a deux choses à faire, la vente de la famille et la prononciation du testament. On prononce le testament de la manière suivante, le testateur tenant ses tablettes, dit ces paroles : *Ainsi qu'il est écrit sur ces tablettes ou sur ces cires, je donne, ou lègue, ou teste, et je vous en fais témoins, citoyens ;* c'est-là ce qu'on appelle prononcer et faire son testament.

10. Le fils de famille ne peut faire son testament, parce qu'il n'a rien de quoi on puisse porter témoignage. Cependant l'empereur et auguste Marcus a, par une de ses constitutions, permis au fils de famille de disposer du pécule qu'il a acquis à l'armée.

11. Qui n'est pas sûr de son état civil (supposé le père mort en voyage et le fils n'en étant pas instruit, d'où il suit qu'il ne sait pas qu'il est maître de lui-même), ne peut faire son testament.

12. L'impubère ne peut faire son testament quand même il ne serait plus sous la puissance de qui que ce soit, parce qu'il n'a pas encore acquis assez d'expérience.

13. Muet, sourd, fou, ni prodigue interdit, ne peuvent faire leurs testamens : le muet, parce qu'il ne peut prononcer les paroles nécessaires ; le sourd, parce qu'il ne peut entendre les paroles de l'acheteur de la famille ; le fou, parce qu'il n'a pas la raison nécessaire pour tester de son bien ; le prodigue, parce qu'il lui est défendu de

unus ex his mancipium accipit, adquirit patri, cui filius suus testis esse non debet : pariter et qui in potestate ejus est constitutus.

§. 6. Duo fratres, qui in ejusdem patris potestate sunt, testes utrique, vel alter testis, alter libripens fieri possunt, alio familiam emente : quoniam nihil nocet ex una domo plures testes alieno negotio adhiberi.

§. 7. Mutus, surdus, furiosus, pupillus, femina, neque familiæ emptor, neque testis, libripensve fieri potest.

§. 8. Latinus Junianus, et familiæ emptor, et testis, et libripens fieri potest : quoniam cum eo testamenti factio est.

§. 9. In testamento, quod per æs et libram fit, duæ res aguntur, familiæ mancipatio, et nuncupatio testamenti. Nuncupatur testamentum in hunc modum : tabulas testamenti testator tenens ita dicit : *Hæc uti his tabulis cerisve scripta sunt, ita do, ita lego, ita testor, itaque vos, quirites, testimonium præbitoto.* Quæ nuncupatio et testatio vocatur.

§. 10. Filiusfamiliæ testamentum facere non potest : quoniam nihil suum habet, ut testari de eo possit. Sed divus Augustus Marcus constituit, ut filiusfamiliæ miles de eo peculio quod in castris adquisivit testamentum facere possit.

§. 11. Qui de statu suo incertus est (facito quod patre peregre mortuo, ignorat se sui juris esse) testamentum facere non potest.

§. 12. Impubes, licet sui juris sit, testamentum facere non potest : quoniam nondum plenum iudicium animi habet.

§. 13. Mutus, surdus, furiosus, itemque prodigus cui lege bonis interdictum est, testamentum facere non possunt : mutus, quoniam verba nuncupationis loqui non potest : surdus, quoniam verba familiæ emptoris exaudire non potest : furiosus, quoniam mentem non habet, ut testari de ea re possit : prodigus, quoniam commercium illi interdictum est, et ob id familiam mancipare non potest.

§. 14. Latinus Junianus, item is qui dedititiorum numero est, testamentum facere non potest, Latinus quidem, quoniam nominatim lege Junia prohibitus est, is autem qui dedititiorum numero est, quoniam non quasi civis Romanus testari potest : nec quasi peregrinus, quoniam nullius certæ civitatis, sciens ut adversus leges civitatis suæ testetur.

§. 15. Feminæ post duodecimum annum ætatis testamenta facere possunt tutore auctore, donec in tutela sint.

§. 16. Servus publicus prætorisve, parte dimidia testamenti faciendi habet jus.

se mêler d'aucune affaire, et qu'en conséquence il ne peut vendre sa famille.

14. Le Latin Junianien, ainsi que celui qui n'a été affranchi qu'à titre de déditice (qu'à titre d'abandon par dégoût), ne peuvent faire leur testament : le Latin ne le peut, parce que cela lui a été nommément défendu par la loi Junia ; celui qui est au nombre des déditices ne le peut pas non plus, parce qu'il ne peut tester ni comme citoyen Romain, puisqu'il est étranger, ni comme étranger, parce qu'il n'appartient à aucune cité, et que conséquemment il ne peut savoir conformément à quel droit de cité quelconque il doit tester.

15. Femmes âgées de douze ans accomplis peuvent tester, pourvu qu'elles soient en tutelle et que leur tuteur y consente.

16. L'esclave public qui dépend du préteur, a le droit de tester de la moitié de son bien.

TITULUS XXI.

Quemadmodum heres institui debeat.

HERES institui rectè potest his verbis : *Titius heres esto, Titius heres sit, Titium heredem esse jubeo.* Illa autem institutio, *heredem instituo, heredem facio,* plerisque improbata est.

TITRE XXI.

Héritier, comment s'institue.

L'HÉRITIER est régulièrement institué par ces mots : *Titius soyes mon héritier, que Titius soit mon héritier, j'ordonne que Titius soit mon héritier.* Cette autre institution : *J'institue mon héritier, je fais mon héritier,* ne passe pas pour être aussi régulière.

TITULUS XXII.

Qui heredes institui possunt.

§. 1. HEREDES institui possunt, qui testamenti factionem cum testatore habent.

§. 2. Dedititiorum numero heres institui non potest, quia peregrinus est, cum quo testamenti factio non est.

§. 3. Si quidem mortis testatoris tempore, vel intra diem cretionis civis Romanus sit, heres esse potest : quod si Latinus manserit, lege Junia capere hereditatem prohibetur. Idem juris est in persona

TITRE XXII.

Qui peuvent être institués héritiers.

1. ON peut instituer pour héritiers tous ceux qui, ainsi que le testateur, ont droit de faire leur testament.

2. On ne peut instituer pour héritier celui qui est au nombre des déditices (celui qui n'a été en quelque sorte délaissé que par dégoût), parce qu'il est étranger et n'a pas droit de tester.

3. Cependant s'il était devenu citoyen Romain avant la mort du testateur, ou avant ou pendant le temps qui lui a été donné pour délibérer, il peut être héritier ; s'il n'est devenu que Latin, la loi Junia lui

lui défend de recevoir la succession, il en est de même du célibataire d'après la loi Julia.

4. Héritier doit être distinctement indiqué, on ne peut tester de cette manière : *Que le premier qui arrivera pour mes funérailles soit mon héritier ;* là volonté du testateur ne doit prêter à aucun doute à cet égard.

5. On ne peut instituer pour héritiers ni ceux qui ne jouissent que d'une portion des droits de citoyen Romain, ni leurs enfans. L'état civil de leur personne n'est pas assez certain pour ne pas donner lieu de douter s'ils peuvent tous ou non être héritiers ; c'est pour cela qu'ils ne peuvent l'être. Un sénatus-consulte leur permet cependant d'être héritiers de leurs affranchis ; un sénatus-consulte permet aussi de leur restituer la succession qui leur a été léguée par fidéicommis.

6. Il n'est permis d'instituer héritiers d'autres dieux que ceux désignés par le sénatus-consulte ou les rescrits des empereurs, tels sont Jupiter Tarpéien, Apollon Dydime, tels Mars de la Gaule, Minerve de Milet, Hercule des Gades, Diane d'Éphèse, la mère des dieux, Cybèle qu'on adore à Smyrne, et le céleste Salinens des Carthaginois.

7. Nous pouvons instituer nos esclaves pour nos héritiers en leur donnant en même temps la liberté. Nous pouvons aussi instituer les esclaves des autres sans leur donner la liberté ; quant aux esclaves qui ont deux maîtres, on peut les instituer pour ses héritiers avec ou sans la liberté.

8. L'esclave qui n'est que dans nos biens ne peut, même en lui donnant aussi la liberté, être institué notre héritier, parce qu'alors il ne devient que Latin, qualité qui ne suffit pas pour accepter une succession.

9. Nous ne pouvons instituer pour nos héritiers les esclaves d'autrui, qu'autant que leur maître a ainsi que nous le droit de faire son testament.

10. L'institution d'un esclave commun pour notre héritier avec don de sa liberté est régulière, parce qu'il est institué en partie comme notre esclave, et en partie comme l'esclave de notre associé.

11. Notre propre esclave institué héri-

cœlibis propter legem Juliam.

§. 4. Incerta persona heres institui non potest, velut hoc modo : *Quisquis primus ad funus meum venerit, heres esto :* quoniam certum consilium debet esse testantis.

§. 5. Nec municipia, nec municipes heredes institui possunt : quoniam incertum corpus est, ut neque cernere universi, neque pro libito de herede cernere possunt ut heredes fiant. Senatusconsulto tamen concessum est, ut à libertis suis heredes institui possint. Sed fideicommissa hereditas municipibus restitui potest : denique hoc senatusconsulto prospectum est.

§. 6 Deos heredes instituere non possumus, præter eos quos senatusconsulto, constitutionibus principum instituere concessum est : sicuti Jovem Tarpeium Apollinem Didymæum, sicuti Martem in Gallia, Minervam Meliensem, Herculem Gaditanum, Dianam Ephesiam, matrem deorum Cybelem, eam quæ Smyrnæ colitur, et Cœlestum Salinensem Carthaginis.

§. 7. Servos heredes instituere possumus nostros cum libertate : alienos, sine libertate : communes, cum libertate, vel sine libertate.

§. 8. Eum servum qui tantum in bonis noster est, nec cum libertate heredem instituere possumus, quia Latinitatem consequitur : quod non proficit ad hereditatem capiendam.

§. 9. Alienos servos heredes instituere possumus : eos tamen, quorum cum dominis testamenti factionem habemus.

§. 10. Communis servus cum libertate recte quidem heres instituitur, quasi proprius, pro parte nostra : sine libertate autem, quasi alienus, propter socii partem.

§. 11. Proprius servus cum libertate

17

heres institutus, si quidem in eadem causa permanserit, ex testamento liber et heres fit, id est necessarius.

§. 12. Quòd si ab ipso testatore vivente manumissus, vel alienatus sit : suo arbitrio, vel jussu emptoris hereditatem adire potest. Sed si sine libertate sit institutus, omninò non consistit institutio.

§. 13. Alienus servus heres institutus, si quidem in ea causa permanserit, jussu domini debet hereditatem adire. Quòd si vivo testatore manumissus, aut alienatus à domino fuerit, aut suo arbitrio, aut jussu emptoris, poterit adire hereditatem.

§. 14. Sui heredes instituendi sunt, vel exheredandi. Sui autem heredes sunt liberi quos in potestate habemus, tam naturales, quàm adoptivi : item uxor quæ in manu est, et nurus quæ in manu est filii, quem in potestate habemus.

§. 15. Posthumi quoque liberi, id est, qui in utero sunt, si tales sunt, ut nati in potestate nostra futuri sint, suorum heredum numero sunt.

§. 16. Ex suis heredibus filius quidem neque heres institutus, neque nominatim, exheredatus, non patitur valere testamentum. Reliquæ verò personæ liberorum, velut filia, nepos, neptis, si præteritæ sint, valet testamentum.

§. 17. Scriptis heredibus adcrescunt, suis quidem heredibus in partem virilem, extraneis autem in partem dimidiam.

§. 18. Posthumi quoque liberi cujuscumque sexus omissi, quod valuit testamentum, agnatione rumpitur.

§. 19. Eos qui in utero sunt, si nati sui heredes futuri sunt, possumus instituere heredes : si quidem post mortem nostram nascantur, ex jure civili : si verò viventibus nobis, ex lege Julia.

---

tier avec don de la liberté, est libre par le testament et devient notre héritier, pourvu qu'il continue à être à nous ; c'est ce qu'on appelle héritier nécessaire.

12. L'esclave institué héritier ayant été depuis affranchi ou vendu par son maître, peut, de son propre droit ou avec la permission de celui qui l'aurait acheté, prendre la succession ; mais s'il a été institué sans don de sa liberté, l'institution ne peut valoir.

13. L'esclave d'autrui institué héritier, ne peut accepter la succession que de l'ordre de son maître, s'il est resté à lui ; s'il a été affranchi ou vendu du vivant du testateur, il peut l'accepter de son droit ou de l'ordre de celui qui l'aurait acheté.

14. Les héritiers légitimes doivent être institués héritiers ou déshérités ; nos héritiers légitimes sont nos enfans, étant encore en notre puissance, naturels ou adoptifs ; au nombre de ces héritiers est notre femme, qui est en notre pouvoir, et notre belle-fille, qui est en celui de notre fils étant encore sous notre puissance.

15. Les enfans posthumes, c'est-à-dire ceux qui sont encore au ventre, s'ils ne doivent naître que pour passer sous notre puissance, sont aussi nos héritiers légitimes.

16. Un seul de nos fils n'ayant été ni institué héritier, ni nommément exhérédé, le testament ne vaut : d'ailleurs il peut n'être fait aucune mention des autres personnes, ni de la fille, ni du petit-fils, ni de la petite-fille, et le testament n'en vaudra pas moins.

17. Il y a accroissement pour tous les héritiers inscrits, par tête pour nos héritiers légitimes, pour moitié seulement quant aux autres.

18. Les enfans posthumes de l'un ou de l'autre sexe, omis en testament, le rompent en naissant, quoiqu'il ait été bon auparavant.

19. Ceux qui sont encore au ventre, venant au monde, sont nos héritiers légitimes futurs, nous pouvons les instituer nos héritiers ; s'ils naissent après notre mort, ils sont nos héritiers légitimes de droit civil ; s'ils naissent de notre vivant, ils le sont en vertu de la loi Julia.

20. Le fils de famille qui est encore en notre puissance doit être institué héritier, ou nommément déshérité; nos autres héritiers légitimes des deux sexes peuvent être séparément nommés, ou généralement indiqués.

21. Le fils posthume doit être nommément déshérité. La fille posthume, ou toutes autres femmes posthumes, peuvent l'être, ou nommément, ou en général; pourvu toutefois que si l'exhérédation est prononcée en termes généraux, on leur laisse quelque chose.

22. Nos petits-fils, les maris de nos petites-filles, et tous autres mâles posthumes, mais non le fils, peuvent être nominativement déshérités, ou en général (en masse), avec adjonction de legs. Il est plus régulier et plus sûr de les nommer chacun comme déshérités, et c'est ce qui s'observe le plus ordinairement.

23. Le droit civil ne porte pas qu'il est nécessaire d'instituer nominativement, ou de déshériter de même nos enfans émancipés; mais le préteur exige que si nous n'instituons pas les mâles héritiers, nous les déshéritions nommément chacun: quant aux femmes, on peut, ou les nommer comme exhérédées, ou les déshériter généralement. Faute de se conformer à ces règles, ils peuvent prétendre à la possession des biens, quelque disposition qui en ait été autrement faite par le testament.

24. Il n'y a aucune différence en droit civil entre les héritiers nécessaires, c'est-à-dire les esclaves institués héritiers avec don de liberté, et nos héritiers légitimes aussi nécessaires, c'est-à-dire les enfans qui sont encore en notre puissance; car les uns comme les autres sont héritiers forcés. Mais de droit prétorial, les héritiers légitimes et nécessaires peuvent s'abstenir de la succession de leur père; tandis que cette faculté n'a pas été accordée aux héritiers seulement nécessaires.

25. Le forain institué héritier, si toutefois il l'a été avec faculté de délibérer sur son institution, devient héritier s'il l'accepte; s'il ne l'accepte pas, il doit gérer comme substituant l'héritier.

26. Qui use des choses de la succession ainsi que s'il en était le maître, ne gère que

§. 20. Filius qui in potestate est, si non instituatur, heres, nominatim exheredari debet: reliqui sui heredes utriusque sexus aut nominatim, aut inter cæteros.

§. 21. Posthumus filius nominatim exheredandus est: filia posthuma, cæteræque posthumæ feminæ vel nominatim, vel inter cæteros: dummodò inter cæteros exheredatis aliquid legetur.

§. 22. Nepotes et pronepotes, cæterique masculi posthumi præter filium, vel nominatim, vel inter cæteros cum adjectione legati sunt exheredandi: sed tutiùs est tamen nominatim eos exheredari: et id observatur magis.

§. 23. Mancipatos liberos cum jure civili neque heredes instituere, neque exheredare necesse sit, tamen prætor jubet, si non instituantur heredes, exheredari masculos omnes, nominatim feminas vel inter cæteros: alioqui contra tabulas bonorum possessionem eis pollicetur.

§. 24. Inter necessarios heredes, id est, servos cum libertate heredes scriptos, et suos sit necessarios, id est, liberos qui in potestate sunt, jure civili nihil interest, nam utrique etiam inviti heredes sunt. Sed jure prætorio suis et necessariis heredibus abstinere se à parentis hereditate permittitur: necessariis autem tantùm heredibus abstinendi potestas non datur.

§. 25. Extraneus heres, si quidem cum cretione sit heres institutus, cernendo fit heres: si verò sine cretione, pro herede gerendo.

§. 26. Pro herede gerit, qui rebus hereditariis tanquam dominus utitur: velut qui actionem rerum hereditariarum facit : aut servis hereditariis cibaria mandat.

§. 27. Cretio est certorum dierum spatium ; quod datur instituto heredi ad deliberandum , utrum expediat ei adire hereditatem , necne : velut , *Titius heres esto cernitoque in diebus centum proximis , quibus scieris , poterisque ; nisi ita creveris , exheres esto.*

§. 28. Cernere est verba cretionis dicere, ad hunc modum , *cum me Mœvius heredem instituerit , eam hereditatem adeo cernoque.*

§. 29. Sine cretione heres institutus , si constituerit , nolle si heredem esse , statim excluditur ab hereditate , et amplius eam adire non potest.

§. 30. Cum cretione verò heres institutus , sicut cernendo fit heres , ita non aliter excluditur , quàm si intra diem cretionis non creverit : ideoque etiam si constituerit nolle se heredem esse , tamen si supersint dies cretionis , pœnitentia actus , cernendo heres fieri potest.

§. 31. Cretio autem vulgaris dicitur , aut continua. Vulgaris , in qua adjiciuntur hæc verba , *quibus scieris , poterisque.* Continua , in qua non adjiciuntur.

§. 32. Is qui vulgarem cretionem habet , dies illi dantur , computantur , quibus scit se heredem institutum esse , et potuit cernere. Ei verò qui continuam habet cretionem , etiam illi dies computantur quibus ignoravit se heredem institutum , aut scivit quidem , sed non potuit cernere.

§. 33. Heredes aut instituti dicuntur , aut substituti : instituti qui primo gradu scripti sunt ; substituti , qui secundo gradu , vel sequentibus. Heredes scripti sunt , veluti : *Titius heres esto , cernitoque in die-*

pour l'héritier , tel est celui qui agit dans toutes les affaires de la succession , qui en exerce tous les droits , ou qui fournit la nourriture aux esclaves.

27. Délibérer sur institution , c'est user de l'espace de tems laissé à l'héritier institué pour peser s'il est de son intérêt ou non d'accepter ou refuser l'institution , tel que dans ce cas : *Titius soyes mon héritier , et décidez dans les cent jours les plus prochains de celui où vous aures su que je vous avois institué , si vous pouvez l'être ; si vous ne vous décidez pas , ne soyez pas mon héritier.*

28. Se décider dans cette circonstance , c'est prononcer les mots d'acceptation : *puisque Mœvius m'a institué son héritier à sa succession , je l'accepte.*

29. Héritier institué avec faculté d'en délibérer , est exclu de la succession aussitôt qu'il a déclaré ne pas vouloir être héritier ; il ne peut rétracter en aucun tems cette déclaration.

30. L'héritier institué à charge d'en délibérer , ne devient héritier que lorsqu'il déclare accepter : il n'est exclu que lorsqu'il n'a pas accepté dans le délai ; quand même il aurait d'abord déclaré ne vouloir être héritier , il peut , tant que le nombre de jours qui lui ont été donnés n'est pas complet , devenir héritier par acte de regret.

31. Le droit de délibérer est ou ordinaire ou continu. L'ordinaire est celui auquel ont été ajoutés ces mots , *s'il vous convient et si vous le pouvez.* Le continu est celui auquel ils n'ont pas été ajoutés.

32. Celui qui a droit ordinaire d'opter , ne compte les jours qu'à partir de celui où il a su qu'il avait été institué héritier , et pu accéder et accepter ; au contraire , lorsque le délai est continu , on compte même les jours pendant lesquels il a ignoré son institution , et même encore ceux pendant lesquels il n'a pu en profiter et l'accepter après en avoir été instruit.

33. Les héritiers sont ou institués , ou substitués ; les institués sont ceux qui ont été institués en premier degré , les substitués sont ceux qui ne l'ont été qu'en second degré , et tous autres successivement

inscrits après eux, ainsi que dans cette formule : *Titius soyez mon héritier, et acceptes dans les cent jours les plus prochains de celui où vous aurez su être ou pu être héritier ; si vous n'acceptez, ne soyez pas mon héritier. Dans ce cas, Mœvius soyez mon héritier, et acceptes dans le même nombre de jours, etc.* Et ainsi de suite on peut successivement substituer.

34. La condition sous laquelle l'institution a eu lieu étant imparfaite, telle que si elle ne porte pas ces mots : *si vous n'acceptez pas, ne soyez pas mon héritier ;* mais bien ceux-ci : *si vous n'acceptez pas, alors Mœvius soyez mon héritier ;* dans ce cas, si le premier nommé accepte, il exclut le second ; s'il n'accepte pas, le substitué n'est pas héritier, il n'est que gérant pour l'héritier ; cependant il a été ordonné par l'empereur Marcus que dans le cas où, selon le droit ancien, le substitué ne devait être que gérant pour l'héritier, il serait héritier pour moitié, et que s'il n'acceptait pas et refusait de gérer pour l'héritier, il serait lui-même exclu, et le substitué suivant, héritier pour moitié.

bus proximis centum quibus scies, posterisque. Nisi ita creveris, exheres esto : tunc Mœvius heres esto, cernitoque in diebus, et reliqua. Similiter et deinceps substitui potest.

§. 34. Si sub imperfectam cretionem heres institutus sit, id est, non adjectis his verbis, *si non creveris exheres esto :* sed ita ; *si non creveris, tunc Mœvius heres esto :* cernendo quidem, superior inferiorem excludit : non cernendo autem, sed pro herede gerendo, in partem admittit substitutum. Sed postea divus Marcus constituit, ut et pro herede gerendo, ex asse fiat heres. Quòd si neque creverit, neque pro herede gesserit, ipse excluditur, et substitutus ex asse fit heres.

TITRE XXIII.

Quand et comment les testamens sont infirmés.

1. TOUT testament régulier peut être infirmé de deux manières ; il peut être rompu, ou devenir nul.

2. Testament est rompu, 1°, par changement, c'est-à-dire, lorsqu'il en a été fait un second régulier ; 2°, par survenance, c'est-à-dire, s'il naît un héritier légitime qui n'ait pas été institué héritier ni déshérité ainsi qu'il convient.

3. Il y a survenance d'héritier légitime ou par naissance, ou par adoption, ou par mariage, ou par représentation d'héritier légitime, ainsi qu'il arrive à l'égard du petit-fils, son père étant décédé, ou encore par émancipation ou libération de la puissance paternelle ; c'est-à-dire lorsque le fils ayant été émancipé une première ou une seconde fois est retombé sous la puissance de son père.

TITULUS XXIII.

Quemadmodum testamenta rumpuntur.

§. 1. TESTAMENTUM jure factum infirmatur duobus modis, si ruptum aut irritum factum sit.

§. 2. Rumpitur testamentum mutatione, id est, si postea aliud testamentum jure factum sit : item agnatione, id est, si suus heres agnascatur, qui neque heres institutus, neque ut oportet exheredatus sit.

§. 3. Adnascitur suus heres, aut agnascendo, aut adoptando, aut in manum conveniendo, aut in locum sui heredis succedendo : velut nepos mortuo filio, vel emancipato : aut manumissione, id est, si filius ex prima secundave mancipatione manumissus, reversus sit in patris potestatem.

§. 4. Irritum fit testamentum, si testator capite diminutus fuerit, aut si jure facto testamento nemo extiterit heres.

§. 5. Si is qui testamentum fecit, ab hostibus captus sit, testamentum ejus valet : si quidem reversus fuerit, jure postliminii, si non ibi decesserit, ex lege Corneliana, quæ perinde successionem ejus confirmat, atque si in civitate decessisset.

§. 6. Si septem signis testium signatum testamentum, licèt jure civili ruptum vel irritum factum sit, prætor scriptis heredibus juxta tabulas bonorum possessionem dat; si testator et civis Romanus, et suæ potestatis cùm moreretur, fuit, quæ bonorum possessio cum re, id est, cum effectu habetur, si nemo alius jure heres sit.

§. 7. Liberis impuberibus in potestate manentibus tam natis quàm posthumis, heredes substituere parentes possunt duplici modo : id est, aut eo quo extraneis, ut si heredes non extiterint liberi, substitutus heres fiat : aut proprio jure, id est, si post mortem parentis heredes facti intra pubertatem decesserint substitutus heres fiat.

§. 8. Etiam exheredatis filiis substituere parentibus licet.

§. 9. Non aliter impuberi filio substituere quis heredem potest, quàm si sibi quis heredem institueret, vel ipsum filium, vel quemlibet alium.

§. 10. Milites quomodocunque fecerint testamenta, valent, id est, etiam sine legitima observatione. Nam principalibus constitutionibus permissum est illis, quomodocunque vellent, quomodocunque possent, testari. Idque testamentum quod miles contra juris regulam fecit, ita demùm valet, si vel in castris mortuus sit, vel post missionem intra annum.

4. Un testament est nul, si le testateur a depuis passé sous la puissance d'autrui, ou si ayant le droit de tester et ayant testé, aucun des institués n'a voulu être héritier.

5. Si celui qui a fait son testament est depuis pris par les ennemis, son testament est bon par droit de retour, s'il en revient; ou, s'il n'en revient pas, il est également bon, en vertu de la loi Cornélienne, qui veut qu'il en soit alors de sa succession comme s'il était mort dans la ville.

6. Le préteur envoie, conformément au testament, les héritiers inscrits en possession des biens du testateur qui était citoyen Romain, et ne dépendant que de lui lors-, qu'il est mort, quand même le testament serait nul, pourvu que le testament ait été scellé des cachets de sept témoins; c'est-à-dire qu'un tel testament s'exécute, si personne n'est de droit héritier du défunt.

7. Il y a deux manières de substituer des parens à ses enfans impubères étant en notre puissance, déjà nés ou posthumes; on le peut comme s'ils étaient étrangers, de sorte que le substitué ne soit héritier que dans le cas où aucun des enfans héritiers n'existerait : le testateur le peut aussi, de droit pur et simple, en disposant qu'au cas où les parens devenus héritiers décéderaient eux-mêmes en puberté, leur substitué devienne héritier.

8. Dans le cas d'exhérédation des fils, et les autres parens étant héritiers, on peut substituer.

9. Il n'est permis de substituer aucun autre héritier à la place de son fils impubère, qu'en l'instituant lui-même ou tout autre pour héritier.

10. Testamens de soldats sont bons, de quelque manière qu'ils aient été faits, selon les règles ou non. Il leur est permis par les constitutions impériales de tester comme ils veulent et où ils peuvent; le testament d'un militaire étant contre toutes règles vaut s'il meurt à l'armée, ou dans l'an de son retour.

TITRE XXIV.

Des legs.

1. LEGS est ce qu'on choisit, ou plutôt ce qu'on laisse impérativement par testament ; ce qu'on laisse en priant de donner est fidéicommis.

2. On peut léguer de quatre manières : par saisine, par ordre de donner, ou de laisser prendre, ou par prélèvement.

3. On lègue par saisine en ces termes : *Je donne, je lègue ; enleves, prenes, ou ayes.*

4. Par ordre de donner, en disant : *Mon héritier, vous vous engages à donner, donnes, faites,* ou *j'ordonne à mon héritier de donner.*

5. Par ordre de laisser prendre, par ces mots : *Mon héritier, vous vous engages à laisser prendre à Titius telle chose,* ou *à la lui laisser posséder.*

6. Par prélèvement, ainsi : *Titius Lucius, prenes d'abord cette chose.*

7. On peut léguer par saisine tout ce dont on est propriétaire, ou tout ce dont on était propriétaire du droit de citoyen Romain, soit lorsque le testament a été fait, soit à sa mort, excepté cependant ce qui se compte, se mesure ou se pèse. A l'égard de ces sortes de choses, le legs vaudra, si nous les possédions du même droit à l'instant du décès.

8. On peut léguer par ordre de donner, toutes sortes de choses, et même quoiqu'elles n'appartiennent pas au testateur ; il suffit qu'elles soient de nature à pouvoir être données.

9. L'homme libre, ce qui appartient au peuple, aux temples, ou au culte, ne peut être légué par ordre, parce qu'on ne peut donner rien de tout cela.

10. On peut léguer par ordre de laisser prendre, tout ce qui appartient au testateur et même à l'héritier.

11. Par prélèvement, tout ce qu'on peut léguer par saisine. S'il a été légué par saisine une chose qui n'ait pas appartenue du droit de citoyen Romain, au testateur, dans les deux tems ci-dessus indiqués, le legs ne vaut pas de droit civil, mais il

TITULUS XXIV.

De Legatis.

§. 1. LEGATUM est, quod legis modo, id est, imperativè, testamento relinquitur. Nam ea quæ precativo modo relinquuntur, fideicommissa vocantur.

§. 2. Legamus autem quatuor modis, per vendicationem, per damnationem, sinendi modo, per præceptionem.

§. 3. Per vendicationem his verbis legamus, *do, lego ; capito, sumito, sive habeto.*

§. 4. Per damnationem his verbis : *heres meus damnas esto dare, dato, facito, heredem meum dare jubeo.*

§. 5. Sinendi modo ita, *heres meus damnas esto sinere Lucium Titium sumere illam rem, sibique habere.*

§. 6. Per præceptionem sic, *Lucius Titius illam rem præcipito.*

§. 7. Per vendicationem legari possunt res quæ utroque tempore ex jure Quiritium testatoris fuerunt, mortis, et quando testamentum faciebat : præterquam si pondere, mensura, numero contineantur : in his enim satis est, si vel mortis duntaxat tempore fuerint ex jure Quiritium.

§. 8. Per damnationem omnes res, legari possunt, etiam quæ non sunt testatoris, dummodo tales sint, quæ dari possint.

§. 9. Liber homo, aut res populi, aut sacra, aut religiosa, nec per damnationem legari potest : quoniam dari non potest.

§. 10. Sinendi modo legari possunt res propriæ testatoris et heredis ejus.

§. 11. Per præceptionem legari possunt res, quæ etiam per vendicationem. Si ea res quæ non fuit utroque tempore testatoris ex jure Quiritium, per vendicationem legata sit, licet jure civili non valeat legatum, tamen senatusconsulto Neroniano firmatur : quo cautum est, ut quod minus pactis verbis legatum est, perinde sit ac si optimo jure legatum esset.

§. 12. Optimum autem jus legati per damnationem est, si duobus eadem res per vendicationem legata sit : si quidem disjunctim, singulis partes debentur : si verò conjunctim, velut *Titio et Seio, hominem Stichum do, lego,* jure civili concursu partes fiebant. Non currente altero pars ejus alteri adcrescebat. Sed post legem Papiam Popeam, non capientis pars caduca fit.

§. 13. Si per damnationem eadem res duobus legata sit, siquidem conjunctim, singulis partes debentur, et non capientis pars, jure civili in hereditatem remanebat, nunc autem caduca fit : quod si disjunctim, singulis solidum debetur.

§. 14. Optione autem legati, per vendicationem data, legatarii electio est, veluti, *hominem optato, eligito.* Idemque est, et si generaliter legaverim *Titio hominem, at si ita heres meus damnas esto hominem dare,* heredis electio est quem velit dare.

§. 15. Ante heredis institutionem legari non potest : quoniam et potestas testamenti ab heredis institutione incipit.

§. 16. Post mortem heredis legari non potest, ne ab heredis herede legari videatur : quod juris civilis ratio non patitur. In mortis autem heredis tempus legari potest : velut *cùm heres moriatur.*

§. 17. Pœnæ causa legari non potest. Pœnæ autem causa legatur : quod coërcendi heredis causa relinquitur, ut faciat quidem aut non faciat, non ut legatum pertineat : utputa hoc modo, *si filiam tuam in matrimonio Titio conlocaveris,*

vaudra par le sénatus-consulte Néronien, qui veut que le legs irrégulier, quant à la formule dont on s'est alors servi, soit considéré comme régulier.

12. Dans le cas où une seule et même chose a été léguée par saisine à deux personnes, il faut considérer le legs comme ayant été fait par ordre de la leur donner. Si le legs a été fait à chacun nommément, ils y auront chacun leur part déterminée, indépendante, si le legs leur avait été fait en commun ; s'il avait été dit, par exemple, *je donne ou je lègue Stichus à Titius et Séius,* chacun avait autrefois de droit civil sa part ; si l'un des deux renonçait, la sienne profitait à celui qui acceptait : il n'en est plus de même aujourd'hui, la part de celui qui renonce est caduque, aux termes de la loi Papia Popéa.

13. Si une même chose a été léguée par ordre de donner, à deux en même tems, et que le legs ait été fait en masse pour tous deux, ils y ont chacun leur part. Autrefois, lorsque l'un d'eux y renonçait, sa part accroissait de droit à la succession ; actuellement la part refusée devient caduque. Si le legs leur a été fait séparément, ils doivent avoir chacun le leur.

14. Lorsqu'un legs a été fait par saisine et que le choix a été donné au légataire, c'est à lui seul qu'il appartient, comme dans ce cas : *Choisissez l'homme que vous voudrez.* Si, au contraire, il a été en général légué à *Titius un homme,* ou bien, *j'ordonne à mon héritier de donner un homme,* alors le choix appartient à l'héritier. Il peut donner celui qu'il veut.

15. On ne peut faire aucun legs qu'après avoir institué un héritier. La validité du testament a pour base l'institution d'héritier.

16. On ne peut pas léguer depuis la mort de l'héritier ; il est contraire au droit civil de léguer par l'héritier de l'héritier ; on peut léguer au tems de la mort de l'héritier, c'est-à-dire, à l'instant même de sa mort.

17. On ne peut léguer à charge d'aucune peine. Or il y a charge de peine au legs, lorsqu'on en a imposé une pour forcer l'héritier à faire ou ne pas faire, et sans qu'elle fasse partie d'un legs, ainsi que dans ce cas : *Si vous parvenez à marier votre*

votre fille à Titius, donnez dix mille à Séius.

18. On ne peut léguer qu'à personnes certaines et bien désignées, et non pas ainsi : *A quiconque aura marié sa fille avec mon fils, donnez tant de mille.* On peut cependant léguer à personne innommée, si elle est suffisamment désignée, ainsi que dans ce cas : *Je veux que mon héritier donne telle chose à celui de mes parens qui se sera rendu le premier pour mes funérailles.*

19. Legs fait sous fausse désignation ou par fausse énonciation, n'en est pas moins valable. Il y a fausse énonciation dans le cas où l'on a dit : *Je donne, je lègue à Titius le fonds que j'ai acheté de Titius,* quoiqu'on ne l'ait pas acheté de lui. Il y a fausse cause lorsqu'on a dit : *Je donne ou lègue à Titius, pour avoir fait mes affaires,* quoiqu'il ne les ait jamais faites.

20. On ne peut léguer par l'entremise d'un légataire.

21. Legs ne peut être délivré que par héritier lui-même ; c'est pour cela qu'il ne peut être légué ni par le père ni par le maître au fils de famille, ou à l'esclave institué héritier.

22. On ne peut rien léguer de son chef à l'héritier.

23. On peut léguer à celui qui est en la puissance, dans la main ou pouvoir de l'héritier institué, sous la condition qu'il fera en sorte de n'être plus en même situation au jour que le legs devra lui être délivré.

24. On peut faire un legs à celui qui se trouve en la puissance, dans la main ou au pouvoir de l'héritier institué.

25. On peut léguer ou par partie, ou en masse ; lorsqu'on aura dit : *Mævius, mon héritier, partagez, divisez ma succession entre vous et Titius,* la moitié de la succession sera censée avoir été léguée. On peut aussi ne léguer qu'en partie, telle que le tiers ou le quart, c'est ce qu'on appelle partage de succession.

26. On peut de droit civil léguer l'usufruit de toute chose dont on peut jouir ou se servir sans en altérer la substance et d'une seule ou de plusieurs, c'est-à-dire, par portions.

§. 18. Incertæ personæ legari non potest : veluti, *quicunque filio meo filiam suam in matrimonio conlocaverit, ei homini tot millia dato.* Sub certa tamen demonstratione incertæ personæ legari potest : velut, *ex cognatis meis qui nunc sunt, qui primo ad funus meum venerit, ei heres meus illud dato.*

§. 19. Neque ex falsa demonstratione, neque ex falsa causa legatum infirmatur. Falsa demonstratio est, velut, *Titio fundum, quem à Titio emi, do, lego,* cùm is fundus à Titio emptus non sit. Falsa causa est, velut, *Titio, quoniam negotia mea curavit, fundum, do, lego,* ut negotia ejus nunquam Titius curasset.

§. 20. A legatario legari non potest.

§. 21. Legatum ab eo tantùm dari potest, qui *ex sua persona heres est.* Ideoque filiofamiliæ heredi instituto, vel servo, itaque à patre, neque à domino legari potest.

§. 22. Heredi à semetipso legari non potest.

§. 23. Ei qui in potestate, manu, mancipiove est scripti heredis, sub conditione legari potest : ut requiratur, quo tempore dies legati cedit, in potestate heredis non sit.

§. 24. Ei cujus in potestate, manu, mancipiove est heres scriptus, legari non potest.

§. 25. Sicut singulæ res legari possunt, ita universarum quoque summa legari potest : utputà, *Mævius heres meus cum Titio hereditatem meam partito, dividito :* quo casu dimidia pars bonorum legata videtur. Potest autem et alia pars, velut tertia vel quarta legari : quæ species partitio appellatur.

§. 26. Ususfructus jure civili legari potest earum rerum, quarum salva substantia utendi fruendi potest esse facultas, et tam singularum rerum, quàm plurium, id est, partis.

§. 27. Senatusconsulto cautum est, ut etiamsi earum rerum, quæ in abusu continentur, utputâ vini, olei, tritici, usus-fructus legatus sit, legatario res tradantur cautionibus interpositis, de restituendis eis, cùm ususfructus ad legatarium pertinere desierit.

§. 28. Civitatibus omnibus, quæ sub imperio prætoriani sunt, legari potest : idque à divo Nerva introductum, postea à senatu, auctore Adriano, diligentiùs constitutum est.

§. 29. Legatum quod datum est, adimi potest, vel eodem testamento, vel codicillis testamento confirmatis : dum tamen eodem modo adimatur, quomodo datum est.

§. 30. Ad heredem legatarii legata non aliter transeunt, nisi si jam die legatorum cedente, legatarius decesserit.

§. 31. Legatorum quæ purè vel in diem certùm relicta sunt, dies cedit antiquo quidem jure, ex mortis testatoris tempore : per legem autem Papiam Popeam, ex apertis tabulis testamenti : eorum verò quæ sub conditione relicta.

§. 32. Lex Falcidia jubet, non plus quàm dodrantem totius patrimonii legari, ut omni modo quadrans integer apud heredem remaneat.

§. 33. Legatorum perperam solutorum repetitio non est.

TITULUS XXV.

De Fideicommissis.

§. 1. FIDEICOMMISSUM est, quod non civilibus verbis, sed precativè relinquitur : nec ex rigore juris civilis proficiscitur, sed ex voluntate datur relinquentis.

§. 2. Verba fideicommissorum in usu ferè sunt hæc, *fideicommitto, peto, volo dari*, et similia.

§. 3. Etiam nutu relinquere fideicommissum in usu receptum est.

---

27. Le sénatus-consulte ordonne que, lorsque l'usufruit sera d'objets qui se consomment, tels que vin, huile ou blé, le légataire n'en puisse être mis en possession qu'après avoir fourni caution de les rendre lors de la cessation de l'usufruit.

28. On peut faire son testament dans toute ville gouvernée par un préteur. C'est l'empereur Nerva qui a d'abord posé cette règle : elle a été depuis confirmée par décret du sénat, rendu sur la réquisition de l'empereur Adrien.

29. Le legs qui a été fait peut être révoqué, soit par un même testament, soit par codicille confirmé par testament, et pourvu toutefois qu'on l'ôte en suivant la même forme qu'on avoit employée pour le faire.

30. Les legs ne passent aux héritiers du légataire, qu'autant que ce légataire aurait dû en avoir eu délivrance avant son décès.

31. Legs pur et simple, ou dont le jour de délivrance est indiqué, est dû, de droit antique, du jour de la mort du testateur. Les legs faits à cause de mort ne sont dus, d'après la loi Papia Popéa, qu'à dater de l'ouverture du testament.

32. Dans tous les cas tout testateur ne peut léguer que les neuf douzièmes ou les trois quarts de son bien, il doit toujours en rester trois douzièmes ou le quart à l'héritier.

33. Legs payés par erreur ne peuvent être répétés.

TITRE XXV.

Des fidéicommis.

1. FIDÉICOMMIS est ce qu'on laisse par prière et non d'ordre civil, c'est-à-dire ce qui n'est pas laissé en conséquence du droit de citoyen, mais par pure et simple volonté de celui qui laisse.

2. Les termes les plus en usage pour fidéicommis, sont : *Je commets à la foi, je recommande de donner, je veux qu'il soit donné*, et autres semblables.

3. Il est reçu qu'on peut faire un fidéicommis par simple signe.

4. Tous ceux qui peuvent tester peuvent faire un fidéicommis, quand même ils n'auraient pas fait leurs testamens. Celui qui meurt sans avoir fait un testament, peut alors laisser un fidéicommis.

~5. On peut laisser par fidéicommis tout ce qu'on peut léguer par ordre.

6. Fidéicommis peuvent être en faveur de ceux auxquels on ne peut léguer.

7. Les Latins Juniens peuvent profiter de fidéicommis, quoiqu'ils ne puissent recevoir aucun legs.

8. On peut laisser un fidéicommis par institution d'héritier, ou après la mort de l'héritier, et même par codicille non appuyé de testament, tandis qu'il est défendu de faire aucun legs de l'une ou l'autre de ces manières.

9. Fidéicommis écrit en grec est valable, quoique legs écrit dans cette langue ne le soit pas.

10. On peut fidéicommettre à un fils encore en la puissance de son père, ou à un esclave, déjà institués héritiers ou légataires, quoiqu'on ne puisse rien léguer par leur moyen.

11. Qui a été institué héritier par testament, peut être prié par codicille même non confirmé, de remettre toute ou partie d'une succession à un autre, quoiqu'il ne puisse être régulièrement institué héritier par aucun codicille.

12. Les fidéicommis ne se réclament pas, ainsi que les legs, par formule antique. A Rome, c'est aux consuls ou au préteur qui est fidéicommissaire, à en connoître. Dans les provinces, c'est à leurs présidens qu'il faut en faire la demande.

13. On ne peut imposer aucune condition à fidéicommis laissé à personne certaine ou incertaine.

14. Qui a été chargé de remettre une succession, la loi Falcidie ne pouvant y avoir aucune application, parce qu'il n'aurait pas été chargé d'en remettre plus que les trois quarts, la remet en vertu du sénatus-consulte Trébellianien, afin que celui auquel elle a été remise en exerce les droits et en supporte les charges. Lorsqu'on peut recourir à la Falcidie, soit parce qu'on

§. 4. Fideicommisso relinquere possunt, qui testamentum facere possunt, licèt non fecerint. Nam intestato quis moriturus, fideicommissum relinquere potest.

§. 5. Res per fideicommissum relinqui possunt, quæ etiam per damnationem legari possunt.

§. 6. Fideicommissa dari possunt his, quibus legari non potest.

§. 7. Latini Juniani fideicommissum capere possunt, licèt legatum capere non possint.

§. 8. Fideicommissum et ante heredis institutionem, et post mortem heredis, et codicillis, etiam non confirmatis testamento, dari potest, licèt legari non possit.

§. 9. Item græce fideicommissum scriptum valet, licèt legatum græce scriptum non valeat.

§. 10. Filio qui in potestate est, servove heredibus institutis, seu his legatum sit, patris vel domini fideicommitti potest, quamvis ab eo legari non possit.

§. 11. Qui testamento heres institutus est, codicillis etiam non confirmatis, rogari potest; vel ut hereditatem totam, vel ex parte alii restituat, quamvis directò heres institui ne quidem confirmatis codicillis possit.

§. 12. Fideicommissa non per formulam petuntur, ut legata : sed cognitio est Romæ quidem consulum, aut prætoris, qui fideicommissarius vocatur : in provinciis verò, præsidum provinciarum.

§. 13. Pœnæ causa certæ vel incertæ personæ ne quidem fideicommissa dari possunt.

§. 14. Is qui rogatus est alii restituere hereditatem, lege quidem Falcidia locum non habente, quoniam non plus putà quàm dodrantem, restituere rogatus est, ex Trebelliano senatusconsulto restituit, ut ei et in eum dentur actiones, cui restituta est hereditas. Lege autem Falcidia interveniente, quoniam plus quàm dodrantem, vel etiam totam hereditatem resti-

18 *

tuere rogatus sit, ex Pegasiano senatus-consulto restituit; vel deducta parte quarta, ipse qui scriptus est heres, hereditatem restituat, et in ipsum actiones conservuntur, is autem qui recipit hereditatem, legatarii loco habeatur.

§. 15. Ex Pegasiano senatusconsulto restituta hereditate, commoda et incommoda hereditatis communicantur. Inter heredem, et eum cui reliquæ partes restitutæ sunt interpositis stipulationibus ad exemplum partis et pro parte stipulationum. Partis autem et pro parte stipulationes propriè dicuntur, quæ de lucro et damno communicando solent interponi inter heredem et legatarium partiarium, id est, cum quo partitus est heres.

§. 16. Si heres damnosam hereditatem dicat, cogetur à prætore adire et restituere totam, ita ut ei et in eum qui recipit hereditatem actiones dentur, proinde atque si ex Trebelliano senatusconsulto restituta fuisset : idque ut ita fiat, Pegasiano senatusconsulto cautum.

§. 17. Si quis in fraudem tacitam fidem accommodaverit, ut non capienti fideicommissum restituat, nec quadrantem eum deducere senatus censuit : nec caducem vindicare ex eo testamento, si liberos habeat.

§. 18. Libertas dari potest per fideicommissum.

a été prié de rendre toute la succession ou plus des trois quarts, on peut la remettre en entier, en conséquence du sénatus-consulte Pégasianien, ou ne la remettre qu'en retenant la quarte ; l'héritier, l'institué pour restituer, est sujet aux charges; celui auquel la succession a été remise, n'est réputé être que légataire.

15. Une succession ayant été rendue en conséquence du sénatus-consulte Pégasianien, l'utile et l'onéreux profite, et est supporté par celui à qui on a restitué, et par l'héritier, en proportion de ce qu'ils ont eu chacun. Ceci s'applique aux gains et aux pertes qui se supportent par l'héritier ou le légataire, par celui avec lequel l'héritier a partagé, selon ce qu'il a eu.

16. Si l'héritier prétend que la succession n'est qu'onéreuse, il doit être forcé par le préteur de l'accepter et de la restituer, de façon qu'on ait également action et contre lui et contre le fidéicommissaire, comme si elle n'avait été remise qu'en vertu du sénatus-consulte Trébellianien. C'est ce qui est précisément ordonné par le sénatus-consulte Pégasianien.

17. Lorsque celui qui a été chargé d'un fidéicommis fait en sorte, par fraude et sourdes insinuations, de ne pas restituer, le sénatus-consulte ne veut pas qu'il puisse retenir le quart, ni que ce quart puisse être confisqué s'il a des enfans.

18. On peut donner la liberté par fidéicommis.

TITULUS XXVI.

De legitimis heredibus.

§. 1. INTESTATORUM ingenuorum hereditates pertinent, primùm ad suos heredes, id est, liberos qui in potestate sunt, cœterosque qui in liberorum loco sunt. Si sui heredes non sunt, ad consanguineos, id est, fratres et sorores ex eodem patre. Si nec hi sunt, ad reliquos adgnatos proximos, id est, cognatos virilis sexus, per mares descendentes, ejusdem familiæ : id enim cautum est lege duodecim tabularum hac.

TITRE XXVI.

Des héritiers légitimes.

1. LES successions des personnes de condition libre, décédées ab intestat, appartiennent d'abord aux héritiers du sang, c'est-à-dire à leurs enfans étant encore en leur puissance, et à tous autres représentans les mêmes enfans. S'il n'existe pas d'héritiers légitimes, la succession appartient aux consanguins, c'est-à-dire aux frères et sœurs du même père ; s'il n'en existe pas non plus, elle appartient aux agnats les

plus proches, c'est-à-dire aux parens du sexe masculin descendans par mâles de mêmes père et mère; c'est ce que veut absolument la loi des douze tables. *Si quelqu'un décède intestat (sans avoir testé), ne laissant aucun héritier légitime, sa succession appartient à son plus proche parent agnat.*

2. Si le décédé laisse un fils et un petit-fils, ou plusieurs d'un second fils qui serait décédé avant lui, la succession leur appartient à tous, non pour être divisée entre eux par tête, mais par souches; de sorte que le fils ait à lui seul la moitié de la succession, et chacun des petits-fils une part égale dans l'autre moitié. Il est juste que les petits-fils succèdent en place de leur père, et prennent la part qu'il aurait eu s'il ne fût pas mort avant.

3. Tant qu'on peut croire qu'une succession sera recueillie par un de ses enfans, les parens n'y ont aucun droit. Tel est le cas où le défunt laisse sa femme enceinte, ou meurt pendant la captivité de son fils chez l'ennemi.

4. Les successions des agnats se partagent par têtes, de sorte que si de deux frères, l'un n'a laissé qu'un fils et l'autre deux ou plus d'enfans, on fait autant de parts qu'il y a de personnes, pour que chacun en ait une égale, quel que soit d'ailleurs le nombre des enfans d'un côté ou d'autre.

5. S'il existe plusieurs agnats au même degré, et que quelques-uns ne veuillent pas de la succession, ou soient eux-mêmes décédés avant de l'avoir acceptée, leurs parts accroissent à ceux qui l'ont acceptée. Si aucun ne l'a acceptée, elle ne passe pas de droit au degré ensuivant, parce qu'en hérédité légitime on ne représente pas celui auquel elle était échue.

6. Aucune succession n'appartient aux femmes, si ce n'est celle de consanguinité; ainsi la sœur est héritière légitime de son frère ou de sa sœur.

7. D'après la loi des douze tables, la succession de mère mourante *ab intestat* n'appartient pas à ses enfans, parce que les femmes n'ont pas d'héritiers nécessaires; mais il a été depuis décrété, sur la propo-

Si intestato moritur, cui suus heres nec extabit, adgnatus proximus familiam habeto.

§. 2. Si defunctus sit filius ex altero filio mortuo, jam nepos unus, vel etiam plures, ad omnes hereditas pertinet : non ut in capita dividatur, sed ut in stirpes, id est, ut filius solus mediam partem habeat, et nepotes quotquot sunt alteram dimidiam. Æquum est enim nepotes patris sui loco succedere, et eam partem habere, quam pater eorum si viveret, habiturus esset.

§. 3. Quamdiu suus heres speratur heres fieri posse, tamdiu locus agnatis non est : velut si uxor defuncti prægnans sit, aut filius apud hostes sit.

§. 4. Adgnatorum hereditates dividuntur in capita, veluti si sit fratris filius, et alterius fratris duo pluresve liberi : quotquot sunt ab utraque parte personæ, tot fiunt portiones, ut singuli singulas capiant.

§. 5. Si plures eodem gradu sunt agnati, et quidam eorum hereditatem ad se pertinere noluerint, vel antequam adierint decesserint, eorum pars adcrescit his qui adierint. Quod si nemo eorum adierit, ad insequentem gradum ex lege hereditas non transmittitur : quoniam in legitimis hereditatibus successio non est.

§. 6. Ad feminas ultra consanguineorum gradum legitima hereditas non pertinet : itaque soror, fratri sororive legitima heres fit.

§. 7. Ad liberos matris intestatæ hereditas ex lege duodecim tabularum non pertinebat : quia feminæ suos heredes non habent. Sed postea imperatorum Antonini et Commodi oratione in senatu recitata, id actum est, ut sine in manu conventione, matrum legitimæ hereditates ad filios pertineant, exclusis consanguineis, et reliquis adgnatis.

§. 8. Intestati filii hereditas ad matrem ex lege duodecim tabularum non pertinet: sed si jus liberorum habeat, ingenua trium, libertina quatuor, legitima heres fit ex senatusconsulto Tertulliano, si tamen ei filio neque suus heres sit, quive inter suos heredes ad bonorum possessionem à prætore vocatur : neque pater ad quem lege hereditas, bonorumve possessio cum re pertinet, neque frater consanguineus. Quòd si soror consanguinea sit, ad utrasque pertinere jubetur hereditas.

sition qui en a été faite par les empereurs Antonin et Commode, que, quoique les fils n'aient aucun droit dans les successions de leur mère, elles leur appartiendraient pourtant, à l'exclusion des frères et sœurs et autres aguats des défuntes.

8. L'hérédité du fils *intestat* n'appartient pas à sa mère, ainsi l'a décidé la loi des douze tables ; mais si elle jouit du droit de la maternité, c'est-à-dire, si étant de condition libre, elle a trois enfans, ou affranchie, quatre, elle est son héritière légitime, d'après ce que porte le sénatus-consulte Tertulianien. Si le fils n'a ni enfans, ni père, ni frère consanguin (de mêmes père et mère), à qui la possession de ses biens ou son hérédité appartient, conformément à la loi, le préteur peut mettre en possession de ses biens celui de ses autres héritiers qu'il trouvera bon ; mais s'il a une sœur consanguine, c'est à elle que doit appartenir sa succession, de l'une et de l'autre autorité.

TITULUS XXVII.

De libertorum successionibus vel bonis.

§. 1. LIBERTORUM intestatorum hereditas primùm ad suos heredes pertinet : deinde ad eos quorum liberti sunt, velut patronum, patronam, liberosve patroni.

§. 2. Si sit patronus, et alterius patroni filius, ad solum patronum hereditas pertinet.

§. 3. Item patroni filius patroni nepotibus obstat.

§. 4. Ad liberos patronorum, hereditas defuncti pertinet, ut in capita, non in stirpes dividatur.

§. 5. Legitimæ hereditatis jus, quod ex lege duodecim tabularum descendit, capitis minutione amittitur.

TITRE XXVII.

Des successions et des biens des affranchis.

1. LA succession des affranchis appartient d'abord à leurs héritiers légitimes, et à défaut à ceux qui les ont affranchis ; tels que leurs patrons, leurs patrones, ou les enfans de l'un et de l'autre.

2. Si de deux patrons il en existe un et seulement le fils de l'autre, la succession de l'affranchi appartient seulement au patron.

3. Il en est de même à l'égard des petits-fils d'un patron, le fils de l'autre les exclut.

4. L'hérédité d'un affranchi appartenant aux enfans de son patron, ne se partage entre eux que par têtes et non par souches.

5. Le droit de succession provenant de la loi des douze tables se perd par le moindre changement dans son état civil.

TITRE XXVIII.

De ceux qui peuvent être envoyés en possession.

1. L'ENVOI en possession des biens d'un défunt s'adjuge contre la teneur du testament, ou faute d'en avoir fait un.

2. On envoie, contre la teneur du testament, les enfans en possession des biens d'un défunt lorsqu'ils ont été émancipés et passés dans le testament, et quoique l'hérédité ne leur appartienne pas légitimement.

3. L'envoi en possession a lieu contre la teneur du testament au profit des enfans tant naturels qu'adoptifs, même au profit de ceux qui sont émancipés; pas à ceux qui se trouvent en famille adoptive, mais aux seuls enfans adoptés qui sont restés sous la puissance du père.

4. L'envoi en possession des enfans émancipés a lieu de l'autorité de l'édit, lorsqu'ils peuvent prouver, à l'égard de leurs grand'pères, que ceux-ci étaient dans l'intention de leur passer les biens dont ils étaient demeurés possesseurs depuis la mort de leur père.

5. Les héritiers écrits au testament ne sont envoyés en possession que lorsqu'il ne se présente personne de ceux qui ont le droit de requérir l'envoi en possession contre la teneur du testament, ou lorsque tous l'ont refusé.

6. Quand même le testament pourrait ne pas valoir selon la loi civile, parce qu'il ne porterait ni vente ni délivrance des biens, pourvu qu'il ait été cacheté des signatures de sept témoins citoyens Romains, il y a lieu à envoi de possession.

7. L'envoi en possession des biens d'un *intestat* a lieu au profit de sept degrés : au premier degré sont les enfans; au second, les autres héritiers légitimes; au troisième, les parens les plus proches; au quatrième, les femmes; au cinquième, le patron, la patronne ou leurs enfans; au sixième, le mari, la femme; au septième, les parens de celui qui a affranchi, auxquels il est permis, par la loi Furia, de laisser plus de mille as. S'il n'existe aucun de ceux ci-

TITULUS XXVIII.

De possessionibus dandis.

§. 1. BONORUM possessio datur aut contra tabulas testamenti, aut adversus tabulas intestati.

§. 2. Contra tabulas bonorum possessio datur liberis emancipatis testamento præteritis, licèt legitimo non ad eos pertineat hereditas.

§. 3. Bonorum possessio contra tabulas liberis tam naturalibus, quàm adoptivis datur. Sed naturalibus quidem emancipatis : non tamen et illis, qui in adoptiva familia sunt. Adoptivis autem, his tantùm, qui in potestate manserunt.

§. 4. Emancipatis liberis ex edicto datur bonorum possessio, si parati sunt cavere patribus suis qui in potestate manserunt, bona, quæ moriente patre habuerunt, se collaturos.

§. 5. Secundùm tabulas bonorum possessio datur scriptis heredibus; scilicet si corum quibus contra tabulas competit, nemo sit, aut petere nolit.

§. 6. Etiamsi jure civili non valeat testamentum, fortè quòd mancipatio vel nuncupatio defuit; si signatum testamentum sit, non minus quàm septem testium civium Romanorum signis, bonorum possessio datur.

§. 7. Intestati datur bonorum possessio per septem gradus. Primo gradu liberis : secundo legitimis heredibus : tertio proximis cognatis : quarto familiæ : quinto patrono, patronæ, liberisve patroni, patronæve : sexto viro uxori : septimo cognatis manumissoris, quibus per legem Furiam plus mille asses capere licet. Et si nemo sit ad quem bonorum possessio pertinere possit : aut si quidem, sed jus suum omiserit : populo bona deferuntur ex lege Julia caducaria.

§. 8. Liberis bonorum possessio datur, tam his qui in potestatem usque in mortis tempus fuerunt, quàm emancipatis ; item adoptivis, non tamen etiam in adoptione datis.

§. 9. Proximi cognati bonorum possessionem accipiunt, non solùm per feminini sexus personam cognati, sed etiam agnati capite deminuti. Nam licèt legitimum jus agnationis capitis minutione amiserint, natura tamen cognati manent.

§. 10. Bonorum possessio datur parentibus et liberis intra annum, ex quo petere potuerunt ; cæteris intra centum dies.

§. 11. Qui omnes intra id tempus si non petierint bonorum possessionem sequens gradus admittitur : perinde ac si superiores non essent. Idque per septem gradus fit.

§. 12. Hi quibus ex successorio edicto bonorum possessio datur, heredes quidem non sunt, sed heredis loco constituuntur beneficio prætoris. Ideoque seu ipsi agant, seu cum his agatur, fictitiis actionibus opus est : in quibus heredes esse finguntur.

§. 13. Bonorum possessio aut cum re datur, aut sine re. Cum re, si is qui accepit, cum effectu bona retineat : sine re, quùm alius jure civili evincere hereditatem possit : veluti si suus heres intestati, bonorum possessio sine re est, quoniam suus heres evincere hereditatem jure legitimo possit.

dessus indiqués ayant droit à l'envoi en possession des biens d'un défunt, ou s'il y avait déchéance de droit, les biens appartiendront au peuple, aux termes de la loi Julia, concernant la caducité des testamens.

8. L'envoi en possession s'obtient aussi bien par les enfans émancipés que par les enfans qui sont restés sous la puissance du père jusqu'à sa mort. Les enfans adoptifs ont aussi le droit de requérir cet envoi pour eux ; mais les adoptés par une autre famille ne l'ont pas.

9. Les proches parens maternels sont envoyés en possession, soit qu'ils descendent des femmes, ou des hommes ayant perdu leurs droits civils ; car quoique la perte de leurs droits civils ait eu lieu, cependant ils ne sont pas moins parens par droit de nature.

10. Les enfans et les parens sont envoyés en possession dans l'année, à compter du jour où ils ont pu en faire la demande ; tous les autres ne peuvent y être envoyés que dans les cent jours.

11. Lorsque ceux qui y ont droit ne se sont pas présentés dans le délai qui leur est prescrit, on le défère au degré subséquent, comme s'il n'existait aucun parent du degré supérieur, et ainsi de degré en degré jusqu'au septième.

12. Ceux auxquels il n'appartient de succéder qu'en vertu de l'édit particulier, peuvent être envoyés en possession, non comme héritiers, mais comme en tenant la place de l'autorité du préteur. C'est alors pour cela que, soit qu'ils agissent, soit qu'on agisse contre eux, l'un ou l'autre ne peut avoir lieu que par actions qui les supposent héritiers.

13. L'envoi en possession est pur et simple ou effectif. Il est effectif, si celui qui est envoyé en possession retient effectivement la jouissance des biens ; il est pur et simple, lorsque la jouissance des biens appartient de droit civil à un autre. Ainsi il n'y a lieu qu'à envoi en possession pur et simple, lorsque c'est l'héritier légitime qui en a le droit ; parce que celui-ci peut de droit légitime revendiquer la jouissance des biens.

TITRE

TITRE XXIX.

Des Biens des affranchis.

1. LA loi des douze tables défert au patron la succession de l'affranchi, citoyen Romain, mort *ab intestat* et sans enfans. Soit qu'il meure sans testament et ne laissant point d'héritier, soit que mourant sans testament il laisse, non un héritier naturel, mais sa femme, supposé celle qu'il avait pu épouser, ou un fils adoptif, la loi n'accorde rien au patron ; mais, selon l'édit du préteur, soit que l'affranchi n'ait rien laissé de ses biens à son patron par son testament, ou qu'il lui en ait laissé moins que la moitié, celui-ci est envoyé en possession de cette moitié, contre la teneur du testament, à moins qu'il ne laisse un successeur de ses enfans naturels. Si n'ayant pas fait de testament, il laisse la femme qu'il avait pu épouser, ou un fils adoptif, son patron n'en est pas moins envoyé en possession de la moitié de ses biens.

2. Les droits du patron sur les biens de son affranchie ne résultent pas de cet édit ; aussi lorsqu'elle meure *ab intestat* (sans testament), tout son bien appartient dans tous les cas à son patron.

3. Quoique les enfans de l'affranchie ne soient pas les héritiers légitimes de leur mère, néanmoins la loi Papia Popéa lui fait obstacle. Si elle a eu quatre enfans depuis sa mise en liberté, elle a été affranchie de la tutelle de son patron. Cette loi, donnant dans ce cas le droit aux affranchies de tester sans y être autorisées par leur patron, ordonne que le patron ait autant de parts viriles dans la succession, qu'elle aura laissé d'enfans survivans.

4. Les enfans mâles du patron ont les mêmes droits sur les biens des parens de ses affranchis que ceux qu'il y avait lui-même. Les femmes ont, d'après la loi des douze-tables, les mêmes droits que les enfans mâles des patrons.

5. La possession naturelle des biens d'un affranchi, soit qu'il ait testé ou non, n'appartient pas à leurs propres héritiers ; mais s'il a acquis le droit attaché à l'existence

TITULUS XXIX.

De Bonis libertorum.

§. 1. CIVIS Romani liberti hereditatem lex duodecim tabularum patrono defert, si intestato sine suo herede libertus decesserit. Ideoque sive testamento facto decedat, licèt suus heres ei non sit, seu intestato, et suus heres ei sit, quamvis non naturalis, sed uxor putà quæ in manu fuit, vel adoptivus filius : lex patrono nihil præstat. Sed ex edicto prætoris seu testamento libertus moriatur, et aut nihil, aut ininus quàm partem dimidiam bonorum patrono relinquat : contra tabulas testamenti, partis dimidiæ bonorum possessio illi datur, nisi libertus aliquem ex naturalibus liberis successorem sibi relinquat, sive intestato decedat, et uxorem forte in manum vel adoptivum filium relinquat, æquè partis mediæ bonorum possessio contra suos heredes patrono datur.

§. 2. In bonis libertæ patrono nihil juris ex edicto datur. Itaque si intestata moriatur liberta, semper ad eum hereditas pertinet.

§. 3. Licèt liberti sint libertæ, quoniam non sunt sui heredes matri, obstat patrono lex Papia Popea. Posteà libertas quatuor liberorum jure tutela patronorum liberavit, et cùm intulerit, jam posse eas sine auctoritate patronorum testari, prospexit ut pro numero liberorum libertæ superstitum virilis pars patrono debeatur.

§. 4. Liberi patroni virilis sexus, eadem jura in bonis libertorum parentum suorum habent, quæ et ipse patronus. Feminæ verò, ex lege quidem duodecim tabularum perindè jus habent, atque masculi patronorum liberi.

§. 5. Contra tabulas autem testamenti liberti, aut ab intestato contra suos heredes non naturalis bonorum possessio eis non competit. Sed si jus trium liberorum

19

habuerunt, etiam hæc jura ex lege Papia Popea nanciscuntur.

§. 6. Patronæ ex bonis libertorum illud jus tantùm habeant, quód lex duodecim tabularum introduxit. Sed posteà lex Papia patronæ ingenuæ duobus liberis honoratæ libertinæ tribus, id juris dedit quod patronus habet ex edicto.

§. 7. Item liberis ingenuæ trium liberorum jure honoratæ eadem lex id jus dedit, quod ipsi patrono tribuit.

de trois enfans, alors ils en sont investis de l'autorité de la loi Papia Popéa.

6. Les patronnes d'affranchies n'ont eu long-tems aucun autre droit sur leurs biens que celui dont la loi des douze tables fait mention quant à elles; mais postérieurement la loi Papia a voulu que toute patronne de condition libre qui aurait deux enfans, ou affranchie qui en aurait trois, jouirait des mêmes droits que ceux accordés par l'édit aux patrons.

7. La même loi porte que la patronne de condition libre qui aura trois enfans, jouira de tous les droits du patron.

FIN des Règles d'Ulpien.

SOLUTIONS DE POINTS DE DROIT

UNANIMEMENT ADOPTÉES

DU TEMS DE JULES PAUL,

ET PAR LUI RECUEILLIES POUR SON FILS.

JULII PAULI
SENTENTIARUM RECEPTARUM
AD FILIUM.

SOLUTIONS DE POINTS DE DROIT
UNANIMEMENT ADOPTÉES
DU TEMS DE JULES PAUL,
ET PAR LUI RECUEILLIES POUR SON FILS.

LIVRE PREMIER.
TITRE PREMIER.

Des Pactes et Conventions.

1. Il y a lieu à pacte sur toutes choses qui peuvent prêter à transaction : il n'existe d'obligation que relativement à elles.

2. En contrats passés de bonne foi, le pacte convenu peut être dissous par un autre ; on vain voudrait-on se prévaloir du premier, l'acceptation du second l'emporte.

INTERPRÉTATION. *Le second pacte annulle le premier, si l'un exclut l'autre ; ainsi, lorsque deux mêmes personnes ont fait deux pactes à l'occasion d'une même chose, le dernier seul doit tenir.*

3. La stipulation Aquilienne s'applique ordinairement au pacte parfait ; mais il est plus prudent d'apposer une peine à son inexécution ; parce que, de quelque manière que le pacte soit ensuite annullé, on peut, en vertu de la clause, répéter la peine.

4. On ne peut faire aucun pacte contraire aux lois ni aux bonnes mœurs.

INTERPRÉTATION. *Si plusieurs se sont engagés à commettre un crime, ou à exer-*

LIBER PRIMUS.
TITULUS PRIMUS.

De Pactis et Conventionibus.

§. 1. De his rebus pacisci possumus, de quibus transigere licet. Ex his enim pacti obligatio solummodo nascitur.

§. 2. In bonæ fidei contractibus pactum conventum alio pacto dissolvitur, et licet exceptionem pariat, replicatione tamen excluditur.

INTERPRETATIO. *Omne pactum posteriore pacto dissolvitur, licet pariat exceptionem ; et si de una re inter ipsas personas duæ pactiones fiant, posterior valebit.*

§. 3. Pacto convento Aquiliana stipulatio subjici solet, sed consultius est huic pœnam quoque subjungere : quia rescisso quoquo modo pacto, pœna ex stipulatu repeti potest.

§. 4. Neque contra leges, neque contra bonos mores pacisci possumus.

INTERPRETATIO. *Si inter aliquos conveniat, ut de admittendo crimine, vel in-*

ferenda violentia, vel faciendo quod legis auctoritas pohibet, aut de rebus alienis, aut si de bonis viventis aliquid paciscantur, hæc pactio valere non potest.

§. 5. De rebus litigiosis et convenire et transigere possumus.

§. 6. Post rem judicatam pactum nisi donationis causa interponatur, servari non oportet.

INTERPRETATIO. *Post rem judicatam pactio inter eos qui litigaverunt, tunc obtinet firmitatem, si de summâ, quam judicio constat addictam, ab eo qui vicit aliquid concedatur.*

§. 7. Functio dotis pacto mutari non potest, quia privata conventio juri publico nihil derogat.

§. 8. De criminibus propter infamiam nemo cum adversario pacisci potest.

cer quelque voie de fait, ou à faire ce qui est défendu par les lois, ou à s'emparer du bien d'autrui, s'ils ont traité des biens d'une personne vivante, ces pactes n'emportent aucune obligation réelle.

5. On peut traiter et transiger des choses au sujet desquelles il y a procès.

6. Après jugement il n'y a lieu à aucun pacte, si ce n'est qu'on veuille donner la chose acquise par le jugement.

INTERPRÉTATION. *Aucune convention d'entre ceux qui ont plaidé ne peut avoir d'effet après jugement, si ce n'est de la part de celui qui a gagné, pour remise de partie de la somme que l'autre a été condamné à lui payer.*

7. La destination de la dot ne peut être changée par aucun pacte, parce qu'aucune convention faite de particulier à particulier ne peut prévaloir contre le droit public.

8. Personne ne peut faire aucun pacte avec le coupable d'un crime emportant infamie.

TITULUS II.

De Cognitoribus.

§. 1. OMNES infames, qui postulare prohibentur, cognitores fieri non possunt, etiam volentibus adversariis.

INTERPRETATIO. *Infames sunt, qui propter aliquam culpam notantur infamia. Et ideò tales personæ ad agendas causas nec mandatum dare, nec suscipere ab altero possunt, etiam si hoc eorum adversarii acquiescant.*

§. 2. Feminæ in rem suam cognitoriam operam suscipere non prohibentur.

INTERPRETATIO. *Feminæ licèt procurationem suscipere prohibeantur, tamen si dominæ et procuratrices fiant, pro re jam suâ agere possunt.*

§. 3. In rem suam cognitor procuratorve ille fieri potest, qui pro omnibus postulat.

INTERPRETATIO. *Nec procurator in causa aliena, et dominus ut pro re suâ agat infamis persona fieri potest.*

§. 4. Actio judicati non solùm in domi-

TITRE II.

Des Agréés dans les tribunaux.

1. AUCUN infame ne peut être l'agréé de qui que ce soit, quand même la partie adverse le voudrait.

INTERPRÉTATION. *Les infames sont ceux qui, pour quelque faute, ont été notés d'infamie. De telles personnes ne peuvent, à cause de cela, donner pouvoir de plaider, ni en accepter de qui que ce soit, quand même leurs adversaires y consentiraient.*

2. Il n'est pas défendu aux femmes de se mêler en justice de ce qui les intéresse.

INTERPRÉTATION. *Quoiqu'il ne soit pas permis aux femmes de se charger de procurations, cependant lorsqu'elles sont leurs maîtresses et ont pouvoirs, elles peuvent agir dans leur intérêt personnel.*

3. Le postulant ou procureur peut pour lui-même ce qui lui est permis pour tout autre.

INTERPRÉTATION. *L'infame ne peut agir ni dans les affaires des autres ni dans les siennes.*

4. L'action résultante de jugement non-

seulement s'exerce par tout maître et contre tout maître, mais passe à l'héritier ou s'exerce contre lui.

INTERPRÉTAT. *L'action pour l'exécution de la chose jugée appartient à celui qui a obtenu jugement, ainsi qu'à son héritier. Ce dernier a droit comme l'autre de faire payer conformément à ce qui a été jugé.*

num, aut domino, sed etiam heredi, et in heredem datur.

INTERPRETATIO. *Actio de executione judicatarum rerum, non solùm ipsi auctori qui egit competit, sed et heredi similiter debetur: Nam et heres victi ab herede victoris ad solutionem judicati nihilominus retinetur.*

TITRE III.

Des Fondés de pouvoirs.

1. LE mandat peut, entre présens, être donné par paroles; autrement il peut l'être par lettre, par message, ou par acte passé devant les présidens ou magistrats.

Il n'est pas besoin d'interpréter ceci.

2. Le procureur fondé l'est ou pour la suite d'un procès, ou pour toute affaire, ou pour portion d'affaires, ou pour gérer seulement les biens.

INTERPRÉTATION. *Fondé de pouvoirs ne peut faire que ce dont il a été chargé par son mandat, il ne doit rien se permettre au-delà de ce qui y est évidemment porté.*

3. Qui se charge volontairement des affaires d'autrui, doit toujours prendre garde de ne faire que ce que le maître (celui pour lequel il agit) ne pourra refuser de ratifier.

4. Fondé de pouvoir du demandeur absent doit plaider pour lui; il peut être forcé de donner caution du non désaveu de sa partie.

5. Il doit fournir cette caution si l'adversaire l'exige, parce que personne ne peut gérer les affaires d'autrui sans en donner caution.

6. Si ce procureur refuse cette caution, il ne peut exercer l'action de l'absent.

TITULUS III.

De Procuratoribus.

§. 1. MANDATI potest procuratio præsentibus, et nudis verbis et per litteras, et per nuncium, et apud acta præsidis et magistratus.

Ista interpretatione non eget.

§. 2. Procurator aut ad litem, aut ad omne negotium, aut ad partem negotii, aut ad res administrandas datur.

INTERPRETATIO. *Procurator eas tantùm res agere potest, quas ei evidenter constiterit fuisse commissas.*

§. 3. Voluntarius procurator, qui se alienis negotiis offert, rem ratam dominum habiturum cavere debet.

§. 4. Actoris procurator non solùm absentem defendere, sed et rem ratam dominum habiturum satisdare cogitur.

§. 5. Petitoris procurator rem ratam dominum habiturum desiderante adversario satisdare cogendus est, quia nemo in re aliena idoneus est sine satisdatione.

§. 6. Si satis non det procurator absentis actio ei absentis nomine non datur.

TITRE IV.

Des Gérans d'affaires.

1. QUI gère les affaires d'autrui doit y mettre de la bonne foi et y donner tous ses soins.

2. Tutelle ayant pris fin, si le tuteur

TITULUS IV.

De Negotiis gestis.

§. 1. QUI negotia aliena gerit et bonam fidem, et exactam diligentiam rebus ejus, pro quo intervenit, præstare debet.

§. 2. Tutor post finitam tutelam si in

administratione duret, actione negotiorum gestorum pupillo, vel curatori ejus tenebitur.

INTERPRETATIO. *Tutor si peracta tutela, id est, impletis pupillaribus annis, voluerit in ipsa administratione persistere, de actis negotiis pupillo vel curatori ejus, non tutelæ, sed negotiorum gestorum cogendus est reddere rationem.*

§. 3. Si pecuniam quis negotium gerat, usuras quoque totius temporis præstare cogetur, et periculum eorum nominum, quibus collocavit, agnoscere, si litis tempore solvendo non sint. Hoc enim in bonæ fidei judiciis servari convenit.

INTERPRETATIO. *Qui pecuniam exercuit alienam, usuras ejus reformare cogendus est. Et si minus idoneis personis de hac ipsa pecunia fortasse crediderit, pro ipsorum personis, quæ solvere non possunt, damnum ipse qui talibus personis credidit, sustinebit.*

§. 4. Mater, quæ filiorum suorum rebus intervenit; actione negotiorum gestorum, et ipsis, et eorum tutoribus tenebitur.

INTERPRETATIO. *Mater, quæ se in retinendis rebus filiorum miscuerit, tam ipsis, quàm tutoribus eorum negotiorum gestorum cogitur reddere rationem.*

§. 5. Filiusfamilias aut servus, si negotium alicujus gerat, in patrem dominumve peculio tenus actio dabitur.

INTERPRETATIO. *Si filiusfamilias, aut servus sine jussu patris aut domini negotia gesserint aliena, et ex hoc inveniantur obnoxii, tantum damni pater vel dominus sustinebit, quantum in eorum peculio inveniri potuerit.*

§. 6. Si pater vel dominus filiofamilias, vel servo aliena negotia agenda commiserit, in solidum tenebitur.

§. 7. Pater si emancipati filii res sine ulla exceptione à se donatas administraverit, filio actione negotiorum gestorum tenebitur.

INTERPRETAT. *Si pater ea quæ eman-*

continue à administrer, il devient responsable au pupille ou à son curateur de sa gestion bénévole.

INTERPR. *Tuteur qui, la tutelle étant finie, c'est-à-dire, les années pupillaires expirées, a continué à administrer, pourra être forcé de rendre compte au pupille ou à son curateur, non plus comme tuteur, mais comme ayant bénévolement géré.*

3. Qui aura placé l'argent d'un autre, sera tenu d'en servir l'intérêt jusqu'au tems convenu pour le remboursement, et même de payer pour ceux auxquels il aurait prêté, si à l'échéance du terme de remboursement ceux-ci se trouvaient hors d'état de l'effectuer, etc. etc.

INTERPR. *Qui fait valoir l'argent d'autrui, doit lui en garantir les intérêts, c'est à lui seul à s'imputer de ne l'avoir pas placé entre des mains peut-être pas assez sûres. Il doit payer pour les personnes qui ne pourraient pas rendre. C'est à lui à supporter la perte à laquelle il a exposé cet argent, si le cas y échét.*

4. La mère qui s'est mêlée des affaires de ses enfans, en est responsable à eux-mêmes et à leur tuteur, par cela seul qu'elle a géré.

INTERPR. *La mère qui, en retenant les biens de ses enfans, s'est immiscée dans leur administration, en doit, de son fait personnel, compte et à ses enfans et à leur tuteur.*

5. Si un fils de famille ou un esclave a fait les affaires de quelqu'un, il y aura action contre le père ou le maître jusqu'à concurrence de leur pécule.

INTERPRÉT. *Si un fils de famille ou un esclave a géré les affaires d'autrui sans permission de son père ou de son maître, et qu'il s'y trouve un déficit, le père ou le maître ne pourra être tenu de la perte que jusqu'à concurrence de leur pécule.*

6. Si un père ou un maître a permis à son esclave ou à son fils de gérer les affaires d'autrui, il sera personnellement responsable de toute leur gestion.

7. Tout père qui, ayant émancipé son fils, aura administré les biens qu'il lui avait donnés, en sera responsable comme ayant géré.

INTERPRÉTATION. *Si un père a retenu l'administration*

l'administration des biens qu'il a donnés à son fils en l'émancipant, ou par tout autre motif, le fils aura action contre son père à raison de cette gestion.

8. Qui, sans être tuteur ou curateur, a géré, comme s'il était l'un ou l'autre, les affaires d'un pupille ou d'un adulte, sera responsable de cette gestion comme tuteur ou curateur.

cipato filio sine aliqua conditione donaverat, administrare præsumpsit, filio emancipato pro his quæ in rebus ejus gessit. Negotiorum gestorum tenebitur actione.

§. 8. Qui cùm tutor, curatorve non esset, si pro tutore curatoreve res pupilli adultive administraverit, actione negotiorum gestorum pro tutore curatoreve tenebitur.

TITRE V.

Des Fourbes.

1. LE fourbe est celui qui, de gaieté de cœur, dans son seul intérêt, et par fraude, suscite une mauvaise affaire à quelqu'un.

2. Tous fourbes convaincus de fraude en acte privé ou public, sont punissables dès qu'ils ont été reconnus pour tels.

INTERPRÉTAT. *Quiconque a été convaincu de fourberie devant les juges ordinaires ou d'attribution, doit être condamné à la peine de ce fait, même avant le jugement à rendre sur la contestation entamée.*

TITULUS V.

De Calumniatoribus.

§. 1. CALUMNIOSUS est, qui sciens, prudensque per fraudem negotium alicui comparat.

§. 2. Et in privatis, et in publicis judiciis omnes calumniosi extra ordinem, pro qualitate admissi plectuntur.

INTERPRETATIO. *Qui apud vinctos, aut privatos judices fuerit de calumniæ objectione convictus, non expectata ordinis sententia, prout causa fuerit, supplicio subdetur.*

TITRE VI.

Des Fugitifs.

1. L'ESCLAVE fugitif vendu par l'un de ceux qui se chargent à prix d'argent de les rattraper, ne peut être mis en liberté, sans le consentement de son ancien maître, que dix ans après avoir été ainsi acheté.

2. Personne ne doit, en contravention au décret du sénat, ni vendre ni acheter l'esclave qui a été déclaré être en fuite, sous peine de dix mille sesterces.

3. Les gardes ports, et autres préposés dans l'intérieur, ont droit de garder en prison les esclaves fugitifs par eux arrêtés.

4. Les magistrats des villes doivent renvoyer les esclaves fugitifs arrêtés, pardevant les gouverneurs des provinces ou proconsuls.

5. Les esclaves fugitifs peuvent être recherchés et repris, même sur les terres du domaine.

TITULUS VI.

De Fugitivis.

§. 1. SERVUS à fugitivario comparatus, intra decem annos manumitti contra prioris domini voluntatem non potest.

§. 2. Contra decretum amplissimi ordinis, fugitivum in fuga constitutum nec emere nec vendere permissum est, irrogata pœna in utrumque sestertiorum decem millium.

§. 3. Limenarchæ et stationarii fugitivos deprehensos, recté in custodiam retinent.

§. 4. Magistratus municipales ad officium præsidis provinciæ, vel proconsulis, comprehensos fugitivos recté transmittunt.

§. 5. Fugitivi in fundis fiscalibus quæri et comprehendi possunt.

20

§. 6. Fugitivi qui à domino non agnoscuntur, per officium præfecti vigilum distrahuntur.

§. 7. Intra triennium venditionis, agniti fugitivi emptor, pretium à fisco repetere potest.

TITULUS VII.

De Reis institutis.

§. 1. DE his criminibus, quibus quis absolutus est, ab eo qui accusavit, refricari accusatio non potest.

§. 2. Filius accusatoris, si hoc crimen, quod pater intendit, post liberatum reum persequi velit, ab accusatione removendus est.

§. 3. Crimen, in quo alius destitit, vel victus recessit, alius objicere non prohibetur.

TITULUS VIII.

De integri Restitutione.

§. 1. INTEGRI restitutio est redintegrandæ rei, vel causæ actio. Integri restitutionem prætor tribuit ex his causis, quæ per metum, dolum et status per mutationem, et justum errorem, et absentiam necessariam, et infirmitatem ætatis gesta esse dicuntur.

INTERPRETATIO. *Integri restitutio dicitur, si quando res quælibet aut causa quæ perierat, in priorem statum reparatur, vel id quod alicui sublatum est reformatur. Hoc enim quod per prætorem antea fiebat, modo per judices civitatum agendum est, ita ut eorum causæ vel res in integrum revocentur : qui aut per timorem potestatis alicujus compulsi sunt, aut fraude vel errore decepti sunt, aut per*

6. Les fugitifs repris qui ne sont pas reconnus de leurs maîtres, restent à la disposition du préfet des gardes-nuit.

7. Celui qui a acheté un fugitif peut en répéter le prix contre le fisc pendant trois ans, à compter de l'achat.

TITRE VII.

Des Accusés.

1. QUI a été absous du crime dont il avait été accusé, ne peut plus l'être du même crime par le même accusateur.

2. Le fils de l'accusateur ne peut réitérer la même accusation contre l'accusé qui a été absous.

3. D'ailleurs il n'est pas défendu de reprocher tout crime dont on ne s'est pas défendu, ou qui est tenu pour avéré par la retraite de l'accusé.

TITRE VIII.

De l'entière Restitution.

1. PAR les mots de restitution entière, on désigne les motifs pour lesquels on peut être réintégré (remis) au même et semblable état dont on était occasionnellement déchu; ou bien l'action tendante à cette réintégration (c'est ce qu'on appelle réintégrande). Le préteur peut ordonner la réintégrande par les causes ci-après : Lorsqu'on a agi par crainte, ou qu'on a été frauduleusement trompé; par cause de changement d'état (si de libre on est devenu esclave); par erreur inévitable, par faiblesse d'âge, ou enfin lorsque ce dont nous nous plaignons n'est arrivé que pendant une absence forcée.

INTERPRÉT. *La restitution entière, est la restitution ordonnée par justice d'un bien ou d'un droit qui avait disparu pour celui auquel il appartenait, ou l'ordre de nous rendre ce qu'on nous avait enlevé. C'était au préteur à connaître des demandes à fin de réintégrande; aujourd'hui ce sont les juges de chaque ville qui en connaissent. Ceux qui peuvent être restitués, sont ceux qui ont agi par crainte de ceux* dont ils dépendaient, par fraude d'autrui, par leur propre erreur, par captivité, ou qui par quelque fatale nécessité, fait ou consenti quelque acte portant atteinte à leurs moyens d'existence, ou à leur état civil. Il en est de même de tous actes qui ont eu lieu pendant une absence par voyage de long cours ; ou, quant aux mineurs, à l'égard de tous les actes qui leur portent préjudice.

2. Réintégrande ne peut être accordée qu'une fois, elle n'a lieu que quand les faits d'où elle doit résulter sont prouvés.

INTERPRÈT. *Pour qu'un bien soit restitué ou un droit rétabli en entier, il faut que les faits qui autorisent cette restitution ou rétablissement aient été prouvés en justice. Restitution une fois faite, il n'y a plus à y revenir.*

3. Restitution en entier, a pour objet ou les choses ou les personnes. Quant aux choses, l'action y relative ne s'exerce que pour obtenir la révocation des actes qui les ont attribuées aux autres. À l'égard des personnes, la restitution se résout en paiement du quadruple, si l'action a été intentée dans l'année, ou du simple équivalent, si elle ne l'a été que l'année expirée.

INTERPRÈT. *Toutes les fois qu'il est question du bénéfice de restitution en entier d'une chose (d'un bien, ou d'un droit, ou d'une dette), ou d'une personne, il faut se pourvoir à raison de la chose, ou contre la personne. S'il s'agit de la restitution d'une chose, l'action doit tendre à faire annuler ce qui s'oppose à ce qu'elle nous soit rendue ; s'il s'agit d'une personne, l'action intentée dans l'année tendra à faire prononcer la restitution du quadruple de ce qu'on aura indûment fait payer ; si on ne redemande la chose qu'après une année de son enlèvement, la restitution sera simple.*

4. Si quelqu'un a donné ou promis, pour être délivré des voleurs, des ennemis, ou du peuple ; il ne sera pas admis à revenir contre son fait par motif de crainte ; car c'est pour être délivré de cette crainte qu'il a promis ou donné récompense.

INTERPRÉTAT. *Quiconque a donné ou promis une chose à titre de récompense, pour être délivré de l'ennemi, ou retiré*

càptivitatem, vel quacunque injusta necessitate, substantiam suam aut statum ingenuitatis perdidisse noscuntur. Aut si qui pro necessitate longinquæ peregrinationis absentant, vel ad restauranda ea quæ in damnis minorum gesta esse probantur.

§. 2. Integri restitutio plus quàm semel non est decernenda, ideoque causa cognita decernitur.

INTERPRETATIO. *Ut in integrum res vel causa redeat, non nisi semel potest à judice cognità causa præstari.*

§. 3. Integri restitutio aut in rem competit, aut in personam. In rem actio competit, ut res ipsa, qua de agitur, revocetur. In personam aut quadrupli pœna intra annum, vel simpli post annum peti potest.

INTERPRETATIO. *Quoties de revocanda re vel causa integri restitutionis beneficium petitur, aut in rem, aut in personam agendum est ; id est, ut res ipsa de qua agitur, quæ sublata est recipiatur. Et cùm in personam actio intendi cœperit, is qui rem indebitè abstulisse convincitur, id quod sublatum est, intra annum in quadruplum reformare debet : post annum verò in simplum reddendum est.*

.1..)

§. 4. Si aliquis ut se de vi latronum : vel hostium, vel populi liberaret, aliquid mancipavit, vel promisit, ad metum non pertinet : mercedem enim de metu tribuit.

INTERPRETATIO. *Quicunque aliquid, ut se de hostibus, vel de seditione populi, aut de latronum impetu liberaret, causa*

20 *

mercedis ut evaderet aut promisit, aut dedit, hoc per metum se dedisse non poterit allegare, nec revocare quod dedit.

§. 5. Servus per metum mancipatus, quidquid adquisierit, vel stipulatus sit, ei adquirit, qui vim passus est.

INTERPRETATIO. *Si cum domino vis infertur, servum metu interveniente dederit, et apud eum cui datus fuerat, aliquid quolibet pacto acquisierit, cùm servum ipsum dominus, cui vis est illata, receperit, ad eum omnia quæ servus acquisierat, pertinebunt.*

§. 6. Vis est major rei impetus, qui repelli non potest.

Ista interpretatione non indiget.

§. 7. Qui quem in domo inclusit, ut sibi rem manciparet, aut promitteret, extorsisse mancipationem videtur.

INTERPRETATIO. *Qui aliquem in domo sua clausum tenuerit, quascunque ei scripturas extorserit, non valebunt.*

§. 8. Qui quem ferro vinxit, ut sibi aliquid traderet, vel venderet, vim intulisse videtur.

§. 9. Qui in carcerem quem detrusit, ut aliquid ei extorqueret, quidquid ob hanc causam factum est, nullius est momenti.

Interpretatione non indiget.

TITULUS IX.

De Dolo malo.

§. 1. DOLUS malus est, cùm aliud agitur, aliud simulatur.

§. 2. Qui dolum vel metum adhibuit, ut res ad alium transiret, uterque de vi et de dolo actione tenebitur.

---

d'une sédition populaire, ou sauvé de la fureur des brigands, ne peut prétendre que c'a été par crainte qu'il a donné ou promis, ni se faire rendre ce qu'il a donné.

5. Lorsqu'un maître n'aura vendu un esclave qu'à cause de la crainte qu'il lui avait inspirée, tout ce que cet esclave aura depuis acquis, toutes les obligations passées à son profit, appartiendront à celui qui aura été ainsi forcé de s'en défaire.

INTERPRÉTATION. *Si un esclave a fait violence à son maître, et qu'il l'ait donné par la crainte qu'il en aura pris, quelque chose qu'il ait acquis chez son nouveau maître, lorsque le maître auquel cet esclave avait fait violence l'aura repris, tout ce que l'esclave aura acquis appartiendra à ce maître.*

6. La force est tout effort fait contre nous, et tel qu'il ne nous ait pas été possible d'y résister.

Cela n'a pas besoin d'interprétation.

7. Quiconque a renfermé chez lui quelqu'un pour le faire consentir à lui donner quelque chose, est censé avoir extorqué ce qui lui a été donné.

INTERPRÉTAT. *Les titres écrits, extorqués à une personne par voie de réclusion dans la maison du porteur, ne seront d'aucune valeur.*

8. Quiconque a mis quelqu'un aux fers pour se faire livrer ou vendre quelque chose, est censé n'être venu à ses fins que par force.

9. Qui a été tenu au cachot jusqu'à ce qu'il ait obtempéré à ce qu'on voulait avoir de lui, n'a contracté aucune obligation dans cette situation.

Il n'est pas besoin d'interprétation.

TITRE IX.

Du Dol par duplicité.

1. IL y a dol par duplicité, lorsqu'on agit d'une façon et qu'on fait semblant d'agir d'une autre.

2. Qui a employé la duplicité et la crainte pour faire donner quelque chose à un autre, est coupable de violence, et de dol en même tems.

TITRE X.

Des Mineurs de vingt-cinq ans.

1. MINEUR de vingt-cinq ans qui s'est rendu coupable d'un crime de l'espèce de ceux auxquels on inflige une peine publique, ne peut être relevé de cette peine.

INTERPRÉT. *Les mineurs d'âge s'étant rendus coupables de quelque crime, n'en peuvent être excusés à cause de leur âge.*

2. Si un mineur s'est mêlé de sa seule volonté des affaires d'autrui, celui pour lequel ce mineur aura traité, pourra être restitué à cause de l'âge du mineur; mais s'il a été par ce dernier donné pouvoir au mineur d'agir, il n'y aura pas lieu à restitution.

INTERPRÉTAT. *Si un majeur a donné pouvoir à un mineur de gérer ses affaires, le majeur ne pourra être restitué à cause de l'âge du mineur; à moins que celui-ci n'ait traité d'une affaire pour laquelle il n'avait pas de pouvoir.*

3. Si un mineur, devenu majeur, a alors ratifié, par pacte ou par son silence, ce qu'il avait fait pendant sa minorité, en vain voudra-t-il se faire restituer contre, il ne pourra pas l'être.

INTERPRÉTAT. *Si le majeur de vingt-huit ans accomplis a dédaigné, par silence ou taciturnité, de révoquer ce qu'il avait fait avant, il ne pourra plus se faire restituer.*

4. Si l'héritier d'un mineur est lui-même mineur, cet héritier pourra se faire restituer à cause de son âge, et non à cause de l'âge de celui dont il est héritier.

INTERPRÉT. *La succession d'un mineur étant échue à un autre mineur, ce n'est pas de la personne du défunt que l'héritier peut agir, mais de la sienne; si le défunt avait vingt-trois ans et que son héritier n'en ait que vingt, c'est de l'âge de ce dernier qu'il faudra compter les temps.*

5. Le mineur peut être restitué contre son engagement de caution, soit qu'il ait à ce titre garanti une promesse, un cautionnement ou un mandat; mais la restitution du mineur ne profite en rien au principal obligé.

TITULUS X.

De Minoribus vigintiquinque annorum.

§. 1. MINOR vigintiquinque annorum, si aliquod flagitium admiserit, quod ad publicam coërcitionem expectet, ob hoc in integrum restitui non potest.

INTERPRETATIO. *Minores ætate si crimina graviora commiserint, per ætatem se non poterunt excusare.*

§. 2. Qui minori mandavit, ut negotia sua agat, ex ejus persona in integrum restitui non potest, nisi minor sua sponte negotiis ejus intervenerit.

INTERPRETATIO. *Si quis major annis, minori per mandatum negotia sua agenda commiserit, ex persona minoris integri restitutionem accipere non potest, nisi forsitan minor sine mandato voluntariè se causis miscuerit alienis.*

§. 3. Si major effectus res quas minor egit, pacto, vel silentio comprobavit, adversus hoc quoque in integrum restitui frustrà desiderat.

INTERPRETATIO. *Si quis id quod minor ætate gessit, postquam major effectus est, id est, usque ad expletum vigintiocto annum silentio suo et taciturnitate revocare noluit, de hac re integri restitutionem petere non potest.*

§. 4. Si minor minori heres existat, heres ex sua persona, non ex defuncti, in integrum restitui potest.

INTERPRETATIO. *Si minor minori successerit, non ex persona defuncti ille qui heres est, sed ex sua agere potest; hoc est, si ille qui defunctus est vigintitertio annorum sit, et succedens viginti ex istius qui successit ætate tempora computanda sunt.*

§. 5. Minor se in his, quæ fidejussit, vel fide promisit, vel spopondit, vel mandavit in integrum restituendo, reum principalem non liberat.

INTERPRETATIO. *Si minor majorem fide dicat, licèt ipse teneri non possit, tamen quem fide dixit teneri potest.*

§. 6. Qui sciens, prudensque se pro minore obligavit, si id consulto consilio fecit, licèt minori succurratur, ipsi tamen non succurretur.

INTERPRETATIO. *Qui sciens minorem, hoc argumento pro eo fidejussor accessit, ut excusatione minoris ætatis fidejussionem suam in posterum liberet, minor quidem ætatis beneficio liberatur, sed ad solvendum debitum fidejussor qui hoc argumento usus est, retinetur.*

§. 7. Minor adversus emptorem in integrum restitutus, pretio restituto, fundum recipere potest. Fructus enim in compensationem usurarum penes emptorem remanere placuit.

INTERPRETATIO. *Si minor prædium quod vendiderat per integri restitutionem reddito emptori pretio, receperit : fructus ab emptore præceptos recipere non potest, sed eos quanti fuerint in compensationem usurarum jussum est imputari.*

§. 8. Minor adversus distractiones eorum pignorum, et fiduciarum, quas pater obligaverat, si non ita ut oportuit à creditore distractæ sint, restitui in integrum potest.

INTERPRETATIO. *Minor annis, ea quæ pater ejus oppignoraverat, vel fiduciæ causa posuerat, si viliore pretio, quàm oportebat, à creditore distracta convicerit, potest soluto debito ad recipiendam rem suam integri restitutionis auxilium promereri.*

INTERPRÉT. *La restitution du mineur caution d'un majeur, le dégage de cette obligation ; mais ne dégage pas le majeur de la sienne.*

6. Qui s'est rendu exprès et à dessein caution d'un mineur, sachant bien qu'il était mineur, et à cause de sa minorité, n'en sera pas moins tenu de son fait, quoique le mineur vienne à être restitué contre le sien.

INTERPRÉT. *Qui n'ignorant pas la minorité de celui qu'il a cautionné, ne s'est rendu sa caution qu'à cause de sa minorité, croyant profiter comme lui du bénéfice de restitution, s'est trompé ; le mineur pourra être restitué contre son engagement : mais sa caution s'étant engagée à cause de sa minorité, sera tenue de payer.*

7. Le mineur restitué, contre son acheteur, peut reprendre son fonds en rendant le prix qu'il en avait reçu ; mais les fruits restent à l'acquéreur, en compensation des intérêts de son argent.

INTERPRÉT. *Par exemple, un mineur avait vendu un bien ; s'il est restitué contre cette vente, il peut reprendre ce bien en rendant le prix de vente ; mais les fruits lors perçus par l'acquéreur ne seront pas par lui rendus, quelle qu'ait été leur quantité ; l'acquéreur a droit de les garder, comme remplaçant les intérêts de son argent.*

8. Mineur, peut être restitué contre la vente faite des biens donnés en gage par son père, toutes les fois que le créancier aura mal vendu.

INTERPRÉTAT. *Mineur d'années peut, en payant les dettes de son père, rentrer dans les biens engagés et vendus par le créancier, s'il prouve que la vente n'en a été faite qu'à vil prix.*

TITULUS XI.

De plus petendo.

CAUSA cadimus aut loco, aut summa, aut tempore, aut qualitate. Loco alibi. Summa, si plus quàm damus, petimus :

TITRE XI.

Du trop demandé.

ON peut perdre son procès par le lieu, par la somme, par le tems, par la qualité. Par le lieu, en le changeant ; par la somme, en répétant plus qu'on n'a donné ; par le tems, en redemandant avant le terme ; par la qualité , en exigeant la meilleure des choses de même espèce.

INTERPRÉT. *On peut perdre sa cause en demandant que le dépôt ou le prêt soit rendu en tout autre lieu que celui où on l'a fait ; en réclamant plus que ce qu'on a donné ; en exigeant avant le terme convenu pour le remboursement ; en voulant ravoir une chose de meilleure qualité que celle qu'on a livrée.*

TITRE XII.

De ceux qui doivent caution.

1. Toutes les fois qu'une succession est réclamée, il est de droit d'en donner caution ; faute de caution, le réclamant en doit jouir.

2. Si celui qui réclame ne donne pas caution, la possession de l'hérédité reste à celui qui en est saisi ; faute de caution de part et d'autre, le droit du possesseur doit prévaloir.

INTERPRÉTAT. *Lorsqu'une hérédité a été déférée par acte d'entre vif ou par testament, et qu'elle est réclamée contre celui auquel elle est ainsi parvenue, le prétendant peut exiger que celui qui en jouit donne caution, pour sûreté à venir de tout ce dont elle se compose, jusqu'au jugement. Si le possesseur ne donne pas cette caution, la possession appartient au réclamant en donnant cette caution ; mais si ce réclamant ne fournit pas lui-même caution, le possédant la retiendra jusqu'à jugement.*

3. L'usufruitier est tenu de donner caution de ne jouir qu'ainsi que le père de famille aurait lui-même joui.

INTERPRÉTAT. *L'usufruitier peut être forcé en justice de donner caution au propriétaire de ne pas jouir autrement que ne le ferait ce propriétaire dans son intérêt le mieux entendu.*

tempore , repetendo ante tempus ; qualitate, ejusdem speciei rem meliorem postulantes.

INTERPRETATIO. *Causam perdit , quicunque aut commendatum sive commodatum aliquid alibi sibi quàm placuit dari petierit , aut plus quàm datum est reddi poposcerit , aut ante tempus quàm redhibitio promissa est petierit reformari , aut meliorem speciem quàm dederat postularit.*

TITULUS XII.

De satisdando.

§. 1. Quoties hereditas petitur, satisdatio jure desideratur ; et si satisdatio non detur, in petitorem hereditas transfertur.

§. 2. Si petitor satisdare noluerit, penes possessorem possessio remanet. In pari enim causa potior est possessor.

INTERPRETATIO. *Si quicunque hereditatem ex defuncti voluntate , aut testamenti conditione possideat , quam alter sibi debitam esse contendit , petitor jure postulat, ut ei à possessore satisdatio detur, quæ omnia hereditaria corpora salva futura esse promittat , usque in cognitionis eventum. Et si possessor ex hac re conventus hujusmodi satisdationem non providerit , dato à petitore fidejussore, ad eum hereditaria corpora transferuntur. Si verò nec petitor satisdatorem non dederit , penes possessorem usque ad eventum judicii possessio remanebit.*

§. 3. Ususfructuarius et de utendo usufructu satisdare debet, se perinde usurum; ac si ipse paterfamilias uteretur.

INTERPRETATIO. *Ususfructuarius proprietatis domino satisdatorem dare compellitur, se usufructu suo non aliter usurum , quàm ipse proprietatis dominus uti potuit diligenter.*

TITULUS XIII.

De Judiciis omnibus.

§. 1. **H**I qui falsa rescriptione usi fuerint, lege Cornelia de falsis puniuntur.

INTERPRETATIO. Hi qui in causis suis falsa principum rescripta detulerint, ut falsarii puniantur.

§. 2. Ex his, qui ancillam corrupit alienam, aliam reformare cogendus est.

§. 3. Qui falsum nesciens allegavit, falsi pœna non tenetur.

§. 4. In caput domini, patronive, nec servus, nec libertus interrogari potest.

§. 5. Prægnantes neque torqueri, neque damnari, nisi post editum partum possunt.

§. 6. Qui rescriptum à principe falsa allegatione elicuerint, uti eo prohibentur.

§. 7. Qui de se confessus est, in alium torqueri non potest, ne aliam salutem in dubium deducat, qui de sua desperavit.

TITULUS XIV.

De Judicato.

§. 1. **Q**UI exhibiturum si aliquem judicio caverit, mortuo eo, pro quo caverat, periculo cautionis liberatur.

§. 2. Filiusfamilias jussu patris manumittere potest, matris non potest.

§. 3. Is, qui album raserit, corruperit, sustulerit, mutaverit, quidve aliud proposito edicendi gratia turbaverit, extra ordinem punitur.

INTERPRETATIO. In eum qui album curiæ raserit, vitiaverit, vel quodcunque aliud scripturæ genus sua præsumptione turbaverit, in eum capitaliter, non expectata ordinis sententia vindicatur.

TITRE XIII.

Des Jugemens en général.

1. **Q**UICONQUE aura fait usage de rescrits supposés, sera puni comme faussaire, conformément à la loi Cornélia.

INTERPRÉTAT. Ceux qui, dans leurs procès, auraient cité de faux rescrits des empereurs, seront punis comme faussaires.

2. Quiconque aura corrompu la servante d'un autre, sera forcé à la remplacer.

3. Qui a allégué un fait faux qu'il croyait vrai, n'est pas passible de la peine de faux.

4. Ni l'esclave ni l'affranchi ne peuvent être interrogés sur ce qui concerne leur maître ou patron.

5. Les femmes enceintes ne peuvent être torturées ni mises à mort qu'après être accouchées.

6. Quiconque aura d'abord éludé un rescrit de l'empereur, à l'aide d'un faux allégué, ne pourra plus s'en servir.

7. Qui a avoué, ne doit plus être interrogé relativement à l'aveu fait, de peur qu'il ne s'établisse quelque doute sur le droit de sa partie, lorsque lui-même a désespéré de pouvoir le contredire.

TITRE XIV.

De la chose jugée.

1. **C**ELUI qui s'était soumis en justice à y représenter quelqu'un, est déchargé de son obligation si cette personne est morte avant le jour indiqué.

2. Le fils de famille peut affranchir de l'ordre de son père, il ne le peut de l'ordre de sa mère.

3. Qui aura gratté, corrompu, enlevé, changé le registre d'un tribunal, ou l'aura exprès autrement réformé, en sera puni extraordinairement.

INTERPRÉTAT. Celui qui aura gratté, vicié le registre d'un tribunal, ou qui y aura par malice ajouté de son chef et de sa main, sera par provision puni corporellement.

4. 81

4. Si après vente, le vendeur se dédit et refuse de livrer ce qu'il aura vendu, il pourra être forcé à tenir la vente et à livrer.

INTERPRÉTAT. *Si après avoir reçu le prix de la chose vendue, le vendeur ne veut pas s'exécuter et livrer, il peut être forcé, de toutes les manières autorisées, à livrer ce qu'il a vendu.*

5. Qui a conseillé à un esclave de s'enfuir ou de voler, qui l'a corrompu dans son corps ou quant aux mœurs, l'a déprécié.

6. Qui a abusé de l'esclave d'autrui non encore nubile, doit en être puni, ainsi que le porte la loi Aquilia.

INTERPRÈT. *Selon la loi Aquilia, les deux délits dont il est ci-dessus question, sont punis de la même peine ; la corruption ayant eu lieu quant au corps ou quant à l'esprit, ceux qui auront osé commettre ces délits devront remplacer les esclaves.*

TITRE XV.

Des réclamations d'hérédité, ou de toute autre chose.

1. Toute réclamation d'hérédité emporte celle de tout ce qui était en la puissance du défunt à l'instant de son décès, et tout ce qui, depuis et avant cette réclamation, en est provenu.

2. Le possesseur d'une hérédité, qui en a frauduleusement aliéné une partie, peut être forcé à en rendre le prix avec intérêt.

3. Le réclamant peut mettre tel prix qu'il lui plaît aux choses aliénées.

4. Un défunt ayant un droit non contesté à une hérédité ne l'ayant pas fait valoir, ce droit ne passe pas à son héritier.

INTERPRÈT. *Si celui qui avait droit à une hérédité ne l'a pas fait valoir de son vivant, son héritier ne le pourra.*

5. On ne doit réclamer une hérédité que pour la part à laquelle on a droit ; autrement on court le risque du trop demandé, ou perd son procès.

6. En réclamant une hérédité, le de-

§. 4. Si id, quod emptum est, neque tradatur, neque mancipetur, venditor cogi potest, ut tradat, ut mancipet.

INTERPRETATIO. *Si eam rem quam aliquis accepto pretio, facta venditione distraxit, tradere distulerit, ad traditionem rei quam vendidit, omnimodis compellendus est.*

§. 5. Deteriorem servum facit, qui fugam suaserit, qui furtum, et qui mores ejus, corpusve corruperit.

§. 6. Qui ancillam alienam virginem immaturam corruperit, pœna legis Aquiliæ tenetur.

INTERPRETATIO. *Hæ duæ sententiæ secundùm legem Aquiliam similem pœnam habent, ut cum his, quæ animo vel corpore corruperunt, alia similia mancipia hujusmodi præsumptores exolvant.*

TITULUS XV.

Si hereditas vel quid aliud petatur.

§. 1. In petitione hereditatis ea veniunt, quæ defunctus mortis tempore reliquit, vel ea quæ post mortem ante aditam hereditatem ex ea adquisita sunt.

§. 2. Possessor hereditatis pretia earum rerum, quas dolo alienavit, cum usuris præstare cogendus est.

§. 3. Rerum ex hereditate alienatarum æstimatio in arbitrio petitoris consistit.

§. 4. Petitio hereditatis, cujus defunctus litem non erat contestatus, ad heredem non transmittitur.

INTERPRETATIO. *Si auctor de petitione hereditatis sibi debitæ ita silentium gessit, id est, ut nullam proponeret actionem, heres ejus ab hereditatis ipsius petitione repelletur.*

§. 5. Hereditas pro ea parte peti debet pro qua ad nos pertinet, alioquin plus petendi periculum incurrimus et causam perdimus.

§. 6. Qui petit hereditatem, ipse pro-

21

bare debet ad se magis quàm ad eum qui possidet sive ex testamento sive ab intestato pertinere.

§. 7. Eas res quas quis juris sui esse putat, petere potest; ita tamen ut ipsi incumbat necessitas probandi eas ad se pertinere.

§. 8. Possessor hereditatis qui ex ea fructus capere vel possidere neglexit, duplam eorum æstimationem præstare cogitur.

§. 9. Hi fructus in restitutione præstandi sunt petitori quos unusquisque diligens paterfamilias et honestus colligere potuisset.

TITULUS XVI.

De via publica.

Qui viam publicam exaravit, ad munitionem ejus solus compellitur.

TITULUS XVII.

Si quadrupes damnum intulerit.

§. 1. Si quadrupes pauperiem fecerit, damnumve dederit, quidve depasta sit, in dominum actio datur, ut aut damni æstimationem subeat, aut quadrupedem dedat: quod etiam lege Pesolonia de cane cavetur.

INTERPRETATIO. Si alienum animal cuicunque damnum intulerit, aut alicujus fructus læserit, dominus ejus aut æstimationem damni reddat, aut ipsum animal tradat. Quod etiam de cane similiter est statutum.

§. 2. Feram bestiam in ea parte, qua populo iter est, colligari prætor prohibet. Et ideò sive ab ipsa, sive propter eam ab alio alteri damnum datum fuerit, pro modo admissi extra ordinem actio in dominum, vel custodem datur: maximè si ex eo homo perierit.

INTERPRETATIO. Fera bestia in ea parte qua populi transeunt vel frequentant,

mandeur doit prouver qu'elle lui appartient plutôt qu'à celui qui s'en trouve en possession par testament ou sans testament.

7. Chacun a droit de répéter contre autrui ce qu'il croit lui appartenir; mais c'est à lui à prouver son droit de propriété.

8. Le possesseur d'une hérédité qui a négligé d'en posséder et d'en recueillir les fruits, est forcé d'en rendre le double d'après estimation.

9. Les fruits dus à celui qui aura réclamé cette hérédité, ne sont autres que ceux qu'un honnête et diligent père de famille aurait pu en avoir.

TITRE XVI.

Du chemin public.

Qui a labouré la voie publique, est seul obligé de la réparer.

TITRE XVII.

Des dommages causés par les quadrupèdes.

1. Si un quadrupède a fait quelque dégât ou causé quelque dommage, quelque chose qu'il ait brouté, c'est à son maître à en répondre et à payer d'après estimation; à moins qu'il n'abandonne la bête. Il en est ainsi à l'égard du chien, d'après la loi Pesolonia.

INTERPRÉT. Si l'animal d'autrui a causé quelque dommage à quelqu'un, ou gâté ses fruits, le maître doit indemnité du dégât à dire d'experts, ou abandonner son animal à celui auquel il a fait tort. La loi contient la même disposition quant au chien.

2. Il est défendu, d'ordonnance du préteur, d'attacher aucune bête sauvage sur la partie des chemins habituellement fréquentés par le peuple. Dans le cas où cette bête aurait blessé, ou si à cause d'elle un homme en avait blessé un autre, il y aura pour ce action contre le maître ou contre le gardien de cet animal, sur-tout s'il y avait eu mort d'homme.

INTERPRÉTATION. Il est défendu d'attacher, même de garder une bête sauvage dans aucun des endroits par où le peuple peut passer ou qu'il fréquente habituelle-ment, de peur qu'elle ne blesse quelqu'un, ou qu'elle ne soit cause, par la peur qu'on en prendrait, qu'une personne n'en blesse une autre. L'un de ces accidens arrivé, l'offensé aura, s'il en est ainsi ordonné, action particulière avant tout jugement du fait, contre le maître ou le gardien de cette bête, à raison du dommage ou de la blessure.

3. Si le dommage n'a eu lieu que par la faute de celui qui l'aura éprouvé, soit de la part de la bête qu'il aurait lui-même ir-ritée, soit de la part de toute autre bête, à cause du même fait, il n'y aura action ni contre le maître, ni contre le gardien.

INTERPRÉTATION. *Quiconque a excité contre soi-même, par provocation, ou autrement, une bête sauvage, ou tout autre quadrupède, n'a rien à imputer à son maître ou à son gardien: ce qui est arrivé ne peut être pris pour le fait parti-culier de cet animal.*

ligari vel custodiri prohibetur : ne aut ipsa aliquem noceat, aut terrore ejus quolibet casu aliquis ab altero fortasse lædatur; quod si factum fuerit, in dominum, si hoc præcepit, vel in custodem ejus, damni vel cujuscunque læsionis actio, non expec-tata ordinis sententia, revertetur.

§. 3. Ei, qui irritatu suo feram bestiam, vel quamcumque aliam quadrupedem in se proritaverit, eaque damnum dederit, ne-que in ejus dominum, neque in custodem actio datur.

INTERPRETATIO. *Quicumque feram bestiam, vel quamcumque quadrupedem provocando, quocumque modo, adversum se incitaverit, nec domino, nec custodi ejus poterit imputari; quia suo vitio in-currisse dinoscitur.*

TITRE XVIII.

Du Bornage (des terres.)

ON procède à l'extraordinaire contre quiconque a arraché ou transposé de force des bornes.

Il n'est besoin d'interprétation.

TITULUS XVIII.

De Finium regundorum.

IN eum, qui per vim terminos dejece-rit, vel amoverit, extra ordinem, ani-madvertitur.

Non indiget interpretatione.

TITRE XIX.

Des Servitudes.

1. LE chemin, le sentier, le passage pour bêtes, les rigoles, dont on aura cessé pen-dant deux ans de faire usage, seront censés perdus. D'ailleurs il faut prouver son droit, ce qui se perd en cessant d'en user.

INTERPRÉT. *Il est hors de tout doute que, faute d'avoir fait usage pendant deux ans, selon une habitude reconnue, du che-min par lequel on gagnait son bien, ou du sentier qu'on prenait à travers la terre d'autrui pour aller à la sienne, ou du che-min de proye à pâtis, ou d'une conduite d'eau existante pour commodité, on en a perdu les droits.*

TITULUS XIX.

De Servitutibus.

§. 1. VIAM, iter, actum, aquæduc-tum, qui biennio usus non est, amisisse videtur : nec enim ea usucapi possunt, quæ non utendo amittuntur.

INTERPRETATIO. *Viam, quâ eundo ad rem nostram uti solemus, vel iter, quo per rem alienam ad nostram pergimus, et actum, id est, quâ pecora minare consue-vimus, vel aquæductum biennio non uten-do, si quis usus non fuerit, perire et cer-tissimum est.*

§. 2. Servitus hauriendæ aquæ vel deducendæ, biennio omissa intercidit, et biennio usurpata recipitur.

INTERPRETATIO. *Usus hauriendæ aquæ vel ducendæ, si biennio destiterit, non utendo perit. Et si iterùm biennio in usum fuerit reducta, recipitur.*

TITULUS XX.

De familia erciscunda.

§. 1. ARBITER familiæ herciscundæ plus quàm semel dari non potest : et ideo de his, quæ divisa eo judicio non sunt, communi dividundo arbiter postulatus partietur.

INTERPRETATIO. *Propter divisionem bonorum communium si quando inter fratres intentio vertitur, dividendæ rei non plus quàm semel arbiter deputatur, ut inter eos quæ sunt communia, habita æquitate distribuat. Quòd si deputatus à judice arbiter indivisum aliquid dimiserit, ex communi consensu postea qui sit divisioni medius eligatur.*

§. 2. De omnibus rebus hereditariis judex cognoscere debet, celebrata divisione, ut semel de omnibus pronuntiet.

§. 3. Judici familiæ erciscundæ convenit, ut ea quæ quis ex communi accepit ipsa aut æstimationem eorum repræsentet, ut inter coheredes dividi possint.

§. 4. Judex familiæ erciscundæ nec inter paucos coheredes, sed inter omnes dandus est ; alioquin inutiliter datur.

§. 5. Omnes res quæ sociorum sunt communi dividundo judicio inter eos separantur.

2. La servitude ne consistant que dans le droit de puiser chez son voisin ou de recevoir ses eaux, se perd par le non usage de deux ans, ainsi qu'elle s'acquiert par l'usage qu'on en a pratiqué pendant le même tems.

INTERPRÉT. *Faute d'avoir fait usage pendant deux ans du droit qu'on avait de puiser à sa source (ou son puits), ou de faire passer sur sa terre l'eau coulante dans celle de son voisin, on l'a perdu ; mais si après ces deux ans on a fait usage de ses droits pendant deux autres années, on l'a recouvré.*

TITRE XX.

Du partage des biens de famille.

1. AVIS d'arbitre pour partage de biens de famille ne peut être réitéré ; c'est pourquoi s'il y a été omis quelqu'objet, il y sera pourvu au moyen de la nomination d'un autre arbitre, si elle est demandée.

INTERPRÉT. *Si des frères veulent faire partager des biens qui leur sont communs, l'arbitre nommé à l'effet d'opérer leur partage selon l'équité commune, ne pourra donner son avis qu'une seule fois. Si cet arbitre nommé par le juge a laissé quelque objet à partager, les parties, d'accord entre elles sur le choix d'un autre arbitre, pourront le faire nommer pour consommer leur partage.*

2. Le partage préparé, le juge doit prendre connaissance de toutes les choses comprises dans l'hérédité, et ne rendre qu'un seul et même jugement sur le tout.

3. C'est au juge du partage à ordonner que tous ceux qui ont reçu quelque chose des biens communs, le rapportent ou en nature ou par estimation, afin d'en faire le partage entre tous les héritiers.

4. Le juge du partage doit être celui de tous les héritiers, et non pas celui de quelques-uns ; autrement ce serait en vain qu'il aurait été nommé.

5. Lorsqu'il s'agit du partage des biens d'associés, il se fait en justice.

TITRE XXI.

Quand a lieu la condamnation double à cause de la mauvaise foi.

1. CONDAMNATION au double à cause de mauvaise foi a lieu, par exemple, en jugement pour dette, ou dépense pour délivrance de legs que l'héritier a eu ordre de donner, pour torts faits à dessein de nuire, et pour dommages et intérêts dus d'après la loi Aquilia; il en est de même quant aux champs, pour le cas où l'acquéreur a été trompé par le vendeur.

INTERPRÊT. *Il y a lieu à condamnation au double, contre les débiteurs traduits en justice qui renient la dette; c'est ce qu'on appelle la chose jugée. En condamnation de délivrance refusée du legs, ainsi qu'il arrive lorsqu'il a été enjoint à un héritier de donner telle chose à titre de legs, et qu'il en a refusé la délivrance; pour dommage causé à dessein de nuire, et qu'on a refusé de réparer; ou en matière de vente de terre, lorsque le vendeur, en livrant, a tracé la mesure à l'acquéreur, de sorte qu'il en reçoive moins qu'il n'est dit au contrat. Dan tous les cas ci-dessus la condamnation est du double, selon la loi Aquilia.*

2. Les procès ci-dessus où il y a lieu à condamnation au double par mauvaise foi, ne peuvent se terminer par aucun pacte.

INTERPR. *Aucune transaction ne peut intervenir dans les causes où le défendeur a nié la dette.*

TITRE XXII.

De la Caution solidaire.

QUOIQUE chacune des cautions prétoriales puisse être forcée à payer le tout, l'obligation se divise cependant, lors du paiement, pour ce que chacune d'elle doit supporter de la dette cautionnée.

INTERPRÊT. *Lorsqu'il existe plusieurs cautions d'une même dette, toutes pouvant payer, et l'une d'elles pouvant y être seule contrainte, on n'en doit pas moins diviser la dette de manière à ce que chacune n'en*

TITULUS XXI.

Quemadmodùm actiones per inficiationem duplentur.

§. 1. QUÆDAM actiones, si à reo inficientur, duplantur, velut judicati, depensi, legati per damnationem relicti, damni injuria legis Aquiliæ: item de modo agri, cùm à venditore emptor deceptus est.

INTERPRETATIO. *Aliqua, quæ cùm ab his quibus sunt debita repetuntur, si à debitoribus negata fuerint, dupli satisfactione redduntur, id est, res judicata, legati per damnationem relicti, id est, si quis heres legati titulo dare jussus est, et petitum negaverit: vel si damnum alicui per injuriam factum quis sarcire noluerit: vel de modo agri, cùm à venditore emptor fuerit circumscriptus, ut minus inveniatur, quàm probatur scriptum. Quæ omnia superiùs comprehensa, secundùm legem Aquiliam duplicantur.*

§. 2. Ex his causis, quæ inficiatione duplantur, pacto decidi non potest.

INTERPRETATIO. *Hæ causæ, quæ pulsatorum negatione duplantur, per pactum finiri non possunt.*

TITULUS XXII.

De Fidejussore, et Sponsore.

INTER fidejussores ex edicto prætoris, si solvendo sint, licèt singuli in solidum teneantur, obligatio dividetur.

INTERPRETATIO. *Cùm multi fidejussores pro una re extiterint, etiamsi ad solvendum quæ promiserunt probantur idonei, et possint omnes in solidum retineri: tamen restitutio debiti inter eos dividenda est , ut unusquisque id , quod eum pro portione sua contingit ; exolvat.*

payo que la part dont elle est tenue.

TITULUS XXIII.

De Sepulcris et Lugendis.

§. 1. OB incursum fluminis, vel metum ruinæ , corpus jam perpetuæ sepulturæ traditum, solemnibus redditis sacrificiis, per noctem in alium locum transferri potest.

§. 2. Corpus in civitatem inferri non licet, ne funestentur sacra civitatis: et qui contra ea fecerit, extra ordinem punitur.

§. 3. Intra muros civitatis corpus sepulturæ dari non potest, vel ustrina fieri.

§. 4. Qui corpus perpetuæ sepulturæ traditum, vel ad tempus alicui loco commendatum nudaverit et solis radiis ostenderit, piaculum committit. Atque ideò si honestior sit, in insulam, si humilior in metallum dari solet.

§. 5. Qui sepulcrum violaverint, aut de sepulcro aliquid sustulerint, pro personarum qualitate aut in metallum dantur, aut in insulam deportantur.

§. 6. Qui sepulcrum alienum effregerit, vel aperuerit, eoque mortuum suum alienumve intulerit, sepulcrum violasse videtur.

§. 7. Vendito fundo religiosa loca ad emptorem non transeunt, nec in his jus inferre mortuum habet.

§. 8. Qui monumento inscriptos titulos eraserit, vel statuam everterit, vel quid ex eodem traxerit, lapidem columnamve sustulerit, sepulcrum violasse videtur.

§. 9. In eo sarcophago vel solo ubi corpus jam depositum est, aliud corpus inferri non potest, et qui intulerit, reus sepulcri violati postulari non potest.

TITRE XXIII.

Des Tombeaux et Inhumations.

1. DANS le cas où un fleuve aurait changé son lit, ou dans la crainte de tout autre désastre, il est permis, après la célébration des sacrifices d'usage, d'exhumer et de transférer dans un autre lieu , mais seulement pendant la nuit, le corps déjà déposé dans cette dernière demeure.

a. Il n'est pas permis de porter un cadavre par la ville, pour ne pas en souiller les temples : qui se serait permis un tel sacrilège, doit être puni à l'extraordinaire.

3. On ne peut ni enterrer ni brûler aucun corps dans la ville.

4. Quiconque aura désenseveli et exposé aux rayons du jour un corps confié à sa dernière demeure , ou déposé pour quelque tems seulement dans un lieu quelconque, se sera rendu coupable de sacrilège. Il est d'usage de le condamner, s'il est libre, à la déportation; s'il est esclave, aux mines.

5. Quiconque a violé un tombeau ou en a distrait quoi que ce soit, est condamné aux mines s'il est esclave, ou à la déportation s'il est libre.

6. Qui aura enfoncé, ou autrement ouvert le sépulcre d'autrui, et y aura apporté un cadavre de sa famille ou non, sera censé avoir violé le sépulcre.

7. Le droit d'usage des lieux consacrés ne se transmet pas par la vente du fond, l'acquéreur n'a pas le droit d'y apporter un mort.

8. Quiconque aura effacé les inscriptions étant sur un tombeau, ou renversé la statue, ou qui en aura arraché quoi que ce soit, et en aura distrait soit une colonne, soit une seule pierre, sera coupable du viol de tombeau.

9. Il est défendu de déposer un second corps dans le sarcophage où la fosse où il en existe déjà un. Celui qui l'y aurait apporté, ne pourra, comme coupable d'avoir violé une sépulture, être appelé comme témoin.

10. Qui a fait les frais de la sépulture du corps d'un étranger, a droit de les répéter vis-à-vis de l'héritier, du père ou du maître du défunt.

11. Le mari peut retenir sur la dot les frais funéraires de sa femme.

12. Il n'est pas permis de demeurer auprès ou au-dessus des tombeaux.

13. Il y a lieu à expiation pour s'être seulement entretenu de conversation auprès; quiconque se serait permis encore plus, sera, selon son état, puni ou des travaux publics ou de l'exil.

14. On peut pleurer les pères et mères, et les enfans âgés de six ans, pendant un an; les autres mineurs pendant un mois; un mari pendant dix mois; les autres parens les plus proches après ceux-ci, pendant huit mois. Qui ne se conformera pas à ces règles, sera mis au nombre des infames.

15. Qui est en deuil doit s'abstenir de tous festins, de toutes parures, de la pourpre et de la robe des candidats.

16. Déboursés pour frais funéraires se paient avant toutes autres dettes.

INTERPRÉTAT. *Toutes dépenses faites pour la sépulture d'un défunt doivent être soldées sur ses deniers par préférence à tous autres créanciers.*

§. 10. Qui alienum mortuum sepellerit, si in funus ejus aliquid impenderit, recipere id ab herede, vel à patre, vel à domino potest.

§. 11. Maritus id quod in funus uxoris impendit, ex dote retinere potest.

§. 12. Neque juxta monumentum, neque supra monumentum habitandi jus est.

§. 13. Attactu enim conversationis humanæ piaculum admittitur, et qui contra ea fecerit, pro qualitate personæ, vel opere publico, vel exilio mulctatur.

§. 14. Parentes et filii majores sex annis anno lugeri possunt, minores mense, maritus decem mensibus, et cognati proximioris gradus octo. Qui contra fecerit, infamium numero habetur.

§. 15. Qui luget, abstinere debet à conviviis, ornamentis, purpura et alba veste.

§. 16. Quidquid in funus erogatur, inter æs alienum primo loco deducitur.

INTERPRET. *Quidquid in sepultura defuncti expensum fuerit, priusquam aliis creditoribus de mortui hereditate reddendum est.*

JULII PAULI
SENTENTIARUM RECEPTARUM
AD FILIUM.

SOLUTIONS DE POINTS DE DROIT
UNANIMEMENT ADOPTÉES
DU TEMS DE JULES PAUL,
ET PAR LUI RECUEILLIES POUR SON FILS.

LIBER SECUNDUS.	LIVRE SECOND.
TITULUS PRIMUS.	TITRE PREMIER.

De rebus creditis et jurejurando.

§. 1. In pecuniariis causis si alter ex litigatoribus jusjurandum deferat, audiendus est. Hoc enim et compendio litium, et æquitatis ratione provisum est.

Interpret. *Cùm de repetitione pecuniæ agitur, et probatio debitæ pecuniæ nulla profertur, jubet hujus rei ambiguitatem sacramentorum interpositione finiri.*

§. 2. Deferre jusjurandum prior actor potest: contrarium autem de calumnia jusjurandum reo competit.

Interpret. *Licèt prior petitor offerat sacramentum: tamen cùm nulla probatio debiti est, is qui calumniam se pati dicit, potest fidem suam jurisjurandi religione firmare.*

§. 3. Si reus cùm jurare velit, actor illi necessitatem jurisjurandi remisit, et hoc

Du serment sur choses dues.

1. Lorsqu'il ne s'agit que d'argent entre deux plaideurs, si l'un d'eux déclare qu'il s'en rapporte au serment de l'autre, il faut y avoir égard ; c'est le moyen de terminer plutôt et le plus équitablement leur procès.

Interprét. *Lorsqu'il s'agit de statuer sur répétition d'argent, et qu'il n'est apporté aucune preuve de la dette, c'est le cas de faire cesser le doute en prenant le serment de l'une ou de l'autre des parties.*

2. Le poursuivant ayant déféré le serment à son adversaire, celui-ci peut de son côté exiger que ce poursuivant jure qu'il ne réclame que ce qui lui est dû.

Interprét. *Si c'est le demandeur qui a le premier offert de s'en rapporter au serment du défendeur, celui qui soutient ne pas devoir ce qu'on répète de lui, peut aussi, faute de preuve, s'en rapporter au serment du demandeur sur la sincérité de sa répétition.*

3. Si à l'instant où le défendeur est prêt à faire serment, le demandeur y renonce,

et

et que cela paroisse juste, il ne faudra pas recevoir ce serment.

INTERPRÈT. *S'il arrive que le défendeur dont on aura exigé le serment veuille le faire, et que le demandeur déclare qu'il n'est pas nécessaire de le recevoir, dès-lors celui-ci ne pourra plus en aucun tems rien répéter à son adversaire.*

4. Si la répétition d'argent a lieu contre un héritier, on ne peut s'en rapporter à son serment, parce qu'il peut arriver qu'il ignore que la dette a été contractée.

INTERPRÈT. *On ne peut offrir de s'en rapporter au serment de l'héritier de celui auquel on a prêté de l'argent, parce qu'il est possible qu'il ignore en effet les actions de son auteur.*

5. La dette répétée étant avouée de quelque manière que ce soit, ce n'est plus le cas de recevoir le serment même demandé, c'est celui de condamner le débiteur reconnu à payer.

TITRE II.

De la dette assurée.

Si vous avez consenti à me payer ce qui m'est dû par Lucius Titius, j'ai le droit de vous le faire payer.

INTERPRÈT. *Quelqu'un s'étant engagé de payer la dette d'un autre, il doit satisfaire à cet engagement qui lui est personnel.*

TITRE III.

Des Contrats.

STIPULATION (convention) résulte de réponses précises faites à demande aussi bien expliquées et bien entendues que possible, sans surprise de part ni d'autre, ainsi que dans les cas ci-après : *Vous m'en répondez, je vous en réponds ; vous me donnerez, je vous donnerai ; vous me promettez, je vous promets ; je m'en rapporte à vous.* Une stipulation peut être faite, soit purement, soit sous condition.

INTERPRÈT. *Stipulation est toutes paroles alternativement données entre personnes présentes, et de l'une à l'autre, sur*

---

liquido appareat, actio in eum non datur.

INTERPRÈT. *Si quando pulsatus repetenti pecuniam obtulerit sacramentum, et ille ei jurisjurandi necessitatem ultra concesserit, non potest ab eo postea debitum postulare.*

§. 4. Heredi ejus, cum quo contractum est, jusjurandum deferri non potest : quoniam contractum ignorare potest.

INTERPRÈT. *Heres ejus qui pecunia credita dicitur, ad sacramentum vocari non potest : quia quæ egerit auctor suus ad integrum scire non potuit.*

§. 5. Ei qui debitum quocumque modo confessus docetur, ex ea re creditori actio non datur, sed ad solutionem compellitur.

TITULUS II.

De pecunia constituta.

Si id, quod mihi Lucius Titius debet, soluturum te constituas, teneris actione pecuniæ constitutæ.

INTERPRÈT. *Si quis pro alterius debito se pecuniam promiserit redditurum, ad solutionem statutæ promissionis est retinendus.*

TITULUS III.

De Contractibus.

STIPULATIO est verborum conceptio, ad quam quis congrue interrogatus respondit : velut, *spondes, spondeo ; dabis, dabo ; promittis, promitto ; fidei tuæ erit.* Et tam pure, quam sub conditione concipi potest.

INTERPRÈT. *Stipulatio est inter præsentes, hæc verba quibus se invicem partes obligare possunt, ubi necesse est, ut*

22

interrogatione petentis pulsatus ad interrogata respondeat. Veluti si quis pro alio fidejussorem se dicat accedere, qui cùm se hac responsione obligaverit, ad solutionem etiam sine scriptura poterit retineri.

demandes faites et réponses rendues au même instant, comme lorsque quelqu'un se porte à l'instant même caution d'un autre. Celui qui s'est ainsi obligé par parole, peut être forcé de payer, sans autre titre écrit.

TITULUS IV.

De commodato, et deposito pignore fiduciae.

§. 1. QUIDQUID in rem commodatam, ob morbum vel aliam rationem impensum est, à domino recipi potest.

§. 2. Si facto incendio, ruina, naufragio, aut quo alio simili câsu res commodata amissa sit, non tenebitur eo nomine is, cui commodata est : nisi forte cùm possit rem commodatam salvam facere, suam praetulit.

§. 3. Servus vel equus si à latronibus, vel in bello, vel in aliam causam commodati occisi sunt, actio commodati datur : custodia enim et diligentia rei commodatae praestanda est.

INTERPRET. Si servum, vel equum, vel quaecumque alia aliquis ab altero ad usum tantummodo serviendi commodata susceperit, et eos ad pugnam, vel ubi vitae periculum incurrant, duxerit, ad redhibitionem commodatae rei merito à domino retinetur.

§. 4. Si rem aestimatam tibi dedero, ut ea distracta pretium ad me deferres, eaque perierit, si quidem ego te rogavi, meo periculo perit : si tu de vendenda promisisti, tuo periculo perit.

INTERPRET. Si facto pretio, rem vendendam aliquis cuicumque tradiderit, et dum ab eo vendenda profertur, quacumque occasione perierit, ei perit qui eam dederat distrahendam. Cæterùm si rem acceptam, non rogante domino, sed promittente eo qui accepit, dum vellet venundare perdiderit, sibi rei perditæ ingerit detrimentum.

TITRE IV.

Du Prêt à usage et du dépôt pour gage ou de confiance.

1. TOUTES dépenses faites pour maladie ou pour toute autre nécessité de l'objet prêté, se répète contre celui à qui il appartient.

2. La chose prêtée étant périe par incendie, ruine, naufrage, ou autre accident de cette espèce, celui auquel elle avait été prêtée n'en est responsable qu'autant qu'il sera prouvé qu'il aurait pu la sauver, ou qu'elle n'est périe que parce qu'il a préféré de sauver la sienne.

3. Si l'esclave ou le cheval prêté a été tué par les voleurs, ou à la guerre ou par toute autre cause, celui à qui il a été prêté en est responsable; car c'est faute de l'avoir bien gardé et d'y avoir donné tous les soins qu'il exigeait qu'il a péri.

INTERPRÊT. Si quelqu'un a emprunté seulement à usage ou un esclave, ou un cheval, ou toute autre chose, qu'il l'ait mené au combat, ou l'ait autrement exposé à périr, il est juste qu'il en soit responsable.

4. Si vous ayant remis une chose estimée, à condition de m'en rapporter le prix, et qu'elle ait péri, ce sera à moi à en supporter la perte si je vous ai prié de la vendre; mais si vous m'avez promis de la vendre, la perte sera pour vous.

INTERPRÊT. Si après être convenu du prix d'une chose à vendre, elle a été remise à qui que ce soit par le propriétaire pour être vendue, et qu'elle soit périe, n'importe comment, avant d'avoir été vendue, la perte sera pour celui qui l'aura donnée à vendre. Il en sera autrement si ayant reçu la chose estimée, celui qui s'en est chargé n'a pas eu ordre de la vendre, mais a promis la vendre, et qu'elle se trouve perdue avant la vente, dans ce cas c'est à celui-ci à en supporter la perte.

TITRE V.

Des Gages.

1. CRÉANCIER nanti sans condition d'un gage quelconque et qui veut le vendre, ne le peut, qu'après avoir trois fois requis le débiteur de dégager son gage.

INTERPRÉT. *Le créancier nanti sans condition d'un gage, peut faire trois sommations à son débiteur de payer et de retirer le gage. Le débiteur s'étant refusé autant de fois de retirer ce gage en payant, le créancier peut ensuite vendre le gage quand il lui plaira.*

2. Les portées et les enfans provenus de gage donné, ne naissent pas au profit du créancier, ils appartiennent au débiteur; à moins qu'il n'y ait eu convention contraire.

INTERPRÉT. *Si en recevant de l'argent à titre de prêt, l'emprunteur a nanti son créancier d'un troupeau de jumens, de vaches ou de brebis, leurs portées appartiennent au débiteur et non au créancier. Il en sera de même si c'est une servante qui a été donnée pour gage, si elle met au monde un enfant, il appartiendra au débiteur et non au créancier.*

3. Compensation a lieu de chose due, de même espèce ou non. Ainsi, si je vous dois de l'argent et que vous m'en deviez aussi, ou du blé, ou toute autre chose, en vertu de diverses conventions, vous devez déduire ce que vous me devez de ce que je vous dois; si vous me traduisez en justice pour tout ce que je vous dois, votre demande doit être rejetée, parce que vous aurez demandé plus qu'il ne vous était dû.

INTERPRÉT. *Lorsque quelqu'un doit dix écus d'or à un autre, et qu'il lui est en même tems dû par cet autre, et pour quelque cause que ce soit, cinq écus d'or, si le créancier des dix écus les ayant répétés en totalité contre son débiteur, celui-ci prouve qu'il lui est dû par son adversaire cinq écus; alors, parce que le créancier des dix écus les aura demandés en totalité, il perdra sa cause, et cela pour n'avoir pas fait compensation de ce dont il était lui-même débiteur. Il en sera de même si la compensation devait avoir lieu pour du*

TITULUS V.

De Pignoribus.

§. 1. CREDITOR, si simpliciter sibi pignus depositum distrahere velit, ter ante denuntiare debitori suo debet, ut pignus absolvat, ne à se distrahatur.

INTERPRET. *Creditor si sine conditione pignus sibi depositum tenens, ter debitorem convenerit, ut soluto debito pignora sua recipiat. Quod si debitor noluerit post tres admonitiones soluto debito pignora sua recipere, creditor distrahendi pignoris habebit liberam potestatem.*

§. 2. Foetus, vel partus ejus rei, quae pignori data est, pignoris jure non tenetur, nisi hoc inter contrahentes convenerit.

INTERPRET. *Si quis gregem equarum, vaccarum, vel ovium, accepta mutua pecunia, pignori creditori dederit, foetus earum ad debitorem, non ad creditorem pertinet. Ita est et si ancillam dederit, et partum ediderit, ad debitorem pertinet, non ad creditorem.*

§. 3. Compensatio debiti ex pari specie, et causa dispari admittitur: velut si pecuniam tibi debeam, et tu mihi pecuniam debeas, aut frumentum, aut caetera hujusmodi, licet ex diverso contractu, compensare, vel deducere debes. Si totum petas, plus petendo causa cadis.

INTERPRET. *Si quis alicui debeat solidos decem, et illi qui debet de quacumque ratione debeantur à creditore suo solidi quinque, et veniat creditor, et totos decem solidos à debitore petat, si probaverit ille debitor sibi ab eo quinque solidos deberi, quare illum in solidum pro totis decem solidis convenit, causam perdit, qui noluit debitum compensare. Similis ratio est et de frumento, et de aliis speciebus.*

blé, ou toute autre chose dont le prix était dû par le répétant des dix écus.

TITULUS VI.

De Exercitoribus.

FILIUSFAMILIAS si voluntate patris navem exerceat, patrem in solidum ob ea quæ salva receperit, obligat.

TITRE VI.

Des Patrons de navire.

LE fils de famille chargé par son père de la conduite de son navire, le père est responsable des avaries survenues aux marchandises que le fils a reçues en bon état.

TITULUS VII.

Ad legem Rhodiam.

§. 1. LEVANDÆ navis gratia jactus commercium factus, omnium intributione sarciatur, quòd pro omnibus datum est.

§. 2. Jactu navis levata si perierit, extractis aliorum per urinatores mercibus, ejus quoque rationem haberi placuit, qui merces salva nave jactavit.

§. 3. Nave, vel arbore vi tempestatis amissa, vectores ad contributionem non tenentur, nisi ipsis arborem salutis causa eruentibus navis salva sit.

§. 4. Levandæ navis gratia merces in scapham transjectas, atque ideo amissas, intributione earum, quæ in navi salvæ erunt, refici convenit : nave autem perdita, conservatæ cum mercibus scaphæ ratio non habetur.

§. 5. Collatio intributionis ob jactum salva nave fieri debet.

TITRE VII.

Sur la loi Rhodia.

1. SI pour alléger un navire il a été jeté des marchandises à la mer, que tous supportent par contribution cette perte, puisqu'elle aura été faite pour tous.

2. Si le navire allégé par le jet vient ensuite à périr, les autres marchandises restées en ayant été retirées par les plongeurs, il est juste que celui qui a jeté les siennes pour sauver le navire, ait sa part de ce qui aura alors été ainsi recouvré.

3. Le navire ou son mât ayant été brisé par la force d'une tempête, les passagers ne seront tenus à aucune contribution. Mais si le mât a été rompu par eux pour le salut commun, et que le vaisseau ait été sauvé, ils sont tenus de la perte.

4. Des marchandises ayant été transportées dans des barques, ces barques venant à périr, les marchandises restées dans le navire doivent contribuer à la perte des marchandises péries, à cause de leur transport du navire dans les allèges. Au contraire, si après avoir été allégé, le navire vient à se perdre, la perte n'a rien de commun avec les marchandises étant dans les allèges.

5. Le navire ayant été sauvé par le jet en mer, il y a lieu à contribution au marc le franc.

TITULUS VIII.

De Institoribus.

§. 1. SICUT commoda sentimus ex actu

TITRE VIII.

Des Préposés (à certaines affaires ou certain négoce).

1. S'IL est commode de s'en reposer sur

les soins de certains préposés pour la conduite de nos affaires, il est de toute justice de répondre de leurs fautes. C'est aussi pour cela que toute personne qui a commis un de ses esclaves, ou son fils ou sa fille, ou sa servante pour une affaire quelconque, ou pour faire le commerce, en est le garant et peut être actionné pour eux en justice.

2. Toute personne libre ou esclave préposée pour faire valoir de l'argent, ou cultiver des terres, en recueillir et en vendre les fruits, a pour garants directs du contrat, les biens de celui qui l'a commis.

INTERPR. *Quiconque est reconnu pour avoir préposé qui que ce soit pour faire le commerce ou cultiver des terres, en recueillir et en vendre les fruits, doit supporter les dommages résultans des faits de ce préposé, libre ou esclave.*

3. Les propriétaires ou préposés à la tenue des ateliers d'artisans ou des boutiques, sont responsables des apprentis pris par les chefs de ces ateliers ou boutiques.

INTERPRÉT. *Toutes obligations applicables aux apprentis ou aux ouvriers de quelque atelier que ce soit, sont reversibles sur les maîtres des ateliers ou préposés.*

præpositi institoris, ita et incommoda sentire debemus. Et ideò in eum, qui servum, sive filium filiamve familias, sive ancillam præposuit negotiis, vel mercibus exercendis, eorum nomine in solidum conveuitur.

§. 2. Si quis pecuniæ fœnerandæ, agro colendo, condendis vendendisque frugibus præpositus est, ex eo nomine, quod cum illo contractum est, in solidum fundi dominus obligatur, nec interest servus, an liber sit.

INTERPRETAT. *Quicumque quamlibet personam aut ad exercendum negotium aut pro ratione culturæ, et condendis vendendisque frugibus præposuisse cognoscitur, si quid damni per ejus actum acceserit, ad eum qui ipsum instituit, pertinebit, sive servus, sive liber sit.*

§. 3. Quod cum discipulis eorum, qui officinis, tabernis præsunt, contractum est, in magistros, vel institores tabernæ in solidum actio dabitur.

INTERPRET. *Si quid cum discipulis vel mercenariis tabernariorum, vel cujuslibet officinæ actum fuerit, ad magistrum officinæ, vel institorem tabernæ damnum quod accesserit pertinebit.*

TITRE IX.

De ce qui a fait profit.

L'ESCLAVE ou le fils de famille qui a reçu de l'argent et l'a employé pour son maître, soit à la culture de son champ, soit aux réparations ou entretien de sa maison, soit à habiller ses esclaves, soit à payer un créancier ou des achats quelconques, a obligé son père ou son maître et ses biens; pourvu toutefois que l'argent ait été donné pour cette cause.

INTERPRÉT. *Si l'esclave ou le fils de famille a emprunté de qui que ce soit une somme d'argent, et qu'il soit prouvé qu'il l'a employée à ce qui était utile et nécessaire pour son père ou son maître, ceux-ci seront tenus de la dette.*

TITULUS IX.

De in rem verso.

SERVUS, vel filiusfamilias, si acceptam pecuniam in rem patris vel domini verterit, hoc modo, agrum, puta colendo, domum fulciendo, mancipia vestiendo, mercando, vel creditori solvendo, vel quid tale faciendo, de in rem verso in solidum vel patrem, vel dominum obligat, si tamen ob hanc causam pecunia data sit.

INTERPRET. *Si servus vel filiusfamilias mutuam pecuniam à quocumque susceperit, et in utilitatibus patris vel domini, necessarii sqno rebus eam expendisse probatur, pro hoc debito, patrem vel dominum ad solutionem necesse est retineri.*

TITULUS X.

De Senatusconsulto Macedoniano.

QUI filiofamilias contra interdictum amplissimi ordinis, pecuniam mutuam crediderit, post mortem patris, ex eo, quod vivo patre credidit, cum eo agere non potest.

INTERPRET. *Qui filiofamilias contra interdicta legum, inscio patre pecuniam commodavit, eam, nec vivente nec mortuo patre, ab eodem poterit postulare.*

TITULUS XI.

Ad Senatusconsultum Velleianum.

§. 1. IN omni genere negotiorum, et obligationum, tam pro viris, quàm pro feminis intercedere mulieres prohibentur.

INTERPRET. *In omni genere causarum, pro quibuscunque personis mulieres fidem suam interponere prohibentur.*

§. 2. Mulier, quæ pro tutoribus filiorum suorum indemnitatem promisit, ad beneficium senatusconsulti non pertinet.

INTERPRETAT. *In hac tantùm mulier fidejussione tenetur, ut si tutores filiis suis petat, et pro eis fidejussor existat, filiis teneatur obnoxia.*

TITULUS XII.

De Deposito.

§. 1. SI sacculum, vel argentum signatum deposuero, et is penès quem depositam fuit, me invito contrectaverit, et depositi, et furti actio mihi in eum competit.

§. 2. In judicio depositi, ex mora fructus veniunt, et usuræ rei depositæ postulantur.

INTERPRET. *Cùm in judicio de rebus agitur commendatis, si mora in reddendo*

TITRE X.

Du Sénatus-consulte Macédonien.

QUI a prêté au fils de famille au préjudice de la défense qui en a été faite par le sénat, ne pourra le répéter contre le père, ni de son vivant, ni après sa mort, ni agir à raison de ce prêt contre ce fils de famille.

INTERPRÉT. *Argent prêté à un fils de famille à l'insu de son père, dans les cas où les lois défendent de lui en prêter, ne peut être répété contre ce fils de famille, ni du vivant du père, ni après son décès.*

TITRE XI.

Sur le Sénatus-consulte Velléien.

1. IL est interdit aux femmes d'intervenir dans aucune espèce d'affaire ou de contrat, soit pour hommes, soit pour femmes.

INTERPR. *Les femmes ne peuvent être cautions pour qui que ce soit ni de quoi que ce soit.*

2. Femme qui s'est obligée à l'indemnité due par les tuteurs de ses enfans, ne peut se prévaloir du bénéfice du sénatus-consulte.

INTERPRÉT. *Il n'y a qu'un cas où la femme peut être obligée comme caution, c'est celui où elle a indiqué les tuteurs de ses enfans et s'en est rendue caution; dans ce cas elle est valablement obligée à l'égard de ses enfans.*

TITRE XII.

Du Dépôt.

1. SI j'ai déposé une bourse d'argent ou de l'argent compté, et que celui à qui je l'ai confié en ait distrait une partie sans mon consentement, j'aurai contre lui la double action de vol et de violation de dépôt.

2. En matière de dépôt, tout jugement rendu entraîne la restitution des fruits ou le paiement des intérêts s'il y a retard.

INTERPRÉT. *Lorsqu'il y a eu jugement pour restitution de dépôt, s'il y a eu retard* de rendre, il en est dû intérêt à compter du jugement s'il s'agit d'argent, il faut rendre les fruits s'il s'agit de biens fonds.

3. En fait de dépôt compensation n'a pas lieu, c'est la chose déposée qu'il faut rendre.

ab eo cui commendatæ sunt offeratur; prout res fuerit commendata, aut usuræ, si pecunia; aut fructus si prædia fuerint, debebuntur.

§. 3. In causa depositi compensationi locus non est, sed res ipsa reddenda est.

TITRE XIII.

Sur la loi concernant le dépôt.

1. LE créancier nanti ayant vendu le gage, le débiteur a droit à l'excédent de son prix sur la dette.

INTERPRÊT. Le créancier nanti qui, à défaut de paiement, a vendu son gage et en a retiré plus qu'il ne lui était dû, est condamné à restituer à son débiteur cet excédent.

2. Tout ce qui, du fait de l'esclave donné en gage, aura été acquis au créancier, diminue d'autant le dû.

INTERPRÊT. Tous profits procurés au créancier par l'esclave dont il a été nanti, doivent être imputés sur la dette.

3. Le débiteur ne peut vendre à son créancier ce qu'il lui a donné en gage; il peut le vendre à tout autre, à la charge de payer le créancier. Cette vente en transmet valablement la propriété à l'acquéreur.

INTERPRÊT. Il est défendu au créancier d'acheter de son débiteur ce qui lui a été donné en gage; mais le débiteur peut s'en arranger avec tout autre, de manière qu'en ayant reçu le prix et payé son créancier, il livre l'objet donné en gage franc et quitte, et susceptible d'être vendu par l'acquéreur à qui bon lui semblera, sans crainte d'aucune répétition de la part du créancier.

4. Si le créancier acquiert son gage par personne interposée contre la volonté du débiteur, il n'y aura point eu de vente; et toutefois que cela aura été prouvé, le sort du gage ou les obligations du nanti n'auront été en rien changés.

INTERPRÊT. Il est défendu au créancier d'acheter par prête-nom ce qu'il a reçu en gage; ce fait ayant eu lieu, le débiteur pourra, en payant sa dette, revendiquer son gage mal acquis.

TITULUS XIII.

De lege commissoria.

§. 1. DEBITOR distractis fiduciis à creditore, de superfluo adversus eum habet actionem.

INTERPRET. Si quis creditor, debitore in solutione tardante, rem sibi pro debito positam distraxerit, si quid ampliùs acceptum fuerit quàm debebatur, quod plus acceptum est, restitui jussum est debitori.

§. 2. Quicquid creditor per fiduciarium servum quæsivit, sortem debiti minuit.

INTERPRET. Quicquid creditor per oppignoratum sibi pro debito servum acquisierit, de summa debiti retrahitur.

§. 3. Debitor creditori fiduciam vendere non potest, sed aliis, si velit, vendere non potest, ita ut ex pretio ejusdem pecuniam offerat creditori; atque ita remancipatam sibi rem emptori præstet.

INTERPRET. Creditor rem sibi oppignoratam à debitore emere non potest. Sed debitor cum alia persona inire contractum potest, ut accepta ab emptore pecunia, debitum restituat creditori. Et sic postea rem suam à debitore liberam, cui voluerit vendat.

§. 4. Si per suppositam personam creditor pignus suum invito debitore comparaverit, emptio non videtur; et ideo quandoque lui potest. Ex hoc causa casu pignoris, vel fiduciæ finiri non potest.

INTERPRET. Creditor pignus quod à debitore accepit, nec per suppositam personam emere potest. Quod si factum fuerit, agente debitore, soluto debito, emptio non valebit.

§. 5. Si inter creditorem et debitorem convenerit, ut fiduciam sibi vendere non liceat, non solvente debitore, creditor denunciare ei solemniter potest, et distrahere. Nec enim ex tali conventione fiduciæ actio nasci potest.

INTERPRET. Si conveniat inter creditorem et debitorem, ut pignus à creditore non vendatur, non solvente debitore debitum, creditor pignus post trinam conventionem vendere potest.

§. 6. Si creditor rem fiduciæ datam uni ex heredibus vel extraneo legaverit, adversus omnes heredes actio fiduciæ competit.

INTERPRET. Si creditor rem, quam à debitore pignori acceperit, uni ex heredibus, vel extraneo legati titulo derelinquat, debitor pro pignore suo, oblato debito, omnes heredes creditoris poterit convenire.

§. 7. Si creditor rem fiduciariam fecerit meliorem, ob ea recuperanda, quæ impendit, judicio fiduciæ debitorem habebit obnoxium.

INTERPRET. Si quis creditor prædium sibi fiducia obligatum, studio et opere suo melioraverit, quidquid se pro melioranda re impendisse probaverit, ei à debitore reddendum est.

§. 8. Novissimus creditor priorem oblata pecunia, quo possessio in eum transferatur, dimittere potest. Sed et prior creditor secundum creditorem, si voluerit, dimittere non prohibetur, quamquam ipse in pignore potior sit.

INTERPRET. Si duo creditores unum pignus debitoris habeant obligatum, et posterior creditor priori creditori pecuniam offerat, potest pignus obligatum ad se transferre. Item si prior creditor, licet potior sit in pignore retinendo, si offerat pecuniam, potest apud se pignus retinere.

5. S'il a été convenu entre le créancier nanti d'un gage et son débiteur que le créancier ne pourra vendre le gage, le créancier n'en aura pas moins le droit, si le débiteur ne paye pas, de lui faire les dénonciations prescrites, et ensuite de vendre le gage, ne pouvant être considéré comme dépôt à cause de cette convention.

INTERPRET. Quand même il aurait été convenu entre le créancier et le débiteur que le gage ne serait pas vendu faute de paiement, le créancier pourra, après la troisième sommation, vendre le gage.

6. Si le créancier a légué, même à un seul de ses héritiers ou à tout autre étranger, l'objet qui lui avait été donné en gage, il y aura action contre tous les héritiers de ce créancier.

INTERPRET. Si le créancier a laissé à titre de legs chose qui lui a été donnée en gage, soit à un seul de ses héritiers, soit à tout autre, le débiteur peut, en payant sa dette, réclamer son gage de tous les héritiers de son créancier.

7. Si le créancier a amélioré la chose à lui donnée en gage, il peut obtenir jugement contre le débiteur qui refuserait de lui rembourser les dépenses d'amélioration.

INTERPRET. Le créancier auquel il aurait été remis un champ pour gage, et qui à force de travail et de dépense l'aurait amélioré, a droit de se faire payer par le débiteur tout ce qu'il prouvera qu'il a dépensé pour l'améliorer.

8. Nouveau créancier peut, en payant le premier, devenir seul possesseur du gage. Le premier créancier peut de même, s'il le veut, retenir le gage pour lui seul en payant le second créancier, quel que soit au surplus le droit de ce second créancier sur ce gage.

INTERPRET. Si un débiteur a donné un gage pour une première dette, et qu'en ayant contracté une seconde, il ait été convenu que le gage donné au premier créancier servirait aussi de gage au second ; le second créancier peut, en remboursant le premier, lui retirer le gage. Le premier créancier peut, s'il le veut, user du même droit envers le second, c'est-à-dire, retenir le gage commun pour lui seul,

seul, en remboursant le second créancier, quel que soit d'ailleurs le droit de ce dernier, et quand même celui-ci serait possesseur du gage.

9. L'esclave qui a emprunté de l'argent pendant qu'il était en servitude, ne peut, après son affranchissement, être poursuivi à raison de cette obligation.

§. 9. Servus, si mutuam pecuniam servitutis tempore acceperit, ex ea obligatione post manumissionem conveniri non potest.

TITRE XIV.

Des Intérêts.

1. S'IL n'y a qu'un pacte nu, une simple promesse d'intérêt, on ne peut l'exiger en aucun tems; parce qu'entre citoyens Romains il ne résulte aucune action de pacte nu.

INTERPRÉTATION. *Pacte nu est celui qui résulte de simple promesse d'intérêts indéfinis, faite par le débiteur à créancier, sans aucune autre stipulation. Intérêts ainsi promis ne sont pas exigibles du débiteur.*

2. Ce qui a été payé d'intérêts au-dessus du centième s'impute sur le capital; il peut être répété même après qu'on a remboursé le capital.

INTERPRÉTATION. *En fait de prêt d'argent, lorsque les intérêts payés auront égalé le capital, ce que le débiteur aura payé de trop lui sera rendu. Le débiteur ayant payé le centième d'intérêts et le capital, le créancier sera tenu de rendre au débiteur le trop payé.*

Nota. L'intérêt ordinaire était de un pour cent chez les Romains, et se payait par mois.

3. Intérêt de l'argent d'expédition maritime peut, à cause du danger que court le créancier tant que le navire est en mer, être indéfini.

INTERPRÉT. *L'argent d'expédition maritime, est celui qui a été employé à charger un vaisseau de marchandises pour les pays d'outre-mer; à cause du danger que court le créancier, il peut être convenu tel intérêt qu'il plaît au débiteur d'en accorder.*

Nota. Le prêt dont il est ici question, est ce que nous appelons le *prêt à la grosse.*

4. Ce qui a été payé par erreur au-

TITULUS XIV.

De Usuris.

§. 1. Si pactum nudum de præstandis usuris interpositum sit, nullius est momenti. Ex nudo enim pacto inter cives Romanos actio non nascitur.

INTERPRET. *Pactum nudum dicitur, si cautio creditori à debitore, in qua centesimam se soluturum promisit, sine stipulatione fiat. Et ideo usuræ ex nuda cautione creditori penitùs non debentur.*

§. 2. Usuræ supra centesimam solutæ sortem minuunt, consumpta sorte repeti possunt.

INTERPRET. *In pecuniis creditis, cùm solutio usurarum sortem æquaverit, si quid ampliùs creditori datum fuerit, de capite debiti subtrahitur; si verò et centesima, et caput impletum est, quod ampliùs creditor accepit, reddere cogetur debitori.*

§. 3. Trajectitia pecunia, propter periculum creditoris, quamdiu navigat navis, infinitas usuras recipere potest.

INTERPRET. *Trajectitia pecunia dicitur, quæ in navi ut ad transmarina deferatur, deponitur; quia maris periculo committitur, in quantas convenerit usuras, hanc pecuniam dare creditor potest.*

§. 4. Usuræ, quæ centesimam exce-

23

dunt, per errorem solutæ repeti possunt.

Interpretatione non indiget.

§. 5. Si quis pignora debitoris citra auctoritatem judicantis abduxerit, violentiæ crimen admittit.

§. 6. Tutor in usuras non convenitur, si pecuniam pupillarem ideo non collocavit, quòd idonea nomina non habeat, cui pecuniæ collocentur : cujus rei contestatio apud præsidem provinciæ deponenda est.

TITULUS XV.

De Mandatis.

§. 1. OB subitam valetudinem, ob necessariam peregrinationem, ob inimicitiam, et inanes rei actiones, integra adhuc causa, mandati negotio renunciari potest.

INTERPRETAT. *Propter subitam infirmitatem, et necessitatem peregrinationis, vel propter inimicitias majoris personæ ne cujuscunque videatur actio vacillare, integra adhuc causa, is qui susceperit, susceptum negotium renuere potest.*

§. 2. Si meis nummis mandato tuo aliquid tibi comparavero, et si rem postea accipere nolis, mandati actio mihi adversus te competit. Non enim tantùm quòd impensum est, sed et usuras ejus consequi possum.

§. 3. Certo pretio rem jussus distrahere, si minoris vendiderit, mandati judicio pretii summam poterit integrare : venditionem enim dissolvi non placuit.

dessus de un pour cent pour intérêt, peut être répété.

Il n'est pas besoin d'interprétation.

5. Quiconque se sera prévalu de la situation d'un débiteur pour l'amener à donner de plus forts gages qu'il n'aura été ordonné par le juge, sera réputé coupable de violence.

6. Tuteur ne doit pas d'intérêt de l'argent de son pupille qu'il n'a pas placé, lorsqu'il n'a pu trouver à le placer dans les mains de personnes suffisamment solvables ; c'est au gouverneur de la province à décider de la contestation qui peut s'élever à ce sujet.

TITRE XV.

Des Fondés de procurations.

1. ON peut, avant d'en avoir fait aucun usage, renoncer au mandat, pour cause d'incommodité survenue, ou de voyage indispensable, pour inimitié, ou par crainte de ne pouvoir réussir.

INTERPRÉT. *L'affaire n'ayant pas encore été entamée, on peut renoncer au pouvoir en vertu duquel on s'en était chargé pour un autre, soit à cause d'infirmité subite, soit par nécessité d'entreprendre pour soi un voyage, soit par crainte d'être soupçonné d'avoir négligé l'intérêt de son commettant, s'il s'agissait de traiter avec une personne de haut rang qu'on se croirait obligé de ménager par intérêt personnel.*

2. Si, en conséquence de votre ordre, j'ai acheté pour vous et payé de mon argent quelque chose, et que vous la refusiez, je puis exercer contre vous l'action du fondé de pouvoir. Dans ce cas, je puis non-seulement exiger la somme que j'ai dépensée pour vous, mais encore les intérêts.

3. Si un fondé de pouvoir a eu ordre de ne vendre quelque chose que pour un certain prix, et qu'il l'ait vendue moins, ce fondé de pouvoir pourra, en conséquence du prix fixé à la chose à vendre, être tenu du moins qu'il en aurait reçu. La vente par lui faite ne pouvant pas, selon le droit, être annulée.

INTERPRÉT. Une personne quelconque ayant été chargée par une autre de vendre un objet dix sesterces, l'aura donné pour huit; dans ce cas le mandant aura droit d'exiger du mandataire le complément du prix par lui fixé à sa chose, en sus de ce qu'elle aura été vendue. Il ne pourra pas faire annuler la vente.

INTERPRETAT. Si quis cuilibet mandet, ut rem suam decem solidis vendat, et ille eam octo vendiderit, pretium quod ei mandatum est, quicquid minus ab emptore percepit, mandatori complere compellitur. Venditio tamen rescindi non potest.

TITRE XVI.
De l'Associé.

TITULUS XVI.
Pro Socio.

PERTE et gain sont communs entre associés, à moins que la perte ne résulte de la faute ou de la fraude de l'un d'eux.

SICUT lucrum, ita et damnum inter socios communicatur, nisi quid culpa socii, vel fraude eversum sit.

TITRE XVII.
De l'Achat et de la Vente.

TITULUS XVII.
Ex Empto et Vendito.

1. QUI a vendu une chose dont il n'était pas propriétaire, et en a reçu le prix, peut être condamné à la payer au propriétaire, selon que le veut la loi pour le cas dont est question. Le propriétaire ne peut en obtenir ni plus ni moins.

§. 1. VENDITOR, si ejus rei, quam vendiderit, dominus non sit, pretio accepto, auctoritatis manebit obnoxius. Aliter enim non potest obligari.

INTERPRÉT. Si quelqu'un a vendu la chose d'autrui, et en a reçu le prix, il pourra être condamné à la payer au propriétaire le double de ce qu'il l'aura vendue.

INTERPRETAT. Si quis rem alienam vendiderit, et pretium acceperit, ad redhibitionem duplæ pecuniæ manebit obnoxius.

2. En cas d'éviction de choses vendues et livrées, le vendeur peut être condamné à rendre à l'acheteur autant que s'il s'était rendu garant de cette éviction.

§. 2. Si res simpliciter traditæ evincantur, tanto venditor emptori condemnandus est, quanto si stipulatione pro evictione cavisset.

INTERPRÉT. Si celui qui a vendu une chose l'a tout simplement livrée à l'acquéreur sans lui en garantir la possession, et que cet acquéreur soit forcé de l'abandonner, le vendeur n'en sera pas moins soumis à la peine de garantie, c'est-à-dire qu'il devra rendre le double du prix qu'il aura reçu, comme s'il s'y était engagé.

INTERPRETAT. Si quicunque rem simpliciter, id est, sine pœnæ interpositione emptori tradiderit, ut de eadem re emptor fuerit superatus, in tantum ei venditor manebit obnoxius, velut si evictionis pœnam, id est, duplum se redditurum pretium in venditione promiserit.

3. Vente de chose ayant été consommée par livraison ou mise en possession, si l'acquéreur en est évincé (s'il a été forcé de l'abandonner) le vendeur n'ayant pas garanti la vente, n'en est pas moins tenu de l'indemniser, de l'autorité de la loi.

§. 3. Res empta mancipatione et traditione perfecta, si evincatur, auctoritatis venditor nullatenus obligatur.

4. En vente de biens fonds, le vendeur qui a annoncé une plus grande contenance,

§. 4. Distracto fundo, si quis de modo mentiatur, in duplo ejus, quod mentitus

est, officio judicis æstimatione facta convenitur.

§. 5. Redhibitio vitiosi mancipii intra
sex menses fieri potest, propter latens vitium.

§. 6. Si ut servum quis pluris venderet,
de artificio ejus, vel peculio mentitus est,
actione ex empto conventus quanto minoris valuisset, emptori præstare compellitur, nisi paratus sit eum redhibere.

INTERPRETAT. *Si venditor, cùm mancipium distraheret, de artificio ejus, vel
de peculio, pro caritate pretii mentitus
est, emptori, in quantum sine peculio vel
artificio valere potuerat, tantum reddere
compellatur, aut certè mancipium venditum recipere, reddito pretio, acquiescat.*

§. 7. Ex die emptionis si pars pretii
numeratum sit, et fructus, et operæ servorum, et fœtus pecorum, et ancillarum partus ad emptorem pertinent.

§. 8. Fundum alienum mihi vendidisti,
posteà idem ex causa lucrativa meus factus
est, competet mihi adversus te ad pretium
recuperandum actio ex empto.

INTERPRETAT. *Si quis agrum alienum
cuicunque vendiderit, et posteà hic ipse
ager ab alio domino cujus erat, emptori
donatus sit, venditor emptori in redhibitione pretii quod accepit manebit obnoxius.*

§. 9. Post rem traditam, nisi emptor
pretium statim exolvat, usuras ejus præstare cogendus est.

§. 10. Mutus emere et vendere potest,
furiosus autem neque emere, neque vendere potest.

§. 11. Servus bona fide comparatus, si
ex veteri vitio fugerit, non tantùm pretium dominus, sed et ea quæ per fugam
abstulit reddere cogetur.

doit être pour cela seul condamné au double du prix de ce à quoi aura été estimé
le déficit.

5. Il y a lieu dans les six mois de la
vente, pour vice caché de la chose livrée,
à sa restitution au vendeur.

6. Si, pour parvenir à vendre plus cher
un esclave, on en a imposé sur ses talens
ou sur la quotité de son pécule, le vendeur,
actionné à raison de cette vente, sera condamné à rendre à l'acquéreur le trop par
lui payé, si mieux il n'aime reprendre son
esclave.

INTERPRÉT. *Si le maître d'un esclave,
en traitant de sa vente, en impose sur son
talent ou sur son pécule pour en obtenir un
plus haut prix, il pourra être actionné
pour rendre à l'acquéreur autant du prix
qu'il en aura donné, que cet esclave aurait moins valu s'il n'avait eu aucun talent ni pécule ; à moins qu'il ne consente
à reprendre son esclave, en en rendant le
prix en totalité.*

7. L'acquéreur qui a payé son prix,
profite, à compter du jour de la vente,
de tous les fruits de la chose vendue, du
labeur des esclaves, des petits des bêtes,
des enfans des servantes.

8. Si vous m'avez vendu le bien-fonds
d'autrui, et que depuis il m'ait été acquis
à titre lucratif, il n'est pas douteux que
j'aie alors le droit de vous en redemander
le prix que je vous en avais payé.

INTERPRÉT. *Si depuis qu'on a vendu
le bien d'autrui, le propriétaire lui-même
en a fait don à l'acquéreur, le vendeur
pourra être actionné en restitution du prix
de la vente qu'il en avait faite.*

9. L'acquéreur peut être contraint de
payer l'intérêt de son prix, tant qu'il ne
l'a pas acquitté.

10. Le muet peut vendre et acheter, le
fou ne peut ni l'un ni l'autre.

11. Si ayant de bonne foi acheté un esclave possédé du vice de prendre la fuite,
s'il s'échappe sans aucun autre motif, son
ancien maître sera non-seulement tenu de
rendre au nouveau le prix qu'il en aura
reçu, mais encore de l'indemniser des
pertes qu'il éprouve par la fuite de cet esclave.

12. Si la preuve d'une première fuite manque, il faudra s'en rapporter à la déclaration de l'esclave; car on ne peut l'interroger, ni sur lui, ni pour ni contre son maître.

13. Les héritiers du débiteur qui a donné un gage ou nantissement, n'ont pas le droit de le redemander au créancier qui l'aurait vendu, ils ont seulement le droit de suivre sur l'action en restitution qui aurait été déjà intentée par le testateur même, comme leur ayant été par lui transmis.

14. Lorsqu'il s'agit d'une convention qui a eu lieu de bonne foi, il n'est pas nécessaire d'en exiger la preuve écrite, si la bonne foi du contrat peut être autrement établie.

INTERPRÉT. *En contrats d'achat et de vente passés de bonne foi, il n'est pas nécessaire de produire un acte de vente, s'il peut être autrement reconnu que la vente a bien eu lieu, le prix payé et reto*

15. Bien-fonds est censé appa r à celui sous le nom duquel il a été acquis, si celui-ci en a été mis en possession, quoique le prix en ait été compté à un autre.

INTERPRÉTAT. *Si un champ a été acquis sous le nom de tout autre que celui qui l'a payé, et qu'il soit constant que celui au nom duquel il a été acquis en a été mis en possession, c'est à lui qu'il doit appartenir. Ceux qui ont payé n'ont aucun autre droit que celui de répéter leur argent contre le possesseur, ainsi qu'on l'a déjà exposé dans plusieurs autres espèces.*

16. Le créancier ayant préféré s'adresser pour son paiement à l'obligé principal plutôt qu'à sa caution, cette caution ou son héritier est libéré. Il n'en est pas de même de ceux qui ont donné pouvoir.

INTERPRÉTAT. *Si un créancier, sans égard pour la caution, a mieux aimé s'en tenir à son débiteur seul, cette caution ou son héritier est dégagé de l'obligation. Si, au contraire, un fondé de pouvoir pour suivre une demande en justice, a succombé, son mandant n'en est pas moins tenu de payer.*

§. 12. Cùm probatio prioris fugæ defecerit, servi responsioni credendum est. In se enim interrogari non pro domino, aut in dominum videtur.

§. 13. Heredibus debitoris adversus creditorem, qui pignora vel fiducias distraxit, nulla actio datur; nisi à testatore inchoata ad eos transmissa sit.

§. 14. In eo contractu, qui ex bona fide descendit, instrumentorum oblatio sine causa desideratur, si quo modo veritas de fide contractus possit ostendi.

INTERPRETAT. *In contractibus empti et venditi, qui bona fide ineuntur, venditionis instrumenta superflua requiruntur, si quocunque modo res vendita, dato et accepto pretio, qualibet probatione possit agnosci.*

§. 15. Fundus ejus esse videtur, cujus nomine comparatus est, non à quo pecunia numerata est; si tamen fundus comparatori sit traditus.

INTERPRETAT. *Si ager alterius nomine, et alterius pecunia fuerit comparatus, ejus esse dignoscitur, cujus nomine comparatus est, si tamen ipse comparatori agrum traditum fuisse constiterit, illi verò pecuniam quam dederant à possessore recipiant, sicut multis aliis speciebus habetur expositum.*

§. 16. Electo reo principali, fidejussor, vel heres ejus liberatur. Non idem in mandatoribus observatur.

INTERPRETAT. *Si quis contempto fidejussore, debitorem suum tenere maluerit, fidejussor vel heres ejus à fidejussionis vinculo liberatur. Si verò procurator litis victus fuerit, mandator ejus ad solutionem tenetur.*

TITULUS XVIII.

De locato et conducto.

§. 1. HOMO liber, qui statum suum in potestate habet, et pejorare eum, et meliorem facere potest, atque ideo operas suas diurnas nocturnasque locat.

§. 2. Fundi deterioris facti, et cultura non exercitati, et ædificiorum non refectorum culpa, arbitrio judicis domino â, conductione sarciri potest.

TITULUS XIX.

De Nuptiis.

§. 1. SPONSALIA tam inter puberes, quàm inter impuberes contrahi possunt.

§. 2. Eorum, qui in potestate patris sunt, sine voluntate ejus, matrimonia jure non contrahuntur : sed contracta non solvuntur : contemplatio enim publicæ utilitatis privatorum commodis præfertur.

INTERPRETAT. *Viventibus patribus, inter filios familias sine voluntate patrum matrimonia non legitimè copulantur : sed si conjuncta fuerint, non solvuntur : quia ad publicam utilitatem antiquitas pertinere decrevit, ut procreandorum liberorum causa conjunctio facta non debeat separari.*

§. 3. Inter servos et liberos matrimonium contrahi non possunt, contubernium potest.

§. 4. Neque furiosus, neque furiosa matrimonium contrahere possunt, sed contractum matrimonium furore non tollitur.

INTERPRETAT. *Si qui matrimonium sani contraxerint, et uni ex duobus amentia aut furor accesserit, ob hanc infirmitatem conjugia talium solvi non possunt.*

§. 5. Vir absens uxorem ducere potest,

TITRE XVIII.

Du loyer des personnes et des biens.

1. L'HOMME libre, celui qui ne dépend que de lui-même, qui peut user ou abuser de lui-même à son gré, peut louer son travail pour le jour et pour la nuit.

2. Les biens-fonds ayant été détériorés, soit faute de culture des terres, soit faute de réparations nécessaires aux bâtimens, c'est au juge seul à arbitrer les dommages qui doivent être payés au maître par son locataire.

TITRE XIX.

Des Noces.

1. MARIAGE peut être contracté tant entre pubères que non pubères.

2. Il est défendu à ceux qui sont en la puissance d'autrui de contracter mariage sans le consentement de ceux-ci. Cependant mariage contracté ne peut être annulé : en cela l'intérêt public l'emporte sur les convenances relatives de particulier à particulier.

INTERPRETAT. *Du vivant de père et mère, réunion par mariage d'entre enfans de famille, n'est légitime qu'autant qu'elle a eu lieu de leur consentement : cependant la réunion des époux une fois opérée, le mariage ne peut être dissous, parce que de tout tems il a été de principe d'utilité publique, que le mariage des époux n'ayant d'autre but que la naissance des enfans, il ne pouvait y être porté atteinte dès que leur réunion avait eu lieu.*

3. Mariage ne peut être contracté entre des esclaves et des hommes libres : il ne peut y avoir entre eux que cohabitation.

4. Ni le fou ni la folle ne peuvent être mariés : mais folie n'empêche pas que le mariage subsiste.

INTERPRETAT. *Si le mariage a été contracté entre sains d'esprit, et que l'un des époux ait depuis été atteint d'imbécillité ou de folie absolue, le mariage ne peut être dissous à cause de cette infirmité.*

5. L'homme éloigné par absence d'une

femme peut contracter mariage avec elle ; la femme éloignée par absence d'un homme ne le peut pas.

INTERPRÊT. *S'il a été pris jour pour mariage pendant l'absence de l'homme, retenu pour quelque cause que ce soit chez l'étranger, on peut célébrer le mariage, parce que la jeune fille livrée aux parens et aux amis de son mari, peut être aussitôt remise dans sa maison; et c'est ce qui ne peut avoir lieu en cas de mariage de femme absente.*

6. Affranchi qui aura cherché à épouser sa patronne, femme ou fille de son patron, sera condamné aux mines ou aux travaux publics, selon la dignité de la personne.

INTERPRÉTAT. *L'affranchi qui aura osé tenter de contracter mariage avec sa patronne, ou la fille de son patron, doit être envoyé aux mines.*

TITRE XX.

Des Concubines.

QUICONQUE a une femme légitime ne peut avoir une concubine ; s'il a est manqué à lui-même en prenant une maîtresse, ayant encore sa femme, qu'elles soient séparées.

INTERPRÉTAT. *Celui qui a une femme ne peut en même tems avoir une concubine, de peur que l'affection qu'il doit à sa femme ne souffre de celle qu'il porterait à sa concubine.*

TITRE XXI.

Des femmes qui se seraient unies aux esclaves d'autrui, et du sénatus-consulte Claudien.

1. Si une femme de condition libre, citoyenne Romaine ou Latine, s'était unie à l'esclave d'un autre ; si, contre la volonté du maître de cet esclave, ou malgré la dénonciation de ce maître, elle s'obstine à continuer à cohabiter avec l'esclave, elle devient elle-même servante.

2. Si une femme de condition libre s'unit avec l'esclave d'un pupille, et qu'elle

---

femina absens nubere non potest.

INTERPRETAT. *Si vir in peregrinis aliqua fuerit occasione detentus, absente eo constituto die, possunt nuptiæ celebrari, ut ab amicis vel parentibus ejus puella suscepta ad domum mariti ducatur. Nam sicut viro absente hoc ordine possunt nuptiæ celebrari, ita femina absente non possunt.*

§. 6. Libertum, qui nuptias patronæ, vel uxoris, filiæque patroni affectaverit pro dignitate personæ metalli pœna, vel operis publicis coërceri placuit.

INTERPRETAT. *Libertus, si ad conjunctionem patronæ, vel patroni filiæ aspirare tentaverit, in metallum detrudatur.*

TITULUS XX.

De Concubinis.

EO tempore, quo quis uxorem habet, concubinam habere non potest. Concubina igitur ab uxore solo delicto separatur.

INTERPRETAT. *Qui uxorem habet, eo tempore concubinam habere prohibetur, ne ab uxore eum dilectio separet concubinæ.*

TITULUS XXI.

De mulieribus quæ se servis alienis junxerint, vel ad senatusconsultum Claudianum.

§. 1. Si mulier ingenua civisque Romana vel Latina alieno se servo conjunxerit, siquidem invito et denuntiante domino in eodem contubernio perseveraverit, efficitur ancilla.

§. 2. Si servo pupilli ingenua mulier se conjungat, denuntiatione tutoris efficitur ancilla.

§. 3. Mulier et si * tamen eique se servo junxerit, denuntiando adquirit ancillam.

§. 4. Procurator et filiusfamilias et servus jussu patris aut domini denuntiando faciunt ancillam.

§. 5. Si peculiari servo filiifamilias liberase mulier conjunxerit nulla discretione paternæ voluntatis jure solemni decurso adquiret ancillam.

§. 6. Liberta, sciente patrono, alieni servi secuta contubernium, ejus qui denuntiavit efficitur ancilla.

§. 7. Liberta si ignorante patrono servo se alieno conjunxerit, ancilla patroni efficitur ea conditione ne aliquando ab eo ad civitatem Romanam perducatur.

§. 8. Filiifamilias servo quem ex castrensi peculio habet, si se ingenua mulier conjunxerit, ejus denuntiatione efficitur ancilla.

§. 9. Filiafamilias si invito vel ignorante patre, servo alieno se junxerit, etiam post denuntiationem statum suum retinet, quia facto filiorum pejor conditio parentum fieri non potest.

§. 10. Filiafamilias si jubente patre invito domino servi alieni contubernium secuta sit, ancilla efficitur, quia parentes deteriorem filiorum conditionem facere possunt.

§. 11. Liberta servi patroni contubernium secuta etiam post denuntiationem in eo statu manebit, quia domum patroni videtur deserere noluisse.

§. 12. Errore quæ se putavit ancillam, atque ideo alieni servi contubernium secuta est, postea liberam se sciens, in contubernio eodem perseveraverit, efficitur ancilla.

§. 13. Si patrona servo liberti sui se conjunxerit,

---

soit dénoncée par le tuteur, elle devient servante.

3. La femme * qui néanmoins se sera jointe à l'esclave de celui-ci, devient sa servante s'il la dénonce.

4. Le fondé de pouvoir, le fils de famille, ou l'esclave qui dénoncent une femme (dans tous les cas ci-dessus) de l'ordre du père ou du maître, la constituent en esclavage.

5. Si une femme libre s'est unie à l'esclave péculiaire d'un fils de famille, elle devient l'esclave de ce fils de famille, son droit à cet égard n'a pas besoin d'être confirmé par le consentement de son père.

6. L'affranchie qui, au su de son patron, cohabite avec l'esclave d'un autre, devient l'esclave de celui qui la dénonce.

7. L'affranchie qui, à l'insu de son patron, se sera unie à l'esclave d'un autre, redevient l'esclave de son patron, sous la condition cependant que jamais il ne la ramenera à Rome.

8. Femme de condition libre qui se sera unie avec l'esclave de pécule militaire d'un fils de famille, devient l'esclave de celui-ci s'il l'a dénoncée.

9. Fille de famille qui, contre le gré ou à l'insu de son père, se sera unie à l'esclave d'un autre, et aura été dénoncée, n'en retiendra pas moins son état; parce que la condition des pères ne peut devenir pire par le fait des enfans.

10. Fille de famille qui, de l'ordre de son père, aura cohabité avec l'esclave d'un autre, et aura continué cette cohabitation malgré la défense du maître de cet esclave, devient elle-même esclave; parce que les pères ont le droit de rendre pire la condition de leurs enfans.

11. L'affranchie qui aura persisté dans sa cohabitation avec l'esclave de son maître, après avoir été dénoncée, restera dans son état; parce qu'elle sera censée n'avoir pas voulu abandonner la maison de son patron.

12. Celle qui se croyant servante, se sera pour cela unie à l'esclave d'autrui, et qui, instruite ensuite qu'elle est libre, aura continué sa cohabitation avec cet esclave, redevient esclave.

13. Si la patronne d'un affranchi s'est
unie

unie à l'un des esclaves de celui-ci, quoique dénoncée, il est de droit ancien qu'elle ne peut devenir esclave.

14. Femme de condition libre qui se sera unie à l'esclave d'un jouissant du droit de bourgeoisie, le connaissant bien pour tel, deviendra esclave quand même elle n'aurait pas été dénoncée. Il en sera autrement si elle ignorait sa condition. Elle sera censée avoir ignoré la condition de cet esclave si, en ayant été informée, elle a cessé de cohabiter avec lui, ou si elle l'a cru affranchi.

15. Femme libre qui a cohabité avec un esclave qui a eu plusieurs maîtres, devient l'esclave de celui qui la dénonce le premier, à moins qu'elle ne l'ait été par tous.

16. Si une mère s'est unie à l'esclave de son fils, le sénatus-consulte Claudien, quant à ce fait honteux de la mère, n'exige pas un respect dont on aurait à rougir. Il en est, dans ce cas, ainsi que de celle qui s'est unie à l'esclave de son affranchi.

17. Celle qui aurait même été dénoncée par trois fois, et paraîtrait avoir été réduite à la condition d'esclave, ne sera censée avoir été adjugée à un maître que de l'autorité d'un jugement exprès rendu par le gouverneur de la province. Celui qui peut donner la liberté, a aussi seul le droit de l'ôter.

18. La fille de famille qui, après la mort de son père, aura continué à vivre avec un esclave; convaincue de ce fait dans la forme du sénatus-consulte Claudien, devient esclave.

TITRE XXII.
De la Dot.

1. DOT précède ou suit le mariage, c'est pour cela qu'elle peut être donnée avant ou après les noces; si elle a été livrée avant, ce n'est que dans l'espoir qu'elles auront lieu.

INTERPRÉTAT. *On appelle dot tout ce qui est donné aux hommes de la part des femmes, et qui peut l'être, soit avant, soit après les noces.*

2. La loi Julia concernant l'adultère défend au mari d'aliéner le bien-fonds dotal sans le consentement de la femme.

Il n'est pas besoin d'interprétation.

junxerit etiam denuntiatione conventam ancillam fieri non placuit.

§. 14. Mulier ingenua quæ se sciens servo municipium junxerit, etiam citra denuntiationem ancilla efficitur. Non idem si nesciat. Nescisse autem videtur quæ comperta conditione contubernio se abstinuit, aut libertum putavit.

§. 15. Libera mulier contubernium ejus secuta qui plures dominos habuit, ejus fit ancilla qui prior denuntiavit, nisi forte ab omnibus factum sit.

§. 16. Si mater servo filii se junxerit, non tollit senatusconsultum Claudianum erubescendam matris etiam in re turpi reverentiam exemplo ejus quæ se servo liberti sui conjunxerit.

§. 17. Tribus denuntiationibus conventa, etsi ex senatusconsulto facta videatur ancilla, domino tamen adjudicata citra auctoritatem interpositi per præsidem decreti non videtur; ipse enim debet auferre qui dare potest libertatem.

§. 18. Filiafamilias, mortuo patre, si in servi contubernio perseveraverit, pro tenore senatusconsulti Claudiani conventa efficitur ancilla.

TITULUS XXII.
De Dotibus.

§. 1. DOS aut antecedit, aut sequitur matrimonium. Et ideo vel ante nuptias, vel post nuptias dari potest; sed ante nuptias data, earum expectat adventum.

INTERPRETAT. *Dos dicitur, quæ à parte sponsarum viris datur; quæ tamen potest et ante nuptias, et post nuptias dari.*

§. 2. Lege Julia de adulteris cavetur, ne dotale prædium maritus, invita uxore alienet.

Non indiget interpretatione.

TITULUS XXIII.

De pactis inter virum et uxorem.

§. 1. FRUCTUS fundi dotalis constante matrimonio percepti, lucro mariti cedunt, etiam pro rata anni ejus, quo factum est divortium.

INTERPRETAT. *Fructus agri dotalis, manente conjugio, ad maritum pertinent, sed et illius anni, quo matrimonium divortio separatur, ad maritum pertinere certissimum est.*

§. 2. Omnibus pactis stipulatio subjici debet, ut ex stipulatu actio nasci possit.

TITULUS XXIV.

De donationibus inter virum et uxorem.

§. 1. MORTIS causa donatio est, quæ impendente metu mortis fit, ut est valetudinis, peregrinationis, navigationis, vel belli.

§. 2. Manumissionis gratia inter virum et uxorem donatio favore libertatis recepta est, vel certe quod nemo ex hac fiat locupletior: ideoque servum manumittendi causa invicem sibi donare non prohibentur.

INTERPRETAT. *In conjugio hæc sola donatio ex hac lege permittitur, ut mancipia sibi invicem quæ manumittant, non quæ habeant donare possint.*

§. 3. Inter virum et uxorem nec per interpositam personam donatio fieri potest.

§. 4. Inter virum et uxorem contemplatione donationis imaginaria venditio contrahi non potest.

§. 5. Superstite eo qui matrimonii tempore donaverat, ante decedente cui fuerat donatum, id quod donatum est, penes donatorem remanet.

INTERPRETAT. *Si manente conjugio vir uxori, vel uxor marito aliquid dona-*

TITRE XXIII.

Des pactes d'entre mari et femme.

1. LES fruits du fonds dotal appartiennent au mari tout le tems que dure le mariage, et même, en cas de divorce, jusqu'au jour de l'année où le divorce a été consommé.

INTERPRÉT. *Il est hors de tout doute que les fruits du champ dotal appartiennent au mari tant que dure le mariage, même ceux de l'année dans laquelle le mariage est dissous par divorce.*

2. Aucun pacte n'a de force que si stipulation y est jointe : car on n'a action que pour stipulation.

TITRE XXIV.

Des donations d'entre mari et femme.

1. DONATION à cause de mort est celle qui se fait par crainte actuelle de mort, telle que celle qui a lieu en maladie, pour grand voyage, embarquement sur mer, ou à cause de guerre.

2. Il est reçu, en faveur de la liberté, que les époux peuvent pendant le mariage se donner l'un à l'autre leur esclave, à charge de les affranchir ; ces donations n'ont été autorisées que parce qu'elles ne peuvent enrichir ni l'un ni l'autre.

INTERPRÉT. *Pendant le mariage cette seule donation est permise par la loi ci-dessus, quant aux esclaves qu'ils veulent réciproquement affranchir ; au surplus, les époux ne peuvent se donner leur esclave qu'ils ne veulent pas rendre à la liberté.*

3. Donation faite par mari à sa femme, ou par femme à son mari, à l'aide de prête-nom, n'est pas permise.

4. Donation de femme à mari, ou de mari à femme, déguisée sous le titre d'une vente, est nulle.

5. L'époux donataire venant à décéder avant le donateur, ce que celui-ci avait donné pendant le mariage lui reste.

INTERPRÉT. *Si pendant le mariage le mari a donné quelque chose à sa femme,* ou la femme à son mari ; si celui à qui on a donné décède le premier, tout ce qui a été donné reste au donateur.

6. Quelque donation que le mari et la femme se soient faite à cause de mort, si le décès prévu arrive, elle vaut.

INTERPR. *La donation d'entre époux, faite pendant le mariage, à cause de mort, vaut par la mort de l'un ou de l'autre; car en donation à cause de mort, il ne peut être dérogé à la solennité des termes qui constituent cette donation : je veux que ce champ ou cette maison vous appartienne plutôt qu'à moi, ou plutôt à vous qu'à mes héritiers.*

verit : si is cui donatum est prior mortuus fuerit, apud donatorem ea quæ donata fuerant remanebunt.

§. 6. Quocunque tempore contemplatione mortis inter virum et uxorem donatio facta est, morte sequuta convalescit.

INTERPRET. *Si inter maritum et uxorem, matrimonii tempore, mortis causa fuerit facta donatio, morte unius convalescit. Nam in donationibus, quæ mortis causa fiunt, hæc verborum solemnitas custoditur; illum agrum, aut illam domum te malo habere quàm, me, te, quàm heredes meos.*

TITRE XXV.

De la reconnaissance des enfans.

1. L'ENFANT conçu dans l'esclavage, est libre s'il naît après l'affranchissement de sa mère.

2. Celui qui a été conçu en état de liberté, et qui vient au monde sa mère étant esclave, est aussi né libre. La faveur due à la liberté le veut.

3. Si une servante enceinte est affranchie, et qu'elle redevienne esclave avant que de mettre son enfant au monde, l'enfant naîtra libre; parce que les tems intermédiaires ne peuvent que lui profiter, et non lui nuire quant à sa liberté.

4. L'enfant conçu par celle qui doit être affranchie en conséquence de fidéicommis, et qui naît après le terme fixé pour l'affranchissement de sa mère, naît de condition libre.

INTERPRÉTAT. *Si un fidéicommissaire ayant eu ordre de donner la liberté à une esclave enceinte, ne l'affranchit pas au tems déterminé, et qu'elle mette son enfant au monde n'ayant pas encore recouvré sa liberté par faute du fidéicommissaire, l'enfant sera né de condition libre : le retard d'affranchissement étant du fait du fidéicommissaire, ne peut nuire en rien à l'ingénuité de l'enfant.*

5. Femme divorcée, certaine d'être enceinte, doit, dans les trente jours, en faire donner avis à son mari, ou au père de celui-ci, afin d'être visitée ou gardée à vue,

TITULUS XXV.

De liberis agnoscendis.

§. 1. Si serva conceperit, et posteà manumissa pepererit, liberum parit.

§. 2. Si libera conceperit, et ancilla facta pepererit, liberum parit. Id enim favor libertatis exposcit.

§. 3. Si ancilla conceperit, et medio tempore manumissa sit, rursùs facta ancilla pepererit, liberum parit. Media enim tempora libertati prodesse, non enim nocere etiam possunt.

§. 4. Ex ea muliere natus, quæ ex causa fideicommissi manumitti debuit, si post moram libertati factam nascatur, ingenuus nascitur.

INTERPRETAT. *Si ea mulier, quæ per fideicommissum manumitti jussa est, fideicommissario in præstanda libertate, quæ ei mandata est, moram faciente pepererit, qui natus est ingenuus nascitur : quia fideicommissarii tarditas ingenuitati ejus obesse non potest.*

§. 5. Si mulier divortio facto gravidam se sciat, intra tricesimum diem viro denuntiare debet, vel patri ejus, ut ad ventrem inspiciendum, observandumque custodes mittant : quibus missis, partum mulieris omnimodis coguntur agnoscere.

INTERPRETAT. *Si quæcunque mulier matrimonio per divortium dissoluto, prægnantem se esse senserit, et hoc in notitiam mariti vel patris ejus detulerit, ut ad inspiciendum vel observandum ventrem suum custodes mittant, quos dum miserint, partum mulieris, id est, nativitatem sui heredis compelluntur agnoscere.*

§. 6. Si prægnantem se esse mulier non denuntiaverit, vel custodes ventri missos non admiserit, liberum est patri vel avo natum non alere. Cæterùm negligentia matris, quominus suus patri heres sit, obesse non debet.

INTERPRET. *Si post divortium prægnantem se mulier marito non indicaverit, vel custodes ad observationem ventris missos custodire non permiserit, potest pater vel avus eum qui natus fuerit non nutrire : sed negligentiam matris statutum est ei, qui natus est, in successione patris nocere penitus non debere, quin post mortem patris sine dubio succedat.*

§. 7. Si mulier se ex viro prægnantem negat, permittitur marito ventrem inspicere, et ventri custodes dare.

§. 8. Venter inspicitur per quinque obstetrices, et quod maxima pars earum denuntiaverit, pro vero habetur.

INTERPRET. *Quoties de mulieris prægnatione dubitatur, quinque obstetrices, id est, medicæ, ventrem jubentur inspicere. Et quod plures ex ipsis se agnovisse dixerint, hoc certissimum judicatur.*

§. 9. Obstetricem, quæ partum alienum attulit, ut supponi possit, summo supplicio

si bon leur semble, par personne à ce exprès par eux commise ; de sorte qu'il soit impossible à son mari ou à son père de ne pas reconnaître l'enfant dont elle serait ensuite accouchée.

INTERPRÊT. *Toute femme dont le divorce a eu lieu, qui croit être alors enceinte, doit en avertir son mari ou le père de son mari, afin d'être visitée ou surveillée par gens à eux. Cette visite et garde de sa personne ayant été en conséquence faite, ni l'un ni l'autre ne pourra désavouer son accouchement, et sera tenu de reconnaître son héritier dans l'enfant auquel elle aura donné le jour.*

6. Si cette femme enceinte n'a pas dénoncé sa grossesse, ou si elle a refusé les gardiens qu'on lui aurait donnés, il sera libre au père ou à l'aïeul de ne pas élever l'enfant qu'elle aura mis au monde. Au surplus, la négligence de la mère ne doit pas nuire au droit de l'enfant, quant à sa qualité d'héritier de son père.

INTERPRÉTAT. *Si après le divorce, la femme alors enceinte n'a pas fait connaître sa situation, ou si elle a refusé de se laisser garder par les gens à ce préposés, le père ou l'aïeul pourra refuser de nourrir son enfant : mais il est de règle en droit que la négligence de la mère ne peut nuire au droit de l'enfant, quant à la succession de son père, c'est-à-dire, le priver de la propriété des biens de son père après son décès.*

7. Si la femme prétend, contre son mari, qu'elle n'est pas enceinte, il est permis à son mari de s'en assurer et de lui donner des gardiens.

8. Les visites à cause de grossesse se font par cinq plus anciennes sages-femmes, l'avis du plus grand nombre doit être reçu comme vérité.

INTERPRÊT. *Toutefois qu'il y a incertitude sur l'état d'une femme qui pourrait être enceinte, il doit être commis cinq anciennes sages-femmes, c'est-à-dire cinq des plus expertes dans leur art pour la visiter. Ce qui aura été déclaré avoir été reconnu par le plus grand nombre d'elles, sera tenu pour certain.*

9. Sage-femme qui aurait apporté l'enfant d'une autre, pour faire croire à ac-

couchement, a, de tout tems, été condamnée au dernier supplice.

affici placuit.

TITRE XXVI.

De l'émancipation absolue des enfans.

1. PÈRE pris par les ennemis, cesse d'avoir ses enfans en sa puissance ; mais étant rentré sur le territoire Romain, il reprend tous ses droits sur ses enfans et sur ses biens, comme s'il n'avait pas été prisonnier.

2. Plusieurs émancipations distinctes peuvent avoir lieu en présence des mêmes témoins, ou en présence de différens témoins, le même jour ou à jours divers.

3. On peut émanciper même les jours de fêtes.

4. Émancipation et affranchissement peuvent être déclarés devant les magistrats des villes, s'ils y ont le droit de juridiction.

5. Le fils de famille ne peut être émancipé malgré lui.

TITRE XXVII.

Des Adultères.

1. LA loi Julia sur l'adultère, chapitre second, permet au père naturel ou adoptif de tuer celui qu'il aura surpris sur le fait avec sa fille, dans sa propre maison ou dans celle de son gendre, quel que soit le rang du coupable.

2. Le fils de famille marié, qui aura surpris sa fille en adultère, est presque autorisé, par la même loi, à la tuer ; cependant il est plutôt admis qu'il ne peut la tuer sans en avoir eu la permission.

3. Aux termes du chapitre cinq de la loi Julia, lorsqu'un adultère a été surpris sur le fait, les dépositions de ceux qui en peuvent témoigner ne sont valables, qu'autant qu'elles ont été reçues dans les vingt heures suivantes.

4. Mari ayant surpris en adultère des infames, ou tout autre faisant profit de son corps, ou ses esclaves, peut les tuer ; mais il lui est défendu de tuer sa femme.

5. Mari qui ayant surpris sa femme avec son adultère l'aura tuée, doit être moins puni, parce qu'on ne peut attribuer le fait qu'à l'excès d'un juste chagrin.

TITULUS XXVI.

Quemadmodum filii sui juris efficiantur.

§. 1. PATER ab hostibus captus desinit habere filios in potestate : postliminio verò reversus, tam filios, quàm omnia sui juris in potestatem recipit, ac si nunquam ab hostibus captus sit.

§. 2. Singulæ emancipationes iisdem, vel aliis testibus fieri possunt, vel eodem die, vel intermisso tempore.

§. 3. Emancipatio etiam die feriato fieri potest.

§. 4. Apud magistratus municipales, si habeant legis actionem, emancipari, et manumitti potest.

§. 5. Filiusfamilias emancipari invitus non cogitur.

TITULUS XXVII.

De Adulteriis.

§. 1. CAPITE secundo legis Juliæ de adulteriis permittitur patri tam adoptivo quàm naturali, adulterum cum filia cujuscunque dignitatis domi suæ vel generi sui deprehensum sua manu occidere.

§. 2. Filiusfamiliæ pater, si filiam in adulterio deprehenderit, verbis quidem legis prope est ut non possit occidere, permitti tamen ei debet ut occidat.

§. 3. Capite quinto legis Juliæ cavetur, ut adulterum deprehensum viginti horis adtestando vicinos retinere valeat.

§. 4. Maritus in adulterio deprehensos non alios quàm infames, et eos qui corpore quæstum faciunt, servos etiam excepta uxore quam prohibetur, occidere potest.

§. 5. Maritum qui uxorem deprehensam cum adultero occidit, quia hoc impatientia justi doloris amisit, lenius puniri placuit.

§. 6. Occiso adultero dimittere statim maritus debet uxorem, atque ita triduo proximo profiteri cum quo adultero, et in quo loco uxorem deprehenderit.

§. 7. Inventa in adulterio uxore maritus, ita demum adulterum occidere potest, si eum domi suæ deprehendat.

§. 8. Eum, qui in adulterio deprehensam uxorem non statim dimiserit, reum lenocinii postulari placuit.

§. 9. Duos uno tempore uxoris adulteros accusari posse sciendum est, plures verò non posso.

§. 10. Cum his quæ publicè mercibus vel tabernis exerceudis procurant adulterium fieri non placuit.

§. 11. Qui masculum liberum invitum stupraverit capite punitur.

§. 12. Qui voluntate sua stuprum flagitiumque impurum patitur, dimidia parte bonorum suorum multatum, nec testamentum ei ex majore parte facere licet.

§. 13. Adulterii convictas mulieres dimidia parte dotis et tertia parte bonorum ac relegatione in insulam placuit coerceri: adulteris verò viris pari in insulam relegatione dimidiam bonorum partem auferri, dummodò in diversas insulas relegentur.

§. 14. Incesti pœnam quæ in viro in insulam deportatio est, mulieri placuit remitti, hactenus tamen, quatenus lege Julia de adulteriis non apprehenditur.

§. 15. Ancillarum sanè stuprum, nisi deteriores fiant ad per eas ad dominam affectet, citra noxam habetur.

§. 16. Servi tam mariti quàm uxoris in causa adulterii torqueri possunt, nec his libertas sub specie impunitatis data valebit.

---

6. Aussitôt que le mari aura tué l'adultère qu'il aura surpris avec sa femme, il doit renvoyer celle-ci, et faire dans les trois jours la déclaration du nom de celui avec qui sa femme commettait adultère, et du lieu où il les a surpris.

7. Mari qui a supris sa femme en adultère peut sur le champ tuer son complice, si c'est dans la maison du mari que l'adultère se commettait.

8. Tout mari qui, ayant surpris sa femme en adultère, ne l'aura pas aussitôt renvoyée de chez lui, doit être, selon la loi, poursuivi comme coupable de l'avoir prostituée exprès.

9. Il est certain qu'on peut accuser en même tems sa femme de deux adultères, mais elle ne peut l'être de plus.

10. Selon la loi, il ne se commet point d'adultère avec celles qui se livrent à la faveur du commerce qu'elles exercent en tenant taverne.

11. Celui qui aura abusé de force d'un mâle libre est puni de mort.

12. Qui a consenti à l'abus de son corps, ou à tout autre acte d'impureté, doit en être puni par la perte de la moitié de ses biens; et de plus, il ne doit plus jouir de la liberté de disposer du reste, ou au moins pour la plus grande partie.

13. Les femmes convaincues d'adultère, sont punies par la perte de la moitié de leur dot et du tiers de leurs biens, et condamnée à la relégation dans une île. Les hommes adultères sont aussi punis par la relégation dans une île, la moitié de leurs biens réservée; à moins qu'ils n'aient été relégués dans des îles lointaines.

14. La peine de l'inceste, qui est pour les hommes la déportation dans une île, se remet aux femmes; pourvu qu'elles ne puissent, en ce cas, être atteintes d'adultère, d'après ce que porte la loi Julia.

15. Abuser des servantes, n'est qu'une faute qui peut leur déplaire ou à leur maîtresse, lorsque d'ailleurs il n'en est rien résulté qui les ait autrement dépréciées.

16. Les esclaves de l'homme ou de la femme peuvent être torturés pour cause d'adultère. La liberté qui leur aurait été donnée pour assurer leur impunité sera nulle.

17. En cause d'adultère il ne peut être accordé aucun délai.

§. 17. In causá adulterii dilatio postulata impetrari non potest.

TITRE XXVIII.

Qui peuvent refuser la tutelle.

1. S'IL a existé entre le père et le tuteur nommé une haine absolue, ce tuteur pourra la refuser. Il ne faut pas confier un pupille à l'ennemi de son père.

INTERPRÉT. *S'il a été nommé pour tuteur à un mineur une personne connue pour avoir eu de grandes inimitiés avec son père, son refus d'accepter la tutelle aura tout son effet, à cause du danger de confier la défense des enfans à l'ennemi de leur père.*

2. Personne ne peut être malgré elle appelée au secours de celui qui a accepté une tutelle.

TITULUS XXVIII.

De excusationibus tutorum.

§. 1. INIMICITIÆ capitales, quas quis cum patre pupillorum habuit, à tutelis excusant, ne paterno inimico pupilli committantur.

INTERPRETAT. *Si cum patre minorum aliquis graves inimicitias habuisse cognoscitur, à tutela pupillorum meritò excusatur, ne inimico paterno parvulorum defensio committatur.*

§. 2. Ad curam ejus, cujus quis tutelam administravit, invitus vocari non potest.

TITRE XXIX.

De ceux qui doivent être préférés pour tutelle.

1. IL n'apparaît pas qu'on ait nommé celui qui devait être préféré, lorsque la cause de la préférence n'est pas indiquée.

2. La préférence ne résulte pas seulement du degré de parenté, elle résulte aussi de l'espèce de biens de famille auxquels la tutelle s'applique.

INTERPR. *Celui qui doit de préférence être élu tuteur, n'est pas toujours parent le plus proche, c'est celui qui est reconnu comme le plus capable à raison de ses facultés.*

TITULUS XXIX.

De potioribus nominandis.

§. 1. NON rectè potiorem videtur nominare, qui causam nominati potioris non expresserit.

§. 2. Potior quis esse debet, non solùm gradu generis, sed et substantia rei familiaris.

INTERPRETAT. *Qui potior ad tutelam eligendus est, non solùm pupillo generis adfinitate propinquior, sed et facultatibus debet magis idoneus approbari.*

TITRE XXX.

Quand n'y a-t-il lieu à préférence pour tutelle.

LE père ayant nommé un affranchi pour tuteur, il ne peut être écarté de la tutelle, quand même on ne l'y croirait pas propre; dans ce cas on pourra seulement lui adjoindre un curateur.

INTERPRÉT. *Si un père a, par son testament, nommé un affranchi pour tuteur à*

TITULUS XXX.

Qui potiores nominare non possint.

LIBERTUS, quem pater tutorem dedit, si minùs idoneus dicatur, excusari quidem non potest, sed adjungi illi curator potest.

INTERPRETAT. *Si à patre filiis minoribus libertus tutor fuerit derelictus, si parum idoneus videtur, excusari quidem ab actione tutelæ non potest, sed potest illi curator adjungi.*

ses enfans mineurs, cet affranchi ne pourra refuser d'exercer cette tutelle, quand même il semblerait n'en pas être capable ; mais il pourra lui être adjoint un curateur.

TITULUS XXXI.

Adorationem divi Severi.

Dolo tutoris curatorisve detecto, in duplum ejus pecuniæ condemnatione conveniuntur, qua minorem fraudare voluerunt.

TITRE XXXI.

Rescript de l'empereur Sévère.

Tuteur ou curateur convaincu de fraude doit être condamné à payer le double de ce dont ils ont ainsi essayé de priver le mineur.

TITULUS XXXII.

De Furtis.

§. 1. Fur est, qui dolo malo rem alienam contrectat.

INTERPRETAT. *Fur est, qui rem alienam fraude interveniente contigerit.*

§. 2. Furtorum genera sunt quatuor : manifesti, nec manifesti, concepti et oblati. Manifestus fur est, qui in faciendo deprehensus est, et qui intra terminos ejus loci, unde quid sustulerat, deprehensus est, vel antequam ad eum locum quo destinaverat, perveniret. Nec manifestum fur est, qui in faciendo quidem deprehensus non est, sed eum furtum fecisse negari non potest. Concepti actione is tenetur, apud quem furtum quæsitum, et inventum est : oblati actione is tenetur, qui rem furtivam alii obtulit, ne à se inveniretur.

§. 3. Furti actione is agere potest, cujus interest rem non perisse.

§. 4. Concepti is agere potest, qui rem concepit, et invenit.

§. 5. Oblati is agere potest, penes quem res concepta, et inventa est.

§. 6. Manifesti furti actio, et nec manifesti, et concepti, et oblati heredi quidem competit, sed in heredem non datur.

TITRE XXXII.

Des Vols.

1. Voleur est quiconque, en employant à dessein le dol, parvient à enlever pour lui le bien d'autrui.

INTERPRÉT. *Voleur est celui qui, à l'aide de telle manœuvre que ce soit, est parvenu à s'emparer du bien d'autrui.*

2. On distingue quatre espèces de vols : le vol manifeste, le vol non manifeste, le vol recherché, le vol soustrait. Il y a vol manifeste, lorsque le voleur est pris dans le lieu où il est encore occupé du vol, ou dans sa fuite de ce lieu après le vol et avant d'être parvenu où il devait déposer les effets volés. Il y a vol non manifeste, lorsque le voleur n'ayant pas été pris sur le lieu, il lui est cependant impossible de nier que ce soit lui qui a fait le vol ; il y a action pour vol retrouvé, contre celui chez lequel on a recherché et trouvé les effets volés ; il y a soustraction (recélé) de vol, lorsque le voleur a remis les effets volés entre les mains d'un tiers, qui les a reçus pour qu'ils ne fussent pas trouvés sur le voleur ou chez lui.

3. L'action pour vol appartient à celui qui a intérêt de ne pas perdre sa chose.

4. L'action de vol recherché appartient à celui qui a recherché et trouvé le vol.

5. L'action à cause de soustraction (recélé) de vol, a lieu contre celui chez lequel on a cherché et trouvé les objets volés.

6. L'héritier du volé peut exercer toutes actions résultantes du vol contre le voleur, mais non pas contre l'héritier de celui-ci.

INTERPR.

INTERPRÉT. *Les héritiers de celui contre lequel il a action quelconque de vol, peuvent être poursuivis pour restitution de la chose volée, mais la peine du vol ne peut leur être appliquée.*

7. L'esclave qui a volé ou fait quelque tort à autrui, peut être donné pour réparation du vol ou du tort qu'il a fait; à moins que son maître ne rende pour lui en son entier la chose volée ou dont il a fait tort.

INTERPRÉT. *Un esclave ayant volé ou fait tort à quelqu'un, si le maître ne veut rendre pour lui, il doit le livrer à l'offensé pour tout le tems nécessaire à acquitter le prix de la chose volée ou dont il a fait tort.*

8. Si un esclave avait été affranchi ou vendu après avoir commis un vol, le volé aura action contre cet affranchi ou contre celui qui l'aurait acheté; parce que l'obligation née d'un délit suit le délinquant.

INTERPRÉT. *Si un esclave avait volé, et qu'ensuite son maître lui ait donné la liberté ou l'ait vendu, le voleur affranchi pourra être actionné pour restitution, ou bien son nouveau maître; par la raison que l'obligation résultante d'un délit suit toujours le coupable.*

9. Le fils de famille qui aura été émancipé après avoir volé, pourra être poursuivi personnellement; parce que le délit repose sur la tête de celui qui l'a commis.

10. Ce n'est pas seulement le voleur qui peut être poursuivi, il y a aussi action, à raison de vol, contre celui qui a aidé à le commettre, ou qui a conseillé de le commettre.

11. La soustraction des effets d'une succession ne peut être qualifiée de vol avant que l'héritier n'en ait pris possession.

12. Celui qui a enlevé une femme publique pour en jouir, et l'a cachée, s'est rendu coupable de vol; ainsi le veut la loi.

13. L'action de vol manifeste, en outre de la peine du quadruple, emporte celle à fin de revendication et de restitution.

INTERPRÉT. *La peine du vol manifeste et du quadruple et de la restitution de la chose volée.*

14. La peine de soustraction (de recélé)

INTERPRETAT. *Furtorum genera heres ejus, qui furtum pertulit prosequi potest : ejus verò heres, qui furtum fecerit, ad pœnam criminis teneri non possunt.*

§. 7. Servus, qui furtum fecerit, damnumve dederit, nisi id pro sui quantitate dominus sarcire sit paratus, noxæ dedi potest.

INTERPRETAT. *Si servus alicui furtum fecerit, vel damnum dederit, si dominus ejus pro eo reddere noluerit, tradere eum vindictæ pro qualitate facti debebit.*

§. 8. Si servus furtum fecerit, deinde manumissus fuerit, aut alienatus, cum ipso manumisso, vel emptore agi potest. Noxa enim caput sequitur.

INTERPRETATIO. *Si servus furtum fecerit, et posteà aut manumissus, aut venditus fuerit, aut is qui manumissus est, pro furti redhibitione tenebitur, aut emptor ejus: quia noxa semper caput sequitur.*

§. 9. Filiusfamilias si furtum fecerit, deinde emancipetur, furti actio in eum datur; quia in omnibus noxa caput sequitur.

§. 10. Non tantùm qui furtum fecerit, sed etiam is, cujus ope, aut consilio furtum factum fuerit, furti actione tenebitur.

§. 11. Rei hereditariæ antequam ab herede possideatur, furtum fieri non potest.

§. 12. Qui meretricem libidinis causa rapuit, et celavit, eum quoque furti actione teneri placuit.

§. 13. Furti manifesti actio, præter pœnam quadrupli, ipsius rei persecutionem, genere vindicationis, et condictionis continet.

INTERPRETAT. *Furti manifesti pœna quadrupli est, et ipsius rei quæ est sublata, redhibitio.*

§. 14. Furti oblati actio adversus eum,

25

qui obtulit tripli est pœna, et ipsius rei repetitio.

INTERPRET. *Is qui rem furtivam alteri obtulit, ne apud ipsum inveniretur, tripli pœna est, et ipsius rei redhibitio, quæ sublata cognoscitur.*

§. 15. Furti quocunque genere condemnatus, famosus efficitur.

§. 16. Quæcunque in caupona, vel in meritorio stabulo, diversoriove perierint, in exercitores eorum furti actio competit.

§. 17. Qui furtum quæsiturus est, antequam quærat debet dicere quid quærat, et rem suo nomine et sua specie designare.

§. 18. Rem pignori datam debitor creditori subtrahendo furtum facit, quam si et ipse similiter amiserit, suo nomine persequi potest.

§. 19. Pater, vel dominus de ea re, quæ filiofamilias, vel servo subrepta est, furti agere potest. Interest enim ei deferri actionem, qui de peculio convenitur.

INTERPRET. *Si filiofamilias, vel servo, furto aliquid sublatum fuerit, ad patrem vel dominum furti actio pertinebit : quia meritò eis hæc actio datur, ex quorum personis solent aliquoties conveniri.*

§. 20. Si rem, quam tibi commodavi, posteá surripui, furti actio competere tibi non poterit. Rei enim nostræ furtum facere non possumus.

§. 21. Si cùm furtum quis quærit, damnum injuriæ dederit, actione legis Aquiliæ tenebitur.

INTERPRET. *Si cùm furtum quis quærit, damnum alicui dederit, vel injuriam fecerit, secundùm legem Aquiliam in duplum damni illati redhibitione mulctatur.*

§. 22. Ob indicium comprehendi furis præmium promissum jure debetur.

§. 23. Sive seges per furtum, sive quælibet arbores cæsæ sint, in duplum ejus rei nomine reus convenitur.

de vol est du triple, et de la restitution de la chose volée.

INTERPRÈT. *La peine de celui qui a reçu la chose volée pour qu'elle ne fût pas trouvée chez le voleur, est du triple, et de la restitution de la chose qu'il a cachée.*

15. La condamnation pour vol, de quelque espèce qu'il soit, emporte infamie.

16. En cas de perte de quoi que ce soit dans les cabarets, les écuries passagères, ou dans les auberges, ceux qui les tiennent sont tenus de l'action de vol.

17. Quiconque veut faire la recherche d'un objet volé, doit, avant de chercher, déclarer quel est cet objet, par son nom, et son espèce.

18. Le débiteur qui soustrait le gage qu'il a donné à son créancier, commet un vol; il peut être poursuivi comme tout autre qui lui aurait volé à lui-même ce qui constitue le gage.

19. Le père d'un fils de famille, ou le maître d'un esclave, peut seul poursuivre pour le vol qui leur a été fait; leur droit est fondé sur ce que c'est contre eux seuls qu'on peut seulement intenter toutes actions concernant le pécule de l'un ou de l'autre.

INTERPRÈT. *Lorsqu'il a été fait un vol à un fils de famille ou à un esclave, c'est au père ou au maître qu'en appartient la poursuite; ce droit n'appartient qu'à eux, parce que c'est contre eux seuls que s'exercent les actions qui parfois peuvent l'être, à raison des dettes de l'un ou de l'autre sur leur avoir particulier, qu'on nomme pécule.*

20. Si je vous ai pris la chose que je vous avais prêtée, il n'y a pas lieu à l'action de vol; car on ne peut pas faire un vol de sa propre chose.

21. La recherche d'un objet volé engendre action, à fin de dommage résultant de l'injure, aux termes de la loi Aquilia.

INTERPRÈT. *Si en cherchant un vol, on fait injure ou quelque tort que ce soit à celui chez qui on le cherche, il lui est dû le double du tort qu'il a éprouvé, d'après la loi Aquilia.*

22. La récompense promise à qui indiquera le voleur, est due de droit.

23. Si des blés ou des arbres, de quelque espèce qu'ils soient, ont été coupés et volés, celui qui aura commis le délit, sera condamné au double de leur valeur.

24. Si un esclave commun a été dérobé par l'un de ses maîtres, l'autre aura contre lui action de vol.

25. Celui qui s'empare d'une chose abandonnée par son maître, ne commet pas un vol, pourvu toutefois que celui à qui elle appartenait l'ait jetée ou s'en soit dessaisi dans l'intention de l'abandonner.

26. Si un esclave a volé avec son maître, en outre de l'action de restitution contre tous deux, le volé aura celle du vol contre le maître seul.

27. Si le dégraisseur ou le tailleur s'est servi des vêtemens qu'on lui avait donnés à nettoyer ou à raccommoder, il sera, à cause de l'usage qu'il en aura fait, censé les avoir volés; parce que ce n'était pas pour s'en servir qu'ils lui avaient été remis.

28. Des fruits ayant été volés sur un fonds de terre, le propriétaire ou le fermier pourra en poursuivre la restitution; par la raison que l'un et l'autre y ont un égal intérêt.

29. Quiconque aura enlevé, pour en jouir, une servante esclave n'étant pas femme publique, sera coupable de vol, et puni de la peine portée par la loi Favia s'il l'avait sequestrée.

30. Quiconque aura enlevé des tablettes, ou autres titres à quelqu'un, pourra être poursuivi en paiement des sommes dont elles contiendraient la mention, et ce quand même elles auraient été croisées; parce que paiement effectué ne peut être prouvé que par eux.

INTERPRÉT. *Qui aura volé des tablettes ou tous autres titres, sera condamné à payer toute la somme dont il y aurait été fait mention;*

Que ces titres soient intacts ou raturés, et quand même ils justifieraient de l'acquit des sommes y mentionnées.

31. Qui a conseillé à l'esclave de s'enfuir, n'est pas à la vérité coupable de vol, mais d'avoir corrompu cet esclave.

32. Si une chose volée a été rendue à son propriétaire, il n'y a plus lieu à action de vol.

33. Qui, dans l'intention du vol, a enfoncé un appartement, et cependant n'en a rien emporté, ne peut être tenu de vol, mais seulement d'outrage fait au maître de la maison.

§. 24. Si servum communem quis furatus sit, socio quoque actio furti dabitur.

§. 25. Qui pro derelicto rem jacentem occupavit, furtum non committit; tametsi à domino derelinquendi animo relictam.

§. 26. Si servus furtum fecerit cum domino, præter rei condictionem furti actio in dominum datur.

§. 27. Fullo et sarcinator qui polienda vel sarcienda vestimenta accepit, si forté his utatur, ex contrectatione eorum furtum fecisse videtur; quia non in eam causam ab eo videntur accepta.

§. 28. Frugibus ex fundo subreptis tam colonus quàm dominus furti agere possit, quia utriusque inter est rem persequi.

§. 29. Qui ancillam non meretricem libidinis causa subripuit, furti actione tenebitur : et si supressit, pœna legis Faviæ coërcetur.

§. 30. Qui tabulas, cautionesve surripuit, in adscriptam summam furti actione tenebitur : nec interest cancellatæ, necne sint ; quia ex his debitum dissolutum interest comprobari.

INTERPRET. *Qui tabulas aut cautiones furto abstulerit, ad eam summam redhibitionis, quam tabulæ, vel chartæ sublatæ continent, furti actione tenebitur.*

Nec interest, utrùm cautiones ipsæ sine aliqua litura sint, an fuerint caraxatæ aut forsitan jam solutæ.

§. 31. Qui servo fugæ consilium dedit, furti quidem actione non tenetur, sed servi corrupti.

§. 32. Res subrepta si in domini potestatem reversa sit, cessat furti actio.

§. 33. Qui furandi animo conclave effregit vel aperuit, sed nihil abstulit, furti actione conveniri non potest, injuriarum potest.

25 *

§. 34. Qui rem suam furatur, ita demùm furti actione non tenetur, si alteri
ex hoc non noceatur.

§. 35. Servus, qui in fuga est, à domino
quidem possidetur ; sed dominus furti actione ejus nomine non tenetur, quia in potestatem eum non habet.

TITULUS XXXIII.

De operis Libertorum.

EGENTEM patronum libertus obligatione doni, muneris et operarum, solutus,
alore cogendus est, pro modo facultatum
suarum.

INTERPRET. Si quis ita fuerit manumissus, ut nec dominum, nec operas patrono præstare deberet, et patronus ejus
egens fuerit effectus, eum pro modo facultatum suarum pascere, et sustentare compellitur.

34. Qui a détourné sa chose ne peut
être réputé coupable de vol, que dans le
cas où cette soustraction nuit à un autre.

35. L'esclave étant en fuite appartient
toujours à son maitre ; cependant si cet
esclave commet un vol, son maitre n'en
est pas responsable, parce qu'alors il n'est
pas en sa puissance.

TITRE XXXIII.

Des devoirs des Affranchis.

AFFRANCHI exempt envers son patron
d'aucun présent, rétributions ou services,
doit être forcé, selon sa fortune, de fournir des alimens à son patron s'il en a besoin.

INTERPRÉT. Si un esclave a été affranchi sans avoir été soumis pour l'avenir à
aucune rétribution ou service au profit de
son patron, et que ce patron se trouve
après dans le besoin, l'affranchi peut, s'il
le refusait, être condamné à fournir, selon ses facultés, les alimens nécessaires à
ce patron.

JULII PAULI
SENTENTIARUM RECEPTARUM
AD FILIUM.

SOLUTIONS DE POINTS DE DROIT
UNANIMEMENT ADOPTÉES
DU TEMS DE JULES PAUL,
ET PAR LUI RECUEILLIES POUR SON FILS.

LIVRE TROISIÈME.	LIBER TERTIUS.
TITRE PREMIER.	**TITULUS PRIMUS.**
Sur l'édit Carbonien.	*De Carboniano edicto.*

UNE même action étant en même tems intentée contre un pubère et contre un impubère, il peut être indifférent de suspendre à l'égard du pubère à cause de l'impubère : ou peut cependant faire juger contre le pubère seul.

INTERPRÉT. *Si quelqu'un a actionné en même tems deux frères, dont l'un soit pubère et l'autre impubère, c'est à dire, qui ait besoin du secours d'un curateur pour se défendre, que le plus âgé s'excuse de répondre à cause de la minorité de son frère, le plus âgé peut être forcé de défendre sa cause. S'il n'avait point de curateur, il peut être forcé à s'en faire donner un ; car l'adulte ne peut s'excuser de se défendre lui-même parce que son frère ne l'est pas encore.*

SI fratri puberi controversia fiat, an pro parte impuberis differri causa debeat, variatum est. Sed magis est, ut differri non debeat.

INTERPRET. *Si quis contra duos fratres, id est, unum puberem, cujus ætas curatorem habere potest, et alterum impuberem causam habeat, si frater qui senior est, propter personam fratris junioris, ne causam dicat, se voluerit excusare, ille qui senior est pro sua causa vel persona respondere compellitur. Quòd etiamsi curatorem non habeat, adhibere sibi cogetur. Nam adultus se per personam pupilli penitùs non excusat.*

TITRE II.	**TITULUS II.**
Des biens de l'Affranchi.	*De bonis Liberti.*

1. LE patron d'un affranchi est préféré, quant à ses biens, au fils de l'autre patron. Il en est de même du fils du patron, il est préféré au neveu d'un autre patron.

§. 1. IN bonis liberti prior est patronus, quàm filius alterius patroni. Itemque prior est filius patroni, quàm nepos alterius patroni.

§. 2. Libertus duos patronos heredes instituit alter eorum vivo liberto moritur, is qui superest, contra tabulas testamenti, bonorum possessionem rectè postulat.

INTERPRET. *Si libertus duos patronos heredes scripserit, et unus ex ipsis patronis, vivente liberto, mortuus fuerit, ad illum patronum qui superest, quod ambobus dimiserat pertinebit.*

§. 3. Libertorum hereditas in capita, non in stirpes, dividitur : et ideò si unius patroni duo sint liberti, et alterius quatuor, singuli viriles, id est, æquales portiones habebunt.

§. 4. Patronus, vel patroni liberi ex parte dimidia heredes instituti, æs alienum liberti pro portionibus exolvere coguntur.

INTERPRET. *Si, liberto mortuo, patronus, vel patroni filii, cùm secundùm paginam testamenti in dimidia ejus hereditate successerint, debitum liberti pro portionum suarum quantitate restituant.*

2. Si un affranchi a institué pour ses héritiers deux patrons, l'un d'eux étant décédé du vivant de cet affranchi, le survivant peut, malgré ce que porte le testament, réclamer pour lui seul la totalité des biens de l'affranchi.

INTERPRÈT. *Un affranchi ayant institué ses deux patrons pour héritiers, celui des deux qui survit à cet affranchi doit seul recueillir ce qu'il avait légué à tous deux.*

3. La succession des affranchis se partage par têtes et non par souches ; c'est pour cela que, lorsqu'il s'agit de partager entre affranchis de deux patrons, l'un des deux n'ayant que deux affranchis et l'autre quatre, la succession se partage par portions viriles, de façon que chacun d'eux en ait une part égale.

4. La succession d'un affranchi ayant été léguée une moitié au patron et l'autre à ses enfans, le patron et ses enfans supportent les dettes de cette succession en proportion.

INTERPRÈT. *Si un patron d'une part, et ses fils de l'autre, ont été institués les héritiers pour moitié par un affranchi, après la mort de celui-ci, le père et ses enfans doivent payer les dettes de la succession en proportion de ce qui leur en est revenu à chacun.*

TITULUS III.

De lege Fabiana.

EAQUE in fraudem patroni à liberto quoquomodo alienata sunt, Fabiana formula tam ab ipso patrono, quàm à liberis ejus revocantur.

INTERPRET. *Si libertus aliqua ex bonis suis hoc animo alienaverit, ne ad patronum, vel filios patroni inter hereditaria corpora perveniant, id quod hoc ordine per fraudem alienatum constiterit, potest à patrono, vel à filiis ipsius revocari.*

TITRE III.

De la loi Fabienne.

CE qui a été vendu, de quelque manière que ce soit, par un affranchi, en fraude des droits de son patron, peut être revendiqué, tant par le patron que par les enfans de ce dernier.

INTERPRÈT. *Si un affranchi n'a aliéné une partie de ses biens que dans l'intention d'en priver son patron ou ses enfans auxquels sa succession doit parvenir ; ce patron ou ses enfans pourront revendiquer tout ce qu'ils prouveront avoir été aliéné ainsi pour les frustrer.*

TITRE IV.

Des Testamens.

1. Les mâles âgés de quatorze ans accomplis peuvent faire leur testament, les femmes le peuvent à douze ans accomplis.

2. Les eunuques, ou impuissans, peuvent aussi tester au tems ordinaire de la puberté, c'est-à-dire à dix-huit ans.

3. Le fils de famille qui a servi dans les armées peut, de droit commun et de celui qui lui est personnel, léguer par testament son pécule militaire. Le pécule militaire se compose de tout ce qu'on a acquis en servant à l'armée, ainsi que de ce qu'on a reçu avant son départ pour le service.

4. L'aveugle peut tester, parce qu'il peut être instruit qu'il a testé en présence de témoins, et les avoir entendus témoigner de son fait.

5. Le fou par intervalles peut tester dans ses momens lucides.

6. On peut interdire à la femme vivant dans la débauche, la disposition de ses biens.

7. Interdiction d'office, par motif de mauvaises mœurs, peut être prononcée par le préteur, par cette formule : *Parce que par vos méfaits vous perdez les biens qui vous ont été transmis par vos pères ou vos aïeux, et que vous pourriez réduire vos enfans à la plus extrême pauvreté; pour cela seul je vous interdis de la gestion de vos biens et de toute espèce de commerce.*

8. Celui qui a été pris par les ennemis ne peut faire son testament tant qu'il est esclave. Testament fait avant sa captivité est valable de droit s'il regagne le territoire Romain, ou du bénéfice de la loi Cornélia, concernant les tutelles légitimes et les successions.

INTERPRÉT. *Celui qui a été pris par les ennemis, étant en captivité, ne peut faire son testament, parce qu'il est esclave; mais s'il l'a fait avant, et qu'il revienne, ce testament vaudra. Il vaudra aussi dans le cas qu'il vienne à mourir prisonnier de guerre.*

9. Le relégué dans une île et le condamné à tems aux travaux publics, peuvent faire leur testament et profiter de ce-

TITULUS IV.

De Testamentis.

§. 1. Testamentum facere possunt masculi post completum quatuordecim annum, feminæ post duodecimum.

§. 2. Spadones eo tempore testamentum facere possunt quo plerique pubescunt, id est, annorum decimooctavo.

§. 3. Filiusfamilias, qui militavit, de castrensi peculio tam communi, quàm proprio jure testamentum facere potest. Castrense enim peculium est, quod in castris adquiritur, vel quod proficiscenti ad militiam datur.

§. 4. Cæcus testamentum facere potest, quia scire potest adhibitos testes, et audire sibi testimonium perhibentes.

§. 5. Furiosus tempore intermissi furoris testamentum facere potest.

§. 6. Mulieri, quæ luxuriosè vivit, bonis interdici potest.

§. 7. Moribus per prætorem bonis interdicitur, hoc modo : *Quando tibi bona paterna, avitaque nequitia tua disperdis, liberosque tuos ad egestatem perducis, ob eam rem tibi ea re, commercioque interdico.*

§. 8. Qui ab hostibus captus est, testamentum quasi servus facere non potest. Sanè valet testamentum id, quod ante captivitatem factum est, si revertatur, jure postliminii : aut si ibidem decedat beneficio legis Corneliæ : qua lege etiam legitimæ tutelæ, hereditatesque firmantur.

INTERPRET. *Qui ab hostibus captus fuerit, in captivitate positus, quia servus est, non potest facere testamentum. Sed si quod testamentum ante fecit, si redierit, jure postliminii valet. Si ibidem defecerit, beneficio legis Corneliæ valet.*

§. 9. In insulam relegatus, et in opus publicum ad tempus damnatus, quia retinet civitatem, testamentum facere potest,

et ex testamento capere.

INTERPRET. *Qui pro aliquo crimine ad tempus aut in insulam relegatur, aut in metallum deputatur, quia perpetuam damnationem non habet, et testamentum facere potest, et si quid ei ex testamento relictum fuerit, obtinebit.*

§. 10. Plures, quàm septem ad testamentum adhibiti non nocent. Superflua enim facta prodesse, juri tantùm nocere non possunt.

§. 11. In adversa corporis valetudine mente captus, eodem tempore testamentum facere non potest.

§. 12. Prodigus recepta vitæ sanitate, ad bonos mores reversus, et testamentum facere, et ad testamenti solennia adhiberi potest.

§. 13. Ex his, qui ad testamentum adhibentur, si qui sint, qui latine nesciant, vel non intelligant, si tamen sentiant, cujus rei inter sint adhibiti, non vitiant testamentum.

lui fait à leur profit, parce qu'ils n'ont pas perdu les droits de cité.

INTERPRÉT. *Celui qui a été, pour quelque crime et seulement pour un tems, relégué dans une île ou condamné aux mines, peut, parce qu'il n'a pas été condamné à une peine perpétuelle, faire son testament et profiter de celui d'autrui.*

10. Testament peut être fait en présence de plus de sept témoins : ce qui est de trop en droit peut profiter et non nuire.

11. Qui ne possède pas toute sa raison étant en maladie, ne peut faire son testament.

12. Prodigue qui a cessé de l'être et en est revenu aux bonnes mœurs, peut faire son testament et concourir à la solennité de celui d'autrui.

13. Si parmi les témoins d'un testament il s'en trouve qui ne parlent pas latin, ou qui même ne l'entendent pas, leur présence ne viciera pas le testament, pourvu qu'ils sachent pourquoi ils y assistent.

TITULUS V.

De institutione Heredum.

§. 1. CONDITIONUM duo sunt genera : aut enim possibilis est, aut impossibilis. Possibilis, quæ per rerum naturam admitti potest : impossibilis, quæ non potest. Quarum altera ex eventu exspectatur, altera impossibilis submovetur.

INTERPRET. *Si aliquis in testamento suo conditionem heredi constituat, quam priùs impleat, quam hereditatem præsumat, meritò ad eam implendam, quia possibilis videtur, expectandum tempus est, ut non præsumatur hereditas, quamdiu conditio impleatur. Nam si impossibile aliquid heredi fuerit injunctum, quod impleri penitùs non potest, talis conditio statim submovenda est : quia nullum scripto heredi impedimentum facit.*

§. 2. Conditiones contra leges, et decreta principum, vel bonos mores, adscriptæ nullius momenti sunt, veluti, si

TITRE V.

De l'institution des Héritiers.

1. CONDITION est de deux espèces : l'une possible, l'autre impossible ; la condition possible est celle qui d'après le cours ordinaire peut paraître telle ; l'impossible, celle qui y est opposée ; l'une dépend d'un événement futur, on ne tient aucun compte de l'autre.

INTERPRÉT. *Si un héritier a été institué sous une condition à remplir avant de pouvoir profiter de la succession, il est juste qu'il attende que cette condition soit échue si elle est possible. Il ne pourra s'emparer de cette succession avant qu'elle ait été accomplie. Mais si, pour condition, il a été prescrit à l'héritier une chose impossible, c'est-à-dire telle qu'il ne puisse la remplir, il faudra n'y avoir aucun égard ; une telle condition écrite ne fait pas obstacle à l'exercice actuel des droits de l'héritier.*

2. Les conditions contraires aux lois, aux décrets des empereurs et aux bonnes mœurs, telles que : *Si vous ne vous mariez pas*

pas, si vous n'avez pas d'enfans, si vous commettez un homicide, si vous ne paraissez jamais en public que masqué, et autres semblables, sont toujours nulles.

3. Une institution d'héritier ne vaut qu'autant qu'il ne peut y avoir aucun doute sur la personne nommée : c'est ce qui peut ne pas être, lorsque le testateur a plusieurs amis portant le même nom.

INTERPRÉT. *Toutes les fois que l'indication de l'héritier institué par testament n'est pas évidente, il y a incertitude d'héritier. C'est ce qui arrive, lorsque le testateur, ayant plusieurs amis du même nom, a écrit ce nom sans désignation propre à faire précisément connaître celui d'entre ses amis, portant ce nom, qu'il a réellement voulu nommer pour son héritier.*

4. Les héritiers sont ou institués ou substitués. Les institués sont les premiers dénommés ; les substitués, les seconds ; les troisièmes sont les écrits.

INTERPRÉT. *Ceux qui font leur testament, peuvent ou instituer ou substituer leurs héritiers. Les premiers s'appellent les institués ; les seconds, les substitués ; les troisièmes, les écrits. Il n'est permis de substituer que du premier au troisième. Pour que, selon que l'a voulu le testateur, une substitution ait son effet, il faut qu'elle soit faite de manière que le testateur ayant d'abord commis toute l'hérédité à la seule foi d'un héritier, il soit évident, de quelque termes au surplus que ce soit servi le testateur, que son intention a été que sa succession fût remise par l'institué au substitué.*

5. On peut substituer simplement ou sous condition qui l'on veut, parens ou non, pubères ou impubères.

INTERPRÉT. *La substitution simple, c'est-à-dire qui n'a pas été faite sous condition, est celle en vertu de laquelle la succession remise au substitué ne doit pas être par lui aussi remise à un troisième héritier. La substitution est faite sous condition, lorsqu'il est dit au testament que celui qui a eu le premier la succession étant mort, elle doit parvenir à un troisième. Cette substitution peut être faite à nos héritiers de droit aussi bien qu'à des étrangers, à des pubères aussi bien qu'à des impu-*

uxorem non duxeris, si filios non susceperis ; si homicidium feceris, si larvati habitu processeris, et his similia.

§. 3. Quoties non apparet, quis sit heres institutus, institutio non valet. Quod evenit, si testator plures amicos unius nominis habeat.

INTERPRET. *Quoties in testamento heres evidenter qui sit scriptus non exprimitur, nulla firmitas est heredis : nam si evenit, ut testatori amici plures uno nomine nuncupentur, debet testator, quem de illis heredem appellat, rebus evidentibus declarare.*

§. 4. Heredes aut instituti, aut substituti dicuntur. Instituuntur primo gradu : substituuntur secundo, vel tertio scripti.

INTERPRET. *Qui testamenta faciunt, sicut instituere heredes, ita et substituere possunt. Nam qui primo gradu heredes scripti sunt, instituti appellantur : qui secundo substituti : qui tertio, scripti vocantur. Quia usque ad tertium gradum heredes substituere, pro testatoris voluntate permissum est : hoc est, ut secundùm voluntatem testatoris ita substitutio ordinata servetur, ea tamen ratione, ut sicut committitur fidei heredis, sic quibuscunque verbis testator injunxerit, hereditas defuncti ab instituto ad substitutum valeat pervenire.*

§. 5. Substituere quis et purè et sub conditione potest, et tam suis, quàm extraneis ; tam puberibus, quàm impuberibus.

INTERPRET. *Substitutio et purè, id est, sine conditione fieri potest : hoc est, ut cùm ad substitutum hereditas pervenerit, ad tertium heredem non debeat pervenire. Sub conditione autem ita quis substituitur, ut cùm ille mortuus fuerit, ad tertium heredem, id est, scriptum, hereditas quæ est ab eo tenta, perveniat. Quæ tamen substitutio tam in suos heredes, quàm in alienos, et tam puberes, quàm impuberes fieri potest : hoc est, et in pupillos, et in adultos.*

26

bères, c'est-à-dire à des pupilles ou à des adultes.

§. 6. In quot vult uncias testator hereditatem suam dividere potest. Impleto asse, sine parte heredes instituti ad prioris assis semissem œquis portionibus veniunt.

6. Tout testateur peut partager la masse de son bien en autant de portions qu'il le juge à propos. S'il dispose d'abord de toutes les parts qu'il en a faites, sans en assigner une à l'héritier institué, chacun des dénommés avant l'héritier partage avec lui à parts égales,

INTERPRET. In quot vult uncias testator assem suum per diversos heredes dividere potest, ut faciat si voluerit, et quindecim et viginti uncias, et majori numero. Aut certe, si voluerit, et minori potest, hoc est, aut septem, aut novem. Aut quot voluerit in minori modo uncias facere potest. Si verò duodecim uncias impleverit, id est, totum assem in testamento suo, et postmodum alteri dicat: Ille heres mihi esto, et non dicat in quot uncias: quia nihil impleto asse in hereditate remansit, illi, qui in duodecim uncias heredes nominatim instituti sunt, medietatem tollunt, et medietatem ille, qui post impletum assem heres est posterior sine portione aliqua nominatus. Quòd si heredes instituti in duodecim uncias inveniantur, et postmodum heredem his verbis testator instituat, ut dicat: Ex reliqua parte ille heres mihi esto, ei qui sic institutus est, nihil debetur, quia impleto asse, nihil quod ei testator reliquerit, dinoscitur remansisse.

INTERPRET. Le testateur a le droit de donner autant de parts de sa succession qu'il le veut à chacun de ses héritiers. Il peut diviser sa succession en quinze ou vingt parts, et même en faire un plus grand nombre s'il le veut. Il peut de même la diviser en un moindre nombre de parts, telles qu'en sept, ou enfin en faire, s'il lui plaît, un plus petit nombre. Si ayant divisé sa succession en douze parts, par exemple, elles se trouvent toutes épuisées par des assignations particulières, et qu'ensuite le testament porte, qu'un tel soit mon héritier, sans indiquer sa portion; parce qu'alors il ne restera rien pour lui, tous ceux qui auront été avant lui institués héritiers d'un nombre quelconque des douze parts par lui faites de sa succession, n'en retiendront chacun que la moitié, l'autre moitié appartiendra à celui qui n'aura été institué héritier que le dernier, et sans qu'il lui ait été assigné aucune part dans celles déjà assignées à chacun des autres. Mais si le testateur, après avoir distribué entre des héritiers d'abord nommés la totalité des douze parts qu'il a faites, et qu'ensuite ayant encore institué un autre héritier; il ait dit, quant au surplus, qu'un tel soit mon héritier; les autres n'auront rien à lui rendre, parce que la totalité de la succession étant épuisée, il résultera des expressions mêmes employées par le testateur, qu'il n'a roulu lui rien laisser de ce qu'il avait donné aux autres, ou plutôt qu'il ne lui a effectivement rien laissé.

§. 7. Servus alienus cum libertate heres institutus, institutionem non infirmat; sed libertas, ut alieno, supervacuè data videtur.

7. Si en instituant pour son héritier l'esclave d'autrui, on a déclaré qu'on lui donnait la liberté, l'institution sera valable; quoique le don de liberté fait à cet esclave, n'appartenant pas au testateur, puisse n'avoir aucun effet.

INTERPRET. Si servum alienum aliquis, data libertate, heredem instituerit, insti-

INTERPRET. Si on a institué pour héritier l'esclave d'un autre, en lui donnant en même tems la liberté, l'institution ainsi faite sera bonne, quand bien même le don de sa liberté ne pourrait pas lui profiter.

8. Un étranger ayant été institué héritier avec le fils, et à parts égales ; si la fille oubliée réclame, elle reprendra autant de son frère que de l'étranger ; si ce sont deux fils qui sont héritiers, elle aura de ses frères le tiers et de l'étranger la moitié.

INTERPRÈT. *Si un père a nommé par testament pour héritiers de toute sa succession son fils et un étranger, chacun à part égale, sa fille, à laquelle il n'aura rien laissé, aura droit de reprendre autant de la portion de son frère que de celle de l'étranger. Si deux fils ont été institués héritiers, elle aura le tiers de leurs deux parts, et la moitié de celle de l'étranger.*

9. L'institution d'héritiers posthumes est celle-ci : Si des posthumes naissent après ma mort, qu'ils soient mes héritiers ; naissance d'enfant du vivant de celui qui a ainsi testé, annulle son testament.

INTERPRÈT. *Lorsqu'il aura été écrit au testament du père mourant, et sachant que sa femme est enceinte, s'il me survient des enfans après ma mort, qu'ils soient mes héritiers ; si après sa mort il lui naît des enfans, son testament tiendra. Mais si après avoir écrit ce testament, l'enfant vient au monde du vivant de son père, et que celui-ci ne le change pas, dans ce cas, les enfans étant ainsi nés auront annullé le testament.*

10. Le petit-fils posthume qui a droit de succéder par représentation de son père, doit être institué héritier, ou nommément déshérité par son aïeul ; autrement s'il naît du vivant de son grand-père il annullera le testament.

11. Qui a par lui-même une fois réalisé son droit à une succession, en usant et disposant des choses dont elle se compose, ne peut plus la répudier, quand même elle lui serait onéreuse.

TITRE VI.

Sur le sénatus-consulte Sillanien.

1. IL suffit qu'on présume que le défunt a été tué par sa famille, pour qu'aucun des

tutio quidem facta valebit, sed libertas alieno servo data valere non poterit.

§. 8. Filio et extraneo æquis partibus heredibus institutis, si præterita adcrescat, tantum de suo avocabit, quantum extraneo. Si verò duo sint filii instituti, suis tertiam, extraneis dimidiam tollit.

INTERPRET. *Si quis filium suum et extraneum æquis partibus testamento scribat heredes, filia præter missa tantùm de portione germani sui, quantùm de extraneis revocabit. Si verò duo filii fuerint heredes scripti, filia præter missa duobus fratribus tertiam tollit, et extraneis dimidiam.*

§. 9. Talis est posthumorum institutio, si qui post mortem meam posthumi nati fuerint, heredes sunto : si vivo eo nascantur, rumpunt testamentum.

INTERPRET. *Si pater moriens, in testamento suo, sciens uxorem se prægnantem habere, ita scribat : ut, si qui filii post mortem ipsius nati fuerint, heredes sint. Si post mortem patris nati fuerint, valeat testamentum. Nam si post testamentum vivo patre nati fuerint, et testamentum pater non mutaverit, rumpent testamentum.*

§. 10. Nepos posthumus, qui in locum patris succedere potest, ab avo aut heres instituendus est, aut nominatim exheredandus, ne agnascendo rumpat testamentum.

§. 11. Qui semel constituit ad se hereditatem pertinere, ac se rebus ejus immiscuit, repudiare eam non potest, etiamsi damnosa sit.

TITULUS VI.

Ad senatusconsultum Syllanianum.

§. 1. HEREDITAS ejus, qui à familia occisus esse dicitur, ante habitam quæs-
26 *

tionem adiri non potest, neque bonorum possessio postulari.

INTERPRET. *Quicunque à familia sua occisus fuerit, hereditas illius ab hærede adiri non potest, nisi priùs de familia quæstio fuerit ventilata, et mors occisi fuerit vindicata.*

§. 2. Occisus videtur non tantùm qui per vim, aut per cædem interfectus est, vel jugulatus, aut præcipitatus, sed et is, qui veneno necatus dicitur : honestari enim heredis convenit, qualemcumque mortem testatoris inultam non prætermittere.

§. 3. Domino occiso, de ea familia quæstio habenda est, quæ intra tectum fuerit, vel certè extra tectum cum domino eo tempore, cùm occidebatur.

§. 4. Qui occisus dicitur, si constet eum sibi quoquomodo manus intulisse, de familia ejus quæstio non est habenda, nisi fortè prohibere potuit, nec prohibuit.

§. 5. Neroniano senatusconsulto cavetur, ut occisa uxore, etiam de familia viri quæstio habeatur : idemque juxta uxoris familiam observetur, si vir dicatur occisus.

§. 6. Servi, qui sub eodem tecto fuerint, ubi dominus probatur occisus, et torquentur, et puniuntur, etsi testamento occisi manumissi dicantur. Sed et hi torquentur, qui cum occiso in itinere fuerunt.

§. 7. Servi de proximo, si cùm possent ferre, auditis clamoribus auxilium domino

héritiers ne puisse se mettre ni être envoyé en possession de sa succession, avant que ce soupçon ait été vérifié.

INTERPRÊT. *Héritier ne peut se mettre en possession de la succession du défunt qui est présumé avoir été tué par sa famille, avant que le doute n'ait été résolu en faveur de sa famille, ou avant que la mort de ce défunt n'ait été vengée.*

Note. Ici, comme dans beaucoup d'autres cas, il faut entendre non-seulement la femme, les enfans mariés ou non, mais aussi les esclaves, les affranchis, en un mot, tous ceux sur lesquels s'étendait de droit chez les Romains, la puissance du chef de maisons. L'ensemble de tous ces êtres dépendans absolument de lui, était ce qu'on appelait généralement sa famille.

2. Le défunt est censé avoir été tué, non-seulement lorsque le meurtre est évident, ainsi que lorsqu'il a été trouvé égorgé ou au fond d'un précipice, mais encore lorsqu'on le dit avoir été empoisonné, ou qu'on peut croire que sa mort n'a été que le résultat de quelque violence exercée à dessein de la lui donner ; de quelque façon qu'il ait été privé la vie, il est de l'honneur de l'héritier de venger sa mort.

3. Un maître ayant été tué, on doit s'informer à sa famille de ceux qui étaient dehors ou dans sa maison à l'instant où l'on peut présumer qu'il a été tué.

4. S'il est prouvé que celui qu'on dit avoir été tué, s'est tué de sa propre main, quel qu'ait été le genre de sa mort, il n'est pas nécessaire de faire aucune information contre sa famille, à moins qu'ayant pu l'empêcher d'attenter à sa vie, on ne l'en ait pas empêché.

5. Le sénatus-consulte Néronien veut que, lorsqu'il s'agira du meurtre de la femme, on examine aussi la famille du mari ; et qu'il en soit de même à l'égard de la famille de la femme, s'il s'agit du meurtre du mari.

6. Les esclaves qui étaient dans la maison où il est prouvé que leur maître a été tué, doivent être torturés et punis, quand même le défunt les aurait affranchis par testament ; on doit aussi torturer ceux qui l'accompagnaient sur la route où il a été tué.

7. Les esclaves assez près du lieu du meurtre, qui auraient pu prêter leur se-

cours au premier appel, et n'y auraient pas aussitôt volé, doivent être punis.

8. Il a été décidé que les esclaves qui ont fui et ainsi abandonné leur maître à des voleurs dont il aurait été assailli sur un chemin où ils se trouvaient avec lui, doivent, s'ils sont repris, être torturés et même punis de mort.

9. Il y aura lieu à information contre la famille, si l'héritier passe pour être l'assassin du testateur, que cet héritier soit un de ses enfans ou un étranger.

10. Toute succession est enlevée par le fisc, comme à indignes, à ceux qui, de préférence, n'auront songé qu'à s'emparer de la succession *ab intestat* de celui qui aurait été tué, ou qu'à accepter l'envoi en possession de ses biens, prononcé en leur faveur d'après l'ouverture des tablettes contenant son testament. Il y a plus, ils doivent être condamnés en cent mille sesterces d'amende, sans qu'il soit auparavant besoin de savoir par qui, ni comment, ce père de famille a été tué.

11. Tel est l'ordre à suivre en information, tendant à savoir par qui a été tué un maître qui passe pour l'avoir été. Il faut d'abord constater que ce maître a été tué, ensuite examiner quels sont ceux qu'il peut être utile et permis d'interroger sur ce fait, et s'il y a lieu à informer contre les coupables. Il faut aussi observer cette règle quant à l'interrogatoire à faire subir aux coupables.

12. Quand le meurtrier aurait été indubitablement reconnu, il ne faudra pas moins, dans la vue de découvrir celui qui aurait fait commettre le crime, interroger la famille.

13. Héritiers institués qui ne se conforment pas à la volonté du testateur, sont privés de sa succession comme en étant indignes, si le testament n'a rien ordonné en fraude de la loi.

INTERPRÉT. *Lorsqu'un testament ne contient rien de contraire à la loi, l'héritier qui y est nommé doit entièrement se conformer à la dernière volonté du défunt, à peine de se voir enlever la succession, comme à un indigne.*

14. Quoiqu'un testament ait été attaqué comme faux, comme rompu ou comme nul

non tulerunt, puniuntur.

§. 8. Servos, qui in itinere circumdatum à latronibus dominum per fugam deseruerunt, apprehensos et torqueri, et summo supplicio affici placuit.

§. 9. Habebitur de familia quæstio, et si heres testatorem occidisse dicatur : nec interest, extraneus, an ex liberis sit.

§. 10. Hereditas à fisco ut indignis aufertur his primùm qui cùm interfectus esset testator, apertis tabulis testamenti vel ab intestato adierunt hereditatem, bonorumve possessionem acceperunt; amplius his et in centum millia sestertiorum pœna irrogatur, nec refert à quibus paterfamilias nec quemadmodum occidatur.

§. 11. In disponenda eorum quæstione quorum dominus dicitur interemptus, hic ordo servatur, primùm ut constet occisum dominum; deinde ut liqueat de quibus ea quæstio habenda sit, atque ita de reis inquirendum.

§. 12. Et si percussor certus sit, tamen de familia habenda quæstio est, ut cædis mandator inveniri possit.

§. 13. Omnibus, qui contra voluntatem defuncti faciunt, ut indignis aufertur hereditas, si nihil testamento in fraudem legis fuerit cautum.

INTERPRET. *Heredi scripto, qui aliquid contra ultimam defuncti fecerit voluntatem, ut indigno aufertur hereditas : si tamen nihil contra leges in ejus testamento fuerit comprehensum.*

§. 14. Sive falsum, sive ruptum, sive irritum dicatur esse testamentum, salva eorum disceptatione, scriptus heres jure in possessionem mitti desiderat.

§. 15. Si inter heredem institutum, et substitutum controversia sit, magis placuit eum in possessionem rerum hereditariarum mitti, qui primo loco scriptus est.

INTERPRET. *Si inter institutum et substitutum heredem intentio de hereditate nata fuerit, ille in possessionem rerum hereditariarum mittendus est, qui institutus magis probatur, quàm is qui legitur substitutus.*

§. 16. Scriptus heres, ut statim in possessionem mittatur, jure desiderat. Hoc post annum impetrare non poterit.

§. 17. In eo testamento heres scriptus, quod neque ut oportuit, oblatum, nec publicè recitatum est, heres scriptus in possessionem mitti frustrà desiderat.

§. 18. In possessionem earum rerum, quas mortis tempore testator non possedit, heres scriptus priusquàm jure ordinario experiatur, improbè mitti desiderat.

TITULUS VII.

De legatis.

§. 1. PER præceptionem uni ex heredibus nummi legati, qui domi non erant, officio judicis familiæ erciscundæ, à coheredibus præstabuntur.

INTERPRET. *Si testator uni ex heredibus pecuniam, quam in substantia non reliquit, dari præceperit, nummi qui in legato relicti sunt, legatario tempore divisionis, à coheredibus implebuntur.*

§. 2. Ante heredis institutionem legari non potest : inter medias heredum institutiones, sive alter, sive uterque adeat, potest. Interdum dimidium, interdum totum debetur : dimidium, si per vendicationem legatum sit totum, si per damnationem.

§. 3. Post diem legati cedentem actio quæ inchoata non est, ad heredem non

de fait, l'héritier nommé peut requérir l'envoi en possession, tout demeurant en état quant à la contestation à juger.

15. En cas de contestation entre l'héritier institué et le substitué, c'est toujours le premier nommé au testament qui doit être envoyé en possession.

INTERPRÈT. *Si l'institué et le substitué se disputent entre eux sur la question de savoir qui des deux doit être mis en possession de l'hérédité, la possession sera accordée à l'institué, parce que son droit est de fait plus certain que celui de l'institué, qui ne peut exister que par suite de l'institution.*

16. Celui qui a été nommé héritier a droit de se faire envoyer sur le champ en possession ; s'il attend plus d'un an il ne pourra plus l'être.

17. Tant que le testament n'a pas encore été convenablement présenté ni publié, l'héritier nommé ne peut être envoyé en possession.

18. L'héritier ne peut être envoyé en possession des choses que le testateur n'a pas possédé avant son décès, à moins qu'il n'ait prouvé qu'elles lui appartenaient.

TITRE VII.

Des Legs.

1. S'IL a été légué à un des héritiers une somme d'argent qu'on n'aura pas trouvée chez le défunt, il lui en sera fait raison par ses cohéritiers lors du partage des biens de la succession.

INTERPRÈT. *Si le testateur a ordonné de compter à l'un des héritiers de l'argent, quoiqu'il n'en ait pas laissé, ce légataire touchera la somme à lui léguée des autres cohéritiers lors du partage.*

2. On ne peut faire aucun legs avant d'avoir institué un héritier ; si on a institué plusieurs héritiers, on peut léguer sur l'un ou sur tous deux. Legs est dû par portion ou en totalité : il est dû par portions, lorsque le légataire a droit de le répéter contre plusieurs institués, ou lorsqu'ils ont tous reçu ordre de le délivrer.

3. L'action du légataire en réclamation de son legs ne passe pas à son héritier, à

moins qu'elle n'ait été intentée par le légataire.

4. On peut léguer à l'esclave commun, en lui donnant en même tems, ou ne lui donnant pas sa liberté, le tout tourne au profit de l'associé du testateur.

5. Legs fait après le décès de l'héritier est nul, parce que héritier d'héritier ne peut rien laisser.

INTERPRÊT. *Il est constant en point de droit, que legs fait pour n'être acquitté que par l'héritier d'héritier, ne vaut pas, parce qu'il n'est pas sûr que l'héritier institué laisse lui-même un héritier.*

6. Les legs peuvent être confirmés pour cause de mort du testateur et de l'héritier, de cette seule manière : *Je donne et lègue à Titius Lucius, même en cas de mort de mon héritier ; ou bien, je veux que mon héritier donne.*

INTERPRÊT. *Si le testateur a enjoint à son héritier institué de délivrer, même à l'instant de sa mort, au légataire, le legs qu'il lui a fait, le legs vaudra.*

7. Tout legs qui peut être répété par le légataire, passe à l'héritier du légataire quand il n'aurait pas été déjà établi que ce legs appartenait à ce légataire, c'est-à-dire, dans le cas où le légataire serait décédé après l'ouverture du testament, mais avant que l'héritier ne se fût mis en possession.

INTERPRÊT. *Il est de droit que tout legs qui pouvait être répété, c'est-à-dire, exigé à volonté de l'héritier, et qui ne l'a pas été, peut être réclamé par l'héritier du légataire.*

8. Si chose obligée à créancier pour cause connue du testateur, lui a été léguée par ce dernier, avec ordre à l'héritier de la lui donner, la dette n'en sera pas moins due par l'héritier.

INTERPRÊT. *Si un débiteur ayant nanti son créancier d'un gage, ordonne par son testament que ce gage sera donné par son héritier à ce créancier à titre de legs, le créancier deviendra propriétaire du gage à cause du testament, et n'en recevra pas moins de l'héritier ce qui lui est dû par le testateur.*

9. Si l'esclave légué vient à mourir par accident, la perte est pour le légataire ;

transmittitur.

§. 4. Communi servo cum libertate, et sine libertate legari potest, totumque legatum socio testatoris adquiritur.

§. 5. Post mortem heredis legari non potest, quia nihil ab herede heredis relinqui potest.

INTERPRET. *Constitutum est, ut si quis heredi suo injunxerit, ut ejus heres cui dixerit solvat, hæc conditio valere non debeat ; quia ille qui heres relinquitur, quem sit heredem habiturus incertum est.*

§. 6. In mortis tempus tàm suæ, quàm heredis ejus legata confirmari possunt, hoc modo : *Lucio Titio cùm morietur, do, lego. Aut, heres meus dare damnas esto.*

INTERPRET. *Si quis faciens testamentum injungat heredi, ut tempore, quo ipse heres moritur, legatum legatario tradat, valet legatum.*

§. 7. Per vindicationem legatum, etsi nondum constituerit legatarius ad se pertinere, atque ita post apertas tabulas ante aditam hereditatem decesserit, ad heredem suum transmittit.

INTERPRET. *Constitutum est, ut legatum vindicationis, id est, quod non expectato herede legatarius præsumit, etiam non præsumptum à legatarii herede præsumatur.*

§. 8. Si res obligata creditori, cujus causam testator non ignoravit, per damnationem legata sit, luitio ad heredis sollicitudinem spectat.

INTERPRET. *Si pro debito pignus depositum fuerit creditori, et testamento suo debitor id quod pignus deposuerat, per damnationem ipsi creditori legati titulo derelinquat, creditor secundùm testamentum legatum possidet, et debitum ab heredibus recipiet testatoris.*

§. 9. Servo fataliter interempto, legatarii damnum est ; quia legatum nulla culpa heredis intercidit.

INTERPRET. *Servus nominatim legati titulo dimissus : si mortuus fuerit, legata- rio non debetur.*

§. 10. Damnari heres potest, ut alicui domum extruat, aut ære alieno eum li- beret.

§. 11. Sinendi modo tam corporales res, quàm quæ in jure consistunt, legari pos- sunt : et ideò debitori id quod debet rectè legatur.

§. 12. Ejus rei, quæ legata est, exem- plo heredis partem agnoscere, partem re- pudiare legatarius non potest.

§. 13. Legatum, nisi certæ rei sit, et ad certam personam deferatur, nullius est momenti.

§. 14. Si quis sibi et Titio legatum ad- scripserit, magis est, ut totum legatum ad conjunctum pertineat.

INTERPRET. *Si quis sibi et alii in alte- rius testamento legatum conscripserit, ad illum quem sibi adjunxerit, magis quàm ad eum qui pro se scripsit, totum lega- tum poterit pertinere.*

§. 15. Qui se filio testatoris impuberi tutorem adscripserit, ut suspectus à tutela removendus est, ad quam ultrò videtur af- fectasse.

§. 16. Rem legatam testator si posteà pignori, vel fiduciæ dederit, ex eo volun- tatem mutasse non videtur.

§. 17. Ususfructus uniuscujusque rei legari potest, et aut ipso jure constituetur, aut per heredem præstabitur. Ex causa quidem damnationis per heredem præsta- bitur, ipso autem jure per vindicationem.

§. 18. Furiosi, et ægrotantis, et infan- tis ususfructus utiliter relinquitur. Horum enim alius resipiscere, alius convalescere, alius crescere potest.

parce qu'alors il n'y a pas de la faute de l'héritier.

INTERPRÊT. *L'esclave nommément lé- gué venant à mourir, n'est pas dû au lé- gataire.*

10. Il peut être enjoint à l'héritier de bâtir une maison pour quelqu'un ou de payer sa dette.

11. On peut léguer par forme d'aban- don toutes choses corporelles et autres, celles qui ne consistent qu'en droit à exer- cer. En conséquence d'un tel legs, le dé- biteur de la chose ou du droit en est libéré.

12. Le légataire ne peut, ainsi que l'hé- ritier, accepter une partie de ce qui lui a été légué et répudier le reste.

13. Legs de chose non certaine à per- sonne non précisément indiquée, ne vaut en aucun tems.

14. Legs fait à soi-même et à Titius, appartient de préférence nécessaire en to- talité à ce dernier, quoique fait conjointe- ment.

INTERPRÊT. *S'il est écrit en testament que la chose a été léguée à soi-même et à un autre, il est plus raisonnable que la chose léguée appartienne en totalité à celui que le testateur se sera exprès adjoint, qu'à ce testateur qui se serait lui-même aussi cons- titué son légataire.*

15. Héritier qui, en cette seule qualité, aura agi comme tuteur de l'enfant impu- bère du testateur, ne peut être nommé à cette fonction, par cela seul qu'il pourra être soupçonné de l'avoir trop désirée.

16. De ce que le testateur ayant légué quelque chose, l'aura depuis mise en gage ou autrement affectée de garantie, il ne ré- sultera pas que ce testateur n'a pas persisté dans sa première volonté.

17. On peut léguer l'usufruit de telle ou telle chose, l'usufruit appartient de droit au légataire, ou doit lui être abandonné par l'héritier : si c'est par injonction faite à l'héritier que l'usufruit a été légué, c'est à l'héritier à le remettre au légataire ; si c'est en simple don qu'il a été légué il est acquis de droit au légataire.

18. Usufruit est valablement légué, à un fou, à un malade ou à un enfant, parce que le fou peut recouvrer la raison, le malade guérir, et l'enfant être élevé.

19. Si

19. Si l'on a légué l'usufruit d'une esclave, ses enfans n'appartiennent point à l'usufruitier.

§. 19. Ancillæ usufructu legato, partus ejus ad fructuarium non pertinent.

20. Si c'est l'usufruit d'un troupeau qu'on a légué, les petits qui en naissent appartiennent à l'usufruitier, tant que le troupeau est aussi complet qu'il l'était lorsque le legs a commencé à avoir son effet ; au surplus il doit toujours être complet au moyen des naissances.

§. 20. Gregis usufructu legato, grege integro manente, fœtus ad usufructuarium pertinent, salvo eo, ut quicquid gregi deperierit ex fœtibus impleatur.

21. Si l'usufruit légué s'applique à un espace vide, on ne peut y bâtir.

§. 21. Areæ usufructu legato, ædificia in ea constitui non possunt.

22. Accession survenue par alluvions à un terrain légué en usufruit, n'est pas sujet à l'usufruit, parce que cette accession n'est pas fruit de fonds ; cependant le produit de la chasse du gibier courant ou volant appartient à l'usufruitier.

§. 22. Accessio alluvionum ad fructuarium fundum, quia fructus fundi non est, non pertinet : venationis vero, et aucupii redditus ad fructuarium pertinent.

23. L'usufruitier ne peut ni torturer ni fouetter les esclaves dont il jouit jusqu'à les déprécier.

§. 23. Servos nec torquere, neque flagellis cædere, neque in eum casum facto suo perducere usufructuarius potest, quo deteriores fiant.

24. Lorsque le droit de jouir a été omis, le legs de fruit existant, la loi veut qu'il y soit réuni ; parce que léguer un fruit sans droit d'en jouir n'est pas admissible.

§. 24. Fructu legato si usus non adscribatur, magis placuit usumfructum videri adscriptum. Fructus enim sine usu esse non possunt.

25. Si les fruits ont été légués à l'un et l'usage à l'autre, le légataire des fruits aura aussi l'usage ; mais celui qui n'a que l'usage ne profitera pas des fruits.

§. 25. Si alteri usus, alteri fructus legatus sit, fructuarius in usum concurrit : quod in fructu usuarius facere non potest.

INTERPRÈT. *Si on a légué une même chose à deux, quant aux fruits à l'un, quant à l'usage à l'autre, on présume que celui qui doit jouir des fruits doit aussi avoir l'usage ; et au contraire, que celui qui n'a qu'un droit d'usage, n'en a aucun aux fruits.*

INTERPRET. *Si duobus ita legetur, ut alteri usus, alteri fructus legetur, relictus fructuarius, cum fructu usum præsumit, quod ei qui usum acceperit, de fructibus non licebit.*

26. Lorsqu'on a légué à deux conjointement un usufruit, l'un d'eux étant décédé, il appartiendra en entier à l'autre.

§. 26. Cùm conjunctim duobus usumfructum do, lego, legatum altero mortuo, ad alterum in solidum pertinebit.

INTERPRÈT. *Un usufruit ayant été légué en commun à deux, et tous deux en ayant été mis en possession ; si l'un des deux meurt, il appartient en entier au survivant.*

INTERPRETAT. *Si duobus in communi ususfructus legati titulo dimittatur ; et unus ex ipsis mortuus fuerit, legatus ususfructus ex integro od eum qui superfuerit, pertinebit.*

27. On peut exiger de l'usufruitier caution de bien jouir, et le forcer d'en fournir une, de ne jouir que comme le meilleur père de famille.

§. 27. Usufructu legato, de modo utendi cautio à fructuario solet interponi : et ideo perinde omnia so usurum, ac si optimus paterfamilias uteretur, fidejussoribus oblatis cavere cogetur.

28. L'usufruit éteint est réuni à la propriété. L'usufruit s'éteint de cinq manie-

§. 28. Ususfructus amissus ad proprietatem recurrit. Amittitur autem quinque

27

modis, capitis minutione, rei mutatione, non utendo, in jure cessione, dominii comparatione.

res : par privation de droits civils, par changement survenu, par défaut de jouissance, par cession de ce droit, par réunion à la propriété.

§. 29. Capitis minutione amittitur, si in insulam fructuarius deportetur, vel si ex causa metalli servus pœnæ efficiatur, aut si statum ex arrogatione, vel adoptione mutaverit.

29. L'extinction d'usufruit a lieu par la privation des droits civils, par la déportation de l'usufruitier dans une île, par sa réduction à l'état d'esclave à cause de sa condamnation aux mines, par changement d'état au moyen d'adoption simple, ou par arrogation.

§. 30. Non utendo amittitur ususfructus, si possessione fundi biennio fructuarius non utatur, vel rei mobilis anno.

30. Le droit d'usufruit se perd par défaut de jouissance, lorsque l'usufruitier s'est abstenu de jouir du fonds de terre pendant deux ans, et d'effet mobilier pendant un an.

§. 31. Rei mutatione amittitur ususfructus, si domus legata incendio conflagraverit, aut ruina perierit, licèt posteà restituatur.

31. Il s'éteint par le changement de la chose, par exemple, si une maison qui a été léguée a été brûlée ou est tombée en ruine, quoique depuis elle ait été reconstruite.

§. 32. In jure cessione amittitur ususfructus, quoties domino proprietatis eum fructuarius in jure cesserit.

32. Il s'éteint enfin par cession, lorsque le propriétaire est mis, par quelque moyen que ce soit, aux droits de l'usufruitier.

§. 33. Finitur ususfructus aut morte, aut tempore. Morte, cùm usufructuarius moritur. Tempore, quoties ad certum tempus ususfructus legatur, velut biennio, aut triennio.

33. L'usufruit prend fin par mort ou échéance : par la mort, du moment que l'usufruitier est décédé ; par échéance, lorsqu'ayant été limité à un certain tems, à deux ou trois ans, par exemple, ce tems est expiré.

§. 34. Fundo, vel servo legato, tam fundi instrumentum, quàm servi peculium ad legatarium pertinet.

34. Le legs d'usufruit étant d'un esclave ou d'un terrain, le pécule de l'esclave, ou les instrumens servant à la culture du fonds de terre, doivent être remis à l'usufruitier.

§. 35. Quærendorum fructuum causa esse videntur, qui opus rusticum faciunt, et monitores, et villici, et saltuarii. Item boves aratorii, aratra, bidentes, et falces putatoriæ, frumentum quoque ad sementem repositum.

35. Les ustensiles de culture d'un fonds de terre se composent de tout ce qui est propre à l'exploitation, tels que les chefs de labour, les esclaves attachés à la culture, les gardes de pâturages. Il en est de même des bœufs de labour, des charrues, des hoyaux, des faulx à élaguer, ainsi que des semences.

§. 36. Cogendorum fructuum causa comparata, instrumento cedunt; velut corbes, alvei, falces messoriæ, et fœnariæ, item molæ olivariæ.

36. Les objets nécessaires à la récolte des fruits existans, sont réputés instrumens : tels que les corbeilles, les ruches, les faulx à moissonneurs ou à faner, ainsi que les meules à olives.

§. 37. Conservandorum fructuum causa comparata, instrumento cedunt, velut dolia, cupæ, vehicula rustica, cibaria, pistores, asini, focariæ, item ancillæ, quæ vestimenta rusticis faciunt : scutra quoque et sutor continebuntur.

37. Il en est de même de tout ce qui sert à la conservation des fruits, tels que les tonneaux, les bassines, les chars rustiques, les vivres nécessaires de réserve, les boulangers, les ânes, les ménagères, ainsi que les couturières pour habits d'esclaves, le cordonnier et ses outils.

38. Il est d'usage de considérer les femmes des travailleurs comme faisant partie des ustensiles. Sont aussi censés ustensiles les troupeaux et les bergers des animaux destinés à fienter les terres.

39. Quant aux objets existans sur le fonds qui n'ont été mis en dépôt que pour l'usage du père de famille, ils ne doivent pas être regardés comme ustensiles du fonds.

40. Les femmes de ceux qui sont ordinairement chargés de vendre ou acheter, ne sont pas comprises sous la dénomination d'instrumens servant à la culture ou à l'entretien.

41. Les ustensiles de pêche ou de chasse font aussi partie du fonds légué, sur-tout si le plus grand revenu de ce fonds se tire de la chasse et de la pêche.

42. La dernière récolte fait partie des ustensiles, pour tout ce que le testateur avait coutume d'en réserver pour l'exploitation du fonds.

43. Le legs d'un fonds avec les ustensiles rustiques ou urbains, et les esclaves, comprend les semences et les vivres nécessaires de réserve.

44. Les legs de fonds avec tous les ustensiles rustiques ou urbains, et les esclaves qui s'y trouvent, comprend tant la vaisselle que les vases, l'argent, et les habits que le père de famille y conservait pour son usage; enfin, tous les meubles dont il avait coutume de se servir sur ce bien, ainsi que les volailles et autres animaux tenus en réserve pour le service de la table; excepté ceux qui n'y avaient été déposés que pour leur conservation.

45. Lorsqu'un testateur a légué un fonds dans le meilleur état où il se trouvera, les filets, les panneaux, et tous les autres ustensiles de chasse sont dus au légataire; et même tout l'équipage de chasse, si ce fonds tire en grande partie son revenu de la chasse.

46. Les fruits pendans encore par racines sur le fonds, lors du décès du testateur, appartiennent au légataire; ceux qui ont été coupés appartiennent à l'héritier.

47. Quand un fonds a été légué avec les esclaves, le bétail et tout l'attirail, soit urbain, soit rustique, le pécule de l'esclave chargé des affaires, et qui est mort avant le testateur, appartient au légataire s'il dépendait de ce fonds.

§. 38. Uxores eorum, qui operantur, magis est, ut instrumento cedant. Pecora quoque, et pastores eorum stercorandi causa parata, instrumento continentur.

§. 39. Ea autem, quæ custodiæ magis causa, quàm ad usus patrisfamilias eo delata sunt, instrumenti nomine non continentur.

§. 40. Uxores verò eorum, qui mercedes præstare consueverunt, neque instructionis, neque instrumenti appellatione continentur.

§. 41. Piscatoris, et venationis instrumentum ita demùm instrumento fundi continetur, si ex his maximè fundi reditus cogatur.

§. 42. Fructus percepti instrumento fundi ita demùm cedunt, si ibidem absumi à testatore consueverant.

§. 43. Fundo cum omni instrumento rustico, et urbano, et mancipiis, quæ ibi sunt, legato, semina quoque, et cibaria debebuntur.

§. 44. Fundo cum omni instrumento rustico, et urbano, et mancipiis, quæ ibi sunt legato, tam suppellex, quàm aramentum, itemque argentum, et vestes, quæ ibi paterfamilias instruendi gratia habere solet, debebuntur. Item ea mancipia, quæ usui patrisfamilias esse solent. Itemque aves, et pecora, quæ instruendarum epularum gratia in fundo comparata sunt, exceptis his, quæ ibi custodiæ causa deposita sunt.

§. 45. Fundo legato, ita ut optimus maximusque est, retia apraria, et cætera venationis instrumenta continebuntur. Quæ etiam ad instrumentum pertinent, si quæstus fundi ex maxima parte in venationibus consistat.

§. 46. Fructus qui solo cohærebant, mortis testatoris tempore, ad legatarium pertinent; ante percepti, ad heredem.

§. 47. Fundo legato cum mancipiis et pecoribus, et omni instrumento rustico et urbano, peculium actoris ante testatorem defuncti, si ex eodem fundo fuerit, magis placet ad legatarium pertinere.

27 *

§. 48. Actor, vel colonus ex alio fundo in eodem constitutus, qui cum omni instrumento legatus erat, ad legatarium non pertinet : nisi eum ad jus ejus fundi testator voluerit pertinere.

§. 49. Adjunctiones, quas fundo legato testator ex diversis emptionibus applicaverat, legatario cedere placuit.

§. 50. Instructo prædio legato fabri ferrarii, item lignarii, putatores, et qui instruendi fundi gratia ibidem morabantur, legato cedunt.

§. 51. Instructo fundo legato, libri quoque et bibliothecæ, quæ in eodem fundo sunt, legato continebuntur.

§. 52. Servum studendi gratia ex eodem fundo, qui cum mancipiis fuerat legatus, alio translatum ad legatarium placuit pertinere.

INTERPRET. *Si aliquis agrum cum mancipiis per legatum reliquerit, quicunque exinde discendi artificii causa alibi translatus fuerit, inter alia ejus fundi mancipia ad legatarium pertinebit.*

§. 53. Fundo ita ut possederat legato, mancipia tam urbana, quàm rustica, itemque argentum et vestes, quæ eodem tempore in fundo comprehenduntur, ad legatarium pertinent.

§. 54. Pascuaria, quæ posteà comparata ad fundum legatum testator adjunxerat, si ejus appellatione contineantur, ad legatarium pertinent.

§. 55. Quidquid in eadem domo, quam instructam legavit paterfamilias perpetuo instruendi se gratia habuit, legatario cedit.

§. 56. Instructa domo legata ea legato continentur, quibus domus munitior, vel tuta ab incendio præstatur, tegulæ ; specularia, et vela legato continebuntur. Item æramenta, lecti culcitæ, pulvini, subsellia, cathedræ, mensæ, armaria, delphicæ, pelves, conchæ, aquiminalia, candelabra, lucernæ, et similia quacunque materia expressa.

INTERPRET. *Hic de domus conversa-*

48. Le régisseur du fonds légué avec tous ses ustensiles, ou le colon d'un autre fonds étant sur le fonds légué, ne peut être retenu par le légataire, à moins que le testateur ne les ait attachés par destination à ce fonds, et comme accessoire de la propriété.

49. Toutes les acquisitions faites par le testateur, et qu'il avait appliquées comme accroissement au fonds légué, appartiennent au légataire.

50. Legs de fonds sur lequel on construit un bâtiment, emporte pour le légataire les ouvriers en fer, menuisiers, charpentiers, scieurs qui y sont à demeure pour sa construction.

51. Légataire de fonds bâti légué, l'est aussi des livres et même de la bibliothèque qui s'y trouve.

52. L'esclave attaché au fonds légué avec tout ce qui s'y trouve, qui a été envoyé ailleurs pour son instruction, appartient au légataire.

INTERPRÉT. *Si on a légué un champ avec ses esclaves, l'esclave qui en aura été soustrait et transporté ailleurs, sous prétexte de son instruction, appartiendra au légataire.*

53. Un fonds ayant été légué tel qu'on l'avait possédé, les esclaves tant de ville que de campagne, l'argent et les habits qui s'y trouvent font partie du legs.

54. Si depuis le legs fait d'un fonds le testateur y a ajouté des pâturages, ces pâturages appartiendront au légataire, si le fonds légué a été désigné comme pâturage.

55. Quelque chose qui se trouve dans une maison léguée toute meublée, tout ce que dont le père de famille y aura joint comme y ayant été par lui attachée à perpétuelle demeure, appartient au légataire.

56. Legs de maison montée comprend tout ce qui la rend plus solide et la garantit du feu : les tuiles, les fenêtres, les rideaux, les bancs, et aussi les cuivres, les lits de repos, les coussins, les marchepieds, les siéges, les tables, les armoires, les crédences, les tapis, les conques de perles, les aiguières, les candelabres, les lanternes et tous autres meubles, de quelque matière qu'ils soient.

INTERPRÉT. *Tout ceci se rapporte à*

une maison de ville, et non à une des champs.

57. Le legs d'une maison comprend même le bain public qui s'y trouverait, pourvu que le corps de logis où il est établi n'en soit pas séparé.

58. Legs de maison d'habitation en ville, avec tout ce qui en dépend, et ainsi qu'elle est montée, comprend tous les esclaves, ouvriers, les tailleurs, les chauffeurs, les porteurs d'eau, et autres qui sont attachés à son service.

59. Legs de tout ce qui est dans une maison, comprend les titres actifs qui s'y trouvent, les comptes dus par les esclaves.

60. Legs de choses mobilières, ne comprend ni l'or ni l'argent monnoyé; à moins qu'il ne soit prouvé qu'il a été dans l'intention du testateur de les comprendre dans le legs.

61. Legs d'ustensiles de taverne, comprend tout ce qui est à son usage et qui s'y trouve, comme vases à tirer le vin, et autres pour manger et pour boire; mais non pas les serviteurs de la taverne.

62. Legs d'ustensiles de médecin, comprend les onguens et les emplâtres, et tous ustensiles nécessaires à la confection des médicamens, ainsi que tous les ferremens.

63. Legs d'ustensiles de peintre, comprend les couleurs, les pinceaux, la palette et tous les vases propres à composer les couleurs.

64. Legs d'ustensiles de boulangerie, comprend les cribles, les ânes, les meules, les esclaves qui exercent la boulangerie, et aussi toutes les machines qui servent aux préparations préliminaires de la farine dont on veut faire le pain.

65. Legs d'ustensiles de bain, comprend même le baigneur, ainsi que les bancs, les tuyaux de conduite d'eau et leurs supports, les vases à chauffer l'eau, les poulies et les roues à puiser, et aussi les bêtes employées à apporter le bois.

66. Legs d'ustensiles de pêche, comprend les rets, les nasses, les lignes, les bachots, les hameçons, enfin tous les instrumens de pêche.

67. Le legs de meubles de ménage comprend toutes les armoires, tant celles pour

§. 57. Domo legata, balneum ejus, quod publice præbetur, nisi alias separetur, legato cedit.

§. 58. Domo cum omni jure suo sicut instructa est, legata, urbana familia, item artifices, et vestiarii, et zetarii, et aquarii, et eidem domui servientes, legato cedunt.

§. 59. Omnibus, quæ in domo sunt legatis, cautiones debitorum, rationesque servorum legato cedunt.

§. 60. Mobilibus legatis, aurum, vel argentum non debetur; nisi de eis quoque manifestè censisse testatorem possit ostendi.

§. 61. Instrumento cauponio legato, ea debentur, quæ in cauponis usum parata sunt: velut vasa, in quibus vinum defunditur, scaria quoque, et pocularia vasa debentur. Sanè ministri earum rerum legato non cedunt.

§. 62. Instrumento medici legato, collyria, et emplastra, et apparatus omnis conficiendorum medicamentorum, itemque ferramenta legato cedunt.

§. 63. Instrumento pictoris legato, colores, penicilli, cauteria, et temperandorum colorum vasa debebuntur.

§. 64. Pistoris instrumento legato, cribra, asini, molæ, et servi, qui pistrinum exercent, item machinæ, quibus farinæ subiguntur, legato cedunt.

§. 65. Instrumento balneatorio legato, balneator ipse, et scamna, et hypodia, fistulæ, miliaria, epitonia, rotæ aquariæ, jumenta quoque, quibus ligna deferuntur, legato cedunt.

§. 66. Instrumento piscatoris legato, et retia, et nassæ, et fuscinæ, et naviculæ, hami quoque et cætera ejusmodi usibus destinata debentur.

§. 67. Supellectile legata, capsæ, armaria, non solùm librorum, aut quæ vestis ponendæ gratia parata sint, debebuntur, sed et byssina, et crystallina, et argentea, et vitrea vasa, tam scaria, quàm pocularia, et vestes stratoriæ legato cedunt.

§. 68. Villis, vel agris separatim legatis, alterum alteri cedit.

INTERPRET. *Si quis per testamentum cuicunque legati titulo agrum reliquerit, et villam reliquisse videtur. Si verò villam reliquerit, et agrum reliquisse cognoscitur.*

§. 69. Servis legatis, ancillæ quoque debebuntur, non item servi legatis ancillis. Sed ancillarum appellatione tam virgines, quàm servorum, pueri continentur, his scilicet exceptis, quæ fiduciæ datæ sunt.

INTERPRET. *Servis legati titulo dimissis, tam pueri, quàm ancillæ debentur; quia masculorum appellatione etiam feminæ continentur. Ancillis verò legatis, servi non continentur. Ancillarum autem appellatione tam virgines, quàm puberes vel impuberes accipiendæ sunt, exceptis quæ testator loco pignoris posuerit.*

§. 70. Servis amanuensibus legatis, omnes, qui ex conversatione urbana, et in ministerio fuerint, debebuntur; nisi ex his aliqui perpetuò ad opus rusticum transferantur.

§. 71. Venatores servi, vel aucupes, an inter urbana ministeria contineantur, dubium remansit; et ideò voluntatis est quæstio : tamen si instruendorum quotidianarum opularum gratia habentur, debentur.

§. 72. Muliones, et institutores inter urbana ministeria continentur, item obsonatores, et vestiarii, et cellatarii, et cubicularii, et arcarii, et coqui placentarii, tonsores, pistores, lecticarii.

§. 73. Pecoribus legatis, quadrupes omnes continentur, quæ gregatim pascuntur.

68. Legs particulier de champs ou d'habitation de campagne, se remplit l'un par l'autre.

INTERPRÉT. *C'est ce qui a lieu lorsque le testament porte legs d'un champ, et qu'il est prouvé que le testateur avait l'intention de laisser une habitation de campagne, ou lorsque le testament porte legs d'une habitation de campagne, et qu'il paraît évident que le testateur n'avait eu l'intention que de léguer un champ.*

69. Legs d'esclaves comprend aussi les servantes ; au contraire, legs de servantes ne comprend pas les esclaves. Par servantes, on entend tant les jeunes filles que tous autres enfans d'esclaves, à l'exception de ceux qui n'y auraient été mis qu'en dépôt.

INTERPRÉTAT. *L'envoi en possession d'un legs d'esclaves comprend aussi les enfans et les servantes ; car par esclaves on entend les hommes et les femmes. Au contraire, legs de servantes ne comprend pas les esclaves. Sous le nom de servantes sont comprises toutes les filles pubères ou impubères, à l'exception de celles que le testateur n'y a mis qu'en dépôt.*

70. Dans le legs de tous esclaves de service ordinaire, sont compris tous ceux de service habituel à la ville, et même ceux qui y ont été ; à moins qu'ils n'aient été, depuis le legs, destinés au service perpétuel des champs.

71. On a douté si les esclaves chasseurs et oiseleurs devaient être compris au nombre des esclaves de ville, ce doute n'est pas résolu ; cependant ce doute ne s'étend pas aux chasseurs ou oiseleurs employés pour la provision journalière de la table, il est reconnu que ceux-ci font partie du legs.

72. Les muletiers et ceux qui ont soin des mulets, font partie des servans en ville, ainsi que les chefs d'offices, les celleriers, dépensiers, les chambriers, les garde-coffres, les cuisiniers, les pâtissiers, les barbiers, les boulangers, les porteurs.

73. Legs de bestiaux, comprend tous les quadrupèdes qui paissent en troupeau.

74. Legs de bêtes de somme, ne comprend pas les bœufs; celui de chevaux, comprend les jumens; le legs de brebis ne comprend que les agneaux de l'année, et non pas les plus âgés.

75. Legs d'un troupeau de moutons, comprend les béliers.

76. Legs de volailles, comprend les oies, les faisans, les poules, leurs cages. Il n'est pas encore décidé si un tel legs comprend aussi les faisandiers et les gardiens des oies.

77. Le legs de friandises, comprend le vin cuit, le raisiné, le vin miélé et aussi le vin doux; les pommes, les figues sèches, les raisins secs. Il n'est pas décidé si les pommes non cueillies font partie d'un tel legs.

78. Le legs de fruits, comprend tant les légumes, que l'orge et le froment.

79. Legs de vêtemens, comprend tant ceux de laine, de lin, de soie, de pourpre faits, destinés à se vêtir, à se voiler, à se ceindre, à servir de tapis, ou à se couvrir étant couché; les pelleteries pour habits en sont aussi.

80. Legs d'habits d'homme ne comprend que ceux ordinaires à se vêtir pudiquement; ceux des cérémonies sont compris dans ce legs.

81. Legs d'habits de femme, comprend tout ce qui est à l'usage habituel de femme.

82. Legs de laine, comprend celle encore en suin et celle qui a été lavée, celle qui n'est que peignée et celle teinte de quelque couleur que ce soit; mais non pas celle teinte en pourpre, ni celle tissée ou autrement travaillée.

83. Legs d'atours de femme, comprend tout ce qui leur sert à donner le plus de grace possible à leur ajustement et à entretenir la fraicheur de leur teint, tel que le miroir, les perles, tous les petits vases de toilette, les baumes, les parfums et leurs boîtes, le siége de bain, et autres choses de cette espèce.

84. Legs d'ornemens de femme, comprend tout ce qui sert à leur grande parure, tel que les bagues, les colliers, les voiles précieux, et tout ce dont elles ornent particulièrement le cou, la tête et les mains.

85. Legs d'argent, ne comprend que les

§. 74. Jumentis legatis, boves non continentur. Equis verò legatis, equas quoque placuit contineri. Ovibus autem legatis, agni non continentur, nisi annuales sint.

§. 75. Grege ovium legato, arietes etiam continentur.

§. 76. Avibus legatis anseres, phasiani, gallinæ et aviaria debebuntur. An autem phasianarii, et pastores anserum, voluntatis quæstio est.

§. 77. Dulcibus legatis, sapa, defrutum, mulsum, dulce etiam vinum, palmæ, caricæ, uvæ passæ debebuntur. Sed in hoc quoque voluntatis est quæstio, quia et in spe pomiorum comprehendi possunt.

§. 78. Frugibus legatis, tam legumina, quàm ordeum, et triticum continentur.

§. 79. Veste legata ea cedunt, quæ ex lana, et lino texta sunt: item serica, et bombycina, quæ tamen indutui, operiendi, cingendi, sternendi, injiciendive causa parata sunt: pelles quoque indutoriæ continebuntur.

§. 80. Veste virili legata, ea tantummodo debebuntur, quæ ad usum virilem salvo pudore virilitatis attinent. Stragula quoque huic legato cedunt.

§. 81. Muliebri veste legata, omnia, quæ ad usum muliebrem spectant, debebuntur.

§. 82. Lana legata, sive succida, sive lota sit, sive pectinata, sive versicoloria, legato cedit. Purpura verò, aut stamen subtimenve hoc nomine non continentur.

§. 83. Mundo muliebri legato, ea cedunt, per quæ mundior mulier, lautiorque efficitur: velut speculum, conchæ, situli, item pixides, unguenta, et vasa, in quibus ea sunt: item scilla balnearis, et cætera hujusmodi.

§. 84. Ornamentis legatis ea cedunt, per quæ ornatior efficitur mulier, veluti anuli, catenæ, reticuli et cætera, quibus collo, vel capite, vel manibus mulieres oruantur.

§. 85. Argento legato, massæ tantum-

modo debebuntur : vasa enim , quæ proprio nomine separantur , legato non cedunt : quia nec lata legata, vestimenta debebuntur.

§. 86. Vasis argenteis legatis ea omnia
continentur , quæ capacitati alicui parata
sunt : et ideò tam potoria , quàm escaria,
item ministeria omnia debebuntur, veluti
urceoli , lances , patinæ , piperatoria , co-
chlearia quoque , itemque trullæ , calices,
scyphi , et his similia.

§. 87. Libris legatis, chartæ , volumina,
vel membranæ , et philuræ continentur :
codices quoque debentur. Librorum enim
appellatione non volumina chartarum , sed
scripturæ modus , qui certo fine conclu-
ditur , æstimatur.

§. 88. Auro legato, gemmæ quoque in-
clusæ , itemque margaritæ , et smaragdi
legato cedunt. Sed magis est voluntatis esse
quæstionem. Infectum enim aurum debetur , factum enim ornamentorum genere
continetur.

INTERPRET. *Ista species in inferiore*
parte utilius per se evidenter exposita est.

§. 89. Vasis argenteis legatis , emble-
mata quoque ex auro infixa legato cedunt.

§. 90. Argento potorio legato, omnia,
quæ ad poculorum speciem comparata sunt,
debebuntur , veluti pateræ , calices , scyphi , urceoli , cœnophora , et conchæ.

§. 91. Carruca cum junctura legata,
mulæ quoque legatæ , necnon et mulio videtur , propter quotidianam loquendi con-
suetudinem.

INTERPRET. *Si carruca cum junctura*
per legatum dimissa fuerit , carpentum
cum junctura , et mulæ debentur , mulio
autem non debetur.

§. 92. Prolatis codicillis , vel alio testamento quibus ademptum est legatum ,
vel certè rescissum , perperam soluta repetuntur.

INTERPRET. *Si quis facto testamento,*
in quo aliquibus legata reliquerat , aliud
postmodum fecerit testamentum , et illa
legata , quæ priori testamento dederat ,
abstulerit , vel codicillis fortasse remo-

lingots de ce métal : les vases d'argent
ayant un nom propre n'y sont pas compris ;
il en est à cet égard , ainsi que du legs de
laine , les vêtemens qui en ont été faits ne
sont pas compris dans ce legs.

86. Legs de vases d'argent , comprend
tous vases , de quelque grandeur qu'ils
soient , tant pour boire que pour manger.
Il comprend aussi tous leurs accessoires ,
tels que les burettes , les plats , les patènes,
les poivriers , les bouloirs , ainsi que les
vases à vins courans , les calices , les go-
belets et autres semblables.

87. Legs de livres , comprend tous ouvrages écrits sur une seule feuille ou sur
plusieurs réunies , soit de peaux , soit de
papier.

88. Legs d'or , emporte celui des pierres
précieuses qui y sont incrustées , même les
perles et les émeraudes. Il est en effet juste
que tout devant appartenir au légataire ,
il ait avec l'or ce qui ne sert qu'à l'orner.

INTERPRET. *Ici la matière la plus utile*
entraîne ce qui l'est moins.

89. Legs de vases d'argent , emporte
celui de toute ciselure d'or qui y aurait
été ajustée.

90. Legs de vases à boire d'argent ,
comprend ceux qui servent à cet usage,
tels que les coupes , les calices , les gobe-
lets , les burettes , les vases à vin de table,
les conques.

91. Legs d'une calèche , comprend les
mules , mais non par analogie le muletier.

INTERPRET. *Lorsqu'on a légué une ca-*
lèche ou un char avec son attelage , les
mules sont dues , mais non le muletier.

92. Legs supprimé par codicile postérieur au testament , ou par dernier testament , ou autrement annullé , ne peut être
répété.

INTERPRET. *Supposé que par testa-*
ment on ait fait divers legs à plusieurs per-
sonnes , et qu'ensuite , par un second tes-
tament , on ait ôté les legs à ceux à qui ils
avaient été faits , ou qu'on les aient autre-
ment

ment annullés par codicilles ; qu'après la
mort du testateur on ait d'abord ouvert
le premier testament , et que l'héritier ait
acquitté les legs portés au dernier testament ou codicille, celui auquel il avait été
fait un legs par le premier testament n'a
rien à demander.

verit , si illud prius testamentum post
mortem testatoris prolatum fuerit , et legata heres scriptus absolverit, quæ in posteriore testamento vel codicillo remota
sunt, is qui ex priori testamento legatus
consecutus est, reddere jubetur , quod sequentibus scripturis ostenditur fuisse sublatum,

TITRE VIII.

Des Donations à cause de mort.

1. LA donation à cause de mort est permise à celui qui part pour la guerre ou qui
s'embarque sur mer ; elle ne vaut que sous
la condition que celui auquel elle a été
faite ne deviendra propriétaire de la chose
que dans le cas de mort de celui qui l'a
donnée ; et qu'au contraire, celui qui a
reçu rendra ce qui lui a été donné , si le
donateur en revient.

2. Donation faite en maladie , à cause
de mort, peut être répétée par regret après
guérison et retour à la santé. Elle ne vaut
de droit , que lorsque la maladie conduit à
la mort.

TITULUS VIII.

De mortis causa Donationibus.

§. 1. MORTIS causa donat , qui ad bellum proficiscitur , et qui navigat , ea scilicet conditione , ut si reversus fuerit , sibi
restituatur ; si perierit , penes eum remaneat, cui donavit.

§. 2. Donatio mortis causa , cessante
valetudine , et secuta sanitate , pœnitentia
etiam revocatur : morte enim tantummodò
convalescit.

TITRE IX.

Sur la loi Falcidie.

1. LORSQUE toute une succession se
trouve épuisée par les legs ou fidéicommis,
et par les donations à cause de mort, l'héritier institué peut en retenir le quart (les
trois douzièmes).

INTERPRÈT. Lorsqu'il aura été fait un
testament portant institution d'héritier ,
et aussi des legs , fidéicommis ou donations à cause de mort , tels que toute l'hérédité s'en trouve absorbée , le testament
ne pourra être attaqué ; mais l'héritier
nommé n'en aura pas moins le droit de retenir pour lui le quart de tous les biens du
testateur.

2. Dès qu'il s'agira pour l'héritier de
rétention de la quarte (falcidie), afin de
ne pas exposer cet héritier au danger du
trop demandé , le juge devra d'office faire
estimer toute la succession , afin de fixer

TITULUS IX.

Ad legem Falcidiam.

§. 1. EXHAUSTA legatis, aut fideicommissis , vel mortis causa donationibus hereditate, auxilio Falcidiæ institutus heres
quadrantem retinere potest.

INTERPRET. Si quis faciat testamentum , et heredem instituat , et omnem hereditatem suam legatariis, aut fideicom-
missariis, vel mortis causa donationibus
conferat, valet quidem testamentum , sed
heres scriptus quartam sibi ex omnibus
bonis retinet testatoris.

§. 2. Quoties de modo quartæ retinendæ quæritur , propter periculum plus petendi , officio judicis omnibus æstimatis
quarta faciénda est , quæ apud heredem
remaneat : aut certè exigenda cautio à le-

28

gatario, ut quod plus dodrante percepit, restituat.

§. 3. Ea quæ mater viva filio donavit, in quartam non imputantur.

INTERP. *Ea quæ mater superstes filio per legitimam scripturam donavit, in Falcidiam ei post mortem matris à germanis ejus non possunt imputari ; sed in partem sibi debitam, salva donatione succedit.*

§. 4. Ex mora præstandorum fideicommissorum, vel legatorum fructus, et usuræ peti possunt. Mora autem fieri videtur, cùm postulanti non datur.

la valeur de la quarte qui doit rester à l'héritier, ou exiger de lui caution, pour restitution de ce qu'il en aurait eu de plus que les trois douzièmes.

3. Ce que la mère a donné de son vivant à son fils, ne s'impute pas sur la quarte.

INTERPRÉT. *Ce que le fils aura reçu de sa mère encore vivante, par acte de donation régulière, ne pourra être imputé par ses germains sur la quarte falcidie à laquelle il aurait droit après le décès de leur mère ; il aura la part qui lui sera due des biens de sa mère, abstraction faite de la donation.*

4. Les fruits ou intérêts des legs ou fidéicommis sont dus, à compter du retard apporté à leur délivrance. Le retard ne date que de l'instant du refus sur réclamation expresse.

JULII PAULI
SENTENTIARUM RECEPTARUM
AD FILIUM.

SOLUTIONS DE POINTS DE DROIT
UNANIMEMENT ADOPTÉES
DU TEMS DE JULES PAUL,
ET PAR LUI RECUEILLIES POUR SON FILS.

LIVRE QUATRIÈME.

TITRE PREMIER.

Des Fidéicommis.

1. FEMME à laquelle son mari aura légué sa dot avec fidéicommis, n'est pas obligée de l'abandonner. Ce n'est pas à titre de bienfait que sa dot a été léguée, elle n'a reçu que ce qui lui appartenait.

INTERPRÈT. *Un mari ayant laissé à sa femme, à titre de legs, la dot qu'il en avait reçue, mais à charge de fidéicommis; celle-ci ne peut être forcée de se conformer à la volonté de son mari, parce qu'alors il est clair qu'elle n'aura ainsi en rien profité des biens de son mari, mais seulement qu'elle aura reçu de lui ce qu'elle lui avait apporté.*

2. Le posthume institué héritier peut être chargé du fidéicommis.

3. L'empereur, héritier institué, peut être chargé de fidéicommis.

4. Le sourd et le muet, soit qu'il ait recueilli un legs, soit qu'il ait été institué héritier, soit qu'il succède à un intestat, ne peut retenir le fidéicommis.

INTERPRÈT. *Soit que le sourd ou muet ait été institué héritier testamentaire, soit*

LIBER QUARTUS.

TITULUS PRIMUS.

De Fideicommissis.

§. 1. AB uxore, cui vir dotem prelegavit, fideicommissum relinqui non potest: quia non ex lucrativa causa testamento aliquid capit, sed proprium recipere videtur.

INTERPRÈT. *Uxori, cui maritus testamento suo dotem, quam ab ea accepit, legati titulo dereliquit, ex ei fideicommissum, si hoc testator jubeat, dare non cogetur: quia non de mariti bonis aliquid consequitur, sed quod dederat recepisse videtur.*

§. 2. A posthumo herede instituto fideicommissum dari potest.

§. 3. Ab imperatore herede instituto legatum, et fideicommissum peti potest.

§. 4. A surdo, vel muto, sive legatum acceperit, sive heres institutus sit, vel ab intestato successerit, fideicommissum relinquitur.

INTERPRÈT. *Si à quoeunque per testamentum surdus aut mutus heres fuerit*

28 *

institulus, aut ab intestato fortasse suc-
cesserit : si quid aut per testamentum,
aut per legitimum numerum fideicommissi
nomine ut dare debeat, fuerit delegatus,
id dare omnimodis compellitur.

§. 5. *Qui fideicommissum relinquit,*
etiam cum eo, cui relinquit, loqui potest :
velut, peto Gaii Seii contentus sis illa re ;
aut, volo tibi illud præstari.

INTERPRET. *Qui fideicommissum cuicun-*
que dimittit, potest his verbis ad eum,
cui reliquerit, loqui : volo tibi de rebus
meis illud esse donatum ; aut, spero à te,
ut illa re digneris esse contentus. Quod ta-
men debet aut testamenti serie, aut tes-
tium professione constare.

§. 6. *Fideicommittere his verbis pos-*
sumus, rogo, peto, volo, mando, depre-
cor, cupio, injungo ; desidero quoque,
et impetro : verba, utile faciunt fideicom-
missum. Relinquo verò, et commendo,
nullam fideicommissi pariunt actionem.

INTERPRET. *Si quando fideicommissum*
relinquitur, precativis verbis relinqui po-
test, ut roget quis injungat, petat, speret,
ut id quod fidei suæ commissum est, ad
eum, quem testator voluit, sicut injunxit,
ita faciat pervenire. Nam si dicat quis :
dimitto hoc illi, vel commendo, quia verba
directa sunt, fideicommissi locum habere
non possunt.

§. 7. *Tam nostras res, quàm alienas per*
fideicommissum relinquere possumus : sed
nostræ statim, alienæ autem æstimatæ,
non redemptæ præstantur.

INTERPRET. *Per fideicommissum unus-*
quisque potest tam proprias res, quàm
alienas dimittere. Sed si suas dimiserit,
ipsæ quæ relictæ sunt dantur. Si verò alie-
nas, aut æstimationem dimissæ rei dare,
aut ipsas redimere, et dare heres, cui
fideicommissum est, jure compellitur.

qu'il ait hérité d'un défunt qui, par ha-
sard, n'aurait pas fait son testament, s'il
a été institué fidéicommissaire, il pourra
être forcé de remettre ce qu'il aura eu,
par tous les moyens de droit.

5. Le fidéicommis se transmet par celui
qui s'en trouve chargé à celui pour lequel
il avait été fait, en usant de ces termes :
Agréés, je vous prie, Gaïus Séius, cette
chose, et tenes-m'en quitte ; ou bien, *il*
me plaît de m'acquitter envers vous de
cette chose que je vous dois.

INTERPRÉT. *La remise de ce dont on*
a été chargé par fidéicommis peut s'effec-
tuer envers celui qui en est l'objet, en lui
adressant ces paroles : Je vous fais don
de cette partie de mon bien ; ou j'espère
que vous voudrez bien vous contenter de
cette chose. Il faut de plus que la déli-
vrance ainsi faite soit constatée par écrit
ensuite du testament, ou ait eu lieu en
présence de témoins.

6. On peut employer ces termes pour
fidéicommis : *Je prie, je requiers, mon*
intention est, je charge, je souhaite, j'in-
vite, je désire et j'obtiendrai. Le fidéicommis ainsi constitué est valable ; il ne peut,
au contraire, résulter aucun droit de celui
pour lequel on se serait servi des expressions suivantes : *je laisse, je recommande.*

INTERPRÉT. *Lorsqu'on lègue par fidéi-*
commis, on ne doit se servir que de prières
ou d'invitation ; j'invite, ou demande, ou
espère que ce qui est l'objet du fidéicommis
parviendra de la part de celui qui a été
chargé du fidéicommis, à celui auquel le
testateur a voulu que cet objet fût ainsi
transmis par un tiers.

7. On peut léguer par voie de fidéicommis tout ce dont on est propriétaire, et
aussi la chose d'autrui. Ce qui nous appartient doit être aussitôt remis ; choses d'autrui ne se délivrent que d'après estimation ; on n'est pas obligé de les acheter.

INTERPRÉT. *Chacun peut léguer par*
fidéicommis ce qui lui appartient ou à un
autre. S'il a légué sa chose, c'est ce qu'il
a légué qui doit être donné ; si c'est la
chose d'autrui qui a été léguée, l'héritier
peut l'acheter pour le fidéicommissaire, ou
lui en payer la valeur sur estimation faite
exprès.

8. Si le testateur a laissé par fidéicommis une chose qu'il croyait la sienne, et dont il n'aurait pas disposé s'il eût su qu'elle ne lui appartenait pas ; il en sera alors comme de tout autre legs, le fidéicommis sera censé n'avoir pas eu lieu.

INTERPR. *Celui qui a laissé une chose par fidéicommis croyant qu'elle lui appartenait, et qui ne l'aurait pas léguée s'il avait su qu'elle appartenait à un autre, a fait un fidéicommis nul. Il en est pour ce cas comme du legs que le testateur aurait ordonné à l'héritier de remettre à un autre ; l'objet du fidéicommis n'étant pas de la succession du défunt, ne pourra pas être par lui délivré à la personne indiquée par le fidéicommis.*

9. L'objet légué par fidéicommis ayant été depuis vendu par le testateur lui-même, le fidéicommis est nul.

10. Fidéicommis établis par codicilles non confirmés par testament, n'en sont pas moins valables en droit.

INTERPRÉT. *Fidéicommis laissés par codicilles sont valables, quand même les codicilles ne seraient pas confirmés par un testament.*

11. Fidéicommis laissé à un fils par son père, est valable en quelques termes qu'il l'ait été ; entre parens, il suffit, comme en matière de donation, que la volonté soit évidente, quels que soient d'ailleurs les termes dont on se serait servi pour l'énoncer.

12. Fidéicommis laissé à un fils , soit au tems de son émancipation, soit lorsqu'il sera devenu seul maître de ses actions, est valable de quelque façon qu'il ait été mis hors de la puissance de son père.

INTERPRÉT. *S'il a été laissé un fidéicommis à un fils de famille, soit lors de son émancipation par son père, soit après qu'il sera devenu indépendant ; de quelque manière qu'il ait été affranchi de la puissance paternelle, le fidéicommis sera bon.*

13. Lorsqu'une succession a été laissée à deux personnes, toutes deux sans enfans, à charge pour chacune, que si l'une des deux meurt sans enfans, il la laissera à l'autre ; cette succession passe à la survivante, sans qu'il puisse être fait entre elles

§. 8. Si alienam rem tanquam suam testator per fideicommissum reliquerit, non relicturus, si alienam scisset, ut solet legatum, ita inutile erit fideicommissum.

INTERPRET. *Si quis per fideicommissum rem alienam ideò reliquerit, quia suam esse credebat, non utique dimissurus si scisset alienam, sicut et in legatis damnationis constitutum est, non potest propter hoc heres, cui fideicommissum est, retineri.*

§. 9. Testator supervivens, si eam rem, quam reliquerat, vendiderit, extinguitur fideicommissum.

§. 10. Codicillis, qui testamento confirmati non sunt, adscriptum fideicommissum jure debetur.

INTERPRET. *Per codicillos fideicommissum jure debetur, etiamsi codicilli testamento non fuerint confirmati.*

§. 11. Filio quibuscunque verbis à patre fideicommissum relictum , jure debetur. Sufficit enim inter conjunctas personas, quibuscunque verbis, ut in donatione, voluntas expressa : et ideò etiam pridiè , quàm moriatur, rectè relictum videtur.

§. 12. In tempus emancipationis, vel eum sui juris erit, fideicommissum relictum quocumque modo patria potestate liberato debetur.

INTERPRET. *Si ita fideicommissum filiofamiliàs relinquatur , ut cùm emancipatus à patre fuerit , vel cùm sui juris factus fuerit , fideicommissum relictum, quocunque modo patria potestate fuerit liberatus, id quod ei relictum est jure debetur.*

§. 13. Rogati invicem sibi si sine liberis decesserint , hereditatem restituere, altero decedente sine liberis, hereditas ad eum pervenit, qui supervixit, nec ex eo pacisci contra voluntatem testatoris possunt.

INTERPRET. *Si aliquis ita hereditatem duobus reliquerit, et eos rogaverit, ut unus ex his sine filiis mortuo, ei qui superfuerit omnis hereditas acquiratur, uno ex ipsis sine filiis mortuo, ad superstitem integra hereditas pertinebit. Et si aliquid hi ipsi dum vivunt, pacisci de ea hereditate voluerint, id quod depacti fuerint, non valebit.*

§. 14. Heres ante aditam hereditatem, legatarius antequam, legatum accipiat, fideicommissum præstare non possunt.

INTERPRET. *Neque heres antequam relictam sibi hereditatem adeat, neque legatarius, antequam legatum quod ei dimissum est, accipiat, aliquid per fideicommissum de eo quod illi relictum est, ad alias possunt transferre personas.*

§. 15. Rem fideicommissam si heres vendiderit, eamque sciens comparaverit, nihilominus in possessionem ejus fideicommissarius mitti jure desiderat.

INTERPRET. *Si rem, quæ fideicommissa alicui relicta est, cuicunque heres vendiderit, et eam sciens relictam alii aliquis comparaverit, fideicommissarius in possessionem sibi deputatam mitti jure deposcit.*

§. 16. Quoties libertis fideicommissum relinquitur, ad eos tantummodò placuit pertinere, qui manumissi sunt, vel qui iu eodem testamento libertatem, intra numerum legitimum consecuti sunt.

INTERPRET. *Si quando libertis fideicommissum relictum fuerit, his debetur qui manumissi sunt, vel eis qui intra legitimum numerum libertatem fuerint consecuti. Legitimus autem numerus est, qui secundùm legem Fusiam Caniniam custoditur.*

§. 17. Cui ab herede fideicommissum non præstatur, non solùm in res hereditarias, sed et in proprias heredis inducitur.

§. 18. Jus omne fideicommissi non in

---

deux aucun pacte contraire à la volonté du testateur.

INTERPRÉT. *S'il a été laissé une succession à deux, sous la condition qu'elle appartiendra en totalité à l'autre si l'une des deux meurt sans enfans ; le cas arrivant, cette succession appartiendra toute entière au survivant. Si de leur vivant ils avaient fait quelqu'autre arrangement au sujet de cette disposition, ce dont ils seraient convenu sera nul.*

14. Ni l'héritier, ni le légataire ne peuvent délaisser un fidéicommis avant, ou de s'être mis en possession de la succession, ou avant d'avoir accepté le legs.

INTERPRÉT. *Ni l'héritier, avant d'avoir pris possession de l'hérédité qui lui est échue ; ni le légataire, avant d'avoir accepté le legs qui lui a été fait, ne peuvent transmettre le fidéicommis à aucune des personnes auxquelles il doit être par eux remis.*

15. Si un héritier a vendu ce qui était l'objet du fidéicommis, ou s'il a été acheté par qui avait connaissance qu'il avait été ainsi légué, le fidéicommissaire n'en aura pas moins le droit de l'exiger en nature.

INTERPRÉT. *Chose laissée à titre de fidéicommis, qui a été vendue par l'héritier, ou achetée par qui avait connaissance du fidéicommis, doit être rendue au fidéicommissaire, s'il en réclame la possession.*

16. Aucun fidéicommis laissé à affranchis, ne peut appartenir qu'à ceux qui ont déjà été mis en liberté, et qu'aux esclaves qui auront été affranchis par le même testament dans le nombre permis.

INTERPRÉT. *Si un fidéicommis a été fait à des affranchis, il n'appartiendra qu'à ceux auxquels on aura donné la liberté, selon que cela est permis. Il n'appartiendra pas à ceux qui auraient été affranchis hors du nombre permis. Le nombre permis est celui prescrit par la loi Fusia Caninia.*

17. Celui auquel l'héritier ne délivre pas le fidéicommis, a non-seulement droit sur les choses dépendantes de la succession, mais même sur les biens propres de l'héritier.

18. Le droit du fidéicommissaire n'est

pas celui de revendication ; mais de péti-
tion.

INTERPRÈT. *Le fidéicommissaire peut
bien demander la délivrance de ce qui est
l'objet du fidéicommis ; mais il ne peut le
revendiquer comme en étant propriétaire.*

TITRE II.

Du Sénatus-consulte Trébellianien.

LE sénatus-consulte Trébellianien a
pourvu à ce que l'héritier ne fût pas seul
chargé des droits et actions dépendans
d'une succession ; aussi toutes les fois que
l'héritier n'a été institué que pour remettre
à un autre la succession, les droits de cette
succession passent avec elle au fidéicommissaire ; parce qu'il ne serait pas juste que
la confiance qu'il a acceptée lui devînt
onéreuse.

TITRE III.

Du Sénatus-consulte Pégasianien.

1. ENTRE l'héritier et le fidéicommissaire auquel il est forcé de remettre la
succession en conséquence du sénatus-
consulte Pégasianien, il existe de droit
une obligation, qui est que l'héritier ne
supporte les charges que pour son quart, et
le fidéicommissaire le surplus.

INTERPRÈT. *Entre l'héritier et celui
auquel la succession doit être rendue en
totalité, à cause de fidéicommis, on doit
observer cette règle de droit : que l'héritier qui n'en a que le quart ne supporte
que le quart des charges, et le fidéicommissaire les trois quarts, comme ayant
les trois quarts de la succession.*

2. Lorsqu'un héritier est chargé de remettre toute une succession, et qu'il n'en
veut pas retenir la quarte, il vaut mieux
que cette remise ait lieu en vertu du sénatus-consulte Trébellianien, pour qu'alors
toutes les charges passent au fidéicommissaire.

INTERPRÈT. *Si celui qui a été chargé
par fidéicommis de remettre toute une succession à un autre, ne veut pas, ainsi qu'il
en a le droit, en réserver le quart pour lui,*

vindicatione, sed in petitione consistit.

INTERPRÈT. *Quoties fideicommissum
relinquitur, sicut peti potest, ita non potest vindicari.*

TITULUS II.

De senatusconsulto Trebelliano.

SENATUSCONSULTO Trebelliano prospectum est, ne solus heres omnibus hereditariis actionibus oneretur. Et ideò quoties hereditas ex causa fideicommissi restituitur, actiones ejus in fideicommissarium
transferuntur : quia unicuique damnosam
esse fidem suam non oportet.

TITUTUS III.

De Senatusconsulto Pegasiano.

§. 1. INTER heredem et fideicommissarium, cui ex Pegasiano hereditas restituitur, partis et pro parte stipulatio interpo-
nitur : ut heredi instituto pro quarta actiones, pro cæteris verò portionibus fideicommissario competant.

INTERPRÈT. *Inter heredem, et eum cui
hereditatem per fideicommissum jussus est
reformare, ita interposita stipulatione observandum est, ut heres pro quarta, quam
sibi retinet, quartæ partis excipiat actiones. Et fideicommissarius pro tribus tantùm partibus, quæ ad eum ex hereditate
perveniunt oneretur.*

§. 2. Totam hereditatem restituere rogatus, si quartam retinere nolit, magis
est, ut eam ex senatusconsulto Trebelliano
debeat restituere. Tunc enim omnes actiones in fideicommissarium dantur.

INTERPRÈT. *Si is qui totam hereditatem per fideicommissum alteri reddere jussus est, quartam sibi jure concessam noluerit retinere, necesse est, ut fideicom-*

missario integram hereditatem restituat. Quo facto, sicut omnis hereditas, ita ad eum omnes hereditariæ transeunt actiones.

§. 3. Lex Falcidia, itemque senatus-consultum Pegasianum deducto omni ære alieno, Deorumque donis, quartam residuæ hereditatis ad heredem voluit pertinere.

INTERPRET. Lex Falcidia, similiter et Pegasianum Senanusconsultum, facta hereditarii debiti ratione, et separatis his quæ in honorem Dei ecclesiis relinquuntur, quartam hereditatis ex omnibus ad scriptum heredem censuit pertinere.

§. 4. Qui totam hereditatem restituit, cùm quartam retinere ex Pegasiano debuisset, si non retineat, repetere eam non potest. Nec enim indebitum solvisse videtur, qui plenam fidem defuncto præstare maluit.

INTERPRET. Is qui integram hereditatem fideicommissario restituit, cùm quartam sibi jure concessam retinere potuerit, posteà eam repetere non potest : quia nec aliquid indebitum solvit, sed integram fidem defuncto exhibuisse videtur.

il est nécessaire qu'il la remette en entier au fidéicommissaire ; ce fait, celui-ci qui aura eu toute l'hérédité, devra en conséquence en supporter toutes les charges.

3. La loi Falcidie, ainsi que le sénatus-consulte Pégasianien, veulent que la quarte revenant à l'héritier ne soit prise que déduction faite des dettes de la succession, et des dons faits aux Dieux.

INTERPR. La loi Falcidie et le sénatus-consulte Pégasianien veulent également que la quarte à laquelle l'héritier a droit, ne soit prise que sur le net de la succession, toutes les dettes prélevées, ainsi que les legs faits aux églises en l'honneur de Dieu.

4. Qui pouvant retenir, en vertu du Pégasianien, la quarte sur une succession, l'a remise en totalité sans retenir cette quarte, ne peut plus la réclamer ; parce qu'il est alors plutôt considéré comme ayant préféré d'exécuter la volonté du défunt, que comme ayant payé ce qu'il ne devait pas.

INTERPRÉT. Celui qui a remis au fidéicommissaire la totalité d'une succession, lorsqu'il pouvait en retenir le quart selon son droit, ne peut plus y revenir ; car, dans ce cas, il ne peut être réputé avoir payé ce qu'il ne devait pas, mais bien avoir préféré de s'en rapporter absolument à la volonté du testateur.

TITULUS IV.

De repudianda hereditate.

§. 1. RECUSARI hereditas nou tantùm verbis, sed et re potest, et aliquovis indicio voluntatis.

§. 2. Heres per magistratus municipales, ex auctoritate præsidis, fideicommissario postulante, hereditatem adire, et restituere compellitur.

§. 3. Fideicommissarius, si affirmet heredem nolle adire hereditatem, absente eo interponi decretum, et in possessionem mitti jure desiderat.

INTERPRET. Si is qui heres scriptus est, et alteri hereditatem restituere jussus est, adire hereditatem dissimulet, potest fideicommissarius obtinere, ut is, qui he-

TITRE IV.

De la répudiation d'une succession.

1. RÉPUDIATION de succession, résulte des paroles, des faits, et de toutes autres indices de la volonté de ne pas en profiter.

2. C'est devant les magistrats des villes et de l'autorité du président que le fidéicommissaire doit traduire l'héritier, pour le forcer à prendre possession de la succession, et à la lui restituer ensuite.

3. Le fidéicommissaire peut même, d'après un jugement par défaut, être envoyé en possession, en affirmant que l'héritier refuse de se saisir de la succession.

INTERPRÉT. Si celui qui a été institué héritier, et qui doit rendre la succession à un autre, néglige de prendre possession de la succession, le fidéicommissaire auquel

quel elle doit être rendue, peut faire ordonner à l'héritier exprès institué pour ce motif, d'accepter la succession, et le faire condamner à la lui remettre.

4. Héritier ainsi forcé de se mettre en possession de la succession qu'il avait négligée à dessein, doit, selon le Trébellianien, la remettre en totalité au fidéicommissaire.

INTERPRÉT. Si l'héritier a été forcé de recueillir une succession qu'il est obligé de restituer, il doit alors la rendre en totalité au fidéicommissaire.

res hoc ordine scriptus est, hereditatem adire, et restituere jubeatur.

§. 4. Suspectam hereditatem adire compulsus, omnia ex Trebelliano restituit.

INTERPRET. Qui hereditatem, quam restituero jussus est, adire dubitabat, si eam fuerit compulsus suscipere, integram eam fideicommissario reformare compellitur.

TITRE V.

Des contestations relatives à testamens inofficieux.

1. On nomme inofficieux tout testament portant exhérédation d'enfans sans causes, et conséquemment contraire à l'affection naturelle des pères pour les leurs.

2. Testament de mère, fait avant la naissance de l'un de ses enfans, et qui depuis n'aura pas été changé, ainsi qu'il le pouvait, peut être attaqué d'inofficiosité, à cause d'oubli de cet enfant.

INTERPRÉT. Si la femme qui, avant la naissance d'un enfant, avait fait un testament ne l'a pas changé depuis, ce testament pourra être attaqué pour cause d'inofficiosité de la part de la mère.

3. Testament par lequel l'empereur a été institué héritier, peut, comme tout autre, être attaqué d'inofficiosité. Celui qui fait les lois, doit y être soumis lui-même, à cause du respect général qui leur est dû.

4. Qui ne peut attaquer un testament d'inofficiosité, n'en a pas moins le droit de réclamer la succession par tout autre moyen.

5. Le Fils auquel son père n'a réservé qu'une partie de sa succession, ne peut attaquer son testament pour cause d'inofficiosité; il importe peu que toute cette succession ait été ou non épuisée, pourvu que la quarte qui doit lui en revenir, ou selon la loi Falcidie, ou selon le sénatusconsulte Pégasianien, lui ait été réservée.

TITULUS V.

De inofficiosi querela.

§. 1. Inofficiosum dicitur testamentum, quod frustrà, liberis exheredatis, non ex officio pietatis, videtur esse conscriptum.

§. 2. Post factum à matre testamentum filius procreatus, non mutata ab ea, cùm posset, voluntate ad exemplum præteriti, inofficiosi querelam rectè instituit.

INTERPRET. Si mulier post factum testamentum filium pepererit, et testamentum suum nato filio non mutaverit, filius præteritus de inofficioso matris testamento agere potest.

§. 3. Testamentum, in quo imperator scriptus est heres, inofficiosum argui potest. Eum enim qui leges facit, pari majestate legibus obtemperare convenit.

§. 4. Qui inofficiosum dicere non potest, hereditatem petere non prohibetur.

§. 5. Filius ex asse heres institutus inofficiosum dicere non potest, nec interest, exhausta, nec ne sit hereditas, cùm apud eum quarta aut legis Falcidiæ, aut senatusconsulti Pegasiani beneficio sit remansura.

19

INTERPRET. *Si pater filium heredem ex asse instituat, et per fideicommissa, aut legata ipsam hereditatem totam diversis distribuat, filius contra patris testamentum de inofficioso agere non potest : quia quartam sibi aut per legem Falcidiam, aut per senatusconsulti beneficium retinebit.*

INTERPRÉT. *Lorsqu'un fils n'a été institué héritier par son père que pour partie de sa succession, tout le reste étant absorbé par les legs ou fidéicommis, ce fils ne peut se pourvoir contre le testament de son père pour cause d'inofficiosité résultante de ce qu'il ne lui réserve que la quarte que lui assure ou la loi Falcidie ou le sénatus-consulte.*

§. 6. Quartœ portionis portio liberis deducto œre alieno, et funeris impensa præstanda est, ut ab inofficiosi querela excludantur : libertatis quoque eam portionem minuere placet.

6. Pour que les enfans ne puissent pas se plaindre d'inofficiosité, il suffit qu'ils aient eu le quart de ce qui reste net d'une succession, les dettes et les frais funéraires prélevés. Le prix des libertés léguées peut aussi être pris sur la masse.

INTERPRETAT. *Quoties filiis Falcidia computanda est de asse hereditatis, primo loco defuncti debita retrahuntur, et expensa quæ in funere ejus est præstita. Sed et collatæ libertates nihilominus debebuntur. Et sic liberis, falcidia, id est, uniuscujusque portionis quartæ portio debetur.*

INTERPRÉT. *Toutes les fois que les enfans ne peuvent réclamer d'une succession que les trois douzièmes, il faut établir cette portion défalcation faite des dettes du défunt, des frais funéraires et même du prix des libertés léguées ; c'est d'après ces opérations que la quarte doit être fixée pour chaque enfant.*

§. 7. Filius in judicio patris si minus quarta portione consecutus sit, ut quarta sibi à coheredibus fratribus citra inofficiosi querelam impleatur, jure desiderat.

7. L'enfant à qui son père n'a pas laissé en entier sa quarte dans sa succession, doit répéter envers ses frères ce qui lui en manque ; il n'y a pas lieu à contestation d'inofficiosité.

INTERPRET. *Filio herede scripto, cui exordinatione defuncti patris minus, quàm quarta portionis suæ fuerit deputata, suppleri eam sibi à coheredibus fratribus jure desiderat : quia in tali casu inofficiosi actio removetur.*

INTERPRÉT. *Un des enfans ayant été institué par son père héritier pour moins que le quart de la portion qui lui serait naturellement revenue, a droit de se faire remplir de ce qui manque pour compléter le quart de cette portion ; mais non le droit d'agir pour cause d'inofficiosité.*

§. 8. Pactio talis, ne de inofficioso testamento dicatur, querelam super judicio futuram non excludit. Meritis enim liberos, quam pactionibus astringi placuit.

8. Quand même le fils se serait soumis vis-à-vis de son père à ne pas attaquer son testament d'inofficiosité, il pourra se pourvoir quand il y aura lieu. Il est de principe, quant aux successions, que le droit qu'y ont les enfans, prévaut contre toute transaction.

INTERPRET. *Si talis pactio vivo patre inter filios fiat, ut post obitum patris de inofficioso filii non querantur, talis pactio non valebit. Sed cui competit, de inofficioso agere potest.*

INTERPRÉT. *S'il avait été fait une convention entre le père et ses enfans, par laquelle ceux-ci se seraient engagés à ne pas attaquer le testament de leur père comme inofficieux, cette convention ne pourra les empêcher de se pourvoir par ce motif contre ce testament ; telle convention ne vaut pas, chacun d'eux peut faire valoir son droit.*

§. 9. Rogatus hereditatem restituere,

9. Celui qui a été chargé de rendre à

un autre une succession, et qui pour cela attaque le testament d'inofficiosité, ne peut empêcher l'effet du fidéicommis ; il perd seulement la quarte qu'il aurait pu retenir en vertu du sénatus-consulte.

INTERPRÉT. *Si un défunt a chargé son héritier de rendre toute sa succession à un autre, et qu'il se pourvoie par action d'inofficiosité, fondée sur l'existence du fidéicommis, le fidéicommis ne pourra être annullé ; mais l'héritier qui aurait pu avoir le quart du fidéicommis en vertu du sénatus-consulte, le perdra pour n'avoir pas réclamé cette quarte conformément à cette loi.*

10. La part de l'héritier institué grevé de substitution, qui, à cause d'elle, se sera pourvu par action d'inofficiosité, n'appartiendra pas au fisc ; si l'héritier perd son procès, mais bien au substitué.

etsi inofficiosi querelam instituerit, fideicommisso non fit injuria : quartam enim solummodò hereditatis amittit, quam beneficio senatusconsulti habere potuisset.

INTERPRÉT. *Si is qui à defuncto rogatus est, ut relictam hereditatem alteri restituat, de inofficiosi querela instituerit actionem, id quod fideicommissum est, ut redderet ei, cui reddere jussus est, penitus non peribit. Sed ille, qui inofficiosi querelam proposuit, quartam quam ex fideicommisso senatusconsulti beneficio erat habiturus, suo vitio perdit.*

§. 10. Heres institutus habens substitutum, si de inofficioso dixerit, nec obtinuerit, non id ad fiscum, sed ad substitutum pertinebit.

TITRE VI.

De l'impôt du vingtième (sur succession).

1. L'OUVERTURE de tout testament doit être faite dans les formes qui suivent : les témoins, ou du moins le plus grand nombre d'entre eux, doivent d'abord reconnaître les sceaux qui y auraient été apposés ; les tablettes ayant ensuite été ouvertes, il doit en être sur le champ donné lecture ; il doit de suite en être fait description exacte, et telle que cet original ne puisse être changé ; cet original doit, après qu'il aura été revêtu du sceau public, être déposé à un archiviste, afin qu'il soit possible d'y avoir recours toutes les fois qu'il en sera nécessaire.

2. Tout testament fait à la campagne, dans une colonie, en ville ou en préfecture, en bourg, dans une forteresse, ou assemblée quelconque, au forum ou en édifice public, devait être lu en présence de témoins choisis exprès, ou de celle d'hommes d'une probité connue, entre la deuxième et la dixième heure du jour, l'original réservé devra être signé des magistrats qui en auront fait l'ouverture.

3. La loi a toujours voulu que tout testament fût ouvert aussitôt après la mort du testateur ; et quoiqu'il ait été dérogé à cette disposition générale par quelque res-

TITULUS VI.

De Vicesima.

§. 1. TABULÆ testamenti aperiuntur hoc modo : Ut testes, vel maxima pars eorum adhibeatur, qui signaverint testamentum, ita ut agnitis signis, rupto ligno aperiatur et recitetur, atque ita describendi exempli fiat potestas, ac deinde signo publico obsignatum in archivum redigatur, ut si quando exemplum ejus interciderit, sit unde peti possit.

§. 2. Testamenta in municipiis, colonia, oppidis, præfectura, vico, castello, conciliabulo facta, in foro vel basilica, præsentibus testibus vel honestis viris, inter horam secundam et decimam diei recitarique debebunt, exemploque sublato ab iisdem rursùs magistratibus obsignari, quorum præsentia constat apertum.

§. 3. Testamentum lex statim post mortem testatoris aperiri voluit, et ideò quamvis sit rescriptis variatum, tamen à præsentibus intra triduum vel quinque dies

29

aperiendæ sunt tabulæ. Ab absentibus quoque intra eos dies, cùm supervenerint: neo enim oportet testamentum heredibus et legatariis, aut libertatibus, quàm necessario vectigali moram fieri.

crit, il est cependant bien reconnu que, lorsque les intéressés sont présens, cette ouverture doit être faite dans les trois jours, ou au plus dans les cinq jours du décès ; en cas de leur absence, elle doit être faite le cinquième jour, parce qu'il ne faut pas, dans l'intérêt même des héritiers, des légataires et des affranchis, qu'il y ait plus de retard, quant à ces formalités, que l'acquit de l'impôt n'en permet.

TITULUS VII.

De lege Cornelia.

§. 1. QUI testamentum falsum scripserit, recitaverit, subjecerit, signaverit, suppresserit, amoverit, resignaverit, deluerit, pœna legis Corneliæ de falsis tenebitur ; id est, insulam deportatur.

§. 2. Non tantùm is qui testamentum subjecit, suppressit, deluit, pœna legis Corneliæ coercetur, sed et is, qui sciens dolo malo id fieri jussit, faciendumque curavit.

§. 3. Testamentum supprimit, qui sciens prudensque tabulas testamenti in fraudem heredum, vel legatariorum, fideicommissorum, aut libertatum non profert.

§. 4. Supprimere tabulas videtur, qui cùm habeat, et proferre possit, eas proferre non curat.

§. 5. Codicilli quoque si lateant, nec proferantur, supprimi videbuntur.

§. 6. Edicto perpetuo cavetur, ut si tabulæ testamenti non appareant, de eárum exhibitione interdicto reddito, intra annum agi possit, quo ad exhibendum compellitur qui supprimit. Tabularum autem appellatione chartæ quoque et membranæ continentur.

TITRE VII.

De la loi Cornélia.

1. QUI aura écrit un faux testament, ou qui en aura publié un faux, qui l'aura substitué à un vrai, celui qui y aurait apposé son sceau, celui qui en aurait supprimé, caché, effacé du testament, ou qui en aura rompu les sceaux, sera, aux termes de la loi Cornélia, coupable de faux, et comme tel condamné à la déportation dans une île.

2. Non-seulement celui qui aura substitué un faux testament à un vrai, ou qui en aura supprimé ou effacé un mot, sera sujet à la peine prononcée par la loi Cornélia ; mais celui qui aura ordonné ce que dessus, et celui qui aura coopéré à l'exécution d'un tel ordre, seront aussi sujets à la même peine.

3. Il y a eu suppression de testament lorsqu'il est tenu exprès caché, en fraude des héritiers, des légataires ou fidéicommissaires, par celui qui en est dépositaire.

4. Est aussi censé avoir supprimé un testament celui qui, en étant dépositaire et pouvant le représenter, néglige de le faire connaître.

5. Les codicilles qu'on aurait cachés ou qu'on ne représenterait pas, seront aussi censés avoir été supprimés.

6. Un édit perpétuel permet, dans le cas où l'on ne trouve pas les tablettes de testament, d'agir dans l'année pour forcer celui qui les retient à les représenter, lorsque l'intéressé en a porté plainte. Sous le nom de tablettes, sont aussi compris toutes autres tables ou parchemin sur lequel le testament peut avoir été écrit.

TITRE VIII.

Des successions (ab intestat).

1. ENTRE agnats (parens) et cognats (alliés), il y a cette différence : que les agnats sont aussi cognats, au lieu que les cognats ne sont pas agnats ; c'est pour cela que l'oncle (frère de père) est agnat et cognat, et que l'oncle (frère de mère) est seulement cognat.

INTERPRÉT. *Les agnats sont ceux qui tiennent à une famille par les hommes, et les cognats ceux qui n'y tiennent que par les femmes. Les oncles (de père), ou autrement les fils d'oncles (de père) sont entre eux agnats (parens), et cognats (alliés) les oncles (de mère), au contraire, sont cognats (alliés) et non cognats (parens).*

2. En cas de décès de frère, si c'est le frère qui est décédé laissant des neveux, des fils de son frère et des enfans de sa sœur pour héritiers, les fils du frère sont préférés.

3. Les héritiers légitimes n'ayant pas pris, de droit civil, possession d'une succession dans les cent jours (du décès), elle est dévolue aux plus prôches parens après eux.

4. Il n'y a d'hérédités légitimes pour les femmes, que celles des frères d'un même père ; dans ce cas la loi Voconienne tient lieu de droit public, pour toutes autres la loi des douze tables y admet les cognats sans distinction de sexe.

INTERPRÉT. *Les femmes ne peuvent succéder avec les autres agnats qu'à leurs frères consanguins (du même père) ; parce que les cognats mâles ne sont appelés à la succession des intestats qu'à défaut des agnats. A défaut d'agnats, tous les cognats succèdent. Les femmes succèdent de droit avec les hommes, lorsqu'elles se trouvent de mêmes degrés.*

5. En hérédité légitime la représentation n'a pas lieu ; c'est par cette raison que le frère, héritier de son frère, étant lui-même décédé avant d'avoir été saisi de la succession, elle ne passe pas aux enfans de ce dernier. Toute succession étant toujours dévolue au plus proche.

TITULUS VIII.

De intestatorum successione.

§. 1. INTER agnatos et cognatos hoc interest : quod in agnatis etiam cognati continentur, inter cognatos verò agnati non comprehenduntur. Et ideò patruus et agnatus est et cognatus : avunculus autem cognatus tantummodò.

INTERPRET. *Agnati sunt, qui per virilem sexum descendunt ; agnati autem, qui per femineum : et ideò patrui, vel patruorum filii et agnati, et cognati sunt. Avunculi verò, et avunculorum filii cognati sunt, non agnati.*

§. 2. Si sint fratres defuncti, et fratris filii vel nepotes, fratre non existente, filius fratris nepoti præfertur.

§. 3. Legitimi heredes jure civili intrà centesimum diem, nisi adierint hereditatem, ad proximos eadem successio transfertur.

§. 4. Feminæ ad hereditates legitimas ultrà consanguineas successiones non admittuntur, idque jure civili Voconia rogatione videtur effectum. Cæterùm lex duodecim tabularum nulla discretione sexus cognatos admittit.

INTERPRETAT. *Feminæ, nisi fratribus consanguineis intestatis aliter cum agnatis succedere non possunt : quia nec cognati masculi ad successionem intestatorum vocantur, nisi quando agnatos deesse constiterit. Sanè deficientibus agnatis, cum cognati succedunt ; possunt feminæ cum viris, quæ æqualis gradus sunt, jure succedere.*

§. 5. In hereditate legitima successioni locus non est. Et ideò fratre decedente, antequam adeat aut repudiet hereditatem, fratris filius admitti non potest : quia omnis successio proximiori defertur.

INTERPRETAT. *Si quando quis intesta-*
tus moriatur, qui fratrem et fratris fi-
lium derelinquat, ad fratrem, non ad fra-
tris filium hereditas pertinebit. Quòd si
frater defuncti hereditatem repudiaverit,
vel adire noluerit, tunc fratris filius he-
reditatem patrui sibi poterit vindicare.

§. 6. Ab hostibus captus, neque sui,
neque legitimi heredis jus amittit postliminio reversus. Quod et circa eos qui in insulam deportantur, vel servi pœnæ effecti
sunt, placuit observari, si per omnia in integrum indulgentia principali restituantur.

§. 7. Pro herede gerere, est destinatione
futuri dominii aliquid ex hereditariis rebus
usurpare. Et ideo pro herede gerere videtur, qui fundorum hereditariorum culturas
rationesque disponit, et qui servis hereditariis, jumentis, rebusve aliis utitur.

§. 8. Ex pluribus heredibus, iisdemque
legitimis, si qui omiserint hereditatem vel
in adeundo aliquâ ratione fuerint impe-
diti, his, qui adierunt, vel eorum heredibus omittentium portiones adcrescunt.
Quod in herede instituto eum, qui acceperat substitutum, evenire non poterit.
Diversa enim causa est scripti et legitimi.

INTERPRET. *Si quando multi heredes*
legitimi fuerint relicti, et aliqui eorum
hereditatem prætermiserint, vel adire no-
luerint, portiones eorum qui omiserint,
vel adire noluerint, his legitimis qui adie-
rint acquiruntur. Sed in herede instituto,
cui alter substitutus est, alia conditio est:
quia in heredibus scriptis testamenti ordo
tenendus est, ut institutis, vel substitutis
de adeunda hereditate scripturæ forma
servetur.

INTERPRÊT. *Une personne décédée in-*
testat, laissant un frère et des enfans d'un
autre frère, toute sa succession appartien-
dra à son frère survivant, et non aux en-
fans de son frère défunt. Les enfans du
frère prédécédé n'auront la succession de
leur oncle que dans le cas où le frère survi-
vant la répudierait, ou ne s'en serait pas
mis en possession.

6. Celui qui ayant été pris par les ennemis est ensuite revenu, n'a perdu aucun
de ses droits, ni quant à ses biens person-
nels, ni quant à ceux qui lui échoient par
succession. Il en est de même de quiconque a été déporté dans une île, ou qui a
été accidentellement fait esclave, il rentre
dans tous ses droits lorsqu'il a repris son
état.

7. Gérer comme héritier, c'est comme
devant posséder les biens d'une succession,
se mettre de fait en possession d'une partie
des biens de cette succession. Ainsi, est
censé gérer comme héritier, celui qui di-
rige l'exploitation des champs dépendans
d'une succession, ou qui dispose de leurs
produits, ou qui se sert des esclaves, des
animaux, ou de toutes autres choses qui
en font partie.

8. Lorsqu'il existe plusieurs héritiers
légitimes, et que quelques-uns négligent
la succession qui leur est échue, ou sont
empêchés par quelques motifs que ce soit
de s'en mettre en possession, ceux qui l'ont
acceptée, ou les héritiers de ceux-ci profi-
tent de leurs parts. Il n'en est pas de même
de l'héritier institué avec substitution d'un
autre; le droit de l'héritier légitime est en
effet bien différent de celui de l'institué.

INTERPRÊT. *Lorsqu'il y a plusieurs hé-*
ritiers d'une même succession, et que quel-
ques-uns d'entre eux la négligent ou la re-
fusent, les parts de ceux-ci sont acquises
à ceux qui l'ont acceptée. C'est le contraire
s'il a été institué héritier avec substitution
d'un autre; parce que, quant aux héritiers
institués, on suit l'ordre établi par le tes-
tament, les biens ne passent à l'institué ou
au substitué que conformément à ce qui a
été écrit.

TITRE IX.

Sur le sénatus-consulte Tertullianien.

1. MÈRES, tant celles de condition libre que les affranchies, citoyennes Romaines, ne jouissent des droits de mères qu'autant qu'elles ont eu quatre enfans, encore faut-il qu'elles les aient mis vivans au monde, et à terme.

2. Celle qui est accouchée de trois ou de deux enfans à la fois, ne jouit pas du droit de mère si elle n'a enfanté trois fois, mais seulement une ; à moins qu'elle ne soit accouchée que par intervalles bien marqués.

3. La femme qui est accouchée d'un monstre ou d'un être extraordinaire, ne peut profiter de cet accouchement. Fruits de femme venus au monde n'ayant pas la forme humaine, ou du moins celle la plus ordinaire, ne sont pas des enfans.

4. Accouchement d'un enfant dont les membres sont doubles, profite à la mère ; parce que, par cela même, il est au moins arrivé ce qu'on attendait d'elle.

5. L'enfant né le septième mois profite à la mère ; car Pythagore est d'avis que les accouchemens de sept ou de dix mois sont également à terme.

6. Fausse couche et avortement ne sont pas accouchemens.

7. Il suffit à l'affranchie, ainsi qu'à la femme de condition libre d'avoir enfanté quatre fois.

8. La femme Latine de condition libre jouissant des droits des Quirites, est admise à succéder légitimement à son fils si elle en a eu quatre ; car elle est alors devenue maîtresse de ses actions.

INTERPRÈT. *Le droit des Quirites est celui de la ville de Rome.*

9. Mère qui a eu trois fils, et qui les a encore, qui n'en a point ou qui n'en a pas eu, jouit du droit de la maternité. Elle en a, s'ils existent ; elle en a eu, si elle les a perdus ; elle en a ou n'en a pas eu, lorsque c'est en vertu de rescrit du prince qu'elle a le droit dont il s'agit.

TITULUS IX.

Ad senatusconsultum Tertullianum.

§. 1. MATRES tam ingenuæ, quàm libertinæ, cives Romanæ, ut jus liberorum consecutæ videantur, ter et quater peperisse sufficiet, dummodò vivos, et pleni temporis pariant.

§. 2. Quæ semel uno partu tres vel duos filios edidit, jus liberorum non consequitur. Non enim ter peperisse, sed semel partum fudisse videtur, nisi fortè per intervalla pariat.

§. 3. Mulier si monstrosum aliquid, aut prodigiosum enixa sit, nihil proficit. Non sunt enim liberi, qui contra formam humani generis, converso more procreantur.

§. 4. Partum qui membrorum humanorum officia duplicavit, quia hac ratione aliquatenus videtur effectus, matri prodesse placuit.

§. 5. Septimo mense natus matri prodest. Ratio enim Pythagorei numeri hoc videtur admittere, ut aut septimo pleno, aut decimo mense partus maturior videatur.

§. 6. Aborsus, vel abactus venter partum efficere non videtur.

§. 7. Libertina ut jus liberorum consequi possit, quater eam peperisse, ut ingenuam sufficit.

§. 8. Latina ingenua jus Quiritium consecuta, si ter pepererit, ad legitimam filii hereditatem admittitur, non est enim manumissa.

INTERPRET. *Jus Quiritium hoc est civitatem Romanam consecuta.*

§. 9. Jus liberorum mater habet, quæ tres filios aut habet, aut habuit : aut neque habet, neque habuit. Habet, cui supersunt : habuit, quæ amisit. Neque habet, neque habuit, quæ beneficio principis jus liberorum consecuta est.

TITULUS X.

Ad senatusconsultum Orficianum.

§. 1. FILII vulgo quæsiti ad legitimam matris hereditatem aspirare non prohibentur : quia pari jure ut ipsorum matribus, ita ipsis matrum hereditates deferri debuerunt.

§. 2. Ad filiam ancillam, vel libertam ex senatusconsulto Claudiano effectam, legitima matris intestatæ hereditas pertinere non potest : quia neque servi, neque liberti matrem civilem habere intelliguntur.

§. 3. Ad legitimam intestatæ matris hereditatem filii cives Romani, non etiam Latini admittuntur. Cives autem Romanos eo tempore esse oportet, quo ab iisdem legitima hereditas aditur.

§. 4. Filius maternam hereditatem, eandemque legitimam, nisi adeundo quærere non potest.

TITULUS XI.

De Gradibus.

§. 1. PRIMO gradu superiori linea continentur pater, mater : inferiori filius, filia, quibus nullæ aliæ personæ junguntur.

§. 2. Secundo gradu continentur superiori linea avus, avia, inferiori nepos, neptis : transversa frater, soror : quæ personæ duplicantur. Avus enim, et avia tam ex patre, quàm ex matre : nepos, neptis tam ex filio, quàm ex filia : frater, soror tam ex patre, quàm ex matre accipiuntur. Quæ personæ sequentibus quibuscunque gradibus similiter pro substantia earum, quæ in quoquo gradu consistunt, ipso ordine duplicantur.

INTERPRÉT. *Istæ personæ in secundo gradu ideò duplices appellantur, quia duo avi sunt, paternus et maternus. Item duo genera nepotum sunt, sive ex filio, sive ex filia procreati. Frater et soror ex transverso veniunt, qui et ipsi hoc ordine duplicantur.*

TITRE X.

Du sénatus-consulte Orficianien.

1. IL est permis à tous fils, légitimes ou non, de recueillir la succession de leurs mères; parce qu'il est juste que les enfans aient le droit de succéder à leurs mères, par réciprocité de celui des mères de succéder à leurs enfans.

2. Succession de mère n'est pas légitime, quant à la fille servante ou affranchie en vertu du sénatus-consulte Claudien; parce que ni les esclaves, ni les affranchis n'ont aucunes mères civilement reconnues.

3. Les fils, citoyens Romains, héritent légitimement de droit de leurs mères intestat, et non pas les Latins. Pour hériter de droit, il faut être citoyen Romain au moment même où une succession échoit.

4. Le fils ne peut acquérir la succession légitime de sa mère qu'en l'acceptant.

TITRE XI.

Des Degrés de parenté.

1. LE père et la mère forment ce qu'on appelle le premier degré, sur une seule première ligne. Le fils et la fille sont seuls au second degré en dessous.

2. Au second degré au-dessus du père et de la mère, sont les aïeuls et aïeules. Au-dessous du frère et de la sœur sont les petits-fils et petites-filles. Le frère et la sœur sont collatéraux : toutes ces personnes sont doubles; car il y a aïeul et aïeule du père, et aïeul et aïeule de la mère. Les neveux et nièces provenant tant du fils que de la fille. Frère et sœur provenant du père et de la mère : ces personnes ne sont doubles dans leur degré que par rapport aux degrés subséquens.

INTERPRÉT. *On appelle doubles les personnes qui sont au second degré, parce qu'il y a doubles aïeux, les aïeux paternels et les aïeux maternels. Il en est de même des petits-fils, il y en a de deux sortes : fils de fils, et fils de fille. Le frère et la sœur sont collatéraux, et sous ce point de*
vue

vue ils se doublent aussi quant à ceux des degrés inférieurs.

3. Au troisième degré, au-dessus du père et de la mère, sont le bisaïeul et la bisaïeule; au-dessous les petits-fils et les petites-filles. En ligne oblique, le fils, la fille du frère ou de la sœur ; l'oncle, la tante paternels, c'est-à-dire le frère ou la sœur du père; l'oncle et la tante maternels, c'est-à-dire le frère ou la sœur de la mère.

4. Au quatrième degré, au-dessus du père, sont le père et la mère du bisaïeul; en dessous, les fils et filles des petits-fils et petites-filles. En ligne oblique, les petits-fils et petites-filles du frère et de la sœur ; frère du frère du père, sœur du frère du père, c'est-à-dire le fils, la fille du frère du père; le cousin; la cousine, c'est-à-dire le fils, la fille du frère de la mère ou de la sœur de la mère ; le fils, la fille de la sœur de la mère, et aussi les cousins provenans de deux sœurs. Le grand-oncle paternel, la grand'tante paternelle, c'est-à-dire le frère et la sœur de l'aïeul paternel ; le grand-oncle maternel, la grand'tante maternelle, le frère et la sœur de la grand'-mère maternelle sont aussi au quatrième degré.

INTERPRÉT. *Il n'est pas besoin de plus de développement, cela s'entend à la lecture.*

5. Sont au cinquième degré, au-dessus du père et de la mère, le père, la mère du père et de la mère du bisaïeul; au-dessous, les petits-fils du petit-fils et les petites-filles de la petite-fille. En ligne oblique, les petits neveux du frère et de la sœur, les oncles paternels du frère, les oncles paternels de la sœur; les fils et filles des fils du frère du père ou de la mère; des cousins et des cousines maternels; le fils ou la fille du cousin maternel du père, c'est-à-dire le fils ou la fille du grand-père, de la grand'mère maternelle; du grand-oncle maternel, ou de la grand'tante maternelle. Le grand-oncle paternel, la grand'tante maternelle, ceux-ci sont le frère, la sœur du bisaïeul; le grand-oncle, la grand'tante maternels, c'est-à-dire le frère, la sœur de la bisaïeule tant paternelle que maternelle, et les bisaïeuls paternels sont du même degré.

INTERPRÉT. *Cette espèce de parens ne*

§. 3. Tertio gradu veniunt, supra, proavus, proavia; infra pronepos, proneptis : ex obliquo, fratris, sororisque filius, filia; patruus, amita, id est, patris frater et soror : avunculus, matertera, id est, matris frater et soror.

§. 4. Quarto gradu veniunt, supra, abavus, abavia; infra abnepos, abneptis : ex obliquo, fratris et sororis nepos, neptis, frater patruelis, soror patruelis, id est, patrui filius, filia : consobrinus, consobrina, id est, avunculi et materteræ filius, filia : amitinus, amitina, id est, amitæ filius filia : itemque consobrini, qui ex duabus sororibus nascuntur. Quibus adcrescit patruus magnus, amita magna, id est, avi paterni frater et soror : avunculus magnus, et matertera magna, id est, aviæ tam paternæ, quàm maternæ frater et soror.

INTERPRETAT. *Hanc plus exponi opus non est, quàm lectio ipsa declarat.*

§. 5. Quinto gradu veniunt, supra quidem, atavus, atavia; infra, atnepos, atneptis : ex obliquo, fratris et sororis pronepos, proneptis, fratris patruelis, sororis patruelis, amitini, amitinæ, consobrini, consobrinæ filius, filia; proprius sobrinus, sobrina, id est, patrui magni, amitæ magnæ, avunculi magni, materteræ magnæ filius, filia. His adcrescunt propatruus, proamita, hi sunt proavi paterni frater et soror, proavunculus, promatertera, hi sunt proaviæ paternæ, maternæque frater et soror, proavique materni.

INTERPRET. *Hæc species nec aliis gra-*
30

dibus, quàm scripta est, nec aliis voca-
bulis declarari potest.

§. 6. Sexto gradu veniunt, supra, trita-
vus, tritavia; infra, trinepos, trineptis: ex
obliquo, fratris et sororis abnepos, abneptis, fratris patruelis, sororis patruelis,
amitini, amitinæ, consobrini, consobrinæ
nepos, neptis : patrui magni, amitæ magnæ, avunculi magni, materteræ magnæ
nepos, neptis, id est, proprioris sobrini
filius, filia, qui consobrini appellantur.
Quibus à latere adcrescunt propatrui,
proamitæ, proavunculi, promaterteræ filius, filia : ab patruus abamita, hi sunt
abavi paterni frater et soror : abavunculus
abmatertera, hi sunt abaviæ paternæ, maternæque frater et soror, abavique materni.

INTERPRETAT. Hæc quoque explanari
amplius non potest, quàm ut auctor ipse
disseruit.

§. 7. Septimo gradu qui sunt cognati
recta linea supra, infraque propriis nomi-
nibus non appellantur : sed ex transversa
linea continentur fratris, sororisque atnepos, atneptis, consobrini filii, filiæque.

§. 8. Successionis idcircò gradus septem constituti sunt, quia ulterius per rerum naturam nec nomina inveniri, nec
vita succedentibus prorogari potest.

INTERPRET. In his septem gradibus
omnia propinquitatum nomina continentur, ultra quos nec affinitas inveniri, nec
successio potest amplius propagari.

peut être distinguée que par degré, et que
par les noms qui lui ont été ci-dessus
donnés.

6. Sont au sixième degré, au-dessus du
père et de la mère, le trisaïeul; la tri-
saïeule au-dessous, l'arrière-petit-fils
du petit-fils. l'arrière-petite-fille de la
petite-fille. En ligne oblique, les petits-
neveux du frère et de la sœur; les neveux
et nièces des oncles paternels de frères et
sœurs ; des oncles et tantes maternels, des
cousins et cousines, des neveux et nièces ;
des grands-oncles paternels, des grand'-
tantes maternelles, c'est-à-dire le fils et la
fille des grands-cousins paternels, qu'on
appelle aussi cousins de mère. A ceux-ci,
s'adjoignent en collatérale, le fils et la fille
des grands-oncles paternels, des grand'-
tantes maternelles, des grands grands-oncles paternels et maternels, et de plus, les
degrés qui sont le frère et la sœur du bisaïeul paternel, le frère et la sœur de la
grand'tante maternelle et paternelle, et
autres aïeuls maternels.

INTERPRÉT. Tout ceci ne peut non plus
s'expliquer mieux que ne l'a fait l'auteur.

7. Le septième degré comprend tous les
parens en ligne directe au-dessus ou au-
dessous du père et de la mère, qui n'ont
aucune autre désignation particulière; en
ligne collatérale, sont les petits-neveux et
nièces du frère et de la sœur, les fils et
filles de tous les cousins maternels.

8. On n'a admis à succéder que ceux
compris dans ces sept degrés selon l'ordre
de la nature ; il était inutile d'appeler des
héritiers d'un degré ultérieur de parenté,
puisqu'il a été reconnu qu'il était inutile,
en matière de succession, de supposer que
l'existence d'aucun homme pût se porter
plus loin que ce septième degré.

INTERPRÉT. Dans ces sept degrés sont
compris tous les noms de parenté, au-delà
desquels il est impossible de reconnaître
aucune affinité, ni d'étendre davantage le
droit de succéder.

TITRE XII.

Des Affranchissemens.

1. Lorsqu'un esclave appartient en commun à deux maîtres, quoique l'un des deux lui ait donné sa liberté, il ne devient ni Latin ni citoyen Romain. Ce don, qui, dans tout autre cas, aurait pu lui assurer les droits de la ville de Rome, ne profite qu'à son autre maître.

INTERPRÉT. *L'un des deux maîtres auxquels appartient en commun un esclave, lui ayant donné sa liberté, n'a pas pu, par cet affranchissement, en faire ni un citoyen Romain ni un Latin; la part de propriété du maître qui a affranchi est perdue. Dans ce cas, l'autre maître est seul propriétaire de l'esclave, comme s'il n'avait jamais appartenu qu'à lui seul.*

2. Le muet, le sourd ne peuvent affranchir leur esclave : ils peuvent cependant lui donner la liberté entre amis ou par lettre; ils ne peuvent leur procurer la liberté que sous condition de rachat.

3. L'esclave qui a subi la torture devant le président, et qui néanmoins n'a pas été trouvé coupable, peut être valablement mis en liberté.

4. L'héritier ne peut nuire par aucun acte au fidéicommis qui avait pour fin la liberté d'un esclave; quand même il aurait mis aux fers l'esclave qu'il avait ordre d'affranchir, cet esclave devra l'être.

INTERPRÉT. *Un héritier ayant donné la liberté à un esclave en vertu de fidéicommis, ne pourra plus la révoquer, quand même il aurait accusé d'un crime cet esclave qu'il avait ordre d'affranchir, et l'aurait en conséquence fait mettre aux fers.*

5. Quoique l'un des maîtres d'un esclave l'ait fait mettre aux fers avant l'époque fixée pour sa liberté, cela n'empêchera pas son affranchissement. Dans le cas de deux décisions semblables, la plus douce est préférée : il est de l'humanité de favoriser les misérables, et de supposer innocens ceux qu'on ne peut absolument condamner.

INTERPRÉT. *Si l'un des maîtres d'un*

TITULUS XII.

De Manumissionibus.

§. 1. Servum communem unus ex dominis manumittendo Latinum facere non potest, nec magis, quàm civem Romanum : cujus portio eo casu, quo si. proprius esset, ad civitatem Romanam perveniret, socio adcrescit.

INTERPRET. *Si aliquis servum communem manumiserit, eundem manumittendo, nec Latinum, nec civem Romanum facere potest. Et ideò portio ejus manumissori perit, et alteri domino ex integro, quasi ejus tantùm proprius fuisset, acquiritur.*

§. 2. Mutus, et surdus servum vindicta liberare non possunt. Inter amicos tamen, et per epistolam manumittere non prohibentur. Ut autem ad justam libertatem pervenire possit, conditione venditionis excipi potest.

§. 3. Tormentis apud præsidem subjectus, et de nulla culpa confessus, ad justam libertatem perduci potest.

§. 4. Fideicommissa libertas data, facto heredis non mutatur, si servum, quem manumittere jussus est vinxerit.

INTERPRET. *Per fideicommissum data libertas ab herede, per hoc revocari non potest, si servum, quem manumittere jussus est, crimine objecto in vincula redegerit.*

§. 5. Communem servum unus ex sociis vinciendo, futuræ libertati non nocebit. Inter pares enim sententias, clementior severiori præfertur. Et certè humanæ rationis est favere miserioribus, et propè innocentes dicere, quos absolutè nocentes pronunciare non possumus.

INTERPRETAT. *Si communem servum*

30

*unus ex dominis in vincula redegerit, prop-
ter hoc libertati ejus, si postea manumissus fuerit non nocebit : quia in tali re in-
dulgentioris domini sententia, qui nihil in
eum fecit, melior judicatur. Et ideò si ab
utroque domino manumissus fuerit, civis
Romanus effici potest.*

§. 6. *Debitor creditorve servum pignoris vinciendo, dedititium facere non possunt. Alter enim sine altero causam pignoris deteriorem facere non potest.*

§. 7. *Servus furiosi domini, vel pupilli jussu vinctus, dedititiorum numero
non efficitur : quia neque furiosus, neque
pupillus exacti consilii capax est.*

§. 8. *Non tantùm si ipse dominus vin-
ciat, nocet libertati, sed et si vincere jubeat, aut vincientis procuratoribus acto-
risve factum comprobet. Quòd si antequam sciret vinctum, solutionis ejus causas approbaverit, libertati futuræ vincula
non nocebunt.*

INTERPRET. *Si servum non solùm dominus, sed procurator ejus, vel actor in
vincula redegerit, et dominus hoc justè
factum adquieverit, futuræ impedit libertati. Nam si eum ab actore ligatum dominus solvi præceperit, futuræ libertati
non poterit impedire.*

§. 9. *Cœco curator dari non potest, qui-
a ipse sibi procuratorem instituere potest.*

TITULUS XIII.

De fideicommissis libertatibus.

§. 1. EA conditione heres institutus, si
liberos suos emancipaverit, omnimodis
eos emancipare cogendus est. Pro conditione enim hoc loco emancipatio videtur
adscripta.

§. 2. Decedente eo, à quo fideicommissa libertas relicta est, heredes ejus eam
præstare cogendi sunt.

---

*esclave commun l'avait fait mettre aux
fers, ce fait n'empêchera pas qu'il ne
jouisse de la liberté s'il est depuis affranchi. Le vœu du maître à qui cet esclave
n'aurait pas manqué, sera suivi. Si par
la suite cet esclave est affranchi du consentement de ses deux maîtres, il pourra devenir citoyen Romain.*

6. Le débiteur ou le créancier ne peut
seul, pour se débarrasser d'un esclave donné
en nantissement, en faire un délaissé ; il ne
dépend ni de l'un ni de l'autre de détériorer le gage.

7. L'esclave mis aux fers de l'ordre de
son maître attaqué de fureur, ou encore
pupille, ne peut être mis au nombre des
délaissés ; parce que ni le furieux, ni le
pupille n'est censé jouir de son bon sens.

8. L'esclave que son maître a mis aux
fers, ou qu'il y a fait mettre, ou dont la
mise aux fers aura été ordonnée par fondé
de pouvoir, ou par l'intendant du maître
et approuvée de celui-ci, ne sera pas mis
en liberté ; mais si le maître a approuvé
les motifs de ne pas le garder aux fers,
avant de savoir qu'il y avait été, il pourra
être affranchi.

INTERPRÊT. *Non-seulement l'esclave
mis aux fers par son maître ne pourra
être mis en liberté, mais il ne le pourra
pas non plus si, y ayant été mis par le
fondé de pouvoir particulier ou l'intendant
de son maître, celui-ci a approuvé sa conduite ; mais si le maître a ordonné à l'intendant de l'en délivrer, dans ce cas il
pourra être rendu à la liberté.*

9. On ne donne pas un curateur à l'a-
veugle, parce qu'il peut lui-même se
nommer un procurateur.

TITRE XIII.

Des libertés léguées par fidéicommis.

1. HÉRITIER institué ; sous la condition
qu'il émancipera ses enfans, peut être forcé
par tous moyens de droit de les émanciper,
parce que leur émancipation est ici une
condition absolue de l'institution.

2. Celui qui a été chargé par fidéicommis de donner une liberté léguée, venant
à décéder, c'est à ses héritiers à exécuter
le fidéicommis ; ils peuvent y être forcés.

INTERPRÉT. *Si le testateur a ordonné, par fidéicommis, à son héritier de mettre l'un de ses esclaves en liberté, et qu'il arrive que l'héritier meure avant d'avoir affranchi l'esclave, ce sera à celui qui recueillera la succession de cet héritier du testateur à mettre en liberté l'esclave ; il pourra être poursuivi à cette fin.*

3. Si un mourant a donné la liberté à quelques-uns de ses esclaves, en ces termes : *je veux que tel et tel soient libres ; et je les donne pour tuteurs à mes fils ;* d'un côté, les esclaves ne pourront être affranchis, parce que les pupilles ne peuvent donner la liberté à des esclaves que de l'autorité de leurs tuteurs ; de l'autre, on ne peut donner des tuteurs à ceux qui en ont. Dans ce cas, on nommera *ad hoc* un tuteur, afin qu'en conséquence du décret du sénat, les esclaves puissent être d'abord mis en liberté, et être par suite tuteurs.

INTERPRÉTAT. *Lorsqu'en mourant, quelqu'un aura, par fidéicommis, ordonné à ses enfans de mettre en liberté quelques-uns de ses esclaves, et aura en même tems ordonné que ces mêmes esclaves seront les tuteurs de ses enfans, la mise en liberté des esclaves ne peut avoir lieu sur le champ ; parce que les enfans ne peuvent affranchir que de l'autorité de leur tuteur, et qu'on ne doit pas donner des tuteurs à ceux qui en ont déjà. Dans ce cas, pour accorder ensemble la volonté du testateur et la loi, le juge doit nommer un tuteur ad hoc pour le don de la liberté aux esclaves désignés. Ce fait, ceux-ci pourront agir en leur qualité de tuteurs.*

INTERPRET. *Si testator per fideicommissum servum jusserit manumitti, et ita evenerit, ut antequàm manumissio daretur, is cui fideicommissa libertas est, moriatur, heres ejus ad manumissionem præstandam, quam auctor suus daturus erat, jure compellitur.*

§. 3. Si decedens servis suis libertatem ita dederit : *Illum et illum liberos esse volo, eosque filiis meis tutores do*, impeditur fideicommissa libertas : quia pupilli sine tutoris auctoritate manumittere non possunt, et habentibus tutores tutor dari non potest : sed interim vice absentium pupilli habebuntur, ut ex decreto amplissimi ordinis primùm libertas, ac deinde tutela competere possit.

INTERPRET. *Si quis moriens servis suis libertatem dandam filiorum fidei commiserit, eosque filiis suis tutores esse præceperit, hoc ordine fideicommissa libertas aliquatenus impeditur : quià nec pupilli sine tutoris auctoritate servos manumittere possunt, et qui tutores à patre nominatim relictos habent, alios tutores habere non possunt. Sed in tali casu ordinis consilio et ratione prospectum est : ut pupilli velut absentium vice, dum libertas servis tribuitur, habeantur, ut data hiis à judice secundùm formam testamenti primitus libertate, etiam tutores esse prævaleant.*

TITRE XIV.

De la loi Fusia Caninia.

1. TOUT esclave peut être nommément mis en liberté. *Que Stichus soit libre*, est ce qu'on appelle liberté nommément donnée. Lorsqu'on s'est servi de cette autre expression : *je veux que le pourvoyeur, ou celui qui naîtra de telle servante soit libre*, la liberté leur est également acquise de fait, en vertu du sénatusconsulte Orficianien, comme s'ils avaient été nommément affranchis. La désignation de l'emploi ou du

TITULUS XIV.

Ad legem Fusiam Caniniam.

§. 1. NOMINATIM servi testamento manumitti secundùm legem Fusiam possunt. Nominatim autem manumittere intelligitur hoc modo : *Stichus liber esto*. Cùm autem, *obsonatorem, vel qui ex ancilla illa nascitur, liberum esse volo*, ex Orphiciano senatusconsulto perinde libertas competit, ac si nominatim data sit. Officiorum enim et artium appellatio nihil de significatione nominum mutat, nisi fortè plures sint, qui eo officio designentur. Tunc enim nomen adjungendum est, ut eluceat, de quo testator sensisse videatur.

métier de l'esclave ainsi affranchi suffit, à moins qu'il n'y en ait plusieurs du même emploi ou du même métier : dans ce cas, il faut, pour qu'il n'y ait aucun doute sur l'esclave que le testateur a voulu mettre en liberté, qu'il ait ajouté son nom à l'indication de son métier.

§. 2. Codicillis testamento confirmatis datæ libertates cum his, quæ tabulis testamenti datæ sunt, concurrunt : et sive antecedant, sive sequantur testamentum, novissimo loco adhibentur, quia ex testamento utræque confirmantur.

2. Les libertés ainsi données par codicilles confirmés au testament, ont le même effet que celles données par le testament même. Que les libertés données aient précédé le testament ou lui soient postérieures, elles ne sont censées acquises que du même moment, parce qu'elles n'ont d'effet réel que de leur confirmation portée au testament.

INTERPRET. *Quoties per testamentum et codicillos libertates dantur, qui in codicillo manumissi sunt, sive ante testamentum factus sit codicillus, sive post, et testamento confirmatus sit, posteriori loco tamen habendi sunt, qui per codicillos fuerint manumissi. Et ideò computatis primùm, qui testamento manumissi sunt, tum illis, qui in codicillis manumissi numerantur. Et si major numerus per codicillum, quàm in lege Fusia Caninia continetur, illi libertatem perdunt, qui in codicillo super legitimum numerum manumissi inveniuntur.*

INTERPRÊT. *Toutes les fois qu'on a donné des libertés par testamens et par codicilles, les libertés données par codicilles, soit avant ou après le testament, confirmées par le testament, sont considérées comme n'ayant été données qu'en dernier lieu, quoique l'affranchissement ait été fait par des codicilles précédant le testament. Dans ce cas, il faut faire attention au nombre des affranchis tant par le testament que par les codicilles. Si le nombre de ceux mis en liberté par les codicilles excédait celui permis par la loi Fusia Caninia, ceux qui excéderont le nombre, ne pourront pas profiter de la liberté qui leur aurait été ainsi donnée en contravention à cette loi.*

§. 3. Quoties numerus servorum propter legem Fusiam Caniniam, ineundus est, fugitivi quoque, quorum semper possessio animo retinetur, computandi sunt.

3. Lorsque le nombre des esclaves n'excède pas celui déterminé par la loi Fusia Caninia, les fugitifs, dont on a toujours entendu conserver la propriété, en font partie.

§. 4. Lege Fusia Caninia cavetur, ut certus servorum numerus testamento manumittatur. Subductis igitur duobus usque ad decem pars dimidia, à decem usque ad triginta pars tertia, à triginta usque ad centum pars quarta, à centum usque ad quingentos pars quinta. Plures autem, quàm centum ex majori numero servorum manumitti non licet.

4. La loi Fusia Caninia a fixé le nombre d'esclaves qu'il est permis de mettre en liberté par testament. Qui en a dix, ne peut en affranchir que la moitié, deux ayant été soustraits de ces dix, c'est-à-dire quatre seulement ; de dix à trente, le tiers ; de trente à cent, le quart ; de cent à cinq cents, le cinquième ; mais jamais plus de cent, quel que soit le nombre des esclaves.

JULII PAULI
SENTENTIARUM RECEPTARUM
AD FILIUM.

SOLUTIONS DE POINTS DE DROIT
UNANIMEMENT ADOPTÉES
DU TEMS DE JULES PAUL,
ET PAR LUI RECUEILLIES POUR SON FILS.

LIVRE CINQUIÈME.

TITRE PREMIER.

Des Dons de pure libéralité.

1. CEUX qui, par extrême besoin pour se procurer du pain, auraient vendu leurs fils, n'auront apporté aucun changement à leur état: L'homme libre n'a pas de prix, les fils ne peuvent être donnés en gage ou en nantissement à tems; tout créancier coupable à cet égard est déporté. On peut cependant louer le travail de ses fils.

2. L'affranchissement d'un fils ainsi vendu, de quelque manière qu'il ait eu lieu, ne peut nuire ni à la vérité ni à l'origine de son premier état.

INTERPRÉT. *Si un homme libre avait exprès, et dans l'intention de lui nuire, été affranchi, il n'en éprouvera aucun tort relativement à son état d'homme libre.*

3. L'inscription faite de la part du fisc d'un homme libre au nombre de ses esclaves, ne peut porter aucun préjudice à cet homme.

4. Qui, par crainte ou vaine terreur, telle qu'elle ait été, se serait, en mentant, déclaré esclave devant le préteur, et aurait été par lui inscrit comme tel, pourra toujours après recouvrer son état, en le prouvant.

LIBER QUINTUS.

TITULUS PRIMUS.

De liberali causa.

§. 1. QUI contemplatione extremæ necessitatis, aut alimentorum gratia filios suos vendiderint, statui ingenuitatis eorum non præjudicant. Homo enim liber nullo pretio æstimatur. Iidem nec pignori ab his, aut fiduciæ dari possunt. Ex quo facto sciens creditor deportatur. Operæ tamen eorum locari possunt.

§. 2. Veritati et origini ingenuitatis manumissio, quocumque modo facta fuerit, non præjudicat.

INTERPRET. *Quicunque ingenuam personam fraudis studio manumittendam esse crediderit, præjudicium ex hoc ingenuitas non incurrit.*

§. 3. Descriptio ingenuorum ex officio fisci inter fiscalem familiam facta, ingenuitati non præjudicat.

§. 4. Qui metu et impressione alicujus terroris apud acta præsidis servum se esse mentitus est, posteà statum suum defendenti non præjudicat.

§. 5. Post susceptum liberale judicium, si assertor causam deseruerit, in alium assertorem omne judicium transferri placuit. In priorem verò quod prodendæ libertatis gratia factum est, extra ordinem vindicatur. Non enim oportet susceptam status causam, nulla cogente necessitate, destitui.

5. Lorsque celui qui a contesté l'état d'un homme abandonne le procès, il doit être jugé sur la déclaration de tout autre. Le défaillant, qui n'a alors agi que pour enfreindre le droit de liberté, est puni à l'extraordinaire. En effet ; il ne faut pas qu'un procès concernant l'état d'un citoyen reste indécis, sans une absolue nécessité.

TITULUS II.

De Usucapione.

§. 1. POSSESSIONEM adquirimus et animo et corpore : animo utique nostro, corpore vel nostro, vel alieno. Sed nudo animo adipisci quidem possessionem non possumus, retinere tamen nudo animo possumus, sicut in saltibus hybernis, æstivisque contingit.

INTERPRET. Aliqua sunt, quæ animo et corpore possidemus : aliqua, quæ tantùm animo. Animo et corpore ea possidemus, quæ in præsenti tenere videmur vel utimur animo vero ea possidemus, quæ in longinquo posita sunt, et in nostro jure consistunt, et ea proprietati nostræ possumus vindicare.

§. 2. Per liberas personas, quæ in potestate nostra non sunt, acquiri nobis nihil potest. Sed per procuratorem acquiri nobis possessionem posse, utilitatis causa receptum est. Absente autem domino comparata, non aliter ei quàm si rata sit, quæritur.

INTERPRET. Per liberas personas, quæ nobis nulla conditione obligatæ sunt, acquirere nihil possumus. Sed per procuratores acquiri nobis possessionem certum est. Nam si aliquid absente domino fuerit comparatum, non aliter ei acquiritur, nisi hanc ipsam venditionem sibi acceptam dominus constituerit.

§. 3. Longi autem temporis præscriptio inter præsentes continuo decennii spatio, inter absentes vicennii comprehenditur.

TITRE II.

De la prise de possession.

1. PRISE de possession s'acquiert de fait et d'intention. Prise de possession d'intention ne peut résulter que de la nôtre. Prise de possession de fait, peut résulter du nôtre et de celui d'autrui. L'intention de posséder ne suffit pas seule pour prouver une prise de possession ; on peut cependant prouver sa possession par l'intention de la conserver, ainsi qu'il se pratique à l'égard des pâturages d'hiver et d'été.

INTERPRET. Il est des choses que nous pouvons posséder et d'intention et de fait, et d'autres que nous ne possédons que d'intention. On possède de fait tout ce dont on peut se saisir, ou dont on use de fait. On ne possède, au contraire, que d'intention tout ce qui est éloigné, qui ne consiste que dans le droit que nous y avons, et que nous pouvons faire valoir contre tous autres.

2. Les personnes libres qui ne sont pas en notre puissance ne peuvent rien nous acquérir ; mais il est reconnu, pour cause d'utilité générale, que notre fondé de pouvoir peut nous acquérir toute possession. Cependant possession acquise pour nous, ne vaut que si nous le voulons.

INTERPRET. On ne peut rien acquérir par ceux qui ne dépendent en rien et pour rien de nous ; mais il est certain que nous pouvons acquérir par procureurs. Cependant, s'il a été acheté quelque chose pour nous, la chose ainsi achetée ne nous appartiendra, que si nous en approuvons l'acquisition.

3. La prescription de dix ans continuels entre présens, et de vingt ans entre absens, est réputée longue prescription.

4.

4. Prescription de vingt ans vaut, même contre la république, pour celui dont le commencement de possession a été juste ; pourvu qu'il n'y ait pas été inquiété. Cependant, en cas de prescription acquise contre la république, elle a action contre ceux qui, par leur négligence, en ont été cause.

INTERPRÉTAT. *Possession non contestée par qui que ce soit pendant vingt ans, profite certainement au possesseur, s'il prouve qu'elle n'a eu qu'un juste commencement. Le juste commencement de possession ne résulte que de vente, de succession, de donation, de legs, de fidéicommis ou de tous autres écrits légitimes et contrats, au moyen desquels il est d'usage de transmettre la propriété de choses corporelles ou de droits à exercer. La prescription de cette chose a lieu par l'espace de dix ans entre présens, et par celui de vingt ans entre absens.*

5. Si depuis qu'il aura été intenté action sur prétendue prescription, l'objet contesté a été vendu, et que l'acquéreur l'ait lui-même possédé pendant vingt ans sans avoir été inquiété par qui que ce soit, il n'est pas juste de l'en déposséder.

§. 4. Viginti annorum præscriptio etiam adversus rempublicam prodest ei, qui justum initium possessionis habuit, nec medio tempore interpellatus est. Actio tamen quanti ejus interest adversus eos reipublicæ datur, qui ea negotia defendere neglexerunt.

INTERPRETAT. *Utriusque viginti annorum non repetita possessio, si tamen justum possidendi initium intercessisse probatur, possessori prodesse certum est. Justum autem initium est emptionis, hereditatis, donationis, legati, fideicommissi, et cæterarum similium, quæ per legitimas scripturas atque contractus, ad jus et uniuscujusque dominium transire noscuntur. Hujus autem rei præscriptio, inter præsentes decennii est, inter absentes verò vicennii computatur.*

§. 5. Si post motam intra tempora quæstionum, res ad novum dominum emptione transièrit, et is per viginti annos non fue-it inquietatus, avelli ei possessionem non oportet.

TITRE III.

De ce qui s'est fait en tumulte.

1. CEUX qui, dans un tumulte ou dans une sédition, ont fait ou occasioné du tort à quelqu'un, doivent le double du tort éprouvé, s'il peut s'estimer en argent. Si le tort est de la vie, ou de quelque membre blessé, il y a lieu à poursuites à l'extraordinaire.

INTERPRÉTAT. *Si quelqu'un ayant occasionné une foule, ou excité une sédition, et qu'il en soit résulté du tort à qui que ce soit, s'il ne consiste qu'en argent il sera réparé par restitution d'une somme double ; mais s'il y a eu meurtre ou fracture de membre, ce sera au juge à en prononcer punition d'après la preuve.*

2. Il y a action de restitution du quadruple de tout ce qui aura été pris, enlevé ou dérobé dans un incendie, une ruine, un naufrage, ou d'un vaisseau en combat, si la répétition est faite dans l'année ; passé ce tems, la restitution sera simple.

TITULUS III.

De his quæ per turbam fiunt.

§. 1. IN eos, qui per turbam, seditionemve damnum alicui dederint, dandumve curaverint, si quidem res pecuniaria est, æstimatione dupli sarcitur. Quòd si ex hoc corpori alicujus, vitæ, membrisve noceatur, extra ordinem vindicatur.

INTERPRETAT. *Si quis collecta multitudine, aut concitata seditione damnum cuicunque intulerit, si pecuniæ damnum fiat, dupli redhibitione componitur. Nam si corpus alicujus, vel membra cæde pulsata fuerint, hujusmodi admissum à judice vindicatur.*

§. 2. Quidquid ex incendio, ruina, naufragio, navique expugnata raptum, susceptum, suppressumve, eo anno in quadruplum ejus rei, quam quis suppresserit, celaverit, rapuerit, convenitur, posteà, verò in simplum.

3t

§. 3. Hi, qui cædes aliquas, villasve expilaverint, effregerint, expugnaverint, si quidem id turba cum telis coacta fecerint capite puniuntur. Telorum autem appellatione omnia, ex quibus saluti hominis noceri possit, accipiuntur.

§. 4. Receptores aggressorum, itemque latronum eadem pœna afficiuntur, qua ipsi latrones. Sublatis enim susceptoribus, grassantium cupido conquiescit.

§. 5. Fures, vel raptores balnearum plerumque in metallum, aut in opus publicum damnantur. Nonnunquam pro frequentia admissorum judicantis sententia temperatur.

§. 6. Incendiarii, qui consultò incendium inferunt, summo supplicio afficiuntur. Quòd si incuria eorum ignis evaserit, dupli compendio damnum ejusmodi sarciri placuit.

INTERPRET. *Si aliquis malitiæ studio incendium miserit, de hoc crimine convictus, pœnis gravissimis jubetur interfici. Quòd si per negligentiam factum incendium comprobatur, damnum quod cuicunque illatum fuerit, res quæ incendio perierint, dupli satisfactione sarcientur.*

3. Tous ceux qui auront pillé des maisons de ville ou de campagne, qui y auront fait fraction, ou les auront escaladées en troupe et armés, sont punis de mort. Par armes, on entend tout ce qui peut nuire à la conservation des hommes.

4. Ceux qui ont donné retraite à des agresseurs, à des voleurs, sont punis des mêmes peines; parce que, s'il n'y avait pas de tels gens, il y aurait moins de malfaiteurs.

5. Les voleurs ou filous de bains, sont condamnés ou aux mines ou aux travaux publics. Il est parfois permis au juge de modérer sa sentence, selon que, lors du délit, les bains se trouvaient plus ou moins remplis de monde.

6. Les incendiaires qui auront exprès mis le feu, sont condamnés au dernier supplice. Si l'incendie n'a eu pour cause qu'un manque de soin, celui auquel on pourra le reprocher en sera quitte pour le double de la perte survenue.

INTERPRÉTAT. *Quiconque aura mis le feu, dans l'intention réelle de faire tort, et en sera convaincu, devra mourir dans les plus grands tourmens. Si au contraire le feu n'a pris que par la négligence de quelqu'un, celui qui en sera coupable paiera le double du dommage ou de la chose qui aura été brûlée.*

TITULUS IV.

De Injuriis.

§. 1. INJURIAM patimur aut in corpus, aut extra corpus. In corpus verberibus, et illatione stupri. Extra corpus, conviciis, et famosis libellis: quod ex affectu uniuscujusque patientis, et facientis æstimatur.

§. 2. Furiosus, itemque infans affectu doli, et captu contumeliæ carent: idcircò injuriarum agi cum his non potest.

§. 3. Si liberis, qui in potestate sunt,

TITRE IV.

Des Injures.

1. LES injures ont trait à notre corps ou ne s'y rapportent pas. Les injures faites au corps, sont le fouet avec verges, le viol. Les autres, sont celles qui ne consistent qu'en paroles, ou résultantes de libelles diffamatoires. Les unes et les autres s'apprécient d'après l'impression qu'en a pu recevoir celui qui en était l'objet, et d'après l'espèce des motifs de celui qui se les est permis contre lui.

2. Le fou et l'enfant ne sont pas présumés être capables de mauvaises intentions, ni conséquemment de vouloir injurier; c'est pour cela qu'on ne peut les actionner pour injures.

3. Si on a injurié des enfans étant en-

core en notre puissance, ou notre femme, c'est à nous qu'appartient le droit de nous en plaindre, si toutefois celui qui a injurié l'a fait exprès pour nous molester nous-mêmes dans les personnes insultées.

4. L'injure a trait au corps, lorsqu'on bat quelqu'un, ou qu'on se porte à des violences impudiques, ou qu'on ose faire des propositions de cette espèce. L'injure faite par violence à la pudeur, se punit de la peine capitale.

5. Ceux qui portent les époux à d'autres amours, ou qui suggèrent des mariages, quand même ils n'en seraient pas venu à leurs fins, sont punis extraordinairement; par cela seul qu'ils ont eu la volonté de porter à un dangereux libertinage.

6. L'action d'injures a pour base ou la loi ou les mœurs, ou tous deux ensemble. C'est d'après la loi des douze tables qu'on est puni de la publication de poëmes satiriques, de blessures de membres, ou de rupture des os. Il est laissé à l'arbitraire du juge d'estimer, selon la qualité des personnes, toutes injures contraires aux mœurs, et de les punir plus ou moins sévèrement, selon leur plus ou moins d'importance relative. L'action en injures de droit mixte, résulte de la loi Cornélia : elle a lieu contre tous ceux qui ont battu ou frappé, et contre ceux qui s'introduisent en cachette dans les maisons, ou qu'on appelle voleurs habituels de salles à manger; délits qui se jugent à l'extraordinaire, et dont les punitions sont, ou l'exil, ou les mines, ou les travaux publics.

7. Tout condamné, même civilement, pour injures, avec taxe pour réparation, est noté d'infamie.

INTERPRÉTAT. *Celui qui, pour légère injure, a été condamné à la réparer par une taxe quelconque, est noté comme infame, quand bien même il n'aurait été jugé que civilement.*

8. L'atrocité d'une injure s'estime par le tems, le lieu et la personne. Elle est plus grave à cause du lieu, lorsqu'elle a été faite en public; par le tems, lorsqu'elle a eu lieu le jour; quant à la personne, lorsqu'un plébéien, ou tout autre homme de basse naissance, aura insulté un sénateur ou un chevalier Romain, ou un sénateur de ville,

aut uxoris fiat injuria, nostra interest vindicare : ideoque per nos actio inferri potest, si modo is, qui fecit, in injuriam nostram id fecisse doceatur.

§. 4. Corpori injuria infertur, cùm quis pulsatur, cuique stuprum infertur, aut de stupro interpellatur. Quæ res extra ordinem vindicatur, ita ut pulsatio pudoris, pœna capitis vindicetur.

§. 5. Sollicitatores alienarum nuptiarum, itemque matrimoniorum interpellatores, etsi effectu sceleris potiri non possunt, propter voluntatem perniciosæ libidinis extra ordinem puniuntur.

§. 6. Injuriarum actio aut lege, aut more, aut mixto jure introducta est. Lege duodecim tabularum de famosis carminibus, membris ruptis, et ossibus fractis. Moribus, quoties factum pro qualitate sui, arbitrio judicis æstimatum, congruentis pœnæ supplicio vindicatur. Mixto jure injuriarum actio ex lege Cornelia constituitur, quoties quis pulsatur, vel cujus domus introitur ab his, qui vulgo directarii appellantur : in quos extra ordinem animadvertitur : ita ut prius ingruentis consilium pro modo commentæ fraudis pœna vindicetur exilii, aut metalli, aut operis publici.

§. 7. Injuriarum civiliter damnatus, ejusque æstimationem inferre jussus, famosus efficitur.

INTERPRETAT. *Qui pro injuria mediocri, æstimatæ injuriæ damna subire compellitur, quamvis civiliter videatur addictus, tamen infamis efficitur.*

§. 8. Atrox injuria æstimatur aut loco, aut tempore, aut persona. Loco, quoties in publico irrogatur. Tempore, quoties interdiù. Persona, quoties senatori, vel equiti Romano, decurioni, vel alias spectatæ auctoritatis viro, etsi plebeius, vel humili loco natus senatori, vel equiti Romano decurioni, vel magistratui, vel œ-

31 *

dili, vel judici, quilibet horum, vel si
his omnibus plebeius.

§. 9. Qui per calumniam injuriæ actionem instituit extra ordinem punitur.
Omnes enim calumniatores exilio vel insulæ relegatione, aut ordinis amissione puniri placuit.

§. 10. Injuriarum non nisi præsentes
accusare possunt. Crimen enim, quod vindictæ, aut calumniæ judicium expectat,
per alios intendi non potest.

§. 11. Fit injuria contra bonos mores,
veluti si quis fimo corrupto aliquem per-
fuderit, cœno, luto oblinierit, aquas spur-
caverit, fistulas, lacus, quidve aliud in
injuriam publicam contaminarit: in quos
graviter animadverti solet.

§. 12. Qui puero prætextato stuprum,
aliudve flagitium abducto ab eo, vel corrupto comite persuaserit, mulierem, puel-
lamve interpellaverit, quidve corrumpen-
dæ pudicitiæ gratia fecerit, donum præbuerit, pretiumve, quo id persuadeat,
dederit, perfecto flagitio capite punitur,
imperfecto in insulam deportatur; corrupti
comites summo supplicio afficiuntur.

§. 13. Qui carmen famosum in injuriam alicujus, vel alia quælibet cantica,
quo agnosci possit, composuerit, ex auctoritate amplissimi ordinis in insulam deportatur. Interest enim publicæ discipli-
næ, opinionem uniuscujusque turpi car-
minis infamia vindicare.

INTERPRETAT. *Carmen facit non tan-*
tùm qui satyras et epigrammata, sed ille-
gitimum insectandi alicujus causam, quid-
ve aliud alio genere componit, de ratione,
et de personarum dignitate nil cavetur :
quoniam omnimodò deformanda est ejus
persona, contrà quem venimus. Sed in hoc

ou de colonie, ou tout autre magistrat, ou
un édile, ou un juge, ou toute autre personne de semblable rang; ou qu'un plébéien aura été insulté par l'un ou l'autre
des ci-dessus désignés.

9. Qui donne lieu à action d'injure par
calomnie, en est puni extraordinairement.
La peine habituelle des calomniateurs est
ou l'exil ou la relégation dans une île, ou
la dégradation de son rang.

10. L'action pour injure n'appartient
qu'à ceux qui en ont été l'objet; car jugement en réparation ordinaire d'injure, ou
tendant à peine de calomnie, ne peut être
obtenu par d'autres.

11. Les injures faites contre les bonnes
mœurs, sont d'avoir couvert quelqu'un
de boue ou de fumier, d'avoir sâli les eaux,
les rigoles, les lacs; enfin d'avoir exprès
souillé quoi que ce soit destiné à un usage
public. Tous ces faits sont punissables de
peines sévères.

12. Qui a soustrait à son compagnon un
enfant de famille noble, et en a abusé, ou
s'est permis avec lui quoi que ce soit d'im-
pudique, ou qui, dans ce dessein, a corrompu le compagnon de cet enfant pour
mieux réussir; qui a fait des propositions
à une femme ou à une jeune fille, ou quoi
que ce soit tendant à corrompre la pudeur,
ou qui y aura mis un prix, ou aura fait des
présens pour en venir à ses fins, et y aura
réussi, doit être puni de mort; s'il n'a pas
réussi, il doit être déporté dans une île.
Les compagnons qui se sont laissés corrompre, qui ont aidé ou facilité la prostitution, sont punis de mort.

13. Tout poëme satirique, ou chanson
quelconque, composé contre quelqu'un,
d'après lesquels on pourrait le reconnaître,
sera puni, conformément au décret du sénat, de la déportation dans une île; parce
qu'il est de bonne police publique de pro-
téger la réputation d'un chacun contre l'infame lâcheté des calomniateurs.

INTERPRÉT. *L'auteur de tout poëme,*
composé dans la vue de ridiculiser quel-
qu'un sans sujet légitime; celui qui a com-
posé quoi que ce soit sur la conduite ou le
rang des citoyens, est aussi coupable que
l'auteur d'une satire ou d'une épigramme;
parce qu'il est possible de dénigrer quel-

qu'un de mille manières, soit quant à ses mœurs, soit quant à son personnel seulement.

14. Si la chanson composée pour déshonorer quelqu'un a été publiquement chantée, ceux qui l'auraient composée et ceux qui l'auraient chantée doivent être punis à l'extraordinaire, et très-sévérement, sur-tout si celui contre lequel elle a été faite se trouve dans la nécessité de s'en justifier.

15. Les auteurs de libelles injurieux composés exprès pour faire affront à quelqu'un, sont punis de peines extraordinaires, et même de la déportation dans une ile.

16. Les appelans ne doivent se permettre aucunes injures envers le premier juge, autrement ils doivent être notés d'infamie.

17. Maudire quelqu'un, est égal à l'avoir publiquement injurié ; celui qui aura été condamné pour ce fait, sera noté d'infamie.

18. Qui a maudit ou injurié quelqu'un, doit non-seulement être noté d'infamie, mais aussi celui qui en a donné le conseil ou en a été la cause.

INTERPRÉT. *On est réputé avoir fait injure aux bonnes mœurs, si on a assailli quelqu'un de propos obscènes, ou ayant le bas du corps à découvert ; de tels faits doivent être punis de peines extraordinaires, pour porter chacun à respecter les mœurs et l'honnêteté publique.*

19. L'esclave qui aura injurié quelqu'un ou aura fait un affront, sera condamné aux mines si l'injure est atroce ; si elle ne l'est pas, il sera rendu à son maître pour être mis aux fers un certain tems, après avoir été fouetté.

TITRE V.

De la fin des procès et de l'effet des jugemens.

1. LES jugemens ne sont valables, qu'autant qu'ils ont été rendus par ceux qui en ont le pouvoir, ou par ceux à qui ceux-ci en ont donné de leur autorité la commission spéciale. Il en est de même de tous jugemens rendus par les magistrats des villes jusqu'à la somme à laquelle ils peuvent

modus quidem et ratio adhibenda est ; existimatio enim etiam hoc modo læditur.

§. 14. Psalterium, quod vulgò dicitur canticum, in alterius infamiam compositum, et publicè cantatum, tam in eos, qui hoc cantaverint, quàm in eos, qui composuerint, extra ordinem vindicatur : eo acrius, si personæ dignitas ab hac injuria defendenda sit.

§. 15. In eos auctores, qui famosos libellos in contumeliam alterius proposuerint, extra ordinem usquè ad relegationem insulæ vindicatur.

§. 16. Convitium judici ab appellatoribus fieri non oportet : alioquin infamia notantur.

§. 17. Maledictum, itemque convitium publicè factum ab injuriæ vindictam revocatur : quo facto condemnatus infamis efficitur.

§. 18. Non tantùm is, qui maledictum, aut convitium ingesserit, injuriarum convictus, famosus, efficitur, sed et is, cujus ope, consiliove factum esse dicitur.

INTERPRETAT. *Convicium contra bonos mores fieri videtur, si obscœno nomine, aut inferiore parte corporis nudatus, aliquis insectatus sit, quod factum contemplatione morum, et causa publicæ honestatis vindictam extraordinariæ ultionis expectat.*

§. 19. Servus, qui injuriam, aut contumeliam fecerit, si quidem atrocem, in metallum damnatur : si verò levem, flagellis cæsus sub pœna vinculorum temporalium domino restituitur.

TITULUS V.

De effectu sententiarum et finibus litium.

§. 1. RES judicatæ videntur ab his, qui imperium, potestatemque habent, vel qui ex auctoritate eorum inter partes dantur : itemque à magistratibus municipalibus usque ad summam, qua jus dicere possunt, itemque ab his, qui ab imperatore extra ordinem petuntur. Ex compromisso autem judex sumptus rem judicatam non facit : sed in pœna inter eos promissa sit, pœna rei in judicium deductæ ex stipulatu peti potest.

§. 2. Confessi debitores pro judicatis habentur : ideòque ex die confessionis tempora solutionis præstituta computantur.

§. 3. Confiteri quis in judicio non tautùm sua voce, sed et litteris, et quocumque modo potest. Convinci autem non nisi scriptura, aut testibus potest.

§. 4. Eorum, qui de debito confessi sunt, pignora capi, et distrahi possunt.

§. 5. Confessionem suam reus in duplum revocare non potest.

§. 6. Ea, quæ altera parte absente decernuntur, vim rerum judicatarum non obtinent.

§. 7. Trinis litteris, vel edictis, aut uno pro omnibus dato, aut trina denunciatione conventus, nisi ad judicem, ad quem sibi denuntiatum est, aut cujus litteris, vel edicto conventus est, venerit, quasi in contumacem dicta sententia auctoritatem rerum judicatarum obtinet; quinimò nec appellari potest ab ea.

INTERPRETAT. *Quicunque tribus auctoritatibus judicis conventus, vel tribus edictis ad judicium fuerit provocatus, aut uno pro omnibus peremptorio, id est, quod causam extinguit, fuerit evocatus, et præsentiam suam apud eum judicem, à quo ei denuntiatum est, exhibere noluerit, adversus eum, quasi in contumacem judicari potest. Quinimò nec retractari per appellationem negotia possunt.*

§. 8. Quoties in contumacem fuerit judicatum, ab ea sententia, quæ adversus contumaces data est, neque appellari, neque in duplum revocari potest.

§. 9. Res olim judicata post longum silentium in judicium deduci non potest, nec eo nomine in duplum revocari. Lon-

juger; de ceux rendus par commissaires délégués par l'empereur. Décision d'arbitre nommé par compromis ne fait pas jugement; mais s'il a été convenu entre les parties qu'elles en passeraient par cette décision, on peut, en cas de refus, la faire confirmer par le juge en conséquence de la convention existante, dont il devra lui être justifié.

2. Les débiteurs qui sont convenus de leurs dettes, sont réputés jugés; aussi les délais pour paiement se comptent-ils du jour de leur aveu.

3. Aveu de vive voix fait en justice n'est pas le seul dont on puisse se prévaloir; on peut aussi prouver par écrit ou autrement qu'il a été fait. La preuve qu'un aveu a eu lieu hors la présence du juge, se fait par des écrits ou par témoins.

4. Aussitôt qu'un débiteur a avoué sa dette, on en peut recevoir ou exiger un gage.

5. Celui qui a avoué sa dette ne peut être condamné à la payer double.

6. Les jugemens rendus contre personnes absentes n'ont pas force de chose jugée.

7. Qui ne se sera pas présenté devant le juge devant lequel il aura été appelé, sur troisième citation ou troisième ordonnance, et parfois sur une seule ordonnance exprès rendue, ou sur troisième dénonciation, sera condamné comme contumax. Le jugement rendu aura force de chose jugée, on ne pourra pas même en appeler.

INTERPRÈT. *Quiconque aura été cité trois fois devant son juge, ou aura été appelé en jugement par trois ordonnances, ou par une seule péremptoire, c'est-à-dire, qui aura été rendue avec indication expresse de jour pour jugement définitif, et qui ne se sera pas présenté en personne, pourra être jugé comme contumax. Dans ce cas le jugement ne pourra être réformé par le juge supérieur.*

8. Toute fois qu'un jugement de contumax a été rendu, on n'en peut appeler, ni revenir contre par opposition tendante à faire rejuger.

9. Jugement par défaut rendu ne peut pas être réformé, si le condamné a trop gardé long-tems le silence. Il y a eu de sa

part trop long silence, lorsqu'il a duré, comme pour prescription, pendant dix ans entre présens, et pendant vingt ans entre absens.

10. En cause capitale, personne ne peut être condamné par défaut, absent ne peut aussi ni accuser personne, ni être accusé par personne.

11. Lorsque la religion du juge aura été surprise à l'aide de pièces fausses, et le jugement rendu avant que le faux ait été reconnu, on pourra à bon droit se pourvoir pour faire réformer ce jugement.

12. On peut toujours revenir sur des erreurs de calcul depuis reconnues ; mais, pour cela, il ne faut pas que le long silence l'interdise.

TITRE VI.

Des maintenues provisoires.

1. LES provisoires ont pour objet de nous maintenir provisoirement (jusqu'à jugement du fond sur contestation de propriété), sans égard à aucun moyen de réclamation, à retenir la jouissance d'une chose que nous avons possédée, et que nous ne voulons pas abandonner ; telles sont celles contenues dans ces formules : continuez de posséder ainsi que par le passé, s'il s'agit de bien fonds ; ou prouvez la violence, s'il s'agit d'effets mobiliers. Au premier cas, on préfère celui qui, au tems où le provisoire peut être prononcé, n'est pas accusé par son adversaire d'avoir possédé de force, ni en cachette, ni à titre précaire ; au second cas, il faut préférer celui qui a joui pendant l'année sans violence, ni en cachette, ni à titre précaire.

INTERPRÉT. *On appelle provisoires les jugemens qui ne doivent avoir d'exécution que pendant un certain tems, et qui n'ont d'autre objet que de laisser, pour le moment actuel, la possession d'une chose à celui qui l'a ; c'est-à-dire, que s'il s'agit de chose censée perdue, et que celui qui l'a perdue se soit pourvu dans l'année de la perte contre celui qui l'a, c'est à lui que le juge doit d'abord la faire rendre, les contestans étant tous deux présens ; sauf ensuite à celui-ci à prouver, s'il veut*

gum autem tempus, exemplo longæ præscriptionis, decennii inter præsentes, et inter absentes vicennii computatur.

§. 10. In causa capitali absens nemo damnatur, neque absens per alium accusare aut accusari potest.

§. 11. Falsis instrumentis religio judicis circumducta, si jam dicta sententia priùs de crimine admisso constiterit, ejus causæ instauratio jure deposcitur.

§. 12. Ratio calculi sæpiùs se patitur supputari, atque ideò potest quocunque tempore retractari, si non longo tempore evanescat.

TITULUS VI.

De Interdictis.

§. 1. RETINENDÆ possessionis gratia comparata sunt interdicta per quæ eam possessionem quam jam habemus, retinere volumus, quale est, uti possidetis de rebus soli, et utrum vi, de re mobili. Et in priore quidem is prior est, qui redditi interdicti tempore nec vi, nec clam, nec precario ab adversario possedit. In altero verò potior est, qui majore parte anni retrorsùm numerati, nec vi, nec clam, nec precario possedit.

INTERPRETAT. *Interdicta dicuntur, quasi non perpetua sententia, sed ad tempus interim dicta, hoc est, à judice momentum priori reddere possessori. Id est, ut si quis possidens intra anni spatium, quod amisisse videtur, præsentibus litigatoribus, judice ordinante, recipiat, et postmodum si voluerit, tam de vi, quàm de rei proprietate confligat. Nam si talis casus emerserit, ut adventitiam quolibet titulo rem novus possessor adeat, et eam majore parte anni, id est, plùs quàm sex* mensibus teneat, et ab alio hæc res quam tenuit, auferatur, et ille qui abstulit, quatuor aut quinque mensibus teneat. Si intra ipsum annum de momento fuerit actum, priori possessori, qui majore parte anni possedit, res à judice, partibus præsentibus, meritò reformatur, ita ut de negotii qualitate partes sequenti actione confligant. Sin verò qui abstulit majori parte anni possedit, ante judicium momenti beneficium reddere non compellitur.

§. 2. Ut interdictum, ita et actio proponitur, ne quis via publica aliquem prohibeat. Cujus rei sollicitudo ad viarum curatores pertinet, à quarum munitione nemo exceptus est. Si quis tamen in ea aliquid operis fecerit, quo commeantes impediantur, demolito opere condemnatur.

§. 3. Non tantùm si ipse dominus possessione dejiciatur, utile interdictum est, sed etiam si familia ejus. Familiæ autem nomine etiam duo servi continentur.

§. 4. Vi dejicitur non tantùm qui oppressu multitudinis, aut fustium, aut telorum, aut armorum metu terretur: sed et is qui violentiæ opinione comperta possessione cessit, si tamen adversarius eam ingressus sit.

§. 5. De navi vi dejectus hoc interdicto experiri non potest, sed utilis ei actio de rebus recuperandis, exemplo de vi bonorum raptorum datur. Idemque de eo dicendum est, qui carruca, aut equo dejicitur, quibus non abductis injuriarum actio datur.

sa propriété, ou à prouver que la chose lui a été prise de force. Mais si, par exemple, il s'agissait d'une chose qu'on aurait trouvée, n'importe comment, et dont un homme serait resté en possession la plus grande partie de l'année, c'est-à-dire plus de six mois, et que cette même chose lui ait été enlevée et gardée par un autre pendant cinq mois; si le premier la réclame dans l'année de l'enlèvement, c'est à lui que le juge doit avant tout, si les deux parties sont présentes, ordonner qu'elle sera remise; sauf ensuite à contester entre eux sur la propriété de cette chose. Si au contraire celui qui l'a enlevée l'a possédée pendant la plus grande partie de l'année, le juge ne pourra pas par provision l'en dessaisir.

2. Une action ayant pour objet de faire faire défense à quelqu'un d'empêcher l'usage d'un chemin public, on prononce aussi par provision. Ces sortes d'actions appartiennent, envers et contre tous sans exceptions, aux inspecteurs de la voierie. Si quelqu'un avait fait sur le chemin quelque construction qui gênât les passans, il devra être condamné à l'abattre.

3. Le provisoire doit être prononcé non-seulement en faveur du maître qui a été expulsé de force de sa possession, mais aussi en faveur de sa famille à qui pareille chose serait arrivée. Le mot de famille s'applique à deux de ses esclaves comme à un plus grand nombre.

4. Il y a lieu à réintégration provisoire non-seulement lorsque le possesseur a cédé au nombre, ou par crainte des traits, ou des armes dont il a été menacé, mais encore s'il a été poussé à se retirer, par la résolution bien prononcée de lui faire violence pour le chasser, et si son adversaire est de suite entré sur son bien.

5. Celui qui a été expulsé par force d'un navire, ne doit pas être réintégré par provision. Il ne lui appartient aucune autre action que celle tendante à recouvrer sa propriété; il en est d'un vaisseau, dans ce cas, comme de vol de tout autre bien. On en doit dire autant de celui à qui on a enlevé son char ou son cheval, auquel on n'a pas donné le droit de se pourvoir comme pour injure.

6. Celui

6. Celui qu'on a retenu de force dans un champ, ou qu'on a effrayé dans un chemin pour l'empêcher de parvenir à son bien, est censé en avoir été expulsé par force.

7. Qui ne possède que par force ou en cachette, ou à titre précaire, peut être impunément expulsé par son adversaire.

INTERPRÉT. On ne possède que par force, lorsqu'on ne possède qu'après avoir expulsé de force son adversaire. On ne possède qu'en cachette, lorsqu'on ne possède qu'à l'insu et sans le consentement du propriétaire. La possession n'est que précaire, lorsque le possesseur ne prétend posséder que de permission par lui obtenue du maître, ou de son créancier nanti.

8. Quelques-unes des choses dépendantes d'une propriété dont on aurait été expulsé par force, s'étant perdues, les esclaves s'en étant en allés, celui qui se sera ainsi emparé de la propriété d'autrui devra être condamné à les payer sur estimation, quand bien même ces accidens ne proviendraient pas de son dol.

INTERPRÉT. Si quelques-unes des choses dont on ne s'est mis en possession que par force viennent par hasard à périr, ou si les esclaves occupés de force viennent à mourir, celui qui se sera ainsi mis en possession, en sera par cela seul responsable, quand même d'ailleurs on n'aurait à lui reprocher aucune autre fraude.

9. Si des voisins tirent leur eau d'une même conduite, il faut, par provision, en réserver l'usage établi entre eux pour la jouissance. Il est défendu de s'opposer de vive force à la prise actuelle de l'eau. Si en se servant de l'eau d'autrui on l'en a privé, le dommage s'estime en argent. C'est au président de la province à juger de ces sortes de contestations.

10. Il y a lieu à action à envoi en possession provisoire, lorsqu'il s'agit de restitution de la jouissance d'une chose qu'on ne possédait qu'à titre précaire. Il en est, au civil, de cette action, ainsi que de celle résultante du prêt à usage, et cela parce qu'aucun service ne doit être une occasion de perte pour celui qui l'a rendu.

INTERPRÉTAT. Lorsque la jouissance

§. 6. Vi dejectus videtur, et qui in prædio vi retinetur, et qui in via territus est, ne ad fundum suum accederet.

§. 7. Qui vi, aut clam, aut precario possidet, ab adversario impuné dejicitur.

INTERPRETAT. Vi possidet, qui impetu efficaci depulso adversario possidet. Clam possedisse videtur, qui ignorante et inscio domino possessionem occupat. Precario, qui per precem postulat, ut ei possessionem permissu domini vel creditoris fiduciam morari liceat.

§. 8. Ex rebus vi possessis si aliquæ res arserint, vel servi decesserint, licèt id sine dolo ejus, qui dejecit, factum sit, æstimatione tamen condemnandus est, qui ita voluit adipisci rem juris alieni.

INTERPRETAT. Si ex rebus, quas violenter aliquis occupavit, quælibet quacunque occasione perierint, aut arserint, vel servi violenter occupati, mortui fuerint, qualibet fraude illius qui occupavit, id quod perit factum non videatur, tamen ab ipso quæcunque perierint reddenda sunt, qui rem juris alieni violenter visus est occupasse.

§. 9. Si inter vicinos ex communi rivo aqua ducatur, induci prius debet ex his vicibus, quibus à singulis duci consuevit: ducenti autem vis fieri prohibetur. Alienam autem aquam usurpanti nummaria pœna irrogatur. Cujus rei cura ad sollicitudinem præsidis expectat.

§. 10. Redditur interdicti actio, quæ proponitur ex eo, ut quis quod precario habet restituat. Nam et civilis actio hujus rei, sicut commodati, competit eo vel maximè, quòd ex beneficio suo unusquisque injuriam pati non debet.

INTERPRETAT. Si quando alicujus precibus exorati, aliquid cuicunque possidendum ad tempus fuerit præstitum, et ad primam admonitionem hoc ipsum reddere noluerit, datur adversus eum interdictum, et actio justa proponitur, quæ actio civilis est, velut si de commodato agatur, ut res ipsa præstita sine aliqua difficultate reddatur. Quia pro beneficio suo pati quemcunque injuriam non oportet.

§. 11. Precario possidere videtur, non tantùm qui per epistolam, vel quacumque alia ratione hoc sibi concedi postulavit; sed et is, qui nullo voluntatis judicio, patiente tamen domino possidet.

§. 12. Heres ejus, qui precariam possessionem tenebat, si in ea manserit, magis dicendum est clam videri possidere. Nullæ enim preces ejus videntur adhibitæ. Et ideò persecutio ejus rei semper manebit, nec interdicto locus est.

INTERPRETAT. Si heres ejus in ea possessione, quam auctor suus precario possederat, post mortem illius manserit, magis æstimandus est clam, id est, occultè manere. Actio tamen proprietatis domino adversus eum, qui ita manserit, jure competit.

§. 13. Arbor quæ in alienas ædes, vel in vicini agrum imminet, nisi à domino sublucari non potest, isque conveniendus est, ut eam sublucet. Quòd si conventus dominus id facere noluerit, à vicino luxuries ramorum compescitur. Idque qualiscumque dominus facere non prohibetur.

§. 14. Adversus eum, qui hominem liberum vinxerit, suppresserit, incluserit, operamve, ut id fieret, dederit, tam interdictum, quàm legis Fabiæ super ea re actio redditur. Et interdicto quidem id agitur, ut exhibeatur is, qui detinetur: lege autem Fabia, ut etiam pœna nummaria coërceatur.

d'un bien n'a été délaissée à quelqu'un qu'à sa prière et pour un tems, si le détenteur refuse de le remettre à la première réquisition, il y a lieu à rentrée provisoire; on peut demander cette action civile, l'assimiler à celle à fin de restitution, sans aucun retard, de la chose prêtée pour en user seulement. Il n'est pas juste que nos bienfaits tournent à notre détriment.

11. Celui-là est censé posséder précairement, qui n'a joui qu'en vertu de permission écrite ou non. Il en est de même aussi de celui qui a joui sans permission expresse, mais seulement par la complaisance du propriétaire.

12. Lorsque la chose possédée par quelqu'un à titre précaire passe à son héritier, on peut considérer ce dernier comme possédant en cachette; car rien ne prouve qu'il en ait eu la permission du propriétaire. A celui-ci appartiendra donc toujours le droit de la répéter, mais sans pouvoir en être envoyé en possession provisoire.

INTERPRÉT. Si un héritier a retenu la possession de ce dont son auteur ne jouissait qu'à titre précaire, le mieux est de croire qu'il ne la possède qu'en cachette: le propriétaire peut toujours la réclamer contre lui.

13. L'arbre dont les branches s'étendent sur la demeure ou sur le champ du voisin et y nuisent, ne peut être élagué que par celui auquel il appartient; c'est au voisin auquel cet arbre nuit à en avertir l'autre, et à le prier de l'élaguer de son côté. Si, après cet avertissement, le propriétaire de l'arbre n'en coupe pas les branches nuisant à son voisin, celui-ci pourra lui-même les couper, et même toutes les fois que le propriétaire de l'arbre ne s'y opposera pas.

14. Il y a autant lieu à jugement provisoire qu'à action ordinaire, selon la loi Fabia, contre celui qui aurait lié, fait disparaître ou enfermé un homme libre, ou contre quiconque serait provocateur de semblables faits. Dans ce cas, le provisoire a pour objet la représentation de la personne détenue; la loi Fabia est aussi relative à la peine pécuniaire.

INTERPRÉT. *Quiconque aurait lié, caché, ou tenu enfermé un homme libre, ou concouru à l'un de ces faits, peut être actionné, selon la loi Fabia, à fin de représentation de la personne tenue enfermée ou liée ; il doit en outre être puni pécuniairement de tels faits, d'après la même loi.*

15. Il a été défendu au père, par le divin Pie, de séparer les époux d'accord entre eux. Il est également défendu de séparer l'affranchi de son patron, le fils ou la fille de leur père et mère ; à moins qu'il ne s'agisse de les placer plus utilement pour eux-mêmes.

16. Quiconque a obligé en général tous ses biens présens et futurs à paiement, n'est pas censé avoir aussi obligé ni sa concubine, ni son fils naturel, ni l'enfant dont il prend soin, ni quoi que ce soit destiné à son usage journalier. Le créancier ne peut obtenir l'interdit contre lui.

INTERPRÉT. *Si un débiteur a engagé à son créancier tout ce qu'il a et aura par la suite, pour sûreté de sa créance, il ne sera pas censé lui avoir engagé ni sa concubine, ni son fils naturel, ni son élève. Si le créancier répétait ces choses, elles ne pourraient lui être accordées pour raisons que nous avons données plus haut.*

INTERPRETAT. *Si quicunque hominem liberum ligaverit, absconderit, incluserit, aut ut id fieret, solatium præbuerit, adversus eum legis Fabiæ actio datur, id est, ut exhibeatur is, qui in clusura, aut in vinculis detinetur, ab eo qui fecisse convincitur. Aut secundùm legem Fabiam puniendus est, aut secundùm æstimationem judicis pœna nummaria feriendus est.*

§. 15. Bene concordans matrimonium separari à patre divus Pius prohibuit : itemque à patrono libertum, à parentibus filium, filiamque, nisi forte quæratur, ubi utilius morari debeat.

§. 16. Omnibus bonis, quæ habet, quæque habiturus est, obligatis, nec concubina, nec filius naturalis, nec alumnus, nec ea quæ in usu quotidiano habet, obligantur : ideòque de his nec interdictum redditur.

INTERPRETAT. *Si quis debitor creditori suo talem fecerit cautionem, ut omnia ei quæ in bonis suis habet, vel quæ habiturus est, oppignorasse videatur, in tali conditione nec concubina, nec filius naturalis, nec alumnus, nec ea quæ in usu quotidiano habet, obligata videri possunt. Nec momentum, si creditor petat, de his rebus quas superiùs diximus, accipere potest.*

TITRE VII.

Des Obligations.

1. LES stipulations ne sont autres que certaines paroles exprès consacrées pour donner toute force à une obligation. Elles ont été ainsi appelées, pour exprimer qu'une obligation n'existe que par elles ; nos ancêtres appelaient le stipulé, l'appui, la base de l'obligation.

2. Obligation par paroles ne se contracte qu'entre présens ; mais si l'on a souscrit une promesse d'obligation à quelqu'un, ce titre vaudra comme si ayant été interrogé on avait répondu.

INTERPRÉTAT. *Entre présens, pour*

TITULUS VII.

De Obligationibus.

§. 1. OBLIGATIONUM firmandarum gratia stipulationes inductæ sunt, quæ quadam verborum solemnitate concipiuntur : et appellatæ, quod per eas firmitas obligationum constringitur. Stipulum enim veteres firmum appellaverunt.

§. 2. Verborum obligatio inter præsentes, non etiam inter absentes contrahitur. Quòd si scriptum fuerit instrumento promisisse aliquem, perinde habetur, atque si interrogatione præcedente reponsum sit.

INTERPRETATIO. *Verborum obligatio*

32

ideò inter præsentes constare videtur, quia necesse est, ut is, qui aliquid redditurum se promittit, ad creditoris interrogata respondeat, si interrogatus fuerit, Istud dabis? Ille respondet : Dabo Si interrogatus fuerit : Promittis? Ille respondet : Promitto. Sed si scribat aliquis, se quamcunque summam redditurum, ita habetur, quasi ad interrogata responderit. Ideò ad redhibitionem secundùm scripturæ ordinem retinetur.

qu'une obligation ait eu lieu, il faut absolument qu'elle résulte d'une certaine solennité de paroles, telles que le débiteur interrogé par son créancier, lui ait promis ce qu'il lui doit. Ainsi que lorsque le créancier a dit à son débiteur, vous me donnerez cela, et que le débiteur a répondu, je vous le donnerai; ou vous me promettez telle chose : je vous le promets. Si au contraire on écrit à un autre qu'on lui rendra une certaine somme, c'est comme si celui-ci avait été interrogé et avait répondu; il doit ce qu'il s'est engagé par écrit à payer.

§. 3. Fructuarius servus, si quid ex re fructuarii aut ex operis suis adquirit, ad fructuarium pertinet. Quidquid autem aliunde, vel ex re proprietaria acquirit, domino proprietatis acquirit.

3. L'usufruitier profite de tout ce que l'esclave attaché à l'usufruit en retire, ou gagne par son travail ; mais ce que cet esclave acquiert tout autrement, ou fait naître sur le fonds, appartient au propriétaire.

§. 4. Cùm facto promissoris res in stipulatum deducta intercidit, perinde agi ex stipulatu potest, ac si ea res extaret. Ideò promissor æstimatione ejus punitur, maximè si in dolum quoque ejus concepta fuerit stipulatio.

4. Lorsque la chose promise périt par la faute de celui qui a promis, on peut exiger cette chose aux termes de la stipulation, comme si elle existait ; on peut du moins forcer l'obligé à la payer, sur-tout s'il y a eu fraude quant à la promesse de l'obligé.

INTERPRET. *Qui aliquid se cuicunque redditurum esse promiserit, si ejus facto res promissa depereat, ita eam is, cui promissa est, ab eo recipere potest, tanquam non perierit. Ideòque promissor, æstimatione habita, pretium ejus rei quæ perierit, reformare compellitur. Quod in eo magis observandum est, si promissoris fraude fuerit factum.*

INTERPRÉT. *Si quelqu'un s'est engagé à livrer quelque chose, et que cette chose périsse par la faute de celui qui l'a promise, celui à qui elle a été promise peut l'exiger, comme si elle n'était pas périe. C'est alors le cas de répéter contre l'obligé le prix auquel elle aurait été estimée, et principalement si c'était par la fraude de cet obligé que la chose eût été perdue.*

TITULUS VIII.

De Novationibus.

TITRE VIII.

Des Novations.

NON solùm per nosmetipsos novamus quod nobis debetur, sed per eos etiam, per quos stipulari possumus : veluti per filiumfamilias, vel per servum jubendo, vel ratum habendo. Procurator quoque noster ex jussu nostro, receptum est, ut novare possit.

NON-SEULEMENT nous pouvons nousmêmes changer le titre de notre créancier, mais ce titre peut aussi être changé par ceux qui peuvent nous obliger, tels que le fils de famille, et notre esclave auquel nous en aurions donné pouvoir, ou dont nous aurions ratifié le fait ; ou bien encore notre fondé de pouvoir exprès et pour novation.

INTERPRETAT. *Novatio est, quoties causa novatur.*

INTERPRÉT. *Novation se dit de nouvelle cause ou de nouveau titre de créance.*

TITRE IX.

Des Stipulations.

1. L'HÉRITIER substitué peut exiger de l'héritier institué caution, pour la conservation de ce dont l'institué n'a droit de jouir que sous cette condition. Faute par l'institué de fournir cette caution, il doit le double des fruits de ce qui s'est détérioré, à compter du jour qu'elle a été requise. Ce n'est pas ici le cas, comme dans l'espèce précédente, de savoir si la caution ne doit avoir lieu que pour une somme fixe de cent sesterces, ou si elle doit répondre de tout et toujours.

INTERPRÊT. *Celui auquel un héritier a été chargé de rendre une hérédité, peut, aussitôt que celui-ci voudra se mettre en possession, exiger de lui une garantie ou caution, qu'il ne diminuera ou ne détériorera en rien cette hérédité. Du jour où cette garantie a été requise, l'héritier chargé de restituer est tenu de rendre toute chose perdue, ainsi que le double de ses fruits.*

2. Les doubles fruits courent du jour du jugement rendu; ceci s'applique également à ceux qui doivent ou qui ont droit de recevoir, ainsi qu'à leurs héritiers, ou procureurs, ou ayant droits, ou cautions, dans leurs qualités respectives.

INTERPRÊT. *S'il y a retard de paiement après le jugement rendu, les doubles fruits courent du jour de ce jugement, et ils sont dus non-seulement par ceux qui ont été condamnés, mais même par leurs héritiers, procureurs, ayant droits, ou cautions; tous ceux-ci en sont tenus, ainsi que celui qui doit les payer.*

3. Toutes les fois qu'après jugement on aura promis, par stipulation postérieure, d'y satisfaire, le retard du créancier dans l'exercice de l'action, n'empêchera pas qu'il ne puisse répéter son dû.

INTERPRÊT. *Lorsqu'il aura été rendu jugement définitif dans une affaire, et que le condamné aura depuis promis de payer, si celui qui aura agréé cette promesse néglige d'actionner en conséquence, il n'en*

TITULUS IX.

De Stipulationibus.

§. 1. SUBSTITUTUS heres ab instituto, qui sub conditione scriptus est, utiliter sibi institutum hac stipulatione cavere compellit, ne petita bonorum possessione res hereditarias diminuat. Hoc autem casu ex die interpositæ stipulationis duplos fructus præstare compellitur. Hujus enim præjudicium à superiore differt, quò quæritur, an ea res, de qua agitur, major sit centum sestertiis, ideòque in longiorem diem concipitur.

INTERPRÊT. *Substitutus heres, eum qui sub conditione heres institutus est, adita hereditate compellere potest, ut sibi heres instituto caveat, id est, cautione promittat, hanc ipsam hereditatem à se in nullo penitus minuendam. Quo facto, si quid de hereditate fuerit imminutum, duplos fructus ejus rei à die cautionis institutus aut heres instituti redhibere compellitur.*

§. 2. Ex die accepti judicii dupli fructus computantur. Et tam dantes, quàm accipientes, heredes quoque eorum procuratores, cognitorumque personæ, itemque sponsores eadem stipulatione comprehenduntur, eorumque quo quorum nomine promittitur.

INTERPRETAT. *Ex die, qua de causa fuerit judicatum, si in redhibitione mora facta fuerit, dupli fructus computantur, et tam hii qui addicti fuerint, quàm etiam heredes eorum, vel procuratores, aut cognitores, vel fidejussores eadem promissio comprehendit, qui etiam tenendi sunt, quorum nomine facta fuerit promissio.*

§. 3. Quoties judicatum solvi stipulatione satisdatur, omissa ejus actio rei judicatæ persecutionem non excludit.

INTERPRÊT. *Si quando causa per judicium fuerit terminata, et judicati solutio fidejussione interposita fuerit repromissa, si is cui fidejussio præbita est, hujus rei actionem qualibet ratione tar-*

daverit, à persecutione rei quæ addicta est, non excluditur.

§. 4. Emancipati liberi præteriti, si velint, se miscere paternæ hereditati, et cum his, qui in potestate remanserint communis patris dividere hereditatem, antequam bonorum possessionem petant, de conferendo cavere cum satisdatione debebunt. Quòd si satisdare non possunt, statim ex fide bonorum confusionem, excepto peculio castrensi facere cogendi sunt.

INTERPRET. *Emancipati filii, si patris testamento fuerint prætermissi, et se paternæ hereditati cum reliquis fratribus miscere voluerint, de confundendis rebus, quas à patre emancipationis tempore perceperint, fidejussores dare compelluntur, qui eos omnia divisioni refusuros sua fidejussione promittant. Quòd si hujusmodi fidejussores non dederint, statim fide media confusionem rerum omnium, quas acceperunt, facere compelluntur : exceptis tamen rebus, quas de castrensi peculio habere probantur.*

aura pas moins le droit de suivre l'exécution de son jugement.

4. Lorsque des enfans émancipés, oubliés, voudront partager la succession de leur père avec les autres enfans restés sous la puissance paternelle, ils devront, avant tout, s'obliger avec caution, de rapporter ce qu'ils auraient reçu ; faute de ce, ils pourront être contraints de droit de confondre tout dans la succession, excepté leur pécule militaire.

INTERPRÉT. *Si les enfans émancipés avaient été oubliés par leur père dans son testament, et qu'ils veuillent partager sa succession avec leurs autres frères, ceux-ci pourront exiger d'eux caution de rapporter à la masse ce qu'ils auraient reçu du père commun lors de leur émancipation. Faute par eux de donner cette caution, ils pourront être forcés de rapporter aussitôt à la masse, et d'après estimation, tout ce qu'ils auraient reçu, excepté ce qu'ils pourront prouver leur appartenir personnellement à titre de pécule militaire, ou autre de ce genre.*

· TITULUS X.

De contrahenda auctoritate.

OB metum impendentis damni vicinus vicino satisdare debet, additis sponsoribus super eo, quod damni acciderit. De communi pariete utilitatis causa hoc cœpit observari, ut ædificet quidem, cui ædificare interest : cogatur verò socius portionis suæ impensas agnoscere.

INTERPRET. *Si quando aliquibus vicinus paries ruinæ metum videatur ostendere, invicem sibi datis fidejussoribus, promittere debent, ut si cui vicinus paries damnum fecerit, à socio sarciatur. Sed si ab uno ex his communis paries propter metum ruinæ fuerit reparatus, expensas fabricæ socius illi pro portione sua præstare cogendus est.*

TITRE X.

De l'Obligation légale.

LORSQU'IL y a lieu à danger imminent de voisin à voisin, il doit être fait promesse, avec caution, de contribuer à réparer le dommage, s'il en arrivait. S'il s'agit d'un mur mitoyen, voici d'abord ce qui s'observe : c'est à celui qui croit y avoir le plus d'intérêt à le faire reconstruire ; mais il peut forcer l'autre à se reconnaître débiteur des dépenses de reconstruction, selon sa portion de ce mur.

INTERPRÉT. *Un mur mitoyen menaçant ruine, les deux voisins doivent s'obliger entr'eux réciproquement, et avec caution, à indemniser du dommage de sa chute celui des deux qui en souffrirait ; et si, dans la crainte de la chute de ce mur, l'un des deux voisins le faisait réparer, il aura le droit de répéter contre l'autre la portion de dépense qu'il en doit supporter.*

TITRE XI.

Des Donations.

1. T OUT ce qui a été remis par la mère à son gendre, en présence de sa fille, et en sus de la dot, en faveur des noces, est censé ne lui avoir été remis qu'à titre de don.

2. La prise de la possession de la chose ainsi donnée et déniée, ne peut résulter que du fait de la donation, et non du droit commun; cette preuve ne résultera donc que de la possession actuelle elle-même du gendre, si cette preuve est possible.

INTERPRÉT. *Toutes les fois qu'il y a contestation sur délivrance d'une chose prétendue livrée, la preuve de sa délivrance peut moins se tirer du droit commun ou d'aucun écrit, que de celle du fait lui-même. Il ne peut, en ce cas, être admis aucune autre preuve que celle résultante de la possession actuelle de la chose de la part de celui auquel on soutient qu'elle a été livrée.*

3. Lorsque le père a, de son vivant, donné quelque chose à son fils, est décédé en persistant dans la même volonté, la donation est confirmée par la mort du père.

4. Lorsqu'une même chose a été donnée à deux, celui qui s'en trouve en possession y a seul droit. Il n'importe pas de savoir si elle a été d'abord remise à l'un et ensuite à l'autre, et s'il doit y avoir préférence entre eux.

INTERPRÉTAT. *Lorsqu'on a fait don, par acte régulier, d'une même chose à deux; d'abord à l'un et depuis à l'autre, il n'est pas nécessaire, à l'égard de ces sortes de donations, de s'inquiéter qui a eu en premier ou en second; c'est celui qui aura possédé, le maître ayant livré, qui restera possesseur. Cette règle concerne aussi bien les donations faites par étrangers que celles faites par parens.*

5. Celui qui donne ne peut être forcé de garantir l'éviction de la chose donnée, ni être tenu de la garantie promise pour lui. A possesseur de chose seulement lucrative, ne peut, en bon droit, appartenir aucune action en garantie.

INTERPRÉT. *Quiconque a donné par*

TITULUS XI.

De Donationibus.

§. 1. S PECIES extra dotem à matre in honorem nuptiarum, præsente filia genero traditæ, donationem perfecisse videntur.

§. 2. Probatio traditæ, vel non traditæ possessionis, non tam in jure, quàm in facto consistit: ideòque sufficit ad probationem, si rem corporaliter teneant.

INTERPRET. *Si inter aliquos de tradita, aut non tradita re nascatur intentio, hujus rei probatio non in jure, aut in scriptura, sed in facto constat. Ideò ad omnem probationem sufficit, si res ab eo, qui sibi traditam asserit, teneatur.*

§. 3. Pater si filiofamiliæ aliquid donaverit, et in ea voluntate perseverans decesserit, morte patris donatio convalescit.

§. 4. Cùm unius rei in duos donatio confertur, potior est ille, cui res tradita est. Nec interest posterior quis, an prior acceperit, et exceptæ necne personæ sint.

INTERPRET. *Si aliquis unam rem duobus per legitimas scripturas donaverit, uni priùs, et alteri posteà, non quærendum est in his donationibus, qui prior, qui posterior sit; sed qui rem tradente donatore possederit, is eam, cui est tradita possidebit; nec interest, utrùm in parentes an in extraneos talis sit facta donatio.*

§. 5. Invitus donator de evictione rei donatæ promittere non cogitur, nec eo nomine si promiserit oneratur: quia lucrativæ rei possessor ab evictionis actione ipsa juris ratione depellitur.

INTERPRET. *Si aliquis rem juris sui,*

scriptura interveniente, donaverit, evictionis pœnam sibi constituere invitus non
compellitur. Ad quam etiam si volens promiserit, non potest retineri. Quia res quæ
lucrum alteri facit, damnum pro munere
sui donatori inferre non poterit. Et si ad
hanc rem is, cui donatum est, donatorem
voluerit attinere, ab hac actione omnimodis removetur.

§. 6. Ei qui aliquem à latrunculis, vel
hostibus eripuit, in infinitum donare non
prohibemur; si tamen donatio, et non merces eximii laboris appellanda est: quia con-
templationem salutis certo modo œstimari
non placuit.

INTERPRET. Si quis aliquem de immi-
nenti periculo, id est, de latronum aut
hostium persecutione, vel manu eripuit:
quicquid vel quantum, aut si omnia ei is
qui liberatus est, pro salutis suæ mercede
donaverit, nec ab ipsa donatore, nec ab
heredibus ejus repeti potest. Quia vitæ
præmium nulla potest œstimatione pretii
pensari.

TITULUS XII.

De jure fisci et populi.

§. 1. Ejus bona, qui sibi ob aliquod admissum flagitium mortem conscivit, fiscus
vindicat. Quòd si tædio vitæ, aut pudore
æris alieni, vel valetudinis alicujus impatientia hoc admisit, non inquietabuntur,
sed ordinaria successione relinquentur.

INTERPRET. Si quis sibi pro aliquo
admisso crimine mortem intulerit, facul-
tates ejus fiscus vindicat. Nam si ingrati-
tudine malæ vitæ, aut propter verecun-
diam contracti enormis debiti, vel impatientia valetudinis, mortem sibi intulerit,
bona ejus suis, aut legitimis heredibus
nullatenùs auferuntur.

écrit ce qui lui appartenait, ne peut être
forcé de s'imposer une peine en cas d'éviction; quand même il l'aurait consentie, il
n'en résultera aucune action. Chose donnée
à titre seulement lucratif, ne peut engendrer aucune action en garantie de la bien-
faisance. Dans le cas où le donataire voudrait se prévaloir de la garantie promise,
il doit être absolument déclaré non recevable.

6. Les libéralités à cause de délivrance
des ennemis, ou d'entre les mains des voleurs ne sont pas bornées, supposé même
qu'on puisse les considérer plutôt comme
donation que comme récompense du plus
grand service qui puisse être rendu. Ce
qu'on a fait dans la vue de sa conservation,
ne peut être l'objet d'aucune autre estimation que celle faite à l'instant du péril par
le donateur lui-même.

INTERPRÉT. Si quelqu'un a été soustrait
par un autre à un péril imminent; si, par
exemple, il avait été délivré des ennemis
ou des mains d'une bande de voleurs, quelque chose qu'il ait donnée à son libérateur,
quand même il lui aurait donné toute sa
fortune pour récompense, il ne pourra
rien en être réclamé ni par lui ni par ses
héritiers: il est impossible de fixer aucun
prix à la vie d'un homme.

TITRE XII.

Du droit du fisc et du peuple.

1. Le fisc n'a aucun droit sur les biens
de celui qui, seulement accusé d'un crime,
s'est donné la mort. Il en sera alors comme
s'il se fut tué par dégoût de la vie, ou parce
qu'il se serait trouvé accablé de dettes, ou
par excès de douleurs en maladie, sa succession appartiendra en entier à ses héritiers, sans que personne puisse y rien prétendre que selon le droit commun.

INTERPRÉT. Les biens de celui qui,
accusé d'un crime, se sera donné la mort,
ne peuvent être confisqués: il n'en sera
alors que comme si, excédé des peines de
la vie, de l'énormité de ses dettes, ou des
souffrances d'une maladie, il avait lui-
même mis fin à son existence, ses héritiers
légitimes ou institués ne pouvant, pour
aucun

aucun de ces cas, être privés de sa succession.

2. Héritier futur qui aura empêché lui-même son parent ou son allié de faire son testament, ou qui sera parvenu à soustraire le testament qu'il aurait fait, sera, comme indigne, privé de sa succession.

3. Si le père ou le maître ayant attaqué comme faux le testament par lequel leur fils ou leur esclave aurait été institué héritier, ou simple légataire, a succombé, la succession ou le legs appartiendra au fisc.

4. Il est d'usage de secourir celui qui, en bas âge, a attaqué un testament et qui a succombé, sur-tout s'il ne l'a fait que par le conseil de son tuteur ou de son curateur.

5. Personne ne peut exercer aucun office dépendant du fisc dans la province dont il est originaire, de peur qu'il n'en puisse être pris prétexte de l'accuser de trop de faveur, ou de trop de sévérité envers ou contre qui que ce soit.

6. Toutes les fois que les officiers du fisc se seront mis en possession de quelque bien, ou l'auront inscrit dans leurs registres, ou l'auront séquestré sans jugement préalable, et qu'il sera réclamé même par procureur, il sera rendu. Ceux qui se seront permis d'en agir ainsi, seront traduits devant les préfets, et punis par eux.

7. Il n'est pas permis de léguer au fisc, ni à lui d'accepter un procès qui peut entraîner la ruine des particuliers.

INTERPRÉT. *Il n'y a que l'envie de nuire qui puisse porter à instituer l'empereur du bénéfice d'un procès ; et il ne faut pas que la majesté du prince puisse servir à opérer la ruine de qui que ce soit.*

8. Il ne résulte aucune action d'une simple promesse ; c'est pour cela que le fisc ne peut s'emparer des biens de celui qui se serait vanté de les avoir laissés à l'empereur.

9. Le privilège du fisc consiste à primer tous créanciers.

10. Le fisc ne peut rien demander ni par induction, ni sur copie d'aucun écrit ; il ne le peut qu'en vertu d'acte authentique, auquel foi est due quant à l'obligation qu'il constate. Aucun titre douteux ne peut être accueilli en sa faveur en justice.

11. Les biens de celui qui a fait de la fausse

§. 2. Ei etiam velut indigno aufertur hereditas, qui affinem, vel cognatum, cui ipse ab intestato successurus erat, testamentum facere prohibuit, aut ne jure subsisteret operam dedit.

§. 3. Si pater, vel dominus id testamentum, quo filius ejus, vel servus heredes instituti sunt, aut legatum acceperunt, falsum redarguant, nec obtineant, fisco locus est.

§. 4. Ætati ejus, qui accusat testamentum, si non obtineat, succurri solet in id, quod ita amisit, maxime si tutoris, aut curatoris consilio actio instituta sit.

§. 5. In ea provincia, ex qua quis originem ducit, officium fiscale administrare prohibetur, ne aut gratiosus, aut calumniosus apud suos esse videatur.

§. 6. Quoties, sine auctoritate judicati officiales alicujus bona occupant, vel describunt, vel sub observatione esse faciunt, adito procuratore injuria submovetur, et rei hujus auctores ad præfectos prætorio puniendi mittuntur.

§. 7. Litem in perniciem privatorum fisco donari non oportet, nec ab eo donata suscipi.

INTERPRET. *Imperatorem litis causa heredem institui invidiosum est : nec enim calumniandi facultatem ex principali majestate capi oportet.*

§. 8. Ex nuda pollicitatione nulla actio nascitur : ideoque ejus bona, qui se heredem imperatorem facturum esse jactaverat, à fisco occupari non possunt.

§. 9. Privilegium fisci est, inter omnes creditores primum locum retinere.

§. 10. Quicunque à fisco convenitur, non ex indice, vel exemplo alicujus scripturæ, sed ex authentico conveniendus est : etsi contractus fides possit ostendi. Cæterùm calumniosam scripturam vim justæ petitionis in judicio obtinere non convenit.

§. 11. Ejus bona, qui falsam mone-

33

tam percussisse dicitur, fisco vindicantur. Quòd si servi ignorante domino id fecisse dicantur, ipsi quidem summo supplicio afficiuntur, domino tamen nihil aufertur, quia pejorem domini causam servi facere, nisi forte scierit, omninò non possunt.

TITULUS XIII.

De Delatoribus.

§. 1. OMNES omninò deferre alterum, et causam pecuniariam fisco nunciare prohibentur. Nec refert mares istud, an feminæ faciant, servi, aut ingenui, an libertini, an suos, an extraneos deferant. Omni enim modo puniuntur.

§. 2. Servi fiscales, qui causam domino prodere, ac nuntiare contendunt, deferre non videntur, subornati sanè reum prodere coguntur, qui quod per se non potest, per alium deferat. Perindè autem subornatores, ac delatores puniuntur.

INTERPRET. Si servi fiscales aliquid domino nuntiaverint atque prodiderint, delatores esse non videntur. Sanè si aliquis eos ad hanc rem immiserit vel instigaverit, eum prodere compelluntur. Qui cùm proditus ab illis fuerit, ita puniri jubetur, quemadmodum delatores pro juris ordine puniuntur.

§. 3. Damnati servi, sive post sententiam, sive ante sententiam dominorum facinora confessi sint, nullo modo audiuntur, nisi forte eos deferant majestatis.

TITULUS XIV.

De Quæstionibus habendis.

§. 1. IN criminibus eruendis quæstio quidem adhibetur, sed non statim à tormentis incipiendum est: ideoque priùs argu-

monnoie sont acquis au fisc. Si ce sont des esclaves qui se soient rendus coupables de ce crime à l'insu de leurs maîtres, ils doivent être condamnés au dernier supplice, sans qu'il soit rien exigé des maîtres. Les esclaves ne peuvent, dans ce cas, rendre pire la condition de leur maître, que lorsqu'il a, par hasard ou autrement, eu connaissance de leur méfait.

TITRE XIII.

Des Délateurs.

1. IL est défendu de se permettre aucune dénonciation l'un contre l'autre, même pour ce qui concerne les droits pécuniaires du fisc. Il n'importe qui a dénoncé, soit homme ou femme, esclaves ou de condition libre, ou affranchis, qu'ils aient dénoncé leurs parens ou autres, ils doivent être punis, quelle que soit leur délation.

2. Les esclaves fiscaux qui, par prétendu intérêt pour leur maître, lui font une dénonciation, ne doivent pas être censés avoir dénoncé; ils ne peuvent être considérés que comme ayant voulu servir un suborneur, qui ne devant se permettre aucune dénonciation, s'est servi d'eux pour la porter. Les dénonciateurs et les suborneurs sont également punis.

INTERPRET. Les esclaves du fisc ayant dénoncé ou découvert quoi que ce soit à leur maître, il n'en peut rien résulter. S'ils indiquent ensuite ceux qui leur auraient fourni la dénonciation, ou qui les auraient portés à la faire, ceux-ci doivent être punis de la peine ordinaire des dénonciateurs.

3. Les esclaves condamnés qui, avant ou depuis leur jugement, auraient chargé leur maître de quelques crimes, ne doivent pas être écoutés, à moins qu'il ne s'agisse de crime de lèse majesté.

TITRE XIV.

Comment on doit interroger.

1. POUR parvenir à découvrir les crimes, il peut être utile de faire subir interrogatoire; mais il ne faut pas d'abord y

procéder par les tortures ; on doit en premier lieu ne se servir que de raisonnemens ; s'il en résulte de justes soupçons de culpabilité contre l'interrogé, c'est alors qu'il est permis de le faire mettre à la torture, pour en tirer des aveux de son crime et l'indication de ses complices.

2. Lorsqu'il existe plusieurs accusés du même crime, on doit interroger d'abord les plus timides et les plus jeunes.

mentis quærendum est, etsi suspicione aliqua reus urgeatur, adhibitis tormentis de sociis et sceleribus suis confiteri compellitur.

§. 2. Unius facinoris plurimi rei ita audiendi sunt, ut ab eo primùm incipiatur, qui timidior, et teneræ ætatis esse videatur.

TITRE XV.

Des Témoins.

1. LES témoins suspects de liaison avec le coupable, et sur-tout ceux qui habitent avec lui et qu'il produirait, ne doivent pas, d'après la loi, être entendus. Il en est de même de ceux qu'il aura reproché, à cause de la vilité de leur état. La bassesse et la dignité de l'état est à considérer quant aux témoins.

2. Personne ne peut être forcé à déposer, malgré soi, contre son parent ou son allié.

3. Les père et mère, ni les enfans, pas même les affranchis refusans, ne peuvent être entendus comme témoins les uns contre les autres. Le témoignage forcé de ces sortes de personnes nuit le plus souvent davantage à la découverte de la vérité qu'il ne peut y être utile.

INTERPRÈT. Les père et mère, leurs enfans et leurs affranchis ne sont pas reçus à témoigner les uns envers les autres ; parce qu'il est reconnu que l'affection qu'ils se portent les empêche ordinairement de dire vérité.

4. Il n'y a lieu à entendre des témoins contre ce qui a été écrit, que lorsque cet écrit est argué de faux.

5. Ceux qui auront porté un faux témoignage, ou varié dans leurs dépositions, ou autrement sacrifié une des parties à l'autre, doivent être ou exilés ou relégués dans une île, ou privés de leurs droits civiques.

6. Lorsqu'il ne s'agit que d'intérêt pécuniaire, excepté en information relative à une succession, il est défendu d'employer la torture ; le doute ne peut être levé qu'à l'aide du serment ou de témoins.

TITULUS XV.

De Testibus.

§. 1. SUSPECTOS gratiæ testes, et eos vel maximè, quos accusato de domo produxerit, vel vitæ humilitas infamaverit, interrogari non placuit. In teste enim et vitæ qualitas spectari debet, et dignitas.

§. 2. In affinem vel cognatum inviti testes interrogari non possunt.

§. 3. Adversus se invicem parentes et liberi, itemque liberti nec volentes ad testimonium admittendi sunt. Quia rei veræ testimonium, necessitudo personarum plerumque corrumpit.

INTERPRÈT. Adversus se invicem testimonium parentes et filii, vel liberti dicere prohibentur : quia veritatis professionem propinquitatis affectio impedire cognoscitur.

§. 4. Testes, cùm de fide tabularum nihil dicitur, adversus scripturam interrogari non possunt.

§. 5. Qui falsa vel varia testimonia dixerunt, vel utrique parti prodiderunt, aut in exilium aguntur, aut in insulam relegantur, aut curia submoventur.

§. 6. In re pecuniaria tormenta, nisi cùm de rebus hereditariis quæritur, non adhibentur. Aliàs autem jurejurando, aut testibus explicantur.

33 *

TITULUS XVI.

De servorum Quæstionibus.

§. 1. Servum de facto suo in se interrogari posse ratio æquitatis ostendit. Nec enim obesse ei debet qui per servum aliquid sine cautione commodat, aut deponit.

Interpret. *Servum de facto suo in se interrogari posse præceptum est, ut si aliquid dominus ejus per eum cuicunque sine cautione transmiserit, aut commodaverit, si illa, cui traditum est, negare voluerit, responsione servi, per quem res acta est, possit rei probatio non deesse.*

§. 2. Judex tutelaris itemque centum viri, si aliter de rebus hereditariis, vel de fide generis justrui non possunt, poterunt de servis hereditariis habere quæstionem.

Interpret. *Si quando rerum hereditariarum quantitas, tutore agente requiritur, ut possit hereditatis quantitas inveniri, de servis hereditariis haberi quæstionem jura præceptum est. Et si fortasse de filiis aliqua dubitatio habeatur, ut veritas inveniri possit, torqueri servi hereditarii jubentur.*

§. 3. Servi alieni in alterius caput non nisi singuli torqueri possunt: et hoc invito domino non est permittendum, nisi delator, cujus interest quod intendit probare, pretia eorum quanti dominus taxaverit, inferre sit paratus, vel certe deterioris facti servi subire taxationem.

§. 4. Servo, qui ultro aliquid de domino confitetur, fides non accommodatur. Nec enim oportet in rebus dubiis salutem

TITRE XVI.

Des Interrogatoires des esclaves.

1. On peut interroger l'esclave sur le fait qui lui est personnel, la raison et l'équité le veulent ainsi : car rien ne doit s'opposer à ce que celui qui a prêté ou mis en dépôt, par l'intermédiaire de son esclave, ne puisse le prouver.

Interprét. *Il est de règle qu'un esclave peut être interrogé sur son fait personnel, tel, par exemple, que sur celui de la remise ou du prêt nié d'une chose qu'il avait été chargé par son maître de remettre sans en prendre de reçu ; parce que la preuve de l'un ou l'autre de ces faits pouvant être acquise des seules réponses de l'esclave, ne doit pas être négligée.*

2. Si le juge de la tutelle ou les centumvirs ne peuvent être autrement instruits des choses dépendantes d'une succession, ou de la loyauté de la famille, qu'en interrogeant les esclaves, ils devront les interroger.

Interprét. *Lorsqu'il s'agira de connaître la quantité des objets dépendans d'une succession, et que le testateur requiert à cette fin que les esclaves de l'hérédité soient interrogés, il est de droit de déférer à cette réquisition ; si par hasard il existait quelque soupçon fondé sur quelques-uns des enfans, on pourra ordonner la torture des esclaves, afin d'en tirer la vérité.*

3. Les esclaves d'autrui ne peuvent être torturés qu'un à un, lorsqu'il s'agit de l'intérêt de tout autre que leur maître ; ils ne peuvent l'être si leur maître n'y a pas consenti, à moins qu'il ne s'agisse d'une délation portée par l'un d'eux, et que leur torture n'ait pour objet, de la part du dénoncé, de tirer d'eux-mêmes la preuve qu'ils ont été payés pour dénoncer, combien ils ont reçu de leur maître, et enfin établir envers le maître la taxe de l'indemnité par lui due, à cause du délit de son esclave.

4. On n'ajoute aucune foi à la dénonciation faite de gaieté de cœur par l'esclave contre son maître ; il ne faut pas, dans le

doute, que le sort des maîtres dépende du caprice de leurs esclaves.

5. Les esclaves ne peuvent pas être interrogés dans les affaires ou pécuniaires ou capitales de leurs maîtres, ni par le président de la province, ni par son délégué.

6. L'esclave de deux maîtres ne peut être torturé relativement à ce qui est personnel à l'un ou à l'autre.

7. Qui n'a acquis un esclave que pour l'empêcher d'être interrogé sur ce qui le concerne, en rendra le prix; et ce fait, l'esclave sera interrogé.

8. L'esclave, à qui que ce soit qu'il ait appartenu depuis qu'il a été acheté, ne peut être interrogé sur ce qui concerne personnellement le maître qui l'a vendu, par respect pour la puissance qu'il a eue sur lui.

9. Un esclave n'ayant été affranchi que pour éviter qu'il ne soit torturé, n'en pourra pas moins être interrogé.

10. Si un voleur dénonce celui qui aurait été cause de son interrogatoire, on ne doit ajouter aucune foi à sa dénonciation; à moins qu'il n'apparaisse que celui qui aurait livré le voleur ne l'a fait que pour ne pas être soupçonné d'avoir été d'intelligence avec lui.

INTERPRÈT. Lorsqu'un voleur aura chargé, dans le cours de son interrogatoire, celui qui l'aurait fait interroger, il ne faudra prêter aucune croyance à sa dénonciation; à moins qu'il ne paraisse évident que celui qui aurait livré le voleur à l'interrogatoire, ne l'ait fait que pour échapper lui-même par ce moyen à la justice.

11. L'accusateur ne peut accuser par un autre, ni un coupable être défendu par un autre, si ce n'est lorsqu'un maître accuse son affranchi d'ingratitude, ou bien pour excuser l'absence d'un accusé.

INTERPRÈT. En cause criminelle, l'accusateur ne peut accuser qu'en personne. L'accusé ne peut être défendu par procureur ou toute autre personne que lui-même, si ce n'est lorsqu'un maître accuse son affranchi d'être un ingrat.

12. Si un juge a prononcé pour de l'argent l'absolution d'un coupable, et qu'il

§. 5. Servi in caput domini neque à præside, neque à procuratore tam in pecuniariis, quàm in capitalibus causis interrogari non possunt.

§. 6. Communis servus in caput alterius ex dominis torqueri non potest.

§. 7. Qui servum ideò comparavit, ne in se torqueretur, restituto pretio poterit interrogari.

§. 8. Servus in caput ejus domini, à quo distractus est, cuique aliquando servivit, in memoriam prioris domini interrogari non potest.

§. 9. Si servus ad hoc fuerit manumissus, ne torqueatur, quæstio de eo nihilominùs haberi potest.

§. 10. Quæstioni ejus latronis, quem quis obtulit, cùm de eo confiteretur, fidem accommodari non convenit; nisi id fortè velandæ conscientiæ suæ gratia, quam cum reo habuit, fecisse doceatur.

INTERPRET. Si latro quæstioni subditus, de eo qui ipsum quæstioni obtulit, confiteatur, credulitatem confessioni ejus non convenit adhiberi; nisi fortè pro tegenda conscientiâ sua eum quæstioni obtulisse rebus evidentibus approbatur.

§. 11. Neque accusator per alium accusare, neque reus per alium defendi potest, nisi ingratum libertum patronus accuset, aut rei absentia defendatur.

INTERPRET. In criminalibus causis nec accusator, nisi per se aliquem accusare potest, neque accusatus per procuratorem, aut aliam personam se defensare permittitur; nisi fortè ingratum libertum patronus accuset.

§. 12. Si pecunia data à judice reus absolutus esse dicatur, idque in eum fuerit comprobatum, ea pœna damnatur, qua reus damnari potuisset.

§. 13. In convictum reum, sive torqueri possit, sive non possit, pro modo admissi sceleris statuendum est.

INTERPRET. *In eum reum, qui de objecti criminis veritate convincitur, sive torqueri possit, sive non possit, judex quod ei visum fuerit judicabit.*

§. 14. Reis suis edere crimina accusatores cogendi sunt. Scire enim oportet, quibus sint criminibus responsuri.

TITULUS XVII.

De Abolitionibus.

§. 1. POST abolitionem publicam à delatore suo reus intra tricesimum diem repeti potest, posteà non potest.

§. 2. Summa supplicia sunt, crux, crematio, decollatio. Mediocrium autem delictorum pœnæ sunt, metallum, ludus, deportatio. Minimæ, relegatio, exilium, opus publicum, vincula. Sanè qui ad gladium dantur, intra annum consumendi sunt.

TITULUS XVIII.

De Abactoribus.

§. 1. ABACTORES sunt, qui unum equum, duas equas, totidemque boves vel capras decem, aut porcos quinque abegerint. Quidquid verò intra hunc numerum fuerit ablatum, in pœna furti pro qualitate ejus, aut in duplum, aut in triplum convenitur, vel fustibus cæsus in opus publicum unius anni datur, aut sub pœna vinculorum domino restituitur.

§. 2. Si ea pecora, de quibus quis litigat, abierit, ad forum remittendus est, atque ita convictus in duplum, vel in tri-

---

soit convaincu de ce fait, il sera condamné à la peine qu'aurait dû subir ce coupable.

13. On doit prononcer sur le sort d'un coupable convaincu, soit qu'il puisse être torturé ou non, selon que son crime vérifié le mérite.

INTERPRÉT. *L'accusé reconnu coupable du crime qui lui a été imputé, qu'il puisse être torturé ou non, sera jugé ainsi que le juge le trouvera bon.*

14. Les accusateurs doivent être forcés de donner, à ceux qu'ils accusent, connaissance des crimes qu'ils leur imputent; car il faut qu'ils sachent de quels crimes ils doivent se défendre.

TITRE XVII.

Des Abolitions.

1. LORSQU'IL a été donné quelque abolition publique, l'accusé peut se pourvoir dans les trente jours contre son délateur; après il ne le peut plus.

2. Les plus grands supplices sont, la croix, le feu, la décolation. Les peines des délits sont, les mines, les jeux publics, la déportation. Les moindres peines sont, la relégation, l'exil, les travaux publics, les fers. Celui qui a été condamné à combattre avec le fer dans les jeux, doit subir son jugement dans l'année.

TITRE XVIII.

Des Voleurs de bestiaux.

1. SONT voleurs de bestiaux ceux qui ont soustrait un cheval, deux jumens, autant de bœufs, dix chèvres ou cinq porcs. Quel que soit le nombre des bêtes dont on se serait emparé, au-dessous de ceux ci-dessus indiqués, on n'aura commis qu'un vol simple, dont la peine sera, selon son espèce, de la restitution du double ou du triple, ou les travaux publics pour un an, après avoir été battus des baguettes, ou les fers, chez le maître auquel le voleur aurait été rendu.

2. Si étant en contestation sur quelques bestiaux, l'un des contestans les emmène, il doit être poursuivi en justice pour ce

fait, et s'il est prouvé, être condamné au double ou au triple, comme un voleur.

plum furis more damnatur.

TITRE XIX.

Des Sacrilèges.

Ceux qui de nuit et d'un coup de main auront violé l'enceinte d'un temple, dans le dessein de piller, ou seulement de s'emparer de quelques-unes des victimes de réserve, doivent être livrés aux bêtes. Si, au contraire, il n'en a été enlevé que peu de chose pendant le jour, les coupables de basse extraction seront condamnés aux mines, les autres le seront à la déportation.

INTERPRÉT. *Ce qui a ici rapport aux temples, doit également s'entendre des églises ; au reste il n'est pas besoin de plus d'explication.*

TITULUS XIX.

De Sacrilegiis.

Qui noctu et manufacta prædandi, ac depopulandi grátia templum irrumpunt, bestiis objiciuntur. Si verò per diem leve aliquid de templo abstulerint, vel deportantur honestiores, vel humiliores in metallum damnantur.

INTERPRET. *Ista quæ de templo dicta sunt, de ecclesia loqui intelligenda sunt; de reliquo interpretatione non eget.*

TITRE XX.

Des Incendiaires.

1. Tout incendiaire qui n'aurait mis le feu dans une ville murée que pour piller, doit être puni de mort.

2. Ceux qui, par vengeance, auront mis le feu à une cabane ou maison des champs, seront, s'ils sont de basse extraction, condamnés aux mines où aux travaux publics ; s'ils sont d'honnête famille, condamnés à la relégation dans une île.

3. Si le feu a pris par hasard, ou par l'imprudence de quelqu'un, et qu'ayant été porté par le vent jusqu'aux champs voisins, les blés, les vignes, les oliviers, ou autres arbres à fruits en aient été brûlés, ces dommages seront réparés à dire d'experts. Si un esclave était la cause de ce malheur, il sera, pour réparation de sa faute, livré, sans autre formalité, à celui qui aura souffert le dommage, si son maître n'aime mieux le payer sur estimation.

4. Ceux qui auront mis le feu en cachette, mais exprès, aux moissons, aux vignes, aux oliviers, seront, s'ils sont de basse extraction, condamnés aux mines ; s'ils sont de famille honnête, condamnés à la relégation dans une île.

5. Ceux qui de nuit ont détruit d'un

TITULUS XX.

De Incendiariis.

§. 1. Incendiarii qui quid in oppido prædandi causa faciunt, capite puniuntur.

§. 2. Qui ca . . . aut villam inimicitiarum gratia incenderunt, humiliores in metallum, aut in opus publicum damnantur, honestiores in insulam relegantur.

§. 3. Fortuita incendia quæ casu venti ferente vel incuria ignem supponentis adusque vicini agros evadunt, si ex eo seges vel vinea vel olivæ vel fructiferæ arbores concrement, datum damnum æstimatione sarciatur. Commissum verò servorum, si domino videatur, noxæ deditione sarciatur.

§. 4. Messium sane per dolum incensores, vinearum olivarumve aut in metallum humiliores damnantur, aut honestiores in insulam relegantur.

§. 5. Qui noctu fructiferas arbores manu

facta ceciderint, ad tempus plerumque in opus publicum damnantur, aut honestiores damnum sarcire coguntur, vel curia submoventur, vel relegantur.

coup de main des arbres à fruits, sont ordinairement condamnés aux travaux publics, et s'ils sont d'honnête famille, forcés de réparer le dommage, ou expulsés de leur centurie, ou relégués.

TITULUS XXI.

De Vaticinatoribus, et Mathematicis.

§. 1. VATICINATORES, qui se Deo plenos assimilant, idcircò civitate expelli placuit, ne humana credulitate publici mores ad spem alicujus rei corrumperentur, vel certè ex eo populares animi turbarentur. Ideoque primùm fustibus cæsi civitate pelluntur : perseverantes autem in vincula publica conjiciuntur, aut in insulam deportantur, vel certè relegantur.

§. 2. Qui novas, et usu, vel ratione incognitas religiones inducunt, ex quibus animi hominum moveantur, honestiores deportantur, humiliores capite puniuntur.

§. 3. Qui de salute principis, vel summa reipublicæ mathematicos, ariolos, aruspices, vaticinatores consulit, cum eo, qui responderit, capite puniuntur. Non tantùm divinatione quis, sed ipsa scientia, ejusque libris melius fecerit abstinere.

§. 4. Quòd si servi de salute dominorum consuluerint, summo supplicio, id est, cruce afficiuntur. Consulti autem si responsa dederint, aut in metallum damnantur, aut in insulam relegantur.

TITRE XXI.

Des Devins ou Astrologues.

1. LES devins s'annonçant comme inspirés d'un Dieu quelconque, doivent être expulsés des villes, pour éviter qu'ils n'abusent, quant aux mœurs, de la crédulité humaine, par l'attente de quelque événement que ce soit, sur-tout s'ils sont déjà parvenus à égarer l'esprit du peuple. Ils doivent, pour la première fois, être expulsés après avoir été battus de baguettes ; en cas de récidive, ils sont jetés dans les fers publics, ou déportés dans une île, ou relégués.

2. Quiconque essaie, par pratique ou démonstration raisonnée, d'introduire de nouveaux cultes religieux propres à exalter les têtes des humains, doivent, s'ils sont de basse extraction, être punis de mort, et seulement déportés s'ils sont de famille honnête.

3. Quiconque aura consulté les astrologues, bergers, oiseleurs, ou devins, sur la vie ou la mort de l'empereur, ou qui aura seulement correspondu avec eux, sera puni du dernier supplice. Dans ce cas, le mieux est de s'abstenir de toute divination, de ne faire aucun usage de sa science réelle, ni de consulter aucun de ses livres.

4. Si ce sont des esclaves qui aient consulté sur la vie ou la mort de leurs maîtres, ils doivent être punis de mort, c'est-à-dire être mis en croix. Si ceux qui auraient été consultés ont donné réponse, ils doivent être condamnés aux mines ou à la relégation dans une île.

TITULUS XXII.

De Seditiosis.

§. 1. AUCTORES seditionis et tumultûs, vel concitatores populi, pro qualitate di-

TITRE XXII.

Des Séditieux.

1. TOUS les auteurs de séditions ou de tumulte, ou tous harangueurs populaires quelconques,

quelconques, seront, selon leurs rangs et conditions, ou mis en croix, ou jetés aux bêtes, ou déportés dans une île.

2. Quiconque aura remblayé des sillons de clôture, ou les aura effacés par traits de charrue, ou arraché des arbres, ou enlevé de simples poteaux indiquant des limites, seront, si ce sont des esclaves qui de leur propre mouvement se le sont permis, condamnés aux mines; ceux de basse extraction seront condamnés aux travaux publics; tous autres seront relégués dans une île, avec perte du tiers de leurs biens, ou forcés de s'exiler eux-mêmes.

3. Tous citoyens Romains qui, selon le culte juif, se sera fait circoncire, ou aura laissé circoncire ses esclaves, en sera puni par la perte de tous ses biens, et par la relégation dans une île. L'opérateur sera puni de mort.

4. Tout juif qui aura acheté des esclaves d'autre nation que la sienne et qui les aura fait circoncire, doit être déporté ou mis à mort.

TITRE XXIII.

Sur la loi Cornelia, des Assassins à gage et des Empoisonneurs.

1. LA loi veut que tous ceux qui auront tué un homme, ou que ceux qui les auraient accompagnés, portant sur eux des armes cachées dans ce dessein, soient punis de la déportation, conformément à la loi Cornélia. La même loi veut que quiconque se sera procuré du poison, qui en aura vendu ou préparé pour donner la mort à quelqu'un, ainsi que celui qui en aura été la cause, sous quelque faux prétexte que ce soit, et quels qu'aient été les moyens par lesquels il aurait perdu la vie, soient, pour toutes ces sortes de crimes, mis simplement à mort s'ils sont d'honnête extraction, et suppliciés de la croix et jetés aux bêtes s'ils sont de condition vile.

2. Un homme qui en a tué un autre, peut parfois en être absous; et qui n'a pas tué, être condamné comme homicide : c'est l'intention et non le fait qui doit être puni. C'est pour cela que celui qui a voulu tuer, et en a été empêché par quelqu'ac-

gnitatis, aut in crucem tolluntur, aut bestiis objiciuntur, aut in insulam deportantur.

§. 2. Qui terminos effodiunt, vel exarant, arboresve terminales evertunt, vel qui convellunt bodones, si quidem id servi sua sponte fecerint, in metallum damnantur; humiliores in opus publicum, honestiores in insulam, amissa tertia parte bonorum relegantur, aut exulare coguntur.

§. 3. Cives Romani, qui se judaico ritu, vel servos suos circumcidi patiuntur, bonis ademptis in insulam perpetuò relegantur : medici capite puniuntur.

§. 4. Judæi si aliæ nationis comparatos servos circumciderint, aut deportantur, aut capite puniuntur.

TITULUS XXIII.

Ad legem Corneliam de Sicariis, et Veneficis.

§. 1. LEX Corneliam pœnam deportationis infligit eis, qui hominem occiderint, ejusve rei causa, furtive faciendi cum telo fuerint. Et qui venerum hominis necandi causa habuerit, vendiderit, paraverit, falsum testimonium dixerit, quo quis periret, mortisve causas præstiterit. Ob quæ omnia facinora in honestiores pœna capitis vindicari placuit, humiliores verò in crucem tolluntur, aut bestiis objiciuntur.

§. 2. Qui hominem occiderit, aliquando absolvitur. Et qui non occidit, ut homicida damnatur. Consilium enim uniuscujusque non factum puniendum est. Ideòque qui cùm vellet occidere, id casu aliquo perpetrare non potuerit, ut homicida pu-

34

nietur. Et is, qui casu jactu teli hominem imprudenter occiderit, absolvitur.

§. 3. Qui latronem cædem sibi inferentem, vel alias quemlibet stupro occiderit, puniri non placuit. Alius enim vitam, alius pudorem publico facinore defendit.

§. 4. Judex, qui in caput fortunasque hominis pecuniam accepit, in insulam bonis ademptis, deportetur.

§. 5. Mandatores cædis perinde ut homicidæ puniuntur.

§. 6. Si putator ex arbore cùm ramum dejiceret, non proclamaverit, ut vitaretur, atque ita præteriens ejusdem ictu perierit, etsi in legem non incurrit, in metallum damnatur.

§. 7. Qui hominem invitum libidinis, aut promercii causa castraverit, castrandumve curaverit, sive is servus, sive liber sit, capite punitur. Honestiores publicatis bonis in insulam deportantur.

§. 8. Qui abortionis, aut amatorium poculum dant, etsi id dolo non faciant, tamen mali exempli res est, humiliores in metallum, honestiores in insulam amissa parte bonorum relegantur. Quòd si ex hoc homo aut mulier perierit, summo supplicio afficiuntur.

§. 9. Qui sacra impia, nocturnave, ut quem obcantarent, defigerent, obligarent, fecerint, faciendave curaverint; aut cruci suffiguntur, aut bestiis objiciuntur.

§. 10. Qui hominem immolaverint, ex

cident indépendant de son projet, doit être puni comme un homicide; tandis que celui qui aura tué par le jet seulement imprudent de quelqu'arme que ce soit, doit être absous.

3. Quiconque a tué un voleur au moment où celui-ci allait le tuer, ou qui étant exposé à être impudiquement traité, aura tué l'agresseur, ne doit pas être puni : car autre chose est de tuer pour conserver sa vie, et autre chose aussi est de tuer pour se défendre d'atteintes impudiques; crimes tous deux essentiellement contraires à la sûreté publique.

4. Tout juge qui, en affaire criminelle ou civile, se sera laissé corrompre pour de l'argent, doit être puni par la confiscation de ses biens et par la déportation.

5. Ceux qui ont ordonné le meurtre, sont punis comme meurtriers.

6. Celui qui aura coupé une branche d'arbre, et qui en aura blessé à mort un passant, faute, en la jetant, de l'avoir averti à haute voix de s'en garer, quoique non compris dans la loi, n'en sera pas moins condamné aux mines.

7. Quiconque aura de force, par motif de luxure ou d'intérêt mercantile, fait faire quelqu'un eunuque, soit libre ou esclave, sera puni de mort; s'il est de condition honnête, ses biens seront confisqués et il sera déporté dans une île.

8. Ceux qui administrent des breuvages propres à procurer l'avortement, ou à exciter des désirs amoureux, sont d'un trop dangereux exemple, quand même ils n'auraient eu aucun mauvais dessein; s'ils sont de condition vile, ils seront condamnés aux mines; s'ils sont de condition honnête, ils perdront une partie de leurs biens, et seront relégués. Si ceux auxquels ces breuvages auraient été administrés, hommes ou femmes, en étaient morts, les coupables seront punis de mort.

9. Tous ceux qui se seraient permis de célébrer des mystères sacrilèges ou nocturnes, dans la vue d'enchanter, de rendre malade, ou tenir en chartre, ou qui auraient concouru à la célébration de ces mystères, seront mis en croix ou jetés aux bêtes.

10. Quiconque aura offert un homme

en sacrifice, ou fait des libations religieuses de son sang, et ainsi profané un temple, ou son seuil, sera jeté aux bêtes ; et s'il est de condition honnête, sera puni de la mort simple.

11. Les associés des magiciens sont punis du dernier supplice, c'est-à-dire jetés aux bêtes, ou mis en croix ; quant aux magiciens, on les brûle vifs.

12. Il n'est permis à personne d'avoir chez soi des livres de magie. S'il en est trouvé au pouvoir de qui que ce soit, ils doivent être publiquement brûlés ; celui chez lequel ils sont pris perd ses biens et est condamné à la déportation ; ceux qui sont de condition vile sont punis de mort. Non-seulement il est défendu d'exercer la profession de magicien, mais même de s'instruire dans cet art.

13. Si un homme vient à mourir du médicament qu'on lui aurait donné pour lui sauver la vie, ou seulement pour le soulager ; celui qui le lui aurait donné, s'il est de condition honnête, sera relégué ou déporté dans une île ; s'il est de condition vile, il sera puni de mort.

ejusve sanguine litaverint, fanum templumve polluerint, bestiis objiciuntur ; vel si honestiores sint, capite puniuntur.

§. 11. Magicæ artis conscios summo supplicio affici placuit, id est, bestiis objici aut cruci suffigi : ipsi autem magi vivi exuruntur.

§. 12. Libros magicæ artis apud se neminem habere licet : et si penes quoscunque reperti sint, bonis ademptis ambustisque his publicè, in insulam deportantur ; humiliores capite puniuntur. Non tantùm hujus artis professio, sed etiam scientia prohibita est.

§. 13. Si ex eo medicamine, quod ad salutem hominis, vel ad remedium datum erat, homo perierit : is, qui dederit, si honestior fuerit, in insulam deportatur ; humilior autem capite punitur.

TITRE XXIV.

De la loi Pompéia sur les Parricides.

LA loi Pompéia répute parricides tous ceux qui ont tué leur père, leur mère, leur aïeul, leur aïeule, leur frère, leur sœur, leur patron, leur patronne. Ils étaient autrefois cousus dans un sac et jetés à la mer ; aujourd'hui ils sont brûlés vivans ou jetés aux bêtes.

TITULUS XXIV.

Ad legem Pompeiam de paricidiis.

LEGE Pompeia de paricidiis tenetur, qui patrem, matrem, avum, aviam, fratrem, sororem, patronum, patronam occiderit. Hi etsi antea insuti culeo in mare præcipitabantur, hodiè tamen vivi exuruntur, vel ad bestias dantur.

TITRE XXV.

De la loi Cornélia sur les testamens.

1. SERA puni des peines portées par la loi Cornélia, concernant les testamens, quiconque a écrit, à dessein de tromper, un testament ou tout autre titre faux, ou qui l'aura hautement lu, ou souscrit, soustrait, supprimé, caché, surchargé ou effacé, ou qui y aura fait un faux cachet, apposé son empreinte, ou déformé, enlevé ou gratté l'empreinte du cachet qui y

TITULUS XXV.

Ad legem Corneliam testamentariam.

§. 1. LEGE Cornelia testamentaria tenetur, qui testamentum, quodve aliud instrumentum falsum, sciens dolo malo scripserit, recitaverit, subscripserit, subfecerit, suppresserit, amoverit, resignaverit, deleverit, quodve signum adulterinum sculpserit, fecerit, expresserit, amoverit, reseraverit : quive nummos aureos, argenteos adulteraverit, laverit, conflaverit,

34

raserit, corruperit, vitiaverit, vultuve principum signatam monetam præter adulterinam reprobaverit; honestiores quidem in insulam deportantur, humiliores autem aut in metallum damnantur, aut in crucem tolluntur. Servi autem post admissum manumissi capite puniuntur.

§. 2. Qui ob falsum testimonium prohibendum, vel verum non perhibendum pecuniam acceperit, dederit, judicemve, ut sententiam ferat, vel non ferat, corruperit, corrumpendumve curaverit, humiliores capite puniuntur, honestiores publicatis bonis cum ipso judice in insulam deportantur.

§. 3. Judex, qui contra sacras principum constitutiones contrave jus publicum quod apud se recitatum est, pronuntiat, in insulam deportatur.

INTERPRET. *Quicunque judex oblatas sibi in judicio leges, vel juris species audire noluerit, et contra eas judicaverit, ex ea re convictus in insulam deportatur.*

§. 4. Qui rationes, acta, libellos, album propositum, testationes, cautiones, chirographa, epistolas sciens dolo malo in fraudem alicujus deleverit, mutaverit, subjecerit, subscripserit, quive æs inauraverit, argentaverit, quive cùm argentum, vel aurum poneret, æs, stamnumve subjecerit, falsi pœna coërcetur.

§. 5. Amplissimus ordo decrevit eas tabulas, quæ publici, vel privati contractus scripturam continent, adhibitis testibus ita signari, ut in summa marginis ad mediam partem perforatæ, et triplici lino constringantur, atque impositum supra linum ceræ signa imprimantur, ut exteriores scripturæ fidem interiori servent. Ali-

aurait été mis. Quiconque a altéré, lavé, fourré ou rogné, corrompu ou vicié des écus d'or ou d'argent, ou qui a refusé de recevoir la monnaie portant l'empreinte des têtes d'empereurs, à moins que ces empreintes ne soient fausses; les hommes de condition honnête sont déportés dans une île, ceux de condition vile sont ou envoyés aux mines ou mis en croix. Les esclaves affranchis après leur condamnation, sont punis de mort simple.

2. Qui a reçu de l'argent pour présenter un faux testament, ou soustraire le vrai, ou qui en a donné pour faire faire l'un ou l'autre, qui aura corrompu un juge, et ainsi engagé à rendre ou ne pas rendre son jugement, ou celui qui se sera chargé de corrompre ce juge, sont punis : savoir, ceux de condition vile, de la peine de mort; ceux d'honnête condition, par la confiscation de leurs biens, et la déportation dans une île avec le juge lui-même.

3. Tout juge qui se permet de juger au mépris du respect religieux dû aux rescrits des empereurs, ou en contravention du droit public dont on lui a rappelé le texte, est déporté dans une île.

INTERPRÊT. *Quel que soit le juge auquel on aurait rapporté les lois, ou auquel on aurait cité les divers articles du droit, et qui aurait jugé contre leur teneur, il doit être déporté dans une île, s'il en est convaincu.*

4. Est punissable de la peine du faux, celui qui, de dessein prémédité et pour faire tort à quelqu'un, aura effacé, changé, soustrait, surchargé des comptes, des registres, des mémoires, des affiches, des certificats, des promesses, des sous seings privés, des lettres; ou qui aura, exprès et à dessein de tromper, doré ou argenté du cuivre, ou qui devant dorer ou argenter quelqu'objet, aurait substitué le cuivre à l'or et l'étain à l'argent.

5. Un décret du sénat ordonne que les tablettes qui contiennent quelque contrat public ou privé, soient signées en présence de témoins, ainsi qu'il est ci-après prescrit : les tablettes doivent être percées vers le milieu de la marge et au bord, liées d'un triple tour de ruban de lin enduit de cire, sur lequel seront les signatures; de

sorte que ce qui aura été écrit sur ces tablettes à l'extérieur, soit la sauve-garde de ce qui à été écrit en dedans; autrement ce sera en vain qu'on représentera des tablettes, elles ne seront dans aucun tems d'aucune utilité.

6. Quiconque aura ouvert le testament d'une personne vivante, en aura donné connaissance et l'aura résigné, a encouru la peine portée en la loi Cornélia. S'il est de vile condition, il est ordinairement condamné aux mines; s'il est de condition honnête, il doit être déporté dans une île.

7. Fondé de pouvoir, ou postulant judiciaire, convaincu d'avoir communiqué des titres utiles à son seul mandant, sera condamné, s'il est de condition libre, à la relégation perpétuelle, et à la perte de la moitié de ses biens; s'il est de condition vile, il sera condamné aux mines.

INTERPRÉT. Tous dépositaires de titres qui les auront rendus ou communiqués à l'une des parties en l'absence de l'autre, seront, selon leur condition, ou condamnés aux mines, ou relégués dans une île.

8. Qui auront fait usage de titres, d'actes, de lettres ou de rescrits faux, auront encouru la peine de faux; en conséquence, s'ils sont de vile condition, ils seront condamnés aux mines; s'ils sont de condition honnête, ils seront déportés dans une île.

9. Quiconque se sera donné un autre nom, où pour appartenir à une famille ou à des père et mère autres que les siens, ou aura autrement usurpé des titres de famille qui lui sont étrangers, et en aura joui, sera puni des peines portées par la loi Cornélia.

10. Quiconque aura abusé des décorations de sénateur, ou porté sans aucun droit l'habit militaire, pour intimider ou rançonner les personnes d'un moindre rang, sera puni de mort, s'il est de vile condition, ou de la déportation dans une île, s'il est de condition honnête.

11. Qui que ce soit qui se sera faussement dit être l'ami particulier d'un juge, ou être admis dans sa société ordinaire, et en conséquence aura d'avance trafiqué à son profit des jugemens qu'il devra rendre, et qui aura été convaincu de ces faits, sera, selon l'espèce de son délit, ou relégué, ou puni de mort.

ter tabulæ prolatæ nihil momenti habent.

§. 6. Qui vivi testamentum aperuerit, recitaverit, resignaverit, pœna legis Corneliæ tenetur: et plerumque aut humiliores in metallum damnantur, aut honestiores in insulam deportantur.

§. 7. Si quis instrumenta litis suæ à procuratore suo, vel cognitore adversario prodita esse convicerit, tam procurator, quàm cognitor, si humiliores sunt, in metallum damnantur; si honestiores adempta dimidia parte bonorum, in perpetuum relegantur.

INTERPRET. Instrumenta penes se deposita quicunque alteri, altero absente, reddiderit, vel adversario prodiderit, pro personæ ejus conditione, aut in metallum damnantur, aut in insulam relegantur.

§. 8. Qui falsis instrumentis, actis, epistolis, rescriptis, sciens dolo malo usus fuerit, pœna falsi coërcetur: ideoque humiliores in metallum damnantur; honestiores in insulam deportantur.

§. 9. Qui sibi falsum nomen imposuerit, genus, parentesve finxerit, quo quid alienum interceperit, possederit, pœna legis Corneliæ de falsis coërcetur.

§. 10. Qui insignibus altioris ordinis utuntur, militiamque confingunt quo quem terreant, vel concutiant, humiliores capite puniuntur; honestiores in insulam deportantur.

§. 11. Si qui de judicis amicitiis, vel familiaritate mentientes eventus sententiarum ejus vendunt, quidve obtentu nominis ejus agunt, convicti pro modo delicti, aut relegantur, aut capite puniuntur.

TITULUS XXVI.

Ad legem Juliam de vi publicâ et privatâ.

§. 1. LEGE Julia de vi publicâ damnantur, qui aliqua potestate præditus, civem Romanum, antea populum, nunc imperatorem appellantem necaverit, necavérive jusserit, torserit, verberaverit, condemnaverit, inve publicâ vincula duci jusserit: cujus rei pœna in humiliores capitis, in honestiores insulæ deportatione coërcetur.

§. 2. Hâc lége excipiuntur, qui artem ludicram faciunt. Judicati etiam et confessi, et qui ideo in carcerem duci jubentur, quod jus dicenti non obtemperaverint, quidve contra disciplinam publicam fecerint. Tribuni etiam militum, et præfecti classium, alarumve, ut sine aliquo impedimento legis Juliæ per eos militare delictum coërceri possit.

INTERPRET. *Lege Julia decretum est, ut pro violentiâ publicâ damnetur, quicunque judex appellantem, ut ad principis præsentiam ducatur, ingenuum hominem, vel civem Romanum factum torserit, occiderit, vel occidi jusserit, vel in vinculis publicis adstrinxerit, vel flagellis ceciderit, aut damnare præsumpserit. Pro quâ re humiliores personæ judicio capitis puniuntur, honestiores in insulam relegantur. Sed à legis istius pœnâ de aliquibus præceptum est, etiamsi ad principem appellaverint, posse torqueri, vel damnari, si qui in ludicrâ arte offenderint, vel judicio fuerint condemnati, aut de crimine suo confessi. Et qui propter hoc in carcerem rediguntur: quia secundùm leges sententiæ judicis parere noluerint: vel si contra disciplinam publicam commisisse aliquid convincantur. Tribuni quoque militum, et præpositi navium, et præfecti alarum, et hi omnes sine impedimento legis Juliæ, etiam post appellationem possunt pro culpæ suæ qualitate aut damnari, aut*

TITRE XXVI.

De la loi Julia sur l'abus de la force publique ou privée.

1. SELON la loi Julia, est coupable d'abus de la force publique, qui, revêtu d'un pouvoir quelconque, aura tué ou fait tuer, torturé, battu de verges, condamné, ou fait mettre aux fers publics un citoyen Romain qui aura appelé à l'empereur, comme auparavant au peuple. Ces crimes sont punis de mort s'ils ont été commis par un homme vile, et de la déportation dans une île s'ils l'ont été par une personne de condition honnête.

2. Sont exceptés des dispositions de cette loi, les bateleurs et autres gens de même sorte, les condamnés, ou ceux qui ont avoué leurs délits, et qui en conséquence sont envoyés en prison; ceux qui n'auraient pas voulu obéir au jugement rendu contre eux, ceux qui auraient contrevenu à la discipline publique; et aussi, les tribuns militaires, les préfets des classes ou des galères, afin qu'aucun délit militaire ne puisse rester impuni, sous prétexte de cette loi Julia.

INTERPRÈT. *La loi Julia ordonne de condamner comme coupable d'abus de la force publique, tout juge qui, pour empêcher un citoyen Romain ou de condition libre, ou tout homme devenu citoyen Romain, appelant, d'être présenté à l'empereur, l'aurait fait torturer, tué, ou fait tuer, ou fait mettre aux fers publics, ou fait battre de verges, où se serait permis de le condamner, au mépris de son appel. Cette loi veut que pour l'un ou l'autre de ces crimes, les hommes de basse extraction soient punis de mort, et tous autres de familles honnêtes, déportés dans une île; mais aussi cette loi permet, relativement à quelques hommes, de n'avoir aucun égard à leur appel à l'empereur; tels sont les bateleurs et autres gens de cette espèce qui auraient offensé quelqu'un; il est permis, malgré cet appel, de les torturer et de les condamner. L'appel n'empêche pas non plus que les condamnés, ou ceux qui ont avoué leurs crimes, ne soient emprisonnés. Il en est de même, en vertu de la* loi, de ceux qui n'auraient pas voulu obéir à jugement rendu contr'eux, ou qui se seraient rendus coupables de délits militaires; les tribuns militaires, les commandans des vaisseaux et ceux des galères ne doivent éprouver aucun empêchement de la loi Julia; ils peuvent même, après l'appel, punir chacun de leurs subordonnés selon le genre de leurs délits.

3. Selon la loi Julia, sont coupables d'abus de la force privée tous ceux qui, à l'aide d'hommes armés, ont expulsé qui que ce soit de sa propriété, de sa maison, de sa cabane ou de son champ, qui l'y auraient assailli, assiégé ou enfermé; tous ceux qui auraient prêté des hommes, ou les auraient engagés ou pris à gage à cet effet; ceux qui auraient provoqué des rassemblemens, concours, tumulte ou sédition; qui auraient mis le feu, empêché d'ensevelir un mort, ou qui l'auraient enlevé lors de ses funérailles, ou les auraient autrement troublées; celui qui aurait reçu, caché ou réfugié chez lui celui auquel l'eau et le feu sont interdits; quiconque aurait paru armé en public; enfin, tous ceux qui auraient assiégé, bloqué, fermé ou occupé les temples et les portes des villes. Tout homme convaincu de ces divers crimes, en est puni par la perte du tiers de ses biens, et par la relégation dans une île, s'il est de condition honnête; s'il est de basse condition, il doit être condamné aux mines.

4. Le créancier chirographaire qui, sans mandement du préteur, s'est fait donner de force, par son débiteur, des gages que celui-ci ne s'était pas engagé à lui fournir, est, selon la loi Julia, coupable d'abus de force privée; mais s'il a reçu des gages, ou qu'il lui ait été mis quelques objets en dépôt chez lui, il peut en prendre son paiement, sans même y être autorisé par le juge.

TITRE XXVII.

De la loi Julia sur le péculat.

QUI aura frauduleusement levé des deniers du fisc, ou les aura soustraits ou changés, ou les aura employés à son usage, doit être condamné à la restitution du quadruple.

§. 3. Lege Julia de vi privata tenetur, qui quem armatis hominibus possessione, domo, villa agrove dejecerit, expugnaverit, obsederit, cluserit, quidve ut fieret, homines commodaverit, locaverit, conduxerit, quive cœtum, concursum, turbam, seditionem, incendium fecerit, funerari, sepelirive aliquem prohibuerit, funusve eripuerit, turbaverit; et qui eum, cui aquâ et igni interdictum est, receperit, celaverit, tenuerit, quive cum telo in publico fuerit; templa, portas, aliudve quid publicum armatis obsederit, cinxerit, clauserit, occupaverit. Quibus omnibus convictis, si honestiores sint, tertia pars bonorum eripitur, et in insulam relegantur, humiliores in metallum damnantur.

§. 4. Creditor chirographarius si sine jussu præsidis per vim debitoris sui pignora cùm non haberet obligata, acceperit, in legem Juliam de vi privata committit. Fiduciam verò, et pignora apud se deposita persequi et sine auctoritate judicis vindicare non prohibetur.

TITULUS XXVII.

Ad legem Juliam peculatus.

SI quis fiscalem pecuniam attrectaverit, surripuerit, mutaverit, inve suos usus converterit, in quadruplum ejus pecuniæ, quam sustulerit, condemnatur.

TITULUS XXVIII.

Ad legem Juliam repetundarum.

JUDICES pedanei si pecunia corrupti dicantur, plerumque à præside aut curia submoventur, aut in exilium mittuntur, aut ad tempus relegantur.

INTERPRET. Si pedanei judices, id est, qui ex delegatione causas audiunt, in audientia causæ corrupti, contra justitiam judicasse convicti fuerint, à judice provinciæ aut curiæ submoventur, aut in exilium mittuntur, aut ad tempus relegantur.

TITULUS XXIX.

Ad legem Juliam majestatis.

§. 1. LEGE Julia majestatis tenetur is, cujus ope, consilio adversus imperatorem vel rempublicam arma mota sunt, exercitusve ejus in insidias deductus est, quive injussu imperatoris bellum gesserit, delectumve habuerit, exercitum comparaverit, sollicitaverit, deserueritque imperatorem. His antea in perpetuum aqua et igni interdicebatur, nunc verò humiliores bestiis objiciuntur, vel vivi exuruntur : honestiores capite puniuntur. Quod crimen non solùm facto, sed et verbis impiis aut maledictis maximè exacerbatur.

§. 2. In reum majestatis inquiri prius convenit, quibus opibus, qua factione, quibus in hoc auctoribus fecerit. Tanti enim criminis reus non obtentu adulationis alicujus, sed ipsius admissi causa puniendus est. Et ideò cùm de eò quæritur, nulla dignitas à tormentis excipitur.

TITRE XXVIII.

De la loi Julia sur la vénalité des juges.

SI les juges délégués du préteur sont accusés de s'être laissés corrompre à prix d'argent, ils sont chassés du tribunal ou de la cour, ou envoyés en exil, ou relégués à tems par le président.

INTERPRÉT. Si les juges subalternes, c'est-à-dire, qui sont délégués pour juger certaines affaires, ont, par corruption, prononcé jugement contraire à justice, et en sont convaincus, ils doivent être chassés d'auprès du juge principal, ou de la cour, ou envoyés en exil, ou relégués à tems.

TITRE XXIX.

De la loi Julia sur le crime de lèse-majesté.

1. EST coupable de lèse-majesté qui, par intrigue ou conseil, aura fait prendre les armes contre l'empereur, ou aura été cause que ses armées auront donné dans quelques piéges, ou aura fait la guerre sans ordre de l'empereur, aura gagné l'armée, se la sera attachée, l'aura portée à la révolte, ou aura abandonné l'empereur. Ces crimes étaient autrefois punis par l'interdit de l'eau et du feu. Actuellement, lorsque les coupables sont de basse extraction, ils sont jetés aux bêtes ou brûlés vifs ; s'ils sont de condition honnête, ils sont punis de mort. Ces crimes, très-graves en eux-mêmes, sont infiniment plus graves si on a employé pour les commettre des paroles impies ou des malédictions.

2. On doit d'abord s'informer contre tout coupable de lèse-majesté, à la sollicitation de qui, pour quelle faction le crime aura été commis, qui aura fourni l'argent. Que ce crime ait ou non réussi, il suffit qu'on y ait consenti pour qu'il doive être puni. Quelle que soit la dignité de celui qui s'en est rendu coupable, elle ne peut l'exempter des tourmens.

TITRE XXX.

De la loi Julia, sur la brigue.

CELUI qui, pour obtenir une magistrature, ou le sacerdoce d'une province, aura payé pour faire tumulte, et empêcher ainsi de recueillir les suffrages, convoqué des esclaves, ou soudoyé une multitude quelconque, et en sera convaincu, sera déporté dans une île, comme coupable d'abus de la force publique.

TITRE XXXI.

Des Peines militaires.

1. TOUT soldat qui, ayant reçu de l'argent, aura laissé échapper un prisonnier, sera puni de mort. Cependant il sera bon, avant de le condamner, de s'informer quel était le crime de celui qu'il aura ainsi laissé évader.

2. Ceux qui auront de vive force brisé une prison gardée par un soldat, seront punis de mort.

TITRE XXXII.

Quand il peut être utile d'appeler.

TOUTES les fois qu'on offrira de faire serment, il faudra aussitôt appeler ; après le serment fait, il n'en serait plus tems.

INTERPRÈT. *Si pendant la discussion d'une affaire devant le juge, l'un des contestans offre de faire le serment que l'autre aurait demandé, celui dont l'intention serait d'appeler devant d'autres juges, doit en appeler à l'instant que le serment est offert, et non pas après qu'il aura été fait.*

TITRE XXXIII.

Des Cautions et des Peines des appels.

1. POUR que personne n'abuse trop à son aise du droit de faire réformer ou rétracter les jugemens rendus, on a fixé des délais pour appeler, et des peines contre

TITULUS XXX.

Ad legem Juliam ambitus.

PETITURUS magistratus, vel provinciæ sacerdotium, si turbam suffragiorum causa conduxerit, servos convocaverit, aliamve quam multitudinem conduxerit, convictus ut vis publicæ reus in insulam deportatur.

TITULUS XXXI.

De Pœnis militum.

§. 1. SI pecunia accepta miles custodiam dimiserit, capite puniendus est. Et certè quæritur, cujus criminis reus dimissus esse videatur.

§. 2. Qui custodiam militi prosequenti magna manu excusserunt, capite puniuntur.

TITULUS XXXII.

Quando appellandum sit.

QUOTIES jusjurandum postulatur, eo tempore appellandum est, quo defertur, non quo juratur.

INTERPRET. *Si quandò dùm causa à judice auditur, sacramentum petente uno ex litigatoribus alter obtulerit, litigator qui judicibus appellare voluerit, tunc appellare debet, quandò sacramentum offertur, non postquam juratur.*

TITULUS XXXIII.

De Cautionibus et Pœnis appellationum.

§. 1. NE liberum quis et solutum haberet arbitrium retractandæ, et revocandæ sententiæ, et pœnæ, et tempora appellatoribus præstituta sunt. Et nisi justè appella-
35

verint, tempora ad cavendum in pœna appellationis quinque dierum præstituta sunt. Igitur morans eo in loco, ubi appellaverit, cavere debet, ut ex die acceptarum litterarum continui quinque dies computentur. Si verò longius, salva dinumeratione integri quinque dies cum eo ipso, quò litteras acceperit, computantur.

INTERPRET. *Propter superfluam appellatorum licentiam, ne in retractandis, vel revocandis sententiis liberum habere arbitrium viderentur, et tempora appellationis, et pœnæ constitutæ sunt ; ut quicunque judici, qui causam ejus audivit, appellare et ad alium judicem provocare voluerit, infrà quinque dies appellet, et iis ipsis quinque diebus ad judicem ad quem provocaverit, sine aliqua dissimulatione perveniat. Et ipse dies, quò accepit litteras, in iis quinque diebus specialiter computetur. Quòd si longius iter sit, exceptis iis quinque diebus, spatium dierum quò iter agi possit computetur.*

§. 2. Ne quis in captionem verborum in cavendo incidat, expeditissimum est pœnam ipsam, vel quid aliud pro ea deponere. Necesse enim non habet sponsorem quis, fidejussoremve dare, aut præsens esse. Sed si contra eum fuerit pronuntiarum, perdit quod deposuit.

INTERPRET. *Si quandò inter litigatores de dando præsentiæ suæ fidejussore contentio est, si aliquis in captione verborum præjudicium timeat, et propter hoc fidejussorem dare nolit, potest certum aliquid de rebus suis pœnæ causa deponere. Sed si contra eum fuerit judicatum, et ipse defuerit, perdit quod deposuit.*

§. 3. Quoties in pœna appellationis cavetur, tam unus, quàm plures fidejussores, si idonei sunt, dari possunt. Sufficit etiam per unum idoneum indemnitatis pœna consuli.

§. 4. Si plures appellant una cautio sufficit. Et si unus caveat, omnibus vincit.

ceux qui auraient mal appelé. Le délai dans lequel tout appel devra être suivi pour éviter la peine est de cinq jours ; celui qui demeure dans le lieu où réside le juge auquel il a appelé, doit prendre garde de ne compter ces cinq jours que de celui où il aura reçu ses lettres ; s'il en était éloigné, il pourra ajouter à ces cinq jours entiers celui dans lequel il aura reçu ses lettres.

INTERPRÉT. *Pour parer à l'abus des appels inutiles et ne laisser croire à aucune faculté illimitée du pouvoir d'appeler, on a fixé des délais et des peines d'appel. Quiconque veut appeler d'un jugement rendu par un premier juge à un juge supérieur, doit déclarer son appel dans les cinq jours de ce jugement, et, dans ces mêmes cinq jours, saisir franchement le juge supérieur de son appel. Dans ces cinq jours se compte celui dans lequel lui auront été délivrées ses lettres ; à moins qu'il ne soit trop éloigné du nouveau juge. Dans ce cas, on ajoute à ces cinq jours le tems nécessaire pour le chemin, eu égard à l'éloignement.*

2. De peur que personne ne conteste astucieusement sur la question de savoir s'il doit ou non caution de peine d'appel, il est toujours plus sûr de lui en faire déposer le montant, ou son équivalent quelconque. Il n'est cependant pas nécessaire que celui qui voudra ou donner caution, ou se présenter et en répondre personnellement ainsi lui-même, dépose ; s'il est prononcé contre lui, il perdra ce qu'il aura déposé.

INTERPRÉT. *Si les plaideurs ne s'accordent pas sur la caution à donner pour sûreté de la comparution ; si l'un d'eux ne se fiant pas à la parole de l'autre en exige caution, et que celui-ci n'en veuille pas donner, il pourra déposer quoi que ce soit qui lui appartienne pour répondre de la peine de son défaut. Dans ce cas, s'il perd son appel par défaut, il perdra aussi ce qu'il aura déposé.*

3. Toutes les fois qu'il sera question de donner sûreté de la peine d'appel, on pourra ne donner qu'une caution, ou plusieurs, selon qu'il suffira. Une seule caution solvable de la peine suffira.

4. Une seule caution suffit pour plusieurs appelans. Si un seul d'entre eux s'est rendu

personnellement responsable, il aura gagné pour tous.

INTERPRÉT. *Si dans une même cause il est interjeté appel par plusieurs, il suffira d'une caution pour tous. Si un seul se rend caution et gagne sur l'appel, il aura gagné pour tous ceux qui auront le même intérêt que lui.*

5. S'il y a appel de plusieurs jugemens, il devra y avoir caution pour chacun de ces appels et pour chacune de leurs peines.

INTERPRÉT. *Lorsqu'il aura été appelé de plusieurs jugemens d'un même juge, il devra être donné caution de chacun des appels, ainsi que de chacune des peines particulières de ces appels.*

6. Le montant de la peine que doit garantir chaque appelant, devra être spécialement déterminé dans le cautionnement, afin que la caution ne puisse élever aucun doute sur la quotité de la peine qu'il aura cautionnée. Autrement le cautionnement pourrait être considéré comme insuffisant.

7. Si c'est celui qui a gagné qui appelle, il devra porter son cautionnement au tiers de ce qu'aura été estimé son intérêt dans l'affaire.

8. En toute cause où il n'est question que d'argent, il sera toujours mieux que la caution soit du tiers de la somme.

TITRE XXXIV.

Des Lettres de renvoi sur appel.

1. Il doit être délivré, par le juge dont est appel, des lettres de renvoi au juge qui doit en connaître, et qu'on désigne plus communément sous le nom de dévolus. Ces lettres doivent être requises dans les cinq jours du jugement, et il doit en être fait usage dans ce même délai.

INTERPRÉT. *Ce qui a été dit plus haut au sujet des cautions et des peines d'appel, s'applique ici.*

2. Qui n'aura pas requis de lettres de renvoi sur appel, ou n'en aura pas fait usage, ou les aura rendues dans le délai prescrit, sera déclaré non recevable dans

---

INTERPRÉT. *Sin una causa multi appellant, unam pro omnibus fieri sufficit cautionem. Et si in communi causa unus caverit, et vicerit, omnibus quibus una causa est, vicisse videntur.*

§. 5. Cùm à pluribus sententiis provocatur, singulæ cautiones exigendæ sunt, et de singulis pœnis spondendum est.

INTERPRÉT. *Cùm de multis causis à judicum sententiis appellatum fuerit, singulæ cautiones de singulis sententiis faciendæ sunt. Et in singulis cautionibus singulæ pœnæ specialiter ab appellatoribus inserendæ.*

§. 6. Modus pœnæ, in qua quis cavere debet, specialiter in cautione exprimendus est, ut sciat, in qua stipulatio committatur. Aliter enim rectè cavisse non videtur.

§. 7. Assertor si provocet, in ejusmodi tertiam cavere debet, quanti causa æstimata est.

§. 8. In omnibus pecuniariis causis magis est ut in tertiam partem ejus pecuniæ caveatur.

TITULUS XXXIV.

De Litteris dimissoriis.

§. 1. Ab eo cui appellatum, ad eum qui de appellatione cogniturus est, litteræ dimissoriæ dirigantur, quæ vulgò apostoli appellantur, quorum postulatio, et acceptio intra quintum diem ex officio facienda est.

INTERPRÉT. *Ista jam superiùs sub titulo de cautionibus et pœnis appellationum interpretata est.*

§. 2. Qui intra tempora præstituta dimissorias non postulaverit, vel acceperit, vel reddiderit, præscriptione ab agendo submovetur, et pœnam appellatio-

35

nis inferre cogitur.

son appel, et forcé de subir la peine d'appel.

TITULUS XXXV.

De reddendis causis appellationum.

§. 1. MERITUM appellationis causæ capitalis, et ipsam rationem status non nisi per nosmetipsos prosequi possumus. Nemo enim absens aut duci in servitutem potest, aut damnari.

INTERPRET. *Si quandò in causa capitali, similiter in causa status, id est ingenuitatis vel servitutis appellatum fuerit, non per procuratores, sed ipsis præsentibus est agendum : quia nemo absens aut capite damnari potest, aut sententiam servitutis excipere.*

§. 2. Moratorias appellationes, et eas, quæ ab executoribus, et confessis fiunt, recipi non placuit.

INTERPRET. *Quicunque non confidentia justæ causæ, sed causæ afferendæ moræ, ne contra cùm sententia proferatur, appellaverit, vel si de facto suo confessus, ne addicatur appellare voluerit, hujusmodi appellationes non recipiuntur.*

§. 3. Eum, qui appellat, cum convicio ipsius judicis appellare non oportet : ideoque quod ita factum est, arbitrio principis vindicatur.

TITULUS XXXVI.

Post provocationem quid observandum sit.

§. 1. QUOTIES possessor appellat, fructus medii temporis deponi convenit. Quòd si petitor provocet, fructus in causa depositi esse non possunt, nec rectè eorum nomine satisdatio postulatur.

INTERPRET. *Quoties post auditam causam jud et possessor appellat, fructus possessionis de qua igitur, dum secundæ audientiæ eventus in dubio est, meritò se-*

TITRE XXXV.

De la discussion en cause d'appel.

1. LES faits et les moyens sur appel de jugement de cause capitale ou sur une question d'état, ne peuvent être exposés que par nous-mêmes. Il est de principe qu'aucun absent ne peut être fait esclave ou être condamné.

INTERPRÊT. *Lorsqu'un appel a pour objet une affaire criminelle ou une question d'état, c'est-à-dire, lorsqu'il s'agit de décider si un homme est de condition libre ou esclave, il n'est pas permis d'employer le ministère des ayant pouvoirs, il faut comparaître en personne ; parce qu'au premier cas, aucun absent ne peut être condamné, et qu'il ne peut être non plus porté contre un absent aucun jugement de servitude.*

2. Les appels tardifs, ou ceux interjetés après acquiescement ou aveux, ne sont pas recevables.

INTERPRÊT. *Quiconque n'aura appelé que par défiance de la bonté de sa cause et que pour retarder sa condamnation, ou qui n'aura appelé qu'après être convenu du droit de son adversaire, et de peur qu'il ne fût adjugé, y est non recevable.*

3. Celui qui appelle ne doit se permettre aucun outrage envers le juge dont il appelle. S'il en avait ainsi agi, il en serait puni ainsi qu'il plairait au prince.

TITRE XXXVI.

Des règles à suivre en cause d'appel.

1. SI c'est le possesseur qui appelle, il convient d'ordonner la réserve des fruits à compter de l'appel ; si c'est le réclamant la propriété, il ne peut y avoir lieu à dépôt pour fruits, ni même aucune raison de lui en faire donner caution.

INTERPRÊT. *Toutes les fois qu'il s'agira d'un appel de sentence rendue contre un possesseur, ce sera le cas d'ordonner le séquestre des fruits jusqu'au jugement de* l'appel. Si, au contraire, c'est le réclamant la propriété qui est appelant, on ne peut ordonner ce séquestre; par la raison qu'on ne peut séquestrer une chose qu'il n'a pas.

2. Si l'appel a pour objet des biens de ville ou des fonds de campagne, les revenus qu'ils produisent doivent être déposés. S'il s'agit de vaisseaux, leur fret ou autre prix de chargement doit aussi l'être.

questrantur. Nam si petitor appellaverit, hoc ab eo non potest postulari; quia non potest sequestrare quod non habet.

§. 2. Si propter prædia urbana, vel maucipia appellatur, pensiones eorum, vel mercedes, venturæ etiam, si de havi agatur, deponi solent.

TITRE XXXVII.

Du bien ou mal appelé.

TOUTES les fois qu'il est jugé qu'il a été mal appelé, tous moyens sont bons pour faire condamner l'appelant au quadruple des frais que son adversaire a eu à supporter en poursuivant sur l'appel.

INTERPRÉT. Lorsqu'on a prouvé l'injustice de l'appel interjeté par l'une des parties, elle doit être condamnée non aux frais simples, mais aux quadruples des frais que la partie adverse a été obligée de débourser en se défendant en appel.

TITULUS XXXVII.

De meritis appellationum.

OMNIMODO probandum est, ut quoties injusta appellatio pronunciatur, sumptus quos, dùm sequeretur adversarius, impendit, reddere cogatur, non simplos, sed quadruplos.

INTERPRETATIO. Si quando cujuscunque appellatio injusta comprobatur, sumptus quos post appellationem adversarium suum compulit sustinere, non in simplum, sed in quadruplum reformare cogetur.

FIN des Sentences de Jules Paul.

TABLE DES TITRES
Contenus dans ce volume.

FIN de la Table de ce volume.

www.ingramcontent.com/pod-product-compliance
Lightning Source LLC
Chambersburg PA
CBHW070254200326
41518CB00010B/1785